SCI 指标五年变迁及指标间的相关性

盛丽娜 著

东北林业大学出版社
Northeast Forestry University Press
·哈尔滨·

版权专有　侵权必究

举报电话:0451-82113295

图书在版编目(CIP)数据

SCI指标五年变迁及指标间的相关性/盛丽娜著. —哈尔滨：东北林业大学出版社,2020.11

ISBN 978-7-5674-2284-1

Ⅰ. ①S… Ⅱ. ①盛… Ⅲ. ①论文—引文索引—研究 Ⅳ. ①G254.92

中国版本图书馆 CIP 数据核字(2020)第 234372 号

责任编辑：刘剑秋
封面设计：乔鑫鑫
出版发行：东北林业大学出版社
　　　　　(哈尔滨市香坊区哈平六道街6号　邮编：150040)
印　　装：武汉市卓源印务有限公司
规　　格：170 mm × 240 mm　16 开
印　　张：20.75
字　　数：377 千字
版　　次：2020 年 11 月第 1 版
印　　次：2020 年 11 月第 1 次印刷
定　　价：89.90 元

如发现印装质量问题，请与出版社联系调换。(电话:0451-82113296　82191620)

前　言

期刊评价是学术界甚至学术界以外一直备受关注的话题。1934 年，S. C. Bradford（塞缪尔·克莱门特·布拉德福，1878—1948）提出，如果将科技期刊按其刊载某学科专业论文的数量多少，以递减顺序排列，那么可以把期刊分为专门面对这个学科的核心区、相关区和非相关区，这即为我们所熟悉的 Bradford 定律，该定律是"核心期刊"概念的基础。1963 年，Eugene Garfield（尤金·加菲尔德，1925—2017）通过对期刊被引用情况的统计发现，期刊的分布也有一个比较集中的核心区和一个比较分散的相关区，证明了文献集中的规律，确立了以作者引用行为为基础的"核心期刊"的概念，并在此基础上开发了科学引文索引（Science Citation Index，SCI）作为信息检索工具。最初，SCI 仅是作为图书馆选择期刊的工具。之后，随着科学技术的飞速发展和社会文明程度的不断提高，科学合理的学术评价显得越来越重要，各类项目评审、人才评价、机构评估等评价体系逐渐被建立并完善，而 SCI 由于其覆盖面相对较广、相对公平、数据易获取及主要指标计算方式的简便、透明等特性，逐渐作为一项客观指标用于各类评价系统中，使 SCI 这一单纯的检索工具被异化为学术评价、科研评价的指挥棒，以致于 SCI 论文与"帽子"、头衔、经济利益等产生了直接的联系，从而脱离了其期刊评价的本质。近些年，全球范围内 SCI 的不当使用或滥用愈演愈烈，逐年引起各界人士的普遍关注，以至于 2020 年 2 月，我国教育部、科技部印发《关于规范高等学校 SCI 论文相关指标使用树立正确评价导向的若干意见》（教科技〔2020〕2 号），明确提出，要破除论文"SCI 至上"。这也侧面反映了 SCI 广泛的影响力。

SCI 作为目前国际上被公认的最具权威的科技文献检索工具，其对世界各地科学计量学家及科技管理者的作用不容忽视。作为期刊评价体系，SCI 无疑是非常成功的，除了其在学术界几乎达到人尽皆知的地步外，每年全球范围内均有大量各类分析类论文是在其数据基础上进行写作的，其在全球范围的影响力可见一斑。作为期刊人，我们自然希望自己的期刊拥有更高的全球显示度，其入选 SCI 也是我们的目标之一。因此，了解 SCI 体系，分析 SCI 收录期刊的现状及其变迁，解析 SCI 指标设置及指标间的相关关系，对正确认识 SCI，科学合理地依据其进行学术评价和科学管理，以及研究科学发展的过程和规律，均具有很好的理论价值和实践指导意义。这也是笔者撰写此书的初衷。另外，本研究的部分数据，有利于国内编辑同行学习和借鉴国际优质期刊的办刊经验，提高我国学术期刊的整体学术影响力；也有利于相关学者了解本学科发展状况及本学科高水平研究论文的状况，为作者稿件的撰写提供一定参考；同时为研究人员进一步从指标的角度更深入解析现行期刊评价体系的优缺点提供数据支持。

当然，由于笔者水平和知识结构有限，疏漏和错误之处在所难免，衷心希望各位专家学者批评指正。

盛丽娜

2020 年 10 月

目　录

第一章　概述 ……………………………………………………………（ 1 ）
第二章　SCI 期刊的国家分布 …………………………………………（ 4 ）
　　第一节　2017 年 SCI 期刊的国家分布 ……………………………（ 4 ）
　　第二节　SCI 期刊国家分布五年变迁 ………………………………（ 6 ）
　　第三节　各国 SCI 期刊增长速度 ……………………………………（ 10 ）
第三章　SCI 期刊的出版语言 …………………………………………（ 17 ）
　　第一节　2017 年 SCI 期刊出版语言分布 …………………………（ 17 ）
　　第二节　SCI 期刊出版语言变迁 ……………………………………（ 17 ）
第四章　SCI 期刊出版频率 ……………………………………………（ 21 ）
　　第一节　2017 年 SCI 期刊出版频率分布 …………………………（ 21 ）
　　第二节　SCI 期刊出版频率变迁 ……………………………………（ 23 ）
第五章　SCI 学科设置 …………………………………………………（ 27 ）
　　第一节　2017 年 SCI 期刊学科状况 ………………………………（ 27 ）
　　第二节　SCI 期刊学科变迁 …………………………………………（ 40 ）
第六章　SCI 学科影响因子 ……………………………………………（ 61 ）
　　第一节　SCI 学科影响因子指标变迁 ………………………………（ 62 ）
　　第二节　各学科影响因子的统计学特征和相关性分析 ……………（107）
第七章　SCI 学科总被引频次 …………………………………………（111）
　　第一节　SCI 学科总被引频次五年变迁 ……………………………（112）
　　第二节　学科总被引频次与其他指标的相关性 ……………………（121）
第八章　SCI 学科集合即年指标 ………………………………………（124）
　　第一节　指标的变迁 …………………………………………………（125）
　　第二节　相关性分析 …………………………………………………（134）
第九章　学科半衰期 ……………………………………………………（136）
　　第一节　SCI 学科半衰期的变迁 ……………………………………（137）
　　第二节　学科半衰期的统计学特征 …………………………………（155）

  第三节 指标间的相关性分析 …………………………………（157）
第十章 SCI 学科特征因子 ……………………………………（163）
  第一节 学科特征因子和标准特征因子的获取 ………………（165）
  第二节 学科中位特征因子的变迁及中位标准特征因子 ………（179）
  第三节 中位特征因子和中位标准特征因子的统计学特征 ……（189）
  第四节 指标间的相关性分析 …………………………………（191）
第十一章 SCI 论文影响分值 …………………………………（195）
  第一节 学科论文影响分值的获取 ……………………………（195）
  第二节 学科中位论文影响分值的变迁 ………………………（209）
  第三节 学科中位论文影响分值的统计学特征及相关性分析 ……（218）
第十二章 SCI 学科的自被引率 ………………………………（223）
  第一节 学科自被引率的获取 …………………………………（225）
  第二节 学科影响因子相关自被引率均值的变迁及自被引率
     均值 ………………………………………………………（239）
  第三节 学科自被引率的统计学特征 …………………………（253）
  第四节 自被引率的相关性分析 ………………………………（255）
第十三章 SCI 学科的参考文献量 ……………………………（259）
  第一节 SCI 学科参考文献量的获取 …………………………（261）
  第二节 学科参考文献量均值的统计学特征 …………………（284）
  第三节 学科参考文献量均值的相关性分析 …………………（285）
第十四章 学科规模与各学术影响力指标间的相关性 ………（289）
  第一节 学科期刊量与学术影响力指标间的相关性 …………（289）
  第二节 学科载文量与学术影响力指标间的相关性 …………（291）
附录 ……………………………………………………………………（294）

第一章 概 述

科学引文索引(Science Citation Index, SCI)以布拉德福(S. C. Bradford)文献离散律理论、尤金·加菲尔德(Eugene Garfield)引文分析理论为主要基础，通过对论文被引频次等的统计，对学术期刊进行多方位的评价研究，是目前国际上被公认的最具权威的科技文献检索工具，受到世界各地科学计量学家及科技管理者的普遍重视。

SCI 的创始人是美国著名的情报学家和科学计量学家 Eugene Garfield。1958 年，Garfield 在美国费城创办了 Eugene Garfield Institute 公司。该公司初期创办了期刊 *Current Contents/Pharmaco – Medicl & Life Sciences*，主要用来收录已经发表的医学和生命科学领域的论文信息。1960 年，Garfield 将 Eugene Garfield Institute 更名为 Institute for Scientific Information(ISI，科学信息研究所)。同年，Garfield 与美国国家健康学会合作，共同承担建设基因文献引用索引库(Genetics Citation Index)项目。项目对 28 个国家 1961 年出版的 613 种期刊 20 000 篇文献上的 140 万条参考文献建立引文索引并进行编目，最终汇编成了包括遗传学引文索引在内的五卷，其中基因类文献的引用索引独立成一卷。1963 年，基因引用索引数据库顺利结项，Garfield 独立承担了余下四卷的出版事宜，并将其统一命名为 *Scientific Citation Index*，即学界现今所熟知的 SCI 的最初版本。之后 SCI 收录期刊量逐渐增多，至 1972 年，已经从最初的 600 余种期刊增加到了 2 400 多种。随着计算机技术的不断发展，Thomson Reuters 知识产权与科技事业部(即我们常说的汤森路透集团)将 SCI 进行了可机读化处理，逐步建立 SCI 数据库，又衍生出了 Journal Ciation Reports(JCR)，从 1975 年开始以 JCR 的名称按年度发布，正式作为期刊评价的系统据进入公众视野。与纸质版相比，在网络版数据库里，任何读者都可以凭借基本的电脑和网络知识技术，轻松地找到自己需要的领域里的几乎任何学科的 ISI 收录期刊，或作者的论文文题、摘要及引用信息，能够高效及时地了解学科学术前沿。几十年来，SCI 数据库不断发展，已经成为当代世界最为重要的大型数据库，被列在国际六大著名检索系统之首①。2016年10月,美国Thmson Reuters知识产权与科技事业部被Onex公司(Onex Corporation)与霸菱亚洲投资基金(Baring Private Equity Asia)收购,新独立出来的公司命名为Clarivate Analytics(科睿唯安),故而,原汤森路透集团的数据库(包括SCI、SSCI、A&HCI、InCites、ESI等)现均隶属于科睿唯安,但新公司并没有改变SCI,仍在延续SCI的评价体系和方法。

SCI不仅是重要的检索工具,而且也是科学研究成果评价的一项重要依据。全球范围内使用其作为评价个人、机构、地区甚至国家科研水平的依据。Nikolaos等[2]采用SCI论文数量、论文被引用量、h指数等指标,对希腊医学院的学科水平进行评价;郑彦宁等[3]基于SCIE数据库,比较了不同国家基因编辑领域的研究实力;任胜利等[4]指出SCI的引文统计数据用于宏观层次(如国家或研究机构)的整体科研评价更具有统计和指导意义。虽然目前很多学者质疑SCI,提出破除"SCI神话""SCI现象"等,但笔者同意孙涛[5]的观点,即当今对于SCI的批判,多是由于SCI这一单纯的检索工具被异化为学术评价、科研评价的指挥棒,SCI论文与"帽子"、头衔、经济利益等产生了直接的联系所引起的。作为一个期刊评价体系,SCI无疑是非常成功的。尤其是其所使用的期刊评价指标,虽然可能并不完美,但在全球范围内影响力却很深远,它提供了一个全球学术交流的平台,对全球学术水平的进步起到了很好的推进作用。如SCI最先提出并使用的期刊评价指标影响因子,几乎达到了人尽皆知的

---

① 六大著名检索系统分别为:(1)SCI;(2)美国《工程索引》(The Engineering Index, EI),为工程技术类综合性检索工具;(3)美国《化学文摘》(Chemical Abstracts, CA),是当今世界上最负盛名、收录最全、应用最为广泛的化学化工文献大型检索工具;(4)英国《科学文摘》(Science Abstracts, SA),为物理、电工、电子学、计算机和控制方面的重要检索工具;(5)俄罗斯《文摘杂志》(Abstract Journals, AJ),是供查阅自然科学、技术科学和工业经济等方面文献资料的综合性信息检索刊物;(6)日本《科学技术文献速报》(Corrent Bulletin on Science Technology, CBST),为印刷本,共12分册,现扩充为大型数据库日本科学技术情报中心(Japan Information Center Science and Technology, JICST),收录除基础数学、天文学以外所有理工科的有关文献的期刊。

② NIKOLAOS A K, ANASTASIOS D D, LEONIDAS L F, et al. Evaluating the research performance of the Greek medical schools using bibliometrics[J]. Scientometrics, 2014, 98(2): 1367-1384.

③ 郑彦宁,孙劲松,袁芳. 2004-2018年基因编辑领域主要国家学术论文分析[J]. 科技情报研, 2020, 2(1): 56-65.

④ 任胜利, RONALD R, 祖广安. SCI的引文统计指标及其与研究评价的关系[J]. 编辑学报, 2003, 15(1): 70-72.

⑤ 孙涛. 关于培育世界一流科技期刊首先需要解决的几个问题的思考[J]. 编辑学报, 2019, 31(6): 596-599.

程度，虽然对其的批评一直没有停止，但在期刊评价体系中，影响因子的贡献是里程碑式的存在。笔者认为，对 SCI 或其主要期刊评价指标影响因子的批判，很多是基于 SCI 或影响因子使用范围无限扩大化引起的，是出于对 SCI 及其指标的滥用和误用，对数据的不正当使用，不应归结于数据本身。正如俞立平[①]所认为：某种程度上，SCI 论文已经成为一种科研符号；SCI 论文在评价中存在一些问题，但科学研究没有问题，SCI 论文总体也没有问题；我们不能将 SCI 在论文评价中的问题视为 SCI 论文问题，要努力维护 SCI 论文的科研符号功能，弘扬科研信仰。

SCI 数据每年更新一次，其指标也在不断改进，如 2009 年增加了 5 年影响因子，以矫正 2 年期影响因子引证时间窗口过短的弊端；同年增加了特征因子，同时测量了引文的数量和"质量"，将其作为影响因子对所有被引一视同仁的矫正；2015 年增加了标准特征因子和影响因子百分位两个评价指标，以期实现跨学科评价等。SCI 数据每次的更新，都会吸引广大科学工作者的注意力，对比分析各自关心的学科或期刊及其指标的变化；任何一个新指标的提出，也都会涌现出大量学术论文进行探讨分析，并可能运用于其他各大大小小的期刊评价体系中。作为期刊人，笔者认为，详细解析 SCI 指标变迁及指标间的相关性，对我们正确认识 SCI，科学合理地依据其进行学术评价和科学管理，以及研究科学发展的过程和规律，均具有很好的理论价值和实践指导意义。鉴于此，笔者以 2013～2017 年 SCI 数据库为基础，分析 SCI 收录期刊的详细特征及其 5 年数据变迁，同时以学科为单位，详细解析 SCI 5 年各指标的变化及指标间的相关性，以期为相关人员深入理解 SCI 提供数据基础。

---

① 俞立平. 规范使用 SCI 下科技评价的问题与解决路径研究[J]. 情报资料工作，2020，41(2)：64-69.

第二章　SCI 期刊的国家分布

第一节　2017 年 SCI 期刊的国家分布

SCI 收录期刊的国别分布极不均衡，呈现明显梯度排列。以 2017 年为例，2017 年 SCI 共收录期刊 8 990 种，共来自 74 个国家。其中，来自美国者 2 986 种，占 SCI 期刊总数的近 1/3(33.21%)，处于绝对第一的位置。来自英国者 1 888 种，约占 SCI 期刊总数的 1/5(21.00%)，虽远较美国少，但也遥遥领先于其他国家，稳居于第二位。美国和英国期刊共计占收录总数的 54.21%，即 SCI 收录期刊一半以上来自于美国和英国，说明 SCI 收录期刊有明显的国别差异性，美、英更受青睐，这点在很多研究中都有描述[1][2][3]。SCI 收录期刊量处于第三位和第四位的国家分别为荷兰和德国，但被收录刊数均不足 1 000 种，分别为 714 种和 607 种，与处于第二位的英国相比，呈现断崖式下降。SCI 收录期刊量处于第五位、第六位和第七位的分别是日本、中国(包括中国台湾省)和瑞士，被收录刊数均不足 300 种，分别为 236 种、233 种、226 种，与荷兰和德国收录期刊量相比仍有很明显的梯度。SCI 收录期刊量处于前六位的国家合计被收录刊数为 6 661 种，占 2017 年 SCI 收录期刊总量的 74.09%。也就是说，2017 年 SCI 收录期刊中，近 3/4 来自美国、英国、荷兰、德国、日本和中国，其余 68 个国家 SCI 收录期刊总和只占 1/4 左右。统计 2017 年来自 74 个国家的 8 990 种 SCI 期刊，得出结论：8.11% 的国家拥有了

---

[1] 盛丽娜, 顾欢. 我国科技期刊 SCIE 进程的国际对比——基于 SCIE 2007—2016 年[J]. 中国科技期刊研究, 2018, 29(8): 828-834.

[2] 张玉华, 潘云涛, 郭玉, 等. 国际期刊比较调查——透过 SCI 源期刊看国际学术期刊的配置[J]. 中国科技期刊研究, 2004, 15(4): 365-370.

[3] MONGEON P, PAUL-HUS A. The journal coverage of Web of Science and Scopus: a comparative analysis[J]. Scientometrics, 2015, 106(1): 1-16.

74.73%的SCI期刊量。按照二八定律的理论①，正常情况下，80%期刊应该集中在20%的国家，但SCI期刊中，80.88%的期刊仅涉及9个国家，占12.16%。也就是说，在SCI期刊中，12%的国家即拥有了大约80%的SCI期刊量，这说明SCI期刊呈现了过高的集中分布。由图2-1可以更直观地看出SCI收录期刊的国家分布差异性。

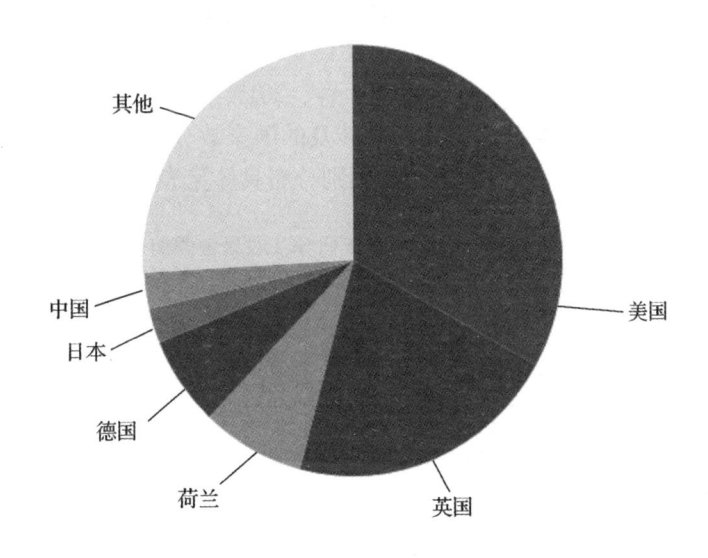

图2-1 2017年SCI收录期刊的国别分布图

毫无疑问，各国学者在各自国家本土出版的期刊刊发论文是具有绝对优势的。SCI的国别差异性带来了一系列的不均衡。如由于美国的SCI期刊众多，美国的学者对SCI期刊了解更深入，对期刊的主旨、稿件录用偏好、写作要求等更了解，且更易获取编辑部的相关信息，包括编辑部位置及其编辑人员的相关信息，更利于与编辑沟通交流，能更快、更准确把握稿件状态，并就相关问题与编辑商榷。在稿件没有录用的情况下，由于选择余地相对较多，他们也可以较为迅速地将稿件投往美国的其他期刊。这在全球其他地区是少有的优势。除此之外，由于全球SCI崇拜现象，很多国家和地区将SCI论文量或者在影响因子高的期刊上的论文量视为学术水平评价的唯一标准，这也可能导致美国学者在这方面被"高估"。

---

① https：//baike. baidu. com/item/二八定律/747076？fr = aladdin.

第二节　SCI期刊国家分布五年变迁

由于某一年SCI收录期刊的国别分布可能具有偶然性，故笔者又将2013年、2014年、2015年和2016年SCI收录期刊的国别分布分别进行了统计，并与2017年做对比。2013年、2014年、2015年和2016年SCI收录期刊量分别为8 470种、8 611种、8 778种和8 851种，2017年为8 990种，呈明显逐年上升趋势。2013~2017年历年SCI期刊涉及的国家数分别为78个、78个、77个、78个和74个，各年度SCI期刊的国别分布具体见表2-1。

表2-1　2013~2017年5年间SCI收录各国期刊量　　种

国家	2013年	2014年	2015年	2016年	2017年	平均值
美国	2 865	2 899	2 931	2 955	2 986	2 927.2
英国	1 765	1 810	1 868	1 883	1 943	1 853.8
荷兰	648	662	692	699	714	683.0
德国	563	578	591	605	607	588.8
日本	234	233	234	236	236	234.6
中国	197	205	219	219	233	214.6
瑞士	187	202	211	217	226	208.6
法国	182	174	172	177	175	176.0
俄罗斯	146	148	146	147	151	147.6
波兰	128	128	135	138	134	132.6
意大利	120	120	120	119	114	118.6
韩国	90	102	96	94	114	99.2
巴西	105	105	110	110	112	108.4
印度	93	97	101	96	98	97.0
澳大利亚	96	95	99	99	97	97.2
加拿大	94	93	86	86	91	90.0
西班牙	71	74	72	75	74	73.2
丹麦	77	78	69	69	69	72.4

续表 种

国家	2013年	2014年	2015年	2016年	2017年	平均值
新加坡	52	52	52	54	54	52.8
土耳其	49	52	52	51	51	51.0
罗马尼亚	45	43	43	43	43	43.4
伊朗	39	44	43	41	41	41.6
捷克	40	40	40	40	40	40.0
阿联酋	40	37	39	39	39	38.8
奥地利	34	34	34	34	34	34.0
南非	32	32	43	43	34	36.8
克罗地亚	35	35	34	34	33	34.2
匈牙利	31	29	32	33	32	31.4
爱尔兰	26	25	25	26	25	25.4
墨西哥	25	25	25	25	25	25.0
挪威	27	26	26	26	24	25.8
智利	23	22	22	22	23	22.4
瑞典	22	22	24	22	20	22.0
斯洛伐克	20	20	20	20	20	20.0
立陶宛	20	20	20	20	19	19.8
塞尔维亚	19	19	19	19	19	19.0
希腊	19	18	18	18	18	18.2
比利时	16	16	15	15	16	15.6
乌克兰	17	16	15	15	15	15.6
阿根廷	12	14	14	12	15	13.4
保加利亚	12	13	17	15	15	14.4
芬兰	12	13	13	14	15	13.4
以色列	12	12	11	13	13	12.2
哥伦比亚	15	10	10	10	12	11.4
巴基斯坦	12	10	12	12	12	11.6
斯洛文尼亚	11	11	12	12	12	11.6

续表

国家	2013年	2014年	2015年	2016年	2017年	平均值
马来西亚	10	10	11	11	12	10.8
沙特阿拉伯	9	10	10	12	12	10.6
泰国	7	8	8	8	8	7.8
葡萄牙	7	7	7	7	7	7.0
委内瑞拉	7	6	7	7	7	6.8
威尔士	6	5	6	6	5	5.6
埃及	1	4	4	4	5	3.6
孟加拉国	4	4	4	4	4	4.0
科威特	3	5	4	4	4	4.0
菲律宾	4	4	3	3	3	3.4
爱沙尼亚	3	3	3	3	3	3.0
白俄罗斯	3	3	3	3	3	3.0
亚美尼亚	3	3	3	3	3	3.0
冰岛	2	3	2	2	3	2.4
尼日利亚	3	3	3	2	2	2.6
拉脱维亚	2	2	2	2	2	2.0
马其顿	2	2	2	2	2	2.0
埃塞俄比亚	1	2	1	2	2	1.6
阿塞拜疆	1	1	1	1	1	1.0
波黑	1	1	1	1	1	1.0
哥斯达黎加	1	1	1	1	1	1.0
格鲁吉亚	1	1	1	1	1	1.0
马拉维	1	1	1	1	1	1.0
斯里兰卡	1	1	1	1	1	1.0
乌干达	1	1	1	1	1	1.0
乌兹别克斯坦	1	1	1	1	1	1.0
约旦	1	1	1	1	1	1.0
尼泊尔	1	1	0	1	1	0.8

续表 种

国家	2013年	2014年	2015年	2016年	2017年	平均值
巴林	2	1	1	1	0	1.0
肯尼亚	1	1	1	1	0	0.8
利比亚	1	1	1	1	0	0.8
牙买加	1	1	1	1	0	0.8

5年中SCI历年收录美国期刊量分别为2 865种、2 899种、2 931种、2 955种和2 986种，分别占当年SCI期刊总量的33.83%、33.67%、33.39%、33.39%和33.21%。虽然从绝对数值上来看，美国5年间入选SCI期刊量呈稳步上升趋势，但从历年美国SCI期刊量占SCI期刊总量的百分比来看，美国有下降趋势，但下降的趋势很小，基本可以忽略不计，5年间历年美国SCI期刊均占SCI期刊总量的1/3左右。

作为SCI期刊第二大国的英国，5年间历年SCI期刊量分别为1 765种、1 810种、1 868种、1 883种和1 943种，分别占历年SCI收录期刊总量的20.84%、21.02%、21.28%、21.27%和21.61%，可见，英国历年入选SCI期刊总量呈稳步上升趋势，所占比例总体也呈上升趋势，稳居第二位。美、英两个国家SCI期刊量历年占SCI期刊总量的百分比分别为54.66%、54.69%、54.67%、54.66%和54.83%。上述数据表明，美国和英国"SCI期刊大国"的称谓稳固。

处于第三梯队的荷兰和德国5年间历年SCI期刊量分别为648种、662种、692种、699种、714种和563种、578种、591种、605种、607种，分别占历年SCI收录期刊总量的7.65%、7.69%、7.88%、7.90%、7.94%和6.65%、6.71%、6.73%、6.84%、6.75%。两国历年SCI期刊量和占总数比均有略微上升趋势。德国之后即为日本和我国。2013~2017年历年日本入选SCI的期刊量分别为234种、233种、234种、236种和236种，我国2013~2017年历年入选SCI的期刊量分别为197种、205种、219种、219种和233种。可见，日本5年间SCI期刊量变化不大，而我国SCI期刊量上升趋势明显。而瑞士2013~2017年历年入选SCI的期刊量分别为187种、202种、211种、217种和226种，上升趋势也很明显。但也可以看出，三国距离德国仍有很大差距。

第三节 各国 SCI 期刊增长速度

仅从数值上我们不太容易看出各国 SCI 期刊的增长速度，故笔者借用了"环比增长速度"作为评价指标，以查看各国 SCI 期刊历年增长速度。环比增长速度是指逐期增长量与前一期发展水平之比，是与上期相比较的增长率，表明现象逐期的发展速度。某国某一年 SCI 期刊环比增长速度的计算方法为：

$$V_x = \frac{N_x - N_{x-1}}{N_x} \times 100\%$$

其中，V_x 为该国第 x 年的环比增长速度，N_x 为该国第 x 年的 SCI 期刊数，N_{x-1} 为该国第 $x-1$ 年的 SCI 期刊数。

由于缺乏 2012 年数据，故笔者无法计算 2013 年的增长速度，仅按上述公式计算了 2014~2017 年历年各国 SCI 期刊的环比增长速度，结果见表 2-2。2014~2017 年历年 SCI 收录期刊总量的环比增长速度分别为 1.66%、1.94%、0.83% 和 1.57%，平均为 1.50%。SCI 期刊 5 年共涉及 78 个国家，其中 2014~2017 年平均环比增长速度大于 SCI 收录期刊总量的环比增长速度者共计 20 个国家，说明共有 20 个国家(25.64%) SCI 期刊的增长速度是快于 SCI 收录期刊总量的增长速度的，实现了期刊量的真正增长；而其余 58 个国家中，2014~2017 年 SCI 期刊的增长速度平均值为正值者 15 个(19.23%)国家，为 0 者 22 个(28.21%)国家，为负值者 21 个(26.92%)国家。也即是说，78 个国家中，占 1/4 以上的国家 SCI 期刊增长速度快于 SCI 收录期刊总量的增长速度，仍有 1/4 左右的国家 SCI 期刊数量为负增长。

表 2-2　2014~2017 年各国历年 SCI 期刊环比增长速度

国家	2014 年	2015 年	2016 年	2017 年	平均
美国	1.19%	1.10%	0.82%	1.05%	1.04%
英国	2.55%	3.20%	0.80%	3.19%	2.44%
荷兰	2.16%	4.53%	1.01%	2.15%	2.46%
德国	2.66%	2.25%	2.37%	0.33%	1.90%
日本	-0.43%	0.43%	0.85%	0.00%	0.21%
中国	4.06%	6.83%	0.00%	6.39%	4.32%

续表

国家	2014 年	2015 年	2016 年	2017 年	平均
瑞士	8.02%	4.46%	2.84%	4.15%	4.87%
法国	-4.40%	-1.15%	2.91%	-1.13%	-0.94%
俄罗斯	1.37%	-1.35%	0.68%	2.72%	0.86%
波兰	0.00%	5.47%	2.22%	-2.90%	1.20%
意大利	0.00%	0.00%	-0.83%	-4.20%	-1.26%
韩国	13.33%	-5.88%	-2.08%	21.28%	6.66%
巴西	0.00%	4.76%	0.00%	1.82%	1.65%
印度	4.30%	4.12%	-4.95%	2.08%	1.39%
澳大利亚	-1.04%	4.21%	0.00%	-2.02%	0.29%
加拿大	-1.06%	-7.53%	0.00%	5.81%	-0.69%
西班牙	4.23%	-2.70%	4.17%	-1.33%	1.09%
丹麦	1.30%	-11.54%	0.00%	0.00%	-2.56%
新加坡	0.00%	0.00%	3.85%	0.00%	0.96%
土耳其	6.12%	0.00%	-1.92%	0.00%	1.05%
罗马尼亚	-4.44%	0.00%	0.00%	0.00%	-1.11%
伊朗	12.82%	-2.27%	-4.65%	0.00%	1.47%
捷克共和国	0.00%	0.00%	0.00%	0.00%	0.00%
阿联酋	-7.50%	5.41%	0.00%	0.00%	-0.52%
奥地利	0.00%	0.00%	0.00%	0.00%	0.00%
南非	0.00%	34.38%	0.00%	-20.93%	3.36%
克罗地亚	0.00%	-2.86%	0.00%	-2.94%	-1.45%
匈牙利	-6.45%	10.34%	3.13%	-3.03%	1.00%
爱尔兰	-3.85%	0.00%	4.00%	-3.85%	-0.92%
墨西哥	0.00%	0.00%	0.00%	0.00%	0.00%
挪威	-3.70%	0.00%	0.00%	-7.69%	-2.85%
智利	-4.35%	0.00%	0.00%	4.55%	0.05%

续表

国家	2014年	2015年	2016年	2017年	平均
瑞典	0.00%	9.09%	-8.33%	-9.09%	-2.08%
斯洛伐克	0.00%	0.00%	0.00%	0.00%	0.00%
立陶宛	0.00%	0.00%	0.00%	-5.00%	-1.25%
塞尔维亚	0.00%	0.00%	0.00%	0.00%	0.00%
希腊	-5.26%	0.00%	0.00%	0.00%	-1.32%
比利时	0.00%	-6.25%	0.00%	6.67%	0.10%
乌克兰	-5.88%	-6.25%	0.00%	0.00%	-3.03%
阿根廷	16.67%	0.00%	-14.29%	25.00%	6.85%
保加利亚	8.33%	30.77%	-11.76%	0.00%	6.83%
芬兰	8.33%	0.00%	7.69%	7.14%	5.79%
以色列	0.00%	-8.33%	18.18%	0.00%	2.46%
哥伦比亚	-33.33%	0.00%	0.00%	20.00%	-3.33%
巴基斯坦	-16.67%	20.00%	0.00%	0.00%	0.83%
斯洛文尼亚	0.00%	9.09%	0.00%	0.00%	2.27%
马来西亚	0.00%	10.00%	0.00%	9.09%	4.77%
沙特阿拉伯	11.11%	0.00%	20.00%	0.00%	7.78%
泰国	14.29%	0.00%	0.00%	0.00%	3.57%
葡萄牙	0.00%	0.00%	0.00%	0.00%	0.00%
委内瑞拉	-14.29%	16.67%	0.00%	0.00%	0.60%
威尔士	-16.67%	20.00%	0.00%	-16.67%	-3.33%
埃及	300.00%	0.00%	0.00%	25.00%	81.25%
孟加拉国	0.00%	0.00%	0.00%	0.00%	0.00%
科威特	66.67%	-20.00%	0.00%	0.00%	11.67%
菲律宾	0.00%	-25.00%	0.00%	0.00%	-6.25%
爱沙尼亚	0.00%	0.00%	0.00%	0.00%	0.00%
白俄罗斯	0.00%	0.00%	0.00%	0.00%	0.00%

续表

国家	2014年	2015年	2016年	2017年	平均
亚美尼亚	0.00%	0.00%	0.00%	0.00%	0.00%
冰岛	50.00%	-33.33%	0.00%	50.00%	16.67%
尼日利亚	0.00%	0.00%	-33.33%	0.00%	-8.33%
拉脱维亚	0.00%	0.00%	0.00%	0.00%	0.00%
马其顿	0.00%	0.00%	0.00%	0.00%	0.00%
埃塞俄比亚	100.00%	-50.00%	100.00%	0.00%	37.50%
阿塞拜疆	0.00%	0.00%	0.00%	0.00%	0.00%
波黑	0.00%	0.00%	0.00%	0.00%	0.00%
哥斯达黎加	0.00%	0.00%	0.00%	0.00%	0.00%
格鲁吉亚	0.00%	0.00%	0.00%	0.00%	0.00%
马拉维	0.00%	0.00%	0.00%	0.00%	0.00%
尼泊尔	0.00%	-100.00%	0.00%	0.00%	0.00%
斯里兰卡	0.00%	0.00%	0.00%	0.00%	0.00%
乌干达	0.00%	0.00%	0.00%	0.00%	0.00%
乌兹别克斯坦	0.00%	0.00%	0.00%	0.00%	0.00%
约旦	0.00%	0.00%	0.00%	0.00%	0.00%
肯尼亚	0.00%	0.00%	0.00%	-100.00%	-25.00%
利比亚	0.00%	0.00%	0.00%	-100.00%	-25.00%
牙买加	0.00%	0.00%	0.00%	-100.00%	-25.00%
巴林	-50.00%	0.00%	0.00%	-100.00%	-37.50%

由表2-2我们还可以看出，埃及的4年平均环比增长速度最快，为81.25%，远远高于SCI收录期刊总量的平均环比增长速度1.50%。但我们查看该国的实际入选SCI期刊量后会发现，该国2013年仅入选1种SCI期刊，而2014年入选了4种，导致2014年的环比增长速度为300.00%，虽然2015年和2016年入选刊数没有变化，环比增长速度为0，但4年平均环比增长速度仍较高。可见，由于实际入选期刊量太低，较小的期刊量变化就会引起环比增长速度的大幅度变化，平均环比增长速度并不能全面反映各国入选SCI期刊

的真实进程，我们还应该结合实际入选期刊数来看。

为避免由于基数过小导致的环比增长速度变异太大，笔者选择5年平均SCI期刊量≥100种的国家，计算其环比增长速度并做对比，结果见表2-3。5年平均SCI期刊量≥100种的国家共12个，平均环比增长速度最快的是瑞士，为4.87%，其SCI期刊由2013年的187种增长到2017年的226种；处于第二位的即为我国，SCI期刊由2013年的197种增长到2017年的233种，平均环比增长速度为4.32%。我国SCI期刊的迅速发展，与国内对科技的重视、对国际话语权的重视是分不开的。其余10国中，SCI期刊平均环比增长速度高于SCI收录期刊总量的环比增长速度1.50%者还有4国，分别为荷兰、英国、德国和巴西，平均环比增长速度分别为2.46%、2.44%、1.90%和1.65%，虽然与瑞士和我国的SCI期刊环比增长速度相比差距较大，但该4国的SCI期刊量增长速度均较SCI收录期刊总量的增长速度高，说明该4国的SCI期刊量的增长达到了实际意义上的增长。图2-2显示了平均SCI期刊量≥100种且平均环比增长速度居前5位的国家2014~2017年环比增长速度曲线图，由图可以看出，瑞士2014~2017年SCI期刊环比增长速度较高，且变化相对平稳。5国中我国环比增长速度变异度最大，可能与我国SCI期刊处于上升期，而事物在上升阶段总是伴随着波动性变化有关。

表2-3 5年平均SCI期刊量≥100种的国家SCI期刊量及其环比增长速度

国家	期刊量/种					环比增长速度				
	2013年	2014年	2015年	2016年	2017年	2014年	2015年	2016年	2017年	平均
美国	2 865	2 899	2 931	2 955	2 986	1.19%	1.10%	0.82%	1.05%	1.04%
英国	1 765	1 810	1 868	1 883	1 943	2.55%	3.20%	0.80%	3.19%	2.44%
荷兰	648	662	692	699	714	2.16%	4.53%	1.01%	2.15%	2.46%
德国	563	578	591	605	607	2.66%	2.25%	2.37%	0.33%	1.90%
日本	234	233	234	236	236	-0.43%	0.43%	0.85%	0.00%	0.21%
中国	197	205	219	219	233	4.06%	6.83%	0.00%	6.39%	4.32%
瑞士	187	202	211	217	226	8.02%	4.46%	2.84%	4.15%	4.87%
法国	182	174	172	177	175	-4.40%	-1.15%	2.91%	-1.13%	-0.94%
俄罗斯	146	148	146	147	151	1.37%	-1.35%	0.68%	2.72%	0.86%
波兰	128	128	135	138	134	0.00%	5.47%	2.22%	-2.90%	1.20%
意大利	120	120	120	119	114	0.00%	0.00%	-0.83%	-4.20%	-1.26%
巴西	105	105	110	110	112	0.00%	4.76%	0.00%	1.82%	1.65%

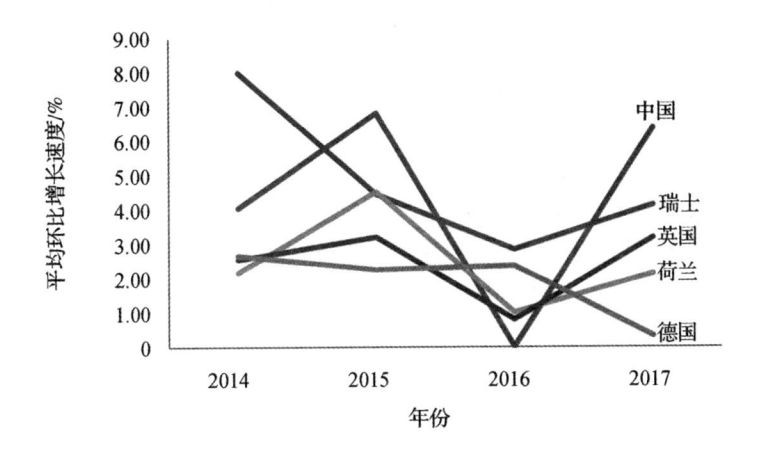

图 2-2　平均 SCI 期刊量≥100 种且 SCI 期刊平均环比增长速度位居前 5 位的
国家 2014～2017 年环比增长速度图

12 国中，波兰、美国、俄罗斯和日本 SCI 期刊平均环比增长速度分别为 1.20%、1.04%、0.86% 和 0.21%，虽然该 4 国的 SCI 期刊平均环比增长速度达不到 SCI 收录期刊总量的环比增长速度，但仍为正值，说明该 4 国 SCI 期刊绝对数量是增加的，但增加的速度达不到 SCI 收录期刊总量的增加速度，其 SCI 期刊数量的增加速度缓慢。12 国中，法国和意大利 SCI 期刊平均环比增长速度是负值，分别为 -0.94% 和 -1.26%，说明这两个国家 SCI 期刊量逐渐减少。由具体数据我们也可以看出，法国 2013 年 SCI 期刊量为 182 种，而 2017 年减少到 175 种，意大利 2013 年 SCI 期刊量为 120 种，而 2017 年减少到 114 种。有学者认为，高质量学术期刊的发展与经济实力以及科技创新实力是相一致的[1][2]。我国的学术期刊的快速发展，与我国经济实力的增强、科技创新能力的增强及国家政策的支持是分不开的。

值得指出的是，美国和英国是 SCI 期刊大国，两者所拥有的期刊总量占 SCI 收录期刊总量的一半以上，两者 SCI 期刊的平均环比增长速度分别为 1.04% 和 2.45%，这个增长速度是值得我们思考的。美国 SCI 期刊量基数最大，虽然是 1.04% 的增长速度，其 5 年实际 SCI 期刊增长数量达到 121 种，这

---

[1] 李燕萍，施丹. 中部六省科技人力资源创新能力的比较研究[J]. 科技进步与对策，2008，25(1)：176-179.
[2] 盛丽娜，顾欢，周志新，等. 2003～2012 年我国中部六省 SSCI 论文分析[J]. 科技管理研究，2015，35(11)：71-76.

个数据在 2017 年比 86.49%（64/74）的国家实际拥有的 SCI 期刊量都大，说明美国虽然已经是 SCI 期刊大国，但其国内对科技期刊发展的重视似乎已成为常规，其科技期刊稳步发展。美国 SCI 期刊环比增长速度与 SCI 收录期刊总量平均的环比增长速度 1.50% 仍有差距，可能间接反映了其国内科技期刊市场发展已日趋成熟，达到相对稳定状态。作为"稳坐第二把交椅"的英国，其 SCI 期刊的平均环比增长速度高达到 2.44%，远高于 SCI 期刊收录总量的平均环比增长速度。2017 年英国 SCI 期刊量为 1 943 种，较 2013 年的 1 765 种多了 178 种，比美国实际增长的期刊量还要大。英国在基数较为庞大的情况下，还能实现 SCI 期刊的快速增长，其经验是值得我们借鉴和学习的。

第三章　SCI 期刊的出版语言

第一节　2017 年 SCI 期刊出版语言分布

2017 年 SCI 收录的 8 990 种期刊中，共涉及 24 种语言，其中出版语言为英语者 7 886 种，占 87.72%。可见，SCI 期刊中八成以上的期刊是以英语为出版语言的。处于第二位的出版语言为多语种出版，使用这种语言的期刊不足 1 000 种，为 732 种，占所有 SCI 期刊的 8.14%，一般是英语和其他语言混合使用，即期刊可能既刊发英语论文，也同时允许使用其他某一种或多种语言的论文刊发。多语种之后又是一个断崖式的分布，使用德语、西班牙语、法语、葡萄牙语、中文的期刊数均不足百种，分别为 78 种（0.87%）、69 种（0.77%）、48 种（0.53%）、47 种（0.52%）和 21 种（0.23%）。使用土耳其语、波兰语、荷兰语、日语、意大利语的期刊分别为 18 种、17 种、14 种、11 种和 11 种，其他使用语言期刊不足 10 种的分别为韩语、俄语、罗马尼亚语、克罗地亚语、塞尔维亚语、捷克语、立陶宛语、斯洛文尼亚语、冰岛语、马来语、希腊语和匈牙利语。图 3-1 显示了 2017 年 SCI 期刊的出版语言分布，可以明显看出 SCI 对以英语为出版语言期刊的青睐。

第二节　SCI 期刊出版语言变迁

为验证 2017 年 SCI 收录期刊的出版语言分布并非偶然，笔者也将 2013 年、2014 年、2015 年和 2016 年 SCI 收录期刊的出版语言分布分别进行了统计，并将统计结果与 2017 年的做对比，结果见表 3-1。由表 3-1 可知，2013～2017 年 SCI 收录期刊分别为 8 470 种、8 611 种、8 778 种、8 851 种和 8 990 种，各年度以英语为出版语言的期刊分别有 7 350 种、7 514 种、7 683

种、7 763 种和 7 886 种，分别占各年度 SCI 期刊总量的 86.78%、87.26%、87.53%、87.71% 和 87.72%。5 年间以英语为出版语言的期刊数量不断增加，所占比例也呈上升趋势。由于多语种期刊多是混合英语和其他语言，甚至很多仍以英语论文为主，若将这部分期刊统一称为出版语言以英语为主者，计算其占历年 SCI 期刊总量的比例，2013~2017 年分别为 95.19%、95.61%、95.75%、95.88% 和 95.86%，所占比例高且逐年有上升趋势。各年度 SCI 期刊出版语言为非以英语为主者的数量分别为 407 种、378 种、373 种、365 种和 372 种，逐年下降趋势明显，SCI 似乎有意逐步减少对非英语为出版语言的期刊的收录。

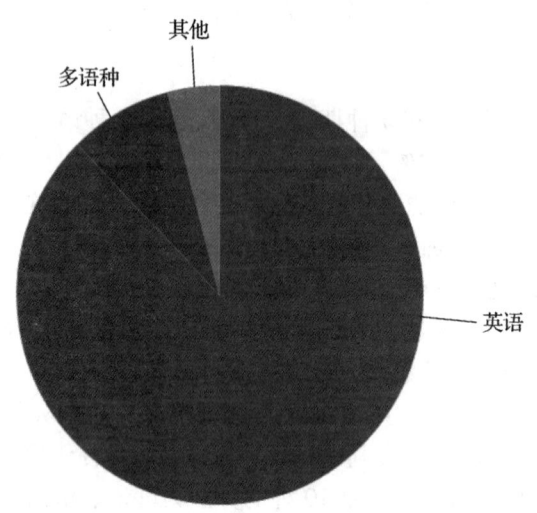

图 3-1 2017 年 SCI 期刊的出版语言分布

表 3-1 2013~2017 年 SCI 期刊出版语言分布   种

出版语言	2013 年	2014 年	2015 年	2016 年	2017 年	平均
英语	7 350	7 514	7 683	7 763	7 886	7 639.2
多语种	713	719	722	723	732	721.8
德语	84	79	80	78	78	79.8
西班牙语	73	68	69	69	69	69.6
法语	59	49	49	48	48	50.6

第三章　SCI期刊的出版语言

续表　　　　　　　　　种

出版语言	2013年	2014年	2015年	2016年	2017年	平均
葡萄牙语	50	48	47	46	47	47.6
中文	19	22	21	21	21	20.8
土耳其语	21	22	17	17	18	19.0
波兰语	20	16	16	17	17	17.2
荷兰语	16	12	13	12	14	13.4
日语	10	10	11	10	11	10.4
意大利语	11	12	12	10	11	11.2
韩语	9	7	7	6	8	7.4
俄语	8	7	7	7	7	7.2
罗马尼亚语	7	7	6	6	6	6.4
克罗地亚语	4	4	4	4	4	4.0
塞尔维亚语	3	3	3	3	3	3.0
捷克语	2	2	2	2	2	2.0
立陶宛语	2	2	2	2	2	2.0
斯洛文尼亚语	2	2	2	2	2	2.0
冰岛语	1	1	1	1	1	1.0
马来语	1	1	1	1	1	1.0
希腊语	1	1	1	1	1	1.0
匈牙利语	2	1	1	1	1	1.2
丹麦语	1	1	0	0	0	0.4
乌克兰语	1	1	1	1	0	0.8

上述数据表明，SCI更倾向于收录以英语为出版语言的期刊，且该趋势愈加明显。对于母语为非英语的国家，其国内期刊如想入选SCI，改版为英文刊，或者创办新的英文期刊似乎是一个出路。国内也有很多成功的案例，譬如2000年创刊的由中华医学会西安分会主办的《国际眼科杂志》，于2008年创办了其英文刊 *International Journal of Ophthalmology Press*（ISSN：2222-3959），该刊于2010年即入选了SCI，也是我国迄今为止唯一入选SCI的眼科学专业期刊，国内眼科界影响力更大的《中华眼科杂志》由于为中文版，依然未被SCI

收录。①

  国内也有大量学者提出创办英文期刊以提高我国 SCI 期刊入选数量的观点，与笔者统计分析结果相一致，如王继红等②基于 In Cites 和 Scopus 数据库，对我国 SCI 空白学科领域已发 SCIE 论文总量及其占全球 SCI 论文总量百分比等指标进行分析，认为在 SCI 空白学科领域，通过组建学会办刊、资助优势特色期刊等办法，可以建设一批高国际影响力的英文期刊。刘小燕等③基于对我国高校英文科技期刊发展的整体概况进行调查，分析了 SCI 收录我国高校英文科技期刊的状况后认为，相关部门应大力给予政策扶持，鼓励创办英文科技期刊，缩小区域差距，提高我国 SCI 期刊量。但毫无疑问，相对于以英语为母语的国家来说，母语为非英语的国家创办英文期刊面临一系列问题，如在期刊创办初期影响力有限的情况下，如何吸引高质量英文论文投稿？由于 SCI 期刊对作者的英语水平有较高要求，而在期刊本身影响力有限、对作者吸引力不高的情况下，作者会首选自己的母语期刊投稿，这就会使部分优质稿源流失；另外，该类期刊要求编辑人员拥有较高的英语水平，包括沟通能力和英文的书面语言组织能力，同时对审稿人的要求也很高，如能对英文论文进行评审等。这一系列问题导致非英语为母语的国家创办英文期刊困难重重，这也导致很多非英语为母语的国家对 SCI 收录期刊语言偏向的不满。

---

  ① 李存娜，吕聪聪. 中国英文人文社科期刊的国际化研究[J]. 清华大学学报(哲学社会科学版)，2015，30(4)：168-183.
  ② 王继红，刘灿，邓群，等. 建设 SCIE 空白学科期刊 提升科技期刊国际影响力[J]. 中国科技期刊研究，2015，26(12)：1336-1343.
  ③ 刘小燕，姚远. SCI 收录高校英文科技期刊的统计与分析[J]. 中国科技期刊研究，2015，26(1)：86-92.

第四章　SCI 期刊出版频率

期刊，顾名思义，是定期出版的刊物。期刊的出版频率也就是指期刊每年出版多少期。国内期刊按出版周期一般分为周刊、旬刊、半月刊、月刊、季刊、半年刊、年刊等。其中，周刊为每周出版一期的期刊，也有周二刊即一周出两期的期刊，双周刊即每两周出版一期的期刊；旬刊为每 10 天出版一期的期刊；半月刊为每月出版两期；月刊为每月出版一期；双月刊为每两个月出版一期；季刊为一个季度出版一期，即 3 个月一期；半年刊为每半年出版一期，即 6 个月一期；年刊为 1 年仅出版一期，多为年鉴，即以全面、系统、准确地记述上年度事物运动、发展状况为主要内容的资料性工具书，也就是汇辑一年内的重要时事、文献和统计资料，按年度连续出版的工具书。国内期刊的出版频率在一定时期内是固定的，在各级新闻出版局/署/处都有备案，如期刊无法按期出版，或需要更改出版频率，则需要提交申请。与国内期刊不同，SCI 期刊出版周期比较灵活，具体分析如下。

第一节　2017 年 SCI 期刊出版频率分布

2017 年 SCI 收录的共计 8 990 种期刊中，未给出出版频率者共计 269 种，剩余 8 721 种的出版频率分布见图 4-1。8 721 种期刊中，出版频率最低为每年 1 期（年刊/年鉴），共有 182 种期刊，占 2.09%。出版频率最高的为英国的 *Conflict and Health*，每年出版 365 期，以每天一期的频率出刊，用堪比日报的出版速度出版期刊，笔者惊叹于该刊的出版速度，查其编辑部地址位于伦敦，好奇之余，笔者进一步查询了该刊的学术指标，发现该刊 2017 年的影响因子为 3.305，在 PUBLIC, ENVIRONMENTAL & OCCUPATIONAL HEALTH（公共、环境和职业健康学）学科的 180 种期刊中影响因子排第 35 位，位列 Q1 区，看起来似乎是个学术影响力很不错的期刊。一般来说，出刊频率如此之高，载文量应该很大，影响因子还能达到 3.305，其被引频次理论上一定非常高，但笔者进一步查询后发现,该刊 2017 年共刊发 Article 28 篇、Review 6 篇,Letter 2 篇,Editorial Material 1 篇共计 37 篇文献,这显然与其每年 365 期的出版频率不相符合。该刊是 2017 年新收录的 SCI 期刊,故 JCR 内没有其 2017 年以前的信息,该刊在 2018 年的 JCR 内显示的出版频率为每年 1 期。由于有较多报道显示 Web of Science 录入期刊数据时,由于数据量大,不可避免有数据录入错误的情况①,故笔者认为 2017 年该刊的出版频率录入可能是错误的,每年 1 期可能是该刊真实的出版频率。排除该刊后,每年出版 52 期即为 2017 年 SCI 期刊出版频率最高者,共有 11 种期刊。8 721 种 SCI 内显示出版频率的期刊中,每年出版 1~9 期者 6 227 种(71.40%),每年出版 10~19 期者 2 277 种(26.11%),每年出版 20~29 期者 184 种(2.11%),每年出版 30~52 期者 33 种(0.38%)。2017 年 8 721 种 SCI 期刊共出版 63 106 期,平均每刊一年出版 7.2 期,即 2017 年 SCI 期刊的平均出版频率为 7.2 期。

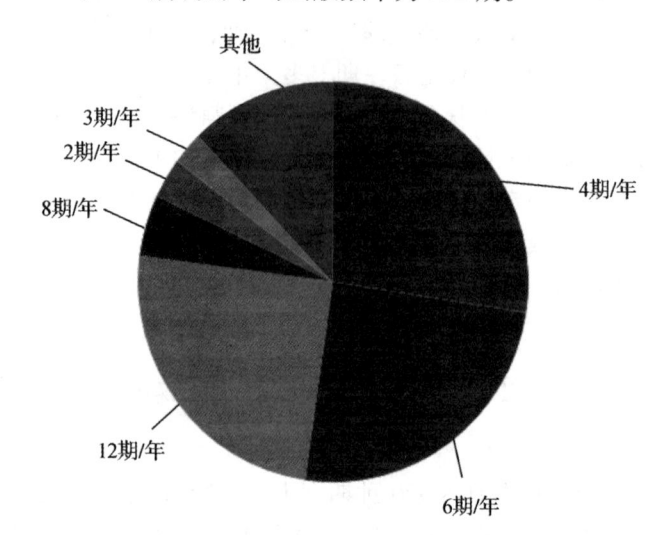

图 4-1 2017 年 SCI 期刊的出版频率分布

8 721 种期刊中,每年出版 4 期的期刊(即为季刊)最多,共 2 778 种(占 31.85%);其次为每年出版 6 期(双月刊)者,共计 2 124 种期刊(占 24.36%);处于第三位的是每年出版 12 期的期刊(月刊),共有 1 911 种(占 21.91%)。三者共计占 2017 年有出版频率 SCI 期刊的 78.12%。可见,SCI 期

---

① 盛丽娜. SSCI 收录信息科学与图书馆学期刊及其文献计量学指标分析——基于 JCR 网络版(2012)[J]. 情报科学,2015,33(8):102-107,114.

刊以季刊、双月刊、月刊为多。国内王燕[1]以897种医学期刊为研究对象分析各刊出版频率，结果发现，897种期刊中，月刊和双月刊最多，分别为389种（43.37%）、366种（40.80%），半月刊64种（7.13%），季刊51种（5.69%），旬刊和周刊共计27种（3.01%）。其中，223种中文核心期刊中，月刊共137种（61.43%），双月刊63种（28.25%），半月刊17种（7.62%），旬刊和周刊共5种（2.24%），季刊1种（0.45%）；520种统计源期刊中，双月刊254种（48.85%），月刊204种（39.23%），季刊35种（6.73%），半月刊24种（4.62%），旬刊和周刊3种（0.58%）。可见，国内优质医学期刊中月刊和双月刊是主流，季刊比半月刊还要少；而SCI期刊中季刊、月刊、双月刊均较多，其余出版频率相对占比较少，仅为12.89%。这可能是国内外期刊出版环境差异导致的，也可能与文献统计的仅为国内医学期刊的分布，而本书统计的为所有自然科学期刊的分布有关。

除了我们熟知的季刊、月刊、双月刊外，2017年SCI期刊中涉及100种以上期刊的出版频率还有每年8期（419种，4.80%）、每年2期（315种，3.61%）、每年3期（261种，2.99%）、每年10期（222种，2.55%）、每年1期（182种，2.09%）、每年24期（160种，1.83%）。另外，还有期刊每年出版5期、7期、11期、13期、14期、15期、16期、18期、19期、20期、21期、22期、25期、26期、28期者。从这些数据中我们可以看出，SCI期刊的出版频率十分灵活，这点国内也有学者报道过[2][3]。这也提示我们，出版频率不是影响期刊是否能够加入SCI的因素，国内相关期刊若想加入SCI，可以根据实际需要适当调整出版频率。当然，这似乎也提示我国的科技期刊管理政策制定者可适当放宽对期刊出版频率的管理，以使期刊主办者有更多的自主权。

第二节　SCI期刊出版频率变迁

从理论上来说，期刊的出版频率在较长一段时间内应该是固定的，因此，

---

[1] 王燕. 基于出版参数与文献计量学统计的医学核心期刊编辑出版策划[J]. 编辑学报, 2018, 30(2): 164-167.

[2] 王梅英, 周志新, 刘雪立. 2009年SCI、SSCI收录图书情报学期刊及其文献计量学指标综合分析[J]. 情报科学, 2011, 29(5): 727-734.

[3] 祝银梅, 刘霞, 苗丽, 等. SCI/SSCI国际心理学期刊的计量分析[C]//第四届大学评价与科研评价国际学术研讨会论文集, 2004: 417-423.

笔者没有将2013~2017年历年的SCI期刊出版频率一一进行对比，而是仅对比分析了2013年和2017年两年的数据。2013年SCI共收录8 470种期刊，2017年收录8 990种期刊，统计时，笔者均删除没有给出出版频率者，最终2013年共计入选8 187种期刊，2017年入选8 721种期刊，其分别占两年实际涉及期刊总数的96.67%、97.01%，说明对两者的分析能够代表整体趋势。

2013年，SCI给出出版频率的8 187种期刊的出版频率分布见图4-2。8 187种期刊中，每年出版1~9期者5 433种(66.36%)，每年出版10~19期者2 381种(29.08%)，每年出版20~29期者278种(3.40%)，每年出版≥30期者95种期刊(1.16%)。出版频率最高的是来自荷兰的 *Brain Research*，每年出版60期，该刊属于NEUROSCIENCES(神经科学)学科，其2013年影响因子为2.828，在该学科251种期刊中其影响因子排在134位，属于Q3区。该刊2013年共刊发Article 618篇、Review 19篇，从学科规模和学术影响力指标来看，这是一个很不错的期刊。

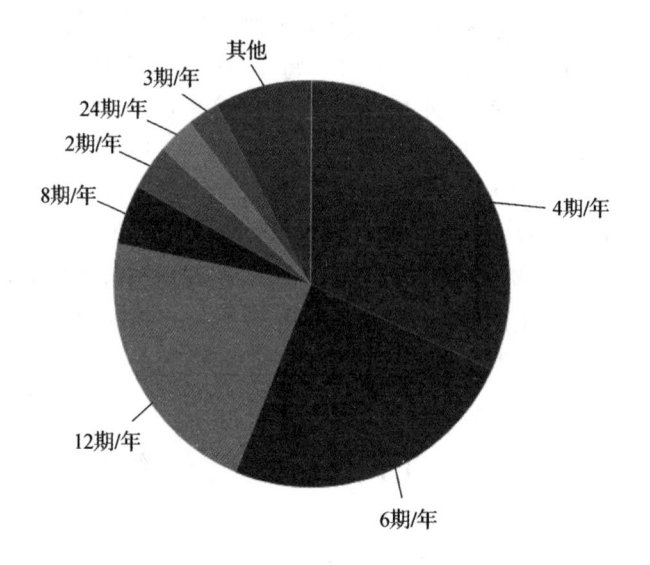

图4-2 2013年SCI期刊的出版频率分布

2013年与2017年SCI期刊的出版频率分布对比见表4-1。2013年全年SCI期刊共出版66 854期，平均每刊一年出版8.2期，即2013年SCI期刊的平均出版频率为8.2期，该值较2017年SCI期刊的平均年出版频率7.2期较多，可见，SCI期刊出版频率整体呈下降趋势。进一步对比2013年和2017年SCI期刊出版频率分布情况后发现，2013年每年出版4期、6期、12期的期刊量分别为 2 239 种、2 038 种和 2 026 种，与 2017 年一样位列前 3；三者在 2013 年的占比分别为 27.35%、24.89% 和 24.75%，合计占比 76.99%，该值与 2017 年 3 种出版频率期刊占比总和 78.12% 相似。2013 年和 2017 年每年出版 4 期即季刊的期刊量相差很大。2017 年每年出版 4 期的 SCI 期刊共 2 778 种，较 2013 年的 2 239 种增加了 539 种，百分比增加了 4.50%，是所有出版频次涉及的期刊量在 5 年中变化最大的出版频率，这也是导致 2017 年平均出版频率减少的主要原因。每年出版 12 期的期刊由 2013 年的 2 026 种减少到了 2017 年的 1 911 种，占比变化了 2.83%，这是 5 年占比变化处于第 2 位的出版频率。除了每年 4 期和 12 期的出版频率变化较大外，2013 年与 2017 年其他期刊出版频率涉及期刊量和占比变化均不大。

表 4-1 2013 年和 2017 年 SCI 期刊出版频率分布对比

出版频率	2013 年 期刊量/种	占比	2017 年 期刊量/种	占比	百分比变化
4 期/年	2 239	27.35%	2778	31.85%	4.50%
6 期/年	2 038	24.89%	2124	24.36%	-0.54%
12 期/年	2 026	24.75%	1911	21.91%	-2.83%
8 期/年	407	4.97%	419	4.80%	-0.17%
2 期/年	267	3.26%	315	3.61%	0.35%
24 期/年	220	2.69%	160	1.83%	-0.85%
3 期/年	183	2.24%	261	2.99%	0.76%
10 期/年	164	2.00%	222	2.55%	0.54%
1 期/年	108	1.32%	183	2.10%	0.78%
9 期/年	99	1.21%	63	0.72%	-0.49%
5 期/年	65	0.79%	58	0.67%	-0.13%
18 期/年	55	0.67%	47	0.54%	-0.13%
15 期/年	34	0.42%	19	0.22%	-0.20%
16 期/年	31	0.38%	35	0.40%	0.02%
14 期/年	30	0.37%	19	0.22%	-0.15%
7 期/年	27	0.33%	26	0.30%	-0.03%
52 期/年	25	0.31%	11	0.13%	-0.18%

续表

出版频率	2013年 期刊量/种	占比	2017年 期刊量/种	占比	百分比变化
20 期/年	22	0.27%	11	0.13%	-0.14%
13 期/年	20	0.24%	11	0.13%	-0.12%
48 期/年	20	0.24%	9	0.10%	-0.14%
11 期/年	19	0.23%	12	0.14%	-0.09%
26 期/年	18	0.22%	4	0.05%	-0.17%
36 期/年	15	0.18%	4	0.05%	-0.14%
51 期/年	10	0.12%	0	0.00%	-0.12%
50 期/年	9	0.11%	3	0.03%	-0.08%
32 期/年	6	0.07%	2	0.02%	-0.05%
21 期/年	5	0.06%	3	0.03%	-0.03%
22 期/年	5	0.06%	4	0.05%	-0.02%
28 期/年	4	0.05%	1	0.01%	-0.04%
30 期/年	4	0.05%	3	0.03%	-0.01%
40 期/年	3	0.04%	1	0.01%	-0.03%
17 期/年	2	0.02%	0	0.00%	-0.02%
25 期/年	2	0.02%	1	0.01%	-0.01%
27 期/年	2	0.02%	0	0.00%	-0.02%
34 期/年	1	0.01%	0	0.00%	-0.01%
42 期/年	1	0.01%	0	0.00%	-0.01%
60 期/年	1	0.01%	0	0.00%	-0.01%
19 期/年	0	0.00%	1	0.01%	0.01%

第五章 SCI 学科设置

SCI 的学科设置相对比较固定,但在不同年份间也会有些许增减,如 2013 年 SCI 共设置 176 个学科,2015 年增加了 GREEN & SUSTAINABLE SCIENCE & TECHNOLOGY 学科,变为 177 个学科,2016 年、2017 年均维持 177 个学科。笔者从期刊量和载文量两个方面论述了不同学科的规模差异,并分析了 5 年间学科规模的变迁状况。

第一节 2017 年 SCI 期刊学科状况

某一学科规模一般从期刊量上描述,即包含期刊量越大的学科,我们认为这个学科的规模越大。但这是个近似的方法,是将所有期刊的论文量等同来看待的。由于不同期刊载文量有差异,故我们要进一步分析学科规模的话,可以从载文量入手。

1. 2017 年各学科期刊量

2017 年 SCI 共收录 8 990 种期刊,分为 177 个学科,但由于部分期刊同时属于两个或两个以上学科,这样在进行学科分析时,这部分期刊会被重复统计,故最终 177 个学科共包含 14 247 种期刊,平均每个学科收录 80.5 种期刊。但 177 个学科收录的期刊量并不一致,甚至相差很大。收录期刊量最多的学科为 MATHEMATICS(数学),2017 年收录了 310 种期刊;收录期刊量最小的学科是 ANDROLOGY(男科学),2017 年仅收录了 6 种期刊。

177 个学科中,收录≥200 种期刊的学科共有 11 个,分别为 MATHEMATICS(数学)、BIOCHEMISTRY & MOLECULAR BIOLOGY(生物化学与分子生物学)、MATERIALS SCIENCE, MULTIDISCIPLINARY(材料科学,多学科)、PHARMACOLOGY & PHARMACY(药理学和药学)、NEUROSCIENCES(神经科学)、ENGINEERING, ELECTRICAL & ELECTRONIC(工程、电气和电子科学)、MATHEMATICS, APPLIED(应用数学)、ENVIRONMENTAL SCIENCES

（环境科学）、PLANT SCIENCES（植物科学）、ONCOLOGY（肿瘤学）和 SURGERY（外科学）；收录 150~199 种期刊的学科共有 11 个，分别为 CLINICAL NEUROLOGY（临床神经病学）、GEOSCIENCES, MULTIDISCIPLINARY（地质学，地球科学综合）、CELL BIOLOGY（细胞生物学）、PUBLIC, ENVIRONMENTAL & OCCUPATIONAL HEALTH（公共、环境和职业健康）、GENETICS & HEREDITY（遗传学与遗传）、CHEMISTRY, MULTIDISCIPLINARY（化学，多学科）、ZOOLOGY（动物学）、ECOLOGY（生态学）、BIOTECHNOLOGY & APPLIED MICROBIOLOGY（生物技术与应用微生物学）、IMMUNOLOGY（免疫学）和 MEDICINE, GENERAL & INTERNAL（普通内科医学）；收录 100~149 种期刊的学科共有 24 个，分别为 PHYSICS, APPLIED（物理学，应用）、COMPUTER SCIENCE, INFORMATION SYSTEMS（计算机科学，信息系统）、CHEMISTRY, PHYSICAL（化学，物理）、PSYCHIATRY（精神病学）、ENDOCRINOLOGY & METABOLISM（内分泌与代谢）、VETERINARY SCIENCES（兽医学）、ENGINEERING, CHEMICAL（工程、化学）、MECHANICS（力学）、MEDICINE, RESEARCH & EXPERIMENTAL（医学、研究与实验）、FOOD SCIENCE & TECHNOLOGY（食品科技）、COMPUTER SCIENCE, ARTIFICIAL INTELLIGENCE（计算机科学、人工智能）、CARDIAC & CARDIOVASCULAR SYSTEMS（心脏和心血管系统）、RADIOLOGY, NUCLEAR MEDICINE & MEDICAL IMAGING（放射、核医学和医学成像）、ENGINEERING, MECHANICAL（工程、机械）、ENGINEERING, CIVIL（工程、土木）、MICROBIOLOGY（微生物学）、PEDIATRICS（儿科）STATISTICS & PROBABILITY（统计与概率）、NURSING（护理学）、MARINE & FRESHWATER BIOLOGY（海洋与淡水生物学）、COMPUTER SCIENCE, INTERDISCIPLINARY APPLICATIONS（计算机科学，跨学科应用）、COMPUTER SCIENCE, SOFTWARE ENGINEERING（计算机科学、软件工程）、MATHEMATICS, INTERDISCIPLINARY APPLICATIONS（数学，跨学科应用）、COMPUTER SCIENCE, THEORY & METHODS（计算机科学、理论与方法）；包含 50~99 种期刊的学科共有 62 个；包含 20~49 种期刊的学科共有 57 个；包含 <20 种期刊的学科共有 12 个，分别为 SUBSTANCE ABUSE（药物滥用）、PRIMARY HEALTH CARE（初级保健）、ENGINEERING, PETROLEUM（工程、石油）、AGRICULTURAL ECONOMICS & POLICY（农业经济与政策）、MEDICAL ETHICS（医学伦理学）、MEDICINE, LEGAL（医学、法律）、NEUROIMAGING（神经影像学）、ENGINEERING, OCEAN（工程、海洋）、ENGINEERING, MARINE（工程，海事）、AGRICULTURAL ENGINEERING（农业工

程)、MICROSCOPY(显微镜检查)、ANDROLOGY(男科学)。

2. 2017 年各学科载文量

Web of Science 内的期刊刊发的文献类型十分丰富,除了我们熟知的 Article 和 Review 外,还包括 Editorial Material、Letter、Preceedings Paper、Correction、Meeting、Biography 等文献类型。由于计算影响因子时分母使用的是 Article 和 Review 的量,故两者也被称为"可被引文献"[1][2][3][4],是很多期刊关注的重点文献类型。其中,Article 即我们通常理解的论著,属于原创论文,Article 的总量反映了当年某期刊刊发的原创性论文的总量,Article 对科学发展的促进作用不言而喻,在此不再赘述。Review 为综述类论文,是一种就某一段时间内作者针对某一专题对大量原始研究论文中的数据、资料和主要观点进行归纳整理、分析提炼而写成的论文。综述类论文专题性强,涉及范围较小,具有一定的深度和时间性,能反映出这一专题的历史背景、研究现状和发展趋势,具有较高的情报学价值。由于综述类论文具有让读者在较短时间内了解该专题的最新研究动态及若干篇有关该专题的原始研究论文等优点,故而成为大多学术期刊中都会刊登的一个文献类型。一般认为,Article 和 Review 是学术期刊的核心内容。JCR 内给出了所有学科当年刊载 Article 和 Review 的总量,笔者即以此为基础,进一步分析 SCI 不同学科的学科规模,以弥补仅使用期刊量分析学科规模太过笼统的不足。

2017 年 SCI 共刊发 2 063 730 篇文献,其中 Article 1 426 801 篇(69.14%),Review 101 414 篇(4.91%),Meeting Abstract 322 106 篇(15.61%),Editorial Material 96 653 篇(4.68%),Letter 42 425 篇(2.06%),Proceeding Spaper 31 914 篇(1.55%),Correction 17 297 篇(0.84%),News Item 13 700 篇(0.66%),Book Chapter 4 083 篇(0.20%),Book Review 2 836 篇(0.14%),Biographical Item 2 825 篇(0.14%),Retraction 815 篇(0.04%),Datapaper 347 篇,Retracted Publication 231 篇,Reprint 213 篇,Bibliography 21 篇,Soft-

---

[1] 刘雪立,盖双双,周晶. 基于文献类型矫正的影响因子及其实证研究[J]. 中国科技期刊研究,2016,27(3): 309-315.

[2] 盛丽娜. SSCI 信息科学和图书馆学期刊文献类型及其对影响因子贡献度分析[J]. 情报科学,2016,34(6): 116-120.

[3] 付中静. 国际权威图情期刊不同类型 NCD 的施引与被引特征实证分析[J]. 现代情报,2016,36(6): 79-86.

[4] 付中静. 国际权威期刊非可被引文献的引证特征以及对影响因子的贡献[J]. 中国科技期刊研究,2016,27(3): 324-329.

ware Review 15 篇，Earlyaccess 13 篇，Hardware Review 8 篇，Art Exhibit Review 4 篇，Theater Review 3 篇，Database Review 2 篇，Film Review 2 篇，Poetry 1 篇，Tvreview Radio Review 1 篇。由以上数据可知，SCI 共刊登 Article 1 426 801 篇、Review 101 414 篇，两者共计占论文总数的 74.05%，可以代表学科的整体规模。以 Article 和 Review 的量为基础分析各学科规模较以期刊为单位分析学科规模更为微观，结果可信度更强。

(1) 年载文总量

2017 年 JCR 刊登的 Article 和 Review（为论述方便，以下称为可被引文献）的总量为 1 528 215 篇，但由于部分期刊同时属于两个或两个以上学科，故部分论文的量也会被重复计算，最终 2017 年 JCR 内的 177 个学科共刊发可被引文献 2 462 120 篇。177 个学科中，年可被引文献量最多的为 MATERIALS SCIENCE, MULTIDISCIPLINARY（材料科学，多学科），共 104 219 篇，最少的为 ANDROLOGY（男科学），可被引文献量仅为 521 篇。2017 年 177 个学科的平均年可被引文献量为 1 3910.3 篇，中位数为 9 472 篇。

177 个学科中，年可被引文献量 >50 000 篇者共计 8 个学科，除 MATERIALS SCIENCE, MULTIDISCIPLINARY（材料科学，多学科）外，还有 CHEMISTRY, MULTIDISCIPLINARY（化学，多学科）、CHEMISTRY, PHYSICAL（化学，物理）、MULTIDISCIPLINARY SCIENCES（多学科科学）、PHYSICS, APPLIED（物理学，应用）、ENGINEERING, ELECTRICAL & ELECTRONIC（工程、电气和电子）ENVIRONMENTAL SCIENCES（环境科学）和 BIOCHEMISTRY & MOLECULAR BIOLOGY（生物化学与分子生物学）。年可被引文献量 > 20 000 ~ 50 000 者共计 27 个学科；年可被引文献量 > 10 000 ~ 20 000 者共计 47 个学科；年可被引文献量 > 5 000 ~ 10 000 者共计 45 个学科；年可被引文献量 > 2 000 ~ 5 000 者共计 45 个学科；年可被引文献量 ≤2 千者共 5 个学科，分别为 MICROSCOPY（显微镜检查）、LOGIC（逻辑学）、AGRICULTURAL ECONOMICS & POLICY（农业经济与政策）、MEDICAL ETHICS（医学伦理学）和 ANDROLOGY（男科学）。可见，SCI 不同学科的可被引文献量差异很大，学科规模大小不一，但 77.40%（137/177）的学科年可被引文献量集中在 5 000 ~ 20 000。

(2) 年刊均载文量

计算各学科年刊均载文量（仅指刊载可被引文献的量），即用某学科年载文总量除以该学科收录期刊量，结果见表 5 – 1。由表 5 – 1 可以看出，177 个学科的年刊均载文量差异很大，由 28.7 篇到 1 013.3 篇不等。其中，年刊均载文量≥1 000篇者1个学科,即为MULTIDISCIPLINARY SCIENCES(多学科科学);≥500篇者1个学科,即为ELECTROCHEMISTRY(电化学);400~499篇者7个学科,300~399篇者9个学科,200~299篇者22个学科(12.42%),100~199篇者104个学科(58.76%),<100篇者33个学科(18.64%)。可见,SCI 177个学科中,一半以上的学科年刊均载文量为100~199篇,也即是说,SCI期刊中,一半以上的学科其内的期刊一年仅刊登100~199篇Article和Review。按月刊来算,每期仅刊登8~17篇Article和Review;按双月刊来说,每期刊登17~33篇Article和Review。这个数据对于国内期刊来说是相对较少的。其原因可能为,SCI期刊除了Article和Review外,还有诸如Meeting、Editorial Material、Letter等文献类型,这部分文献在计算期刊影响因子时,其产生的被引用量会被计入分子,但其文献量不计入分母,对于期刊影响因子来说是"净贡献"[1],故而很多SCI期刊为追求影响因子的最大化,会适当增加这些类型的文献刊发,导致可被引文献Article和Review的量较少。有研究结果表明,非可被引文献在一少部分期刊中对影响因子的贡献较大[2][3]。笔者曾基于SCI 2007~2016年数据,对比分析我国与G7国家(美国、英国、德国、法国、日本、意大利、加拿大)和有代表性的新兴国家(印度、韩国、俄罗斯)SCI期刊状况,对比可被引文献的占比后发现,11国历年可被引文献占比平均为93.22%,大于该值者分别为韩国(96.06%)、俄罗斯(95.79%)、印度(95.34%)、中国(94.57%)、德国(93.59%)和加拿大(93.46%),小于该值者分别为日本(92.95%)、法国(92.50%)、意大利(92.38%)、美国(89.61%)和英国(89.19%)。我国可被引文献占比整体呈逐年下降趋势,已由2007年的97.34%下降至2016年的91.36%,相对地,非可被引文献占比逐渐增长,虽然与美国、英国等的非可被引文献占比相比仍较低,但也在逐渐调整[4]。可见,对于SCI期刊大国美国和英国的期刊来说,非可被引文献占比大于10%,而我国仅在5%左右。虽然国内外对期刊影响因子

---

① van LEEUWEN T. Discussing some basic critique on journal impact factors: Revision of earlier comments[J]. Scientometrics, 2012, 92(2): 443-455.
② LIU X L, GAI S S, ZHOU J. Journal impact factor: Do the numerator and denominator need correction?[J]. PLoS ONE, 2016, 11(3): e0151414.
③ 盛丽娜. SSCI信息科学和图书馆学期刊文献类型及其对影响因子贡献度分析[J]. 情报科学, 2016, 34(6): 116-120.
④ 盛丽娜,顾欢. 我国科技期刊SCIE进程的国际对比——基于SCIE 2007—2016年[J]. 中国科技期刊研究, 2018, 29(8): 828-834.

的质疑一直没有停歇，但毫无疑问，影响因子仍然是当今期刊评价使用最广泛、影响力最大的指标。各评价系统广泛使用的期刊分区，仍是基于学科内影响因子大小排序结果进行的。提高我国自然科学在国际上的话语权，其重要的一个方面即是提高我国 SCI 期刊的学术影响力，这也可进一步解释为提高我国 SCI 期刊的影响因子。那么，要想提高我国 SCI 期刊的影响因子，至少在计算影响因子分子和分母上所使用的数据来源应与国际 SCI 期刊大国相一致，也即是说，我国的期刊人应适当注意文献类型的多样化，提高非可被引文献的量，这部分对影响因子做出"净贡献"的文献量的增加，可能会带来意想不到的效果。

2017 年刊均载文量最高的是 MULTIDISCIPLINARY SCIENCES（多学科科学），为 1 013.3 篇，远高于处于第二位的 ELECTROCHEMISTRY（电化学）的 664.4 篇。进一步查询 MULTIDISCIPLINARY SCIENCES（多学科科学）学科后发现，该学科 64 种期刊的年刊均载文量差异非常大，有 7 篇（来自英国的 *Frontiers in Life Science*）到 24 809 篇（来自英国的 *Scientific Reports*）不等，该学科年刊均载文量高是由于其内两种期刊的极高年载文总量造成的，两种期刊一种来自英国的 *Scientific Reports*，月刊，2017 年共刊载 24 809 篇可被引文献，2017 年的总被引频次为 192 841 次，影响因子为 4.122，位于 MULTIDISCIPLINARY SCIENCES 学科的 Q1 区；另一种期刊为来自美国的 *PLoS One*，月刊，2017 年共刊载 20 328 篇可被引文献，2017 年的总被引频次为 582 877 次，影响因子为 2.766，同样位于 MULTIDISCIPLINARY SCIENCES 学科的 Q1 区。两种期刊不但是 MULTIDISCIPLINARY SCIENCES 学科中年载文量最高的期刊，也是 2017 年 SCI 8 990 种期刊中年载文总量最高的两种期刊。这两个极高载文量期刊，将该学科期刊的年刊均载文量提高到了所有学科中的第一位，而除去这两个期刊后，该学科年刊均载文量仅为 323.2 篇，位居第 16 位。

年刊均载文量处于第二位的学科是 ELECTROCHEMISTRY（电化学）的 664.4 篇，该学科共计有 28 种期刊，年载文总量最大的为 *Sensors*，季刊，2017 年共刊登可被引文献 2 945 篇，影响因子为 2.475，位于 Q3 区；*Chemical Vapor Deposition* 和 *Journal of Fuel Cell Science and Technology* 的可被引文献量在 JCR 内未给出，除这两种期刊外，该学科最低的可被引文献量为 *Journal of Electrochemical Energy Conversion and Storage* 的 31 篇，该刊也为季刊，2017 年影响因子为 1.429，同样位于 Q3 区。28 种期刊中，年载文量 >1 000 篇者共有 6 种期刊，而 <50 者也有 6 种期刊。

年刊均载文量最小的学科为 HISTORY & PHILOSOPHY OF SCIENCE（科学

史与哲学),该学科 2017 年收录 62 种期刊,年刊均载文量仅 28.7 篇,查看该学科期刊后发现,学科整体载文量均不高。年载文量最大的为 *Synthese*,双月刊,2017 年共刊登可被引文献 235 篇,2017 年影响因子为 1.034,位于 Q1 区;年载文量最小的为 *Revued Histoire des Mathematiques*,为半年刊,2017 年影响因子为 0.333,位于 Q3 区,2017 年共刊登可被引文献 3 篇,查询后发现,该刊每篇论文页码均在 70 页左右。

上述数据表明,不同学科间期刊载文量差异很大;即便在同一学科内,期刊载文量差异也很大。笔者对 2017 年 SCI 177 个学科的期刊量、载文总量、刊均载文量做 Spearman 相关性分析(使用 SPSS 20.0),结果显示,学科期刊量与学科载文总量显著正相关($r=0.853$,$P<0.001$),说明整体来看,学科收录期刊总量越多,其学科的载文总量就越大;载文总量与刊均载文量间也有统计学意义上的正相关($r=0.562$,$P<0.001$),但相关系数较期刊量与学科载文总量小,说明整体来看,学科收录的期刊量与学科载文总量的相关性强于刊均载文量与学科载文总量的相关性;期刊量与刊均载文量间却没有表现出有统计学意义的相关性($r=0.106$,$P=0.159$),说明学科收录期刊量的多少与期刊平均载文量间没有关系,这也是符合逻辑的。

表 5-1 2017 年 SCI 各学科期刊量、年载文总量和年刊均载文量

学科名称	期刊量/种	年载文总量/篇	年刊均载文量/篇
ACOUSTICS	32	5 228	163.4
AGRICULTURAL ECONOMICS & POLICY	17	767	45.1
AGRICULTURAL ENGINEERING	13	3 722	286.3
AGRICULTURE, DAIRY & ANIMAL SCIENCE	61	7703	126.3
AGRICULTURE, MULTIDISCIPLINARY	56	6 848	122.3
AGRONOMY	87	9 472	108.9
ALLERGY	27	2 406	89.1
ANATOMY & MORPHOLOGY	21	2 285	108.8
ANDROLOGY	6	521	86.8
ANESTHESIOLOGY	31	4 274	137.9
ASTRONOMY & ASTROPHYSICS	66	20 382	308.8

续表

学科名称	期刊量/种	年载文总量/篇	年刊均载文量/篇
AUDIOLOGY & SPEECH – LANGUAGE PATHOLOGY	25	2 523	100.9
AUTOMATION & CONTROL SYSTEMS	61	11 849	194.2
BEHAVIORAL SCIENCES	51	6 864	134.6
BIOCHEMICAL RESEARCH METHODS	79	14 441	182.8
BIOCHEMISTRY & MOLECULAR BIOLOGY	293	51 743	176.6
BIODIVERSITY CONSERVATION	59	4 741	80.4
BIOLOGY	85	10 426	122.7
BIOPHYSICS	72	12 407	172.3
BIOTECHNOLOGY & APPLIED MICROBIOLOGY	160	26 746	167.2
CARDIAC & CARDIOVASCULAR SYSTEMS	129	19 316	149.7
CELL & TISSUE ENGINEERING	25	3 089	123.6
CELL BIOLOGY	189	25 839	136.7
CHEMISTRY, ANALYTICAL	83	25 166	303.2
CHEMISTRY, APPLIED	72	16 255	225.8
CHEMISTRY, INORGANIC & NUCLEAR	45	12 575	279.4
CHEMISTRY, MEDICINAL	59	13 521	229.2
CHEMISTRY, MULTIDISCIPLINARY	170	67 665	398.0
CHEMISTRY, ORGANIC	57	19 178	336.5
CHEMISTRY, PHYSICAL	147	66 949	455.4
CLINICAL NEUROLOGY	197	27 827	141.3
COMPUTER SCIENCE, ARTIFICIAL INTELLIGENCE	131	14 533	110.9
COMPUTER SCIENCE, CYBERNETICS	22	1 711	77.8
COMPUTER SCIENCE, HARDWARE & ARCHITECTURE	52	5 729	110.2
COMPUTER SCIENCE, INFORMATION SYSTEMS	148	17 117	115.7
COMPUTER SCIENCE, INTERDISCIPLINARY APPLICATIONS	105	14 353	136.7
COMPUTER SCIENCE, SOFTWARE ENGINEERING	104	8 914	85.7
COMPUTER SCIENCE, THEORY & METHODS	103	9 505	92.3
CONSTRUCTION & BUILDING TECHNOLOGY	62	9 579	154.5

续表

学科名称	期刊量/种	年载文总量/篇	年刊均载文量/篇
CRITICAL CARE MEDICINE	33	4 878	147.8
CRYSTALLOGRAPHY	26	6 408	246.5
DENTISTRY, ORAL SURGERY & MEDICINE	91	9 217	101.3
DERMATOLOGY	64	6 839	106.9
DEVELOPMENTAL BIOLOGY	42	3 957	94.2
ECOLOGY	161	18 847	117.1
EDUCATION, SCIENTIFIC DISCIPLINES	42	3 834	91.3
ELECTROCHEMISTRY	28	18 603	664.4
EMERGENCY MEDICINE	26	3 509	135.0
ENDOCRINOLOGY & METABOLISM	142	16 991	119.7
ENERGY & FUELS	98	37 362	381.2
ENGINEERING, AEROSPACE	31	3 782	122.0
ENGINEERING, BIOMEDICAL	79	11 910	150.8
ENGINEERING, CHEMICAL	138	36 393	263.7
ENGINEERING, CIVIL	128	18 866	147.4
ENGINEERING, ELECTRICAL & ELECTRONIC	260	61 368	236.0
ENGINEERING, ENVIRONMENTAL	50	15 950	319.0
ENGINEERING, GEOLOGICAL	36	4 010	111.4
ENGINEERING, INDUSTRIAL	47	5 259	111.9
ENGINEERING, MANUFACTURING	46	7 299	158.7
ENGINEERING, MARINE	14	1 307	93.4
ENGINEERING, MECHANICAL	128	22 646	176.9
ENGINEERING, MULTIDISCIPLINARY	86	12 123	141.0
ENGINEERING, OCEAN	14	1 651	117.9
ENGINEERING, PETROLEUM	19	2 310	121.6
ENTOMOLOGY	96	6 524	68.0
ENVIRONMENTAL SCIENCES	244	53 479	219.2
EVOLUTIONARY BIOLOGY	49	6 357	129.7

续表

学科名称	期刊量/种	年载文总量/篇	年刊均载文量/篇
FISHERIES	51	6 208	121.7
FOOD SCIENCE & TECHNOLOGY	132	24 595	186.3
FORESTRY	66	5 586	84.6
GASTROENTEROLOGY & HEPATOLOGY	80	10 786	134.8
GENETICS & HEREDITY	172	18 539	107.8
GEOCHEMISTRY & GEOPHYSICS	85	10 749	126.5
GEOGRAPHY, PHYSICAL	49	6 251	127.6
GEOLOGY	47	2 834	60.3
GEOSCIENCES, MULTIDISCIPLINARY	191	23 245	121.7
GERIATRICS & GERONTOLOGY	53	6 358	120.0
GREEN & SUSTAINABLE SCIENCE & TECHNOLOGY	33	12 869	390.0
HEALTH CARE SCIENCES & SERVICES	94	10 878	115.7
HEMATOLOGY	72	10 066	139.8
HISTORY & PHILOSOPHY OF SCIENCE	62	1 777	28.7
HORTICULTURE	36	3 348	93.0
IMAGING SCIENCE & PHOTOGRAPHIC TECHNOLOGY	27	4 352	161.2
IMMUNOLOGY	156	23 640	151.5
INFECTIOUS DISEASES	88	14 077	160.0
INSTRUMENTS & INSTRUMENTATION	61	18 794	308.1
INTEGRATIVE & COMPLEMENTARY MEDICINE	27	3 392	125.6
LIMNOLOGY	20	2 147	107.4
LOGIC	20	890	44.5
MARINE & FRESHWATER BIOLOGY	106	10 953	103.3
MATERIALS SCIENCE, BIOMATERIALS	33	8 447	256.0
MATERIALS SCIENCE, CERAMICS	27	6 173	228.6
MATERIALS SCIENCE, CHARACTERIZATION & TESTING	33	3 229	97.8
MATERIALS SCIENCE, COATINGS & FILMS	20	8 025	401.3
MATERIALS SCIENCE, COMPOSITES	25	4 683	187.3

续表

学科名称	期刊量/种	年载文总量/篇	年刊均载文量/篇
MATERIALS SCIENCE, MULTIDISCIPLINARY	287	104 219	363.1
MATERIALS SCIENCE, PAPER & WOOD	21	2 159	102.8
MATERIALS SCIENCE, TEXTILES	24	3 099	129.1
MATHEMATICAL & COMPUTATIONAL BIOLOGY	59	7 091	120.2
MATHEMATICS	310	26 428	85.3
MATHEMATICS, APPLIED	252	24 905	98.8
MATHEMATICS, INTERDISCIPLINARY APPLICATIONS	104	9 835	94.6
MECHANICS	134	22 422	167.3
MEDICAL ETHICS	16	722	45.1
MEDICAL INFORMATICS	25	3 356	134.2
MEDICAL LABORATORY TECHNOLOGY	28	3 159	112.8
MEDICINE, GENERAL & INTERNAL	155	25 717	165.9
MEDICINE, LEGAL	16	1 939	121.2
MEDICINE, RESEARCH & EXPERIMENTAL	133	26 925	202.4
METALLURGY & METALLURGICAL ENGINEERING	75	18 289	243.9
METEOROLOGY & ATMOSPHERIC SCIENCES	87	13 356	153.5
MICROBIOLOGY	127	21 641	170.4
MICROSCOPY	10	996	99.6
MINERALOGY	29	3 467	119.6
MINING & MINERAL PROCESSING	20	2 750	137.5
MULTIDISCIPLINARY SCIENCES	64	64 850	1013.3
MYCOLOGY	29	1 819	62.7
NANOSCIENCE & NANOTECHNOLOGY	93	38 169	410.4
NEUROIMAGING	14	2 902	207.3
NEUROSCIENCES	260	38 420	147.8
NUCLEAR SCIENCE & TECHNOLOGY	33	8 670	262.7
NURSING	118	8 226	69.7
NUTRITION & DIETETICS	84	12 759	151.9

续表

学科名称	期刊量/种	年载文总量/篇	年刊均载文量/篇
OBSTETRICS & GYNECOLOGY	82	11 685	142.5
OCEANOGRAPHY	64	7 073	110.5
ONCOLOGY	224	40 542	181.0
OPERATIONS RESEARCH & MANAGEMENT SCIENCE	84	8 701	103.6
OPHTHALMOLOGY	59	8 662	146.8
OPTICS	94	27 642	294.1
ORNITHOLOGY	25	1 188	47.5
ORTHOPEDICS	78	12 850	164.7
OTORHINOLARYNGOLOGY	41	5 531	134.9
PALEONTOLOGY	56	2 761	49.3
PARASITOLOGY	37	6 212	167.9
PATHOLOGY	79	8 289	104.9
PEDIATRICS	124	16 303	131.5
PERIPHERAL VASCULAR DISEASE	65	9 478	145.8
PHARMACOLOGY & PHARMACY	261	39 950	153.1
PHYSICS, APPLIED	148	63 556	429.4
PHYSICS, ATOMIC, MOLECULAR & CHEMICAL	37	17 392	470.1
PHYSICS, CONDENSED MATTER	69	30 762	445.8
PHYSICS, FLUIDS & PLASMAS	32	9 473	296.0
PHYSICS, MATHEMATICAL	55	10 906	198.3
PHYSICS, MULTIDISCIPLINARY	78	20 804	266.7
PHYSICS, NUCLEAR	20	5 875	293.8
PHYSICS, PARTICLES & FIELDS	29	11 942	411.8
PHYSIOLOGY	83	10 937	131.8
PLANT SCIENCES	226	23 647	104.6
POLYMER SCIENCE	86	19 670	228.7
PRIMARY HEALTH CARE	19	1 434	75.5
PSYCHIATRY	143	15 680	109.7

续表

学科名称	期刊量/种	年载文总量/篇	年刊均载文量/篇
PSYCHOLOGY	78	7 041	90.3
PUBLIC, ENVIRONMENTAL & OCCUPATIONAL HEALTH	181	22 796	125.9
RADIOLOGY, NUCLEAR MEDICINE & MEDICAL IMAGING	129	19 811	153.6
REHABILITATION	65	5 901	90.8
REMOTE SENSING	30	5 855	195.2
REPRODUCTIVE BIOLOGY	29	4 320	149.0
RESPIRATORY SYSTEM	60	9 076	151.3
RHEUMATOLOGY	30	4 875	162.5
ROBOTICS	26	2 135	82.1
SOIL SCIENCE	34	4 488	132.0
SPECTROSCOPY	42	6 610	157.4
SPORT SCIENCES	81	9 527	117.6
STATISTICS & PROBABILITY	122	9 253	75.8
SUBSTANCE ABUSE	19	2 495	131.3
SURGERY	200	34617	173.1
TELECOMMUNICATIONS	87	19 169	220.3
THERMODYNAMICS	59	15 802	267.8
TOXICOLOGY	94	11 042	117.5
TRANSPLANTATION	25	4 192	167.7
TRANSPORTATION SCIENCE & TECHNOLOGY	35	4 576	130.7
TROPICAL MEDICINE	20	4 421	221.1
UROLOGY & NEPHROLOGY	76	9 814	129.1
VETERINARY SCIENCES	140	13 988	99.9
VIROLOGY	35	6 265	179.0
WATER RESOURCES	90	15 645	173.8
ZOOLOGY	169	12 432	73.6

注：载文量仅指 Article 和 Review 的量，即可被引文献量。

第二节 SCI 期刊学科变迁

一、学科的增减

由于 JCR 使用的学科分类标准较为固定,故而历年总体变化不太大,分析 2013 年至 2017 年连续 5 年的数据意义有限,故而笔者依然选择了 2013 年的数据与 2017 年的数据做对比。

与 2017 年的 177 个学科相比,2013 年的 176 个学科中缺少了 GREEN & SUSTAINABLE SCIENCE & TECHNOLOGY(绿色可持续科技)学科。GREEN & SUSTAINABLE SCIENCE & TECHNOLOGY 是 2015 年新增加的学科,当年共收录 29 种期刊,部分期刊是新划分过来的,以前属于其他学科。笔者对比了 GREEN & SUSTAINABLE SCIENCE & TECHNOLOGY 内 2017 年收录的 33 种期刊在 2013 年和 2017 年分别所属的学科,结果见表 5-2(表 5-2 内期刊 2017 年所属学科均省略了 GREEN & SUSTAINABLE SCIENCE & TECHNOLOGY)。由表 5-2 可以看出,虽然 GREEN & SUSTAINABLE SCIENCE & TECHNOLOGY 学科是一个新的学科,但其在 2017 年包含的 33 种期刊中的 26 种在 2013 年已被收录,只是当时属于其他不同学科。但是我们还发现,这些期刊在 2017 年所属学科中,基本都是在 2013 年所属学科基础上有所增加,而不是更换了所属学科。如 *Acs Sustainable Chemistry & Engineering* 在 2013 年属于 CHEMISTRY MULTI-DISCIPLINARY 和 ENGINEERING, CHEMICAL 两个学科,而在 2017 年则同时被分在了 CHEMISTRY, MULTIDISCIPLINARY、ENGINEERING, CHEMICAL 和 GREEN & SUSTAINABLE SCIENCE & TECHNOLOGY 三个学科内;*Agronomy for Sustainable Development* 在 2013 年属于 AGRONOMY 学科,而在 2017 年则同时被分在了 AGRONOMY 和 GREEN & SUSTAINABLE SCIENCE & TECHNOLOGY 两个学科内。这似乎可以说明 SCI 对于其内期刊的学科分布更加细致,也侧面说明交叉学科的期刊越来越多。

表 5-2 2017 年 GREEN & SUSTAINABLE SCIENCE & TECHNOLOGY 学科内收录的 33 种期刊在 2013 年和 2017 年的学科分布

期刊名	2013 所属学科	2017 年所属学科*
Journal of Cleaner Production	ENVIRONMENTAL SCIENCES	ENVIRONMENTAL SCIENCES ENGINEERING, ENVIRONMENTAL

第五章　SCI 学科设置

续表

期刊名	2013 所属学科	2017 年所属学科*
Renewable Energy	ENERGY & FUELS	ENERGY & FUELS
Energy for Sustainable Development	ENERGY & FUELS	ENERGY & FUELS
Journal of Industrial Ecology	ENVIRONMENTAL SCIENCES	ENVIRONMENTAL SCIENCES ENGINEERING, ENVIRONMENTAL
International Journal of Sustainable Development and World Ecology	ECOLOGY	ECOLOGY
Renewable & Sustainable Energy Reviews	ENERGY & FUELS	ENERGY & FUELS
Environment Development and Sustainability	—	ENVIRONMENTAL SCIENCES
Green Chemistry	CHEMISTRY, MULTIDISCIPLINARY	CHEMISTRY, MULTIDISCIPLINARY
International Journal of Agricultural Sustainability	AGRICULTURE, MULTIDISCIPLINARY	AGRICULTURE, MULTIDISCIPLINARY
Proceedings of The Institution of Civil Engineers – Engineering Sustainability	ENGINEERING, CIVIL	ENGINEERING, CIVIL
International Journal of Green Energy	ENERGY & FUELS THERMODYNAMICS	ENERGY & FUELS THERMODYNAMICS
Energy Efficiency	ENERGY & FUELS	ENERGY & FUELS
Clean Technologies and Environmental Policy	ENGINEERING, ENVIRONMENTAL ENVIRONMENTAL SCIENCES	ENGINEERING, ENVIRONMENTAL ENVIRONMENTAL SCIENCES
International Journal of Greenhouse Gas Control	ENERGY & FUELS ENGINEERING, ENVIRONMENTAL	ENERGY & FUELS ENGINEERING, ENVIRONMENTAL
Green Chemistry Letters and Reviews	CHEMISTRY, MULTIDISCIPLINARY	CHEMISTRY, MULTIDISCIPLINARY

续表

期刊名	2013 所属学科	2017 年所属学科*
Iet Renewable Power Generation	ENERGY & FUELS ENGINEERING, ELECTRICAL & ELECTRONIC	ENERGY & FUELS ENGINEERING, ELECTRICAL & ELECTRONIC
Agronomy for Sustainable Development	AGRONOMY	AGRONOMY
Sustainability Science	ENVIRONMENTAL SCIENCES ENVIRONMENTAL SCIENCES	ENVIRONMENTAL SCIENCES WATER RESOURCES
Clean – Soil Air Water	MARINE & FRESHWATER BIOLOGY WATER RESOURCES	MARINE & FRESHWATER BIOLOGY ENVIRONMENTAL SCIENCES
Chemsuschem	CHEMISTRY, MULTIDISCIPLINARY	CHEMISTRY, MULTIDISCIPLINARY
Current Opinion In Environmental Sustainability	ENVIRONMENTAL SCIENCES	ENVIRONMENTAL SCIENCES
Journal of Renewable and Sustainable Energy	ENERGY & FUELS	ENERGY & FUELS
Environmental Progress & Sustainable Energy	ENGINEERING, CHEMICAL ENGINEERING, ENVIRONMENTAL ENVIRONMENTAL SCIENCES	ENGINEERING, CHEMICAL ENGINEERING, ENVIRONMENTAL ENVIRONMENTAL SCIENCES
IEEE Transactions on Sustainable Energy	ENERGY & FUELS ENGINEERING, ELECTRICAL & ELECTRONIC	ENERGY & FUELS ENGINEERING, ELECTRICAL & ELECTRONIC
Green Materials	—	POLYMER SCIENCE MATERIALS SCIENCE, MULTIDISCIPLINARY
Sustainability	ENVIRONMENTAL SCIENCES	ENVIRONMENTAL SCIENCES

续表

期刊名	2013 所属学科	2017 年所属学科*
Journal of Renewable Materials	—	POLYMER SCIENCE MATERIALS SCIENCE,COMPOSITES
Acs Sustainable Chemistry & Engineering	CHEMISTRY,MULTIDISCIPLINARY ENGINEERING,CHEMICAL	CHEMISTRY,MULTIDISCIPLINARY ENGINEERING,CHEMICAL
Agroecology and Sustainable Food Systems	AGRICULTURE,MULTIDISCIPLINARY	AGRICULTURE,MULTIDISCIPLINARY
Green Processing and Synthesis	—	ENGINEERING,CHEMICAL CHEMISTRY,MULTIDISCIPLINARY
Energy Sustainability and Society	—	ENERGY & FUELS
Sustainable Cities and Society	—	ENERGY & FUELS CONSTRUCTION & BUILDING TECHNOLOGY
International Journal of Precision Engineering and Manufacturing – Green Technology	—	ENGINEERING,MECHANICAL ENGINEERING,MANUFACTURING

注：—为 2013 年未被 SCI 收录的期刊；* 表示期刊在 2017 年的所属学科中均省略了 GREEN & SUSTAINABLE SCIENCE & TECHNOLOGY 学科。

二、学科内期刊含量的变迁

2013 年 SCI 共收录 8 470 种期刊，但分学科后，由于部分期刊同时属于两个或两个以上的学科，在不同学科中部分期刊会被计算两次或两次以上，最终 2013 年 SCI 176 个学科共收录 13 401 种期刊。2017 年 SCI 共收录 8 990 种期刊，分学科相加后期刊量为 14 247 种。5 年间期刊量实际增加了 520 种，但分学科计算后增加了 846 种，说明 SCI 交叉学科期刊占比仍持续较高，或者说，期刊越来越多地向交叉学科倾斜。

计算 2017 年较 2013 年 SCI 收录各学科期刊的变化量，结果见表 5 - 3。由

表 5-3 可知，2017 年 177 个学科中，收录期刊量较 2013 年增多者共 134 个（包含较 2013 年新增的学科 GREEN & SUSTAINABLE SCIENCE & TECHNOLOGY），占 75.71%，即 5 年间，3/4 的学科收录期刊量有所增加，平均每个学科增加了 6.6 种期刊，中位数为 4 种期刊。期刊量增加最多的学科为 MATERIALS SCIENCE, MULTIDISCIPLINARY（材料科学，多学科），2017 年较 2013 年增加了 36 种期刊；其次即为较 2013 年新增的 GREEN & SUSTAINABLE SCIENCE & TECHNOLOGY 学科，2017 年收录了 33 种期刊。除这两个学科外，增加期刊量 > 20 种的学科还有 6 个，分别为 ENVIRONMENTAL SCIENCES（环境科学）、PLANT SCIENCES（植物科学）、CHEMISTRY, MULTIDISCIPLINARY（化学，多学科）、ONCOLOGY（肿瘤学）、ECOLOGY（生态学）和 NANOSCIENCE & NANOTECHNOLOGY（纳米科学与纳米技术）。期刊量增加比较多的学科看起来集中在全球比较热门的、公众比较关注的且知识更新比较快的学科，不知是否由于相关学科有更多的新创办的期刊引起，或者由于被关注度增加，从业人员增加，投稿量增多，期刊刊发文献质量提高，而更多地被 SCI 收录引起，当然其中不排除一部分期刊刊登交叉学科的内容，而被划分为更多的学科中。

2017 年较 2013 年增加期刊量为 10~19 种的学科共有 17 个，增加期刊量为 1~9 种者共有 109 个学科（109/177，61.58%）。可以看出，虽然有 134 个学科（75.71%）的收录期刊量有所增加，但其中 109 个学科仅增加了 1~9 种期刊，占增加期刊总量的 81.34%。与 2013 年相比收录期刊量没有变化的学科共有 22 个学科；较 2013 年收录期刊量少的学科共有 21 个，每个学科平均减少了 1.95 种期刊。期刊量减少最多的学科为 BIOTECHNOLOGY & APPLIED MICROBIOLOGY（生物技术与应用微生物学）和 MECHANICS（力学），均较 2013 年减少了 5 种期刊，其次为 SURGERY（外科学），较 2013 年减少了 4 种期刊；其他 18 个学科期刊减少量均为 1~3 种期刊。

表 5-3 2013 年和 2017 年各学科 SCI 收录量变化情况

学科名称	2013 年期刊量/种	2017 年期刊量/种	变化量/种
MATHEMATICS	302	310	8
BIOCHEMISTRY & MOLECULAR BIOLOGY	291	293	2
PHARMACOLOGY & PHARMACY	256	261	5
NEUROSCIENCES	252	260	8

续表

学科名称	2013 年期刊量/种	2017 年期刊量/种	变化量/种
MATERIALS SCIENCE, MULTIDISCIPLINARY	251	287	36
MATHEMATICS, APPLIED	251	252	1
ENGINEERING, ELECTRICAL & ELECTRONIC	248	260	12
ENVIRONMENTAL SCIENCES	216	244	28
SURGERY	204	200	−4
ONCOLOGY	203	224	21
PLANT SCIENCES	199	226	27
CLINICAL NEUROLOGY	194	197	3
CELL BIOLOGY	185	189	4
GEOSCIENCES, MULTIDISCIPLINARY	174	191	17
GENETICS & HEREDITY	165	172	7
BIOTECHNOLOGY & APPLIED MICROBIOLOGY	165	160	−5
PUBLIC, ENVIRONMENTAL & OCCUPATIONAL HEALTH	162	181	19
MEDICINE, GENERAL & INTERNAL	156	155	−1
ZOOLOGY	153	169	16
CHEMISTRY, MULTIDISCIPLINARY	148	170	22
IMMUNOLOGY	144	156	12
ECOLOGY	141	161	20
MECHANICS	139	134	−5
PHYSICS, APPLIED	136	148	12
CHEMISTRY, PHYSICAL	136	147	11
PSYCHIATRY	136	143	7
COMPUTER SCIENCE, INFORMATION SYSTEMS	135	148	13
ENGINEERING, CHEMICAL	133	138	5
VETERINARY SCIENCES	132	140	8
ENGINEERING, MECHANICAL	128	128	0

续表

学科名称	2013年期刊量/种	2017年期刊量/种	变化量/种
CARDIAC & CARDIOVASCULAR SYSTEMS	125	129	4
ENDOCRINOLOGY & METABOLISM	124	142	18
MEDICINE, RESEARCH & EXPERIMENTAL	124	133	9
ENGINEERING, CIVIL	124	128	4
FOOD SCIENCE & TECHNOLOGY	123	132	9
RADIOLOGY, NUCLEAR MEDICINE & MEDICAL IMAGING	122	129	7
COMPUTER SCIENCE, ARTIFICIAL INTELLIGENCE	121	131	10
MICROBIOLOGY	119	127	8
STATISTICS & PROBABILITY	119	122	3
PEDIATRICS	118	124	6
NURSING	107	118	11
COMPUTER SCIENCE, SOFTWARE ENGINEERING	105	104	-1
MARINE & FRESHWATER BIOLOGY	103	106	3
COMPUTER SCIENCE, INTERDISCIPLINARY APPLICATIONS	102	105	3
COMPUTER SCIENCE, THEORY & METHODS	102	103	1
MATHEMATICS, INTERDISCIPLINARY APPLICATIONS	95	104	9
ENTOMOLOGY	90	96	6
TOXICOLOGY	87	94	7
ENGINEERING, MULTIDISCIPLINARY	87	86	-1
HEALTH CARE SCIENCES & SERVICES	86	94	8
BIOLOGY	85	85	0
ENERGY & FUELS	83	98	15
OPTICS	83	94	11
DENTISTRY, ORAL SURGERY & MEDICINE	83	91	8

续表

学科名称	2013年期刊量/种	2017年期刊量/种	变化量/种
POLYMER SCIENCE	82	86	4
WATER RESOURCES	81	90	9
PHYSIOLOGY	81	83	2
SPORT SCIENCES	81	81	0
GEOCHEMISTRY & GEOPHYSICS	80	85	5
AGRONOMY	79	87	8
NUTRITION & DIETETICS	79	84	5
OPERATIONS RESEARCH & MANAGEMENT SCIENCE	79	84	5
TELECOMMUNICATIONS	78	87	9
OBSTETRICS & GYNECOLOGY	78	82	4
BIOCHEMICAL RESEARCH METHODS	78	79	1
PHYSICS, MULTIDISCIPLINARY	78	78	0
UROLOGY & NEPHROLOGY	77	76	-1
METEOROLOGY & ATMOSPHERIC SCIENCES	76	87	11
CHEMISTRY, ANALYTICAL	76	83	7
PATHOLOGY	76	79	3
ENGINEERING, BIOMEDICAL	76	79	3
GASTROENTEROLOGY & HEPATOLOGY	75	80	5
METALLURGY & METALLURGICAL ENGINEERING	75	75	0
PSYCHOLOGY	74	78	4
BIOPHYSICS	74	72	-2
NANOSCIENCE & NANOTECHNOLOGY	73	93	20
INFECTIOUS DISEASES	72	88	16
CHEMISTRY, APPLIED	71	72	1
HEMATOLOGY	68	72	4
ORTHOPEDICS	67	78	11
PHYSICS, CONDENSED MATTER	67	69	2

续表

学科名称	2013年期刊量/种	2017年期刊量/种	变化量/种
PERIPHERAL VASCULAR DISEASE	65	65	0
FORESTRY	64	66	2
REHABILITATION	63	65	2
DERMATOLOGY	61	64	3
ASTRONOMY & ASTROPHYSICS	59	66	7
OCEANOGRAPHY	59	64	5
AUTOMATION & CONTROL SYSTEMS	59	61	2
CONSTRUCTION & BUILDING TECHNOLOGY	58	62	4
CHEMISTRY, MEDICINAL	58	59	1
OPHTHALMOLOGY	58	59	1
CHEMISTRY, ORGANIC	58	57	−1
INSTRUMENTS & INSTRUMENTATION	57	61	4
HISTORY & PHILOSOPHY OF SCIENCE	56	62	6
AGRICULTURE, MULTIDISCIPLINARY	56	56	0
MULTIDISCIPLINARY SCIENCES	55	64	9
THERMODYNAMICS	55	59	4
PHYSICS, MATHEMATICAL	55	55	0
RESPIRATORY SYSTEM	54	60	6
AGRICULTURE, DAIRY & ANIMAL SCIENCE	52	61	9
MATHEMATICAL & COMPUTATIONAL BIOLOGY	52	59	7
COMPUTER SCIENCE, HARDWARE & ARCHITECTURE	50	52	2
FISHERIES	50	51	1
PALEONTOLOGY	49	56	7
GERIATRICS & GERONTOLOGY	49	53	4
BEHAVIORAL SCIENCES	49	51	2
ENGINEERING, ENVIRONMENTAL	46	50	4

续表

学科名称	2013 年期刊量/种	2017 年期刊量/种	变化量/种
EVOLUTIONARY BIOLOGY	46	49	3
GEOGRAPHY, PHYSICAL	46	49	3
CHEMISTRY, INORGANIC & NUCLEAR	45	45	0
GEOLOGY	44	47	3
SPECTROSCOPY	44	42	−2
OTORHINOLARYNGOLOGY	44	41	−3
ENGINEERING, INDUSTRIAL	43	47	4
BIODIVERSITY CONSERVATION	42	59	17
DEVELOPMENTAL BIOLOGY	41	42	1
ENGINEERING, MANUFACTURING	39	46	7
PARASITOLOGY	37	37	0
EDUCATION, SCIENTIFIC DISCIPLINES	36	42	6
SOIL SCIENCE	34	34	0
PHYSICS, ATOMIC, MOLECULAR & CHEMICAL	33	37	4
ENGINEERING, GEOLOGICAL	33	36	3
HORTICULTURE	33	36	3
VIROLOGY	33	35	2
MATERIALS SCIENCE, CHARACTERIZATION & TESTING	33	33	0
NUCLEAR SCIENCE & TECHNOLOGY	33	33	0
TRANSPORTATION SCIENCE & TECHNOLOGY	32	35	3
MATERIALS SCIENCE, BIOMATERIALS	32	33	1
PHYSICS, FLUIDS & PLASMAS	31	32	1
MEDICAL LABORATORY TECHNOLOGY	31	28	−3
ACOUSTICS	30	32	2
RHEUMATOLOGY	30	30	0
REPRODUCTIVE BIOLOGY	30	29	−1
ANESTHESIOLOGY	29	31	2

续表

学科名称	2013年期刊量/种	2017年期刊量/种	变化量/种
ENGINEERING, AEROSPACE	28	31	3
CRITICAL CARE MEDICINE	27	33	6
REMOTE SENSING	27	30	3
PHYSICS, PARTICLES & FIELDS	27	29	2
MINERALOGY	27	29	2
ELECTROCHEMISTRY	27	28	1
TRANSPLANTATION	26	25	-1
MATERIALS SCIENCE, CERAMICS	25	27	2
EMERGENCY MEDICINE	25	26	1
MEDICAL INFORMATICS	24	25	1
MATERIALS SCIENCE, COMPOSITES	24	25	1
COMPUTER SCIENCE, CYBERNETICS	24	22	-2
MYCOLOGY	23	29	6
IMAGING SCIENCE & PHOTOGRAPHIC TECHNOLOGY	23	27	4
CRYSTALLOGRAPHY	23	26	3
INTEGRATIVE & COMPLEMENTARY MEDICINE	22	27	5
AUDIOLOGY & SPEECH-LANGUAGE PATHOLOGY	22	25	3
MATERIALS SCIENCE, TEXTILES	22	24	2
TROPICAL MEDICINE	22	20	-2
ALLERGY	21	27	6
ROBOTICS	21	26	5
ORNITHOLOGY	21	25	4
MATERIALS SCIENCE, PAPER & WOOD	21	21	0
PHYSICS, NUCLEAR	21	20	-1
MINING & MINERAL PROCESSING	21	20	-1
ANATOMY & MORPHOLOGY	20	21	1
LIMNOLOGY	20	20	0

续表

学科名称	2013年期刊量/种	2017年期刊量/种	变化量/种
LOGIC	20	20	0
ENGINEERING, PETROLEUM	19	19	0
CELL & TISSUE ENGINEERING	18	25	7
MATERIALS SCIENCE, COATINGS & FILMS	18	20	2
SUBSTANCE ABUSE	18	19	1
PRIMARY HEALTH CARE	18	19	1
MEDICAL ETHICS	18	16	−2
AGRICULTURAL ECONOMICS & POLICY	17	17	0
MEDICINE, LEGAL	16	16	0
NEUROIMAGING	14	14	0
ENGINEERING, OCEAN	14	14	0
ENGINEERING, MARINE	13	14	1
AGRICULTURAL ENGINEERING	12	13	1
MICROSCOPY	11	10	−1
ANDROLOGY	7	6	−1
GREEN & SUSTAINABLE SCIENCE & TECHNOLOGY	0	33	33

三、5年学科内载文量的变迁

2013年SCI收录的8 470种期刊共刊登文献1 813 397篇，其中Article和Review即可被引文献量共计1 336 927篇，占当年文献总量的73.73%，较2017年的74.05%略低，似乎是2017年SCI期刊整体发表的可被引文献占比有所增加。进一步分析发现，2017年Article文献量较2013年增加了171 821篇，但由于2017年刊发的文献总量增加得更多，故Article占文献总量的比例较2013年降低了0.07%；与之相对应的，2017年Review文献量较2013年增加了19 467篇，且Review的占比较2013年增加了0.40%。上述数据表明，与2013年相比，2017年SCI期刊调整了Article和Review的比例，整体来看，降低了Article的文献占比，而增加了Review的文献占比，其原因容笔者小心思猜测：国内外诸多研究表明，Review 的被引频次远高于 Article，同样一篇可被引文献，Review 带来的被引频次要高于 Article，这一定程度上影响期刊人倾向于刊发 Review，从而带来更高的影响因子[1][2][3]。

2013 年和 2017 年 SCI 期刊所载文献类型对比见表 5-4。2013 年除了 Article 和 Review 可被引文献类型外，还有 Meeting Abstract、Editorial Material、Letter 等 17 种文献类型，2017 年除可被引文献类型外，还有 23 种文献类型，这说明 SCI 期刊的文献类型越来越多样、越来越灵活，这也是国内期刊人可以借鉴的。另外，也不排除期刊内可能一直存在 Art Exhibit Review、Theater Review、Database Review、Film Review 等文献类型，只是 2013 年 SCI 统计时将其统一为 Review，而 2017 年将其分开进行了统计。

表 5-4　2013 年和 2017 年 SCI 期刊所载文献类型对比

文献类型	2013 年 文献量/篇	2013 年 占比/%	2017 年 文献量/篇	2017 年 占比/%	变化值 文献量/篇	变化值 占比/%
Article	1 254 980	69.21	1 426 801	69.14	171 821	-0.07
Meeting Abstract	293 613	16.19	322 106	15.61	28 493	-0.58
Review	81 947	4.52	101 414	4.91	19 467	0.40
Editorial Material	75 062	4.14	96 653	4.68	21 591	0.54
Letter	41 504	2.29	42 425	2.06	921	-0.23
Proceedings Paper	25 692	1.42	31 914	1.55	6 222	0.13
Correction	12 574	0.69	17 297	0.84	4 723	0.14
News Item	17 236	0.95	13 700	0.66	-3 536	-0.29
Book Chapter	4 142	0.23	4 083	0.20	-59	-0.03
Book Review	3 128	0.17	2 836	0.14	-292	-0.04
Biographical Item	2 912	0.16	2 825	0.14	-87	-0.02
Retraction	4	0.00	815	0.04	811	0.04

---

[1]　盛丽娜, 顾欢. 基于文献类型矫正影响因子在信息科学与图书馆学期刊中的实证分析 [J]. 中国科技期刊研究, 2016, 27 (11): 1202-1207.

[2]　付中静. 国际权威图情期刊不同类型 NCD 的施引与被引特征实证分析 [J]. 现代情报, 2016, 36 (6): 79-86.

[3]　刘雪立, 盖双双, 周晶. 基于文献类型矫正的影响因子及其实证研究 [J]. 中国科技期刊研究, 2016, 27 (3): 309-315.

续表

文献类型	2013年 文献量/篇	2013年 占比/%	2017年 文献量/篇	2017年 占比/%	变化值 文献量/篇	变化值 占比/%
Data Paper	29	0.00	347	0.02	318	0.02
Retracted Publication	357	0.02	231	0.01	-126	-0.01
Reprint	160	0.01	213	0.01	53	0.00
Bibliography	19	0.00	21	0.00	2	0.00
Software Review	36	0.00	15	0.00	-21	0.00
Early Access	0	0.00	13	0.00	13	0.00
Hardware Review	1	0.00	8	0.00	7	0.00
Art Exhibit Review	0	0.00	4	0.00	4	0.00
Theater Review	0	0.00	3	0.00	3	0.00
Database Review	0	0.00	2	0.00	2	0.00
Film Review	0	0.00	2	0.00	2	0.00
Poetry	0	0.00	1	0.00	1	0.00
Tv Review Radio Review	0	0.00	1	0.00	1	0.00
Abstract of Published Item	1	0.00	0	0.00	-1	0.00

2013年SCI共刊发Article和Review 1 336 927篇，分学科描述时，由于部分期刊属于两个或两个以上学科，导致部分期刊的重复计算，其内载文量也相应重复计算，故2013年SCI 176个学科共有2 085 253篇可被引文献（下简称载文量），与2017年相比各学科载文量差异见表5-5。由表5-5可以看出，2017年较2013年载文量增加最多的是MATERIALS SCIENCE, MULTIDISCIPLINARY（材料科学，多学科），为33 179篇，这与2017年该学科较2013年增加了36种期刊直接相关；载文量增加处于第二位的是ENVIRONMENTAL SCIENCES（环境科学），增加了16 825篇，该学科2017年较2013年增加了28种期刊。2013年176个学科中，至2017年文献量增加者共计148个学科，占84.09%，即将近85%的学科的载文量5年内是增加的。其中，载文量增加>1万篇者共计10个学科，载文量增加5 000~9 999篇者9个学科，载文量增加1 000~4 999篇者70个学科，载文量增加100~999篇者54个学科，载文量增加1~99篇者5个学科。2017年学科载文量较2013年降

低者共计 29 个学科，载文量降低最多的两个学科分别为 SPECTROSCOPY（光谱学）和 PHYSICS, MULTIDISCIPLINARY（物理学，多学科），分别降低 2 146 篇和 2 925 篇。

表 5-5 2013 年和 2017 年各学科载文量变化情况

学科名称	2013 年载文量/篇	2017 年载文量/篇	变化量/篇
MATHEMATICS	24 951	26 428	1 477
BIOCHEMISTRY & MOLECULAR BIOLOGY	51 579	51 743	164
PHARMACOLOGY & PHARMACY	35 130	39 950	4 820
NEUROSCIENCES	35 519	38 420	2 901
MATERIALS SCIENCE, MULTIDISCIPLINARY	71 040	104 219	33 179
MATHEMATICS, APPLIED	25 558	24 905	-653
ENGINEERING, ELECTRICAL & ELECTRONIC	46 030	61 368	15 338
ENVIRONMENTAL SCIENCES	36 654	53 479	16 825
SURGERY	33 334	34 617	1 283
ONCOLOGY	34 684	40 542	5 858
PLANT SCIENCES	19 840	23 647	3 807
CLINICAL NEUROLOGY	26 083	27 827	1 744
CELL BIOLOGY	25 162	25 839	677
GEOSCIENCES, MULTIDISCIPLINARY	22 385	23 245	860
GENETICS & HEREDITY	19 564	18 539	-1 025
BIOTECHNOLOGY & APPLIED MICROBIOLOGY	27 252	26 746	-506
PUBLIC, ENVIRONMENTAL & OCCUPATIONAL HEALTH	17 947	22 796	4 849
MEDICINE, GENERAL & INTERNAL	19 807	25 717	5 910
ZOOLOGY	11 109	12 432	1 323
CHEMISTRY, MULTIDISCIPLINARY	54 092	67 665	13 573
IMMUNOLOGY	20 990	23 640	2 650
ECOLOGY	16 219	18 847	2 628
MECHANICS	18 003	22 422	4 419
PHYSICS, APPLIED	53 266	63 556	10 290

续表

学科名称	2013 年载文量/篇	2017 年载文量/篇	变化量/篇
CHEMISTRY, PHYSICAL	50 780	66 949	16 169
PSYCHIATRY	14 532	15 680	1 148
COMPUTER SCIENCE, INFORMATION SYSTEMS	11 383	17 117	5 734
ENGINEERING, CHEMICAL	27 790	36 393	8 603
VETERINARY SCIENCES	13 713	13 988	275
ENGINEERING, MECHANICAL	16 819	22 646	5 827
CARDIAC & CARDIOVASCULAR SYSTEMS	19 338	19 316	−22
ENDOCRINOLOGY & METABOLISM	16 731	16 991	260
MEDICINE, RESEARCH & EXPERIMENTAL	19 325	26 925	7 600
ENGINEERING, CIVIL	14 856	18 866	4 010
FOOD SCIENCE & TECHNOLOGY	19 963	24 595	4 632
RADIOLOGY, NUCLEAR MEDICINE & MEDICAL IMAGING	18 287	19 811	1 524
COMPUTER SCIENCE, ARTIFICIAL INTELLIGENCE	10 620	14 533	3 913
MICROBIOLOGY	18 963	21 641	2 678
STATISTICS & PROBABILITY	8 078	9 253	1 175
PEDIATRICS	15 144	16 303	1 159
NURSING	6 462	8 226	1 764
COMPUTER SCIENCE, SOFTWARE ENGINEERING	7 897	8 914	1 017
MARINE & FRESHWATER BIOLOGY	9 863	10 953	1 090
COMPUTER SCIENCE, INTERDISCIPLINARY APPLICATIONS	12 374	14 353	1 979
COMPUTER SCIENCE, THEORY & METHODS	6 898	9 505	2 607
MATHEMATICS, INTERDISCIPLINARY APPLICATIONS	9 068	9 835	767
ENTOMOLOGY	5 836	6 524	688
TOXICOLOGY	10 447	11 042	595
ENGINEERING, MULTIDISCIPLINARY	11 245	12 123	878
HEALTH CARE SCIENCES & SERVICES	8 368	10 878	2 510
BIOLOGY	9 197	10 426	1 229

续表

学科名称	2013年载文量/篇	2017年载文量/篇	变化量/篇
ENERGY & FUELS	23 970	37 362	13 392
OPTICS	25 473	27 642	2 169
DENTISTRY, ORAL SURGERY & MEDICINE	8 749	9 217	468
POLYMER SCIENCE	18 323	19 670	1 347
WATER RESOURCES	12 259	15 645	3 386
PHYSIOLOGY	9 787	10 937	1 150
SPORT SCIENCES	8 165	9 527	1 362
GEOCHEMISTRY & GEOPHYSICS	9 243	10 749	1 506
AGRONOMY	8 702	9 472	770
NUTRITION & DIETETICS	10 482	12 759	2 277
OPERATIONS RESEARCH & MANAGEMENT SCIENCE	7 396	8 701	1 305
TELECOMMUNICATIONS	12 709	19 169	6 460
OBSTETRICS & GYNECOLOGY	11 127	11 685	558
BIOCHEMICAL RESEARCH METHODS	15 377	14 441	−936
PHYSICS, MULTIDISCIPLINARY	23 729	20 804	−2 925
UROLOGY & NEPHROLOGY	10 260	9 814	−446
METEOROLOGY & ATMOSPHERIC SCIENCES	11 142	13 356	2 214
CHEMISTRY, ANALYTICAL	22 421	25 166	2 745
PATHOLOGY	7 952	8 289	337
ENGINEERING, BIOMEDICAL	10 354	11 910	1 556
GASTROENTEROLOGY & HEPATOLOGY	11 778	10 786	−992
METALLURGY & METALLURGICAL ENGINEERING	14 861	18 289	3 428
PSYCHOLOGY	6 661	7 041	380
BIOPHYSICS	12 903	12 407	−496
NANOSCIENCE & NANOTECHNOLOGY	27 373	38 169	10 796
INFECTIOUS DISEASES	11 858	14 077	2 219
CHEMISTRY, APPLIED	13 207	16 255	3 048

续表

学科名称	2013年载文量/篇	2017年载文量/篇	变化量/篇
HEMATOLOGY	10 579	10 066	-513
ORTHOPEDICS	10 445	12 850	2 405
PHYSICS, CONDENSED MATTER	26 435	30 762	4 327
PERIPHERAL VASCULAR DISEASE	9 506	9 478	-28
FORESTRY	4 569	5 586	1 017
REHABILITATION	5 453	5 901	448
DERMATOLOGY	6 677	6 839	162
ASTRONOMY & ASTROPHYSICS	17 123	20 382	3 259
OCEANOGRAPHY	5 556	7 073	1 517
AUTOMATION & CONTROL SYSTEMS	7 735	11 849	4 114
CONSTRUCTION & BUILDING TECHNOLOGY	6 375	9 579	3 204
CHEMISTRY, MEDICINAL	13 241	13 521	280
OPHTHALMOLOGY	8 428	8 662	234
CHEMISTRY, ORGANIC	20 997	19 178	-1 819
INSTRUMENTS & INSTRUMENTATION	13 890	18 794	4 904
HISTORY & PHILOSOPHY OF SCIENCE	1 790	1 777	-13
AGRICULTURE, MULTIDISCIPLINARY	6 353	6 848	495
MULTIDISCIPLINARY SCIENCES	48 193	64 850	16 657
THERMODYNAMICS	9 122	15 802	6 680
PHYSICS, MATHEMATICAL	10 094	10 906	812
RESPIRATORY SYSTEM	7 799	9 076	1277
AGRICULTURE, DAIRY & ANIMAL SCIENCE	6 348	7 703	1 355
MATHEMATICAL & COMPUTATIONAL BIOLOGY	6 164	7 091	927
COMPUTER SCIENCE, HARDWARE & ARCHITECTURE	4 775	5 729	954
FISHERIES	4 775	6 208	1 433
PALEONTOLOGY	2 357	2 761	404
GERIATRICS & GERONTOLOGY	4 902	6 358	1 456

续表

学科名称	2013 年载文量/篇	2017 年载文量/篇	变化量/篇
BEHAVIORAL SCIENCES	6 113	6 864	751
ENGINEERING, ENVIRONMENTAL	10 928	15 950	5 022
EVOLUTIONARY BIOLOGY	5 510	6 357	847
GEOGRAPHY, PHYSICAL	4 972	6 251	1 279
CHEMISTRY, INORGANIC & NUCLEAR	13 973	12 575	-1 398
GEOLOGY	2 228	2 834	606
SPECTROSCOPY	8 756	6 610	-2 146
OTORHINOLARYNGOLOGY	5 547	5 531	-16
ENGINEERING, INDUSTRIAL	4 018	5 259	1 241
BIODIVERSITY CONSERVATION	3 362	4 741	1 379
DEVELOPMENTAL BIOLOGY	3 868	3 957	89
ENGINEERING, MANUFACTURING	5 103	7 299	2 196
PARASITOLOGY	5 796	6 212	416
EDUCATION, SCIENTIFIC DISCIPLINES	3 511	3 834	323
SOIL SCIENCE	4 255	4 488	233
PHYSICS, ATOMIC, MOLECULAR & CHEMICAL	16 385	17 392	1 007
ENGINEERING, GEOLOGICAL	2 722	4 010	1 288
HORTICULTURE	3 282	3 348	66
VIROLOGY	7 200	6 265	-935
MATERIALS SCIENCE, CHARACTERIZATION & TESTING	2 552	3 229	677
NUCLEAR SCIENCE & TECHNOLOGY	10 326	8 670	-1 656
TRANSPORTATION SCIENCE & TECHNOLOGY	3 405	4 576	1 171
MATERIALS SCIENCE, BIOMATERIALS	6 734	8 447	1 713
PHYSICS, FLUIDS & PLASMAS	9 020	9 473	453
MEDICAL LABORATORY TECHNOLOGY	3 157	3 159	2
ACOUSTICS	4 355	5 228	873
RHEUMATOLOGY	4 761	4 875	114

续表

学科名称	2013 年载文量/篇	2017 年载文量/篇	变化量/篇
REPRODUCTIVE BIOLOGY	4 387	4 320	-67
ANESTHESIOLOGY	3 690	4 274	584
ENGINEERING, AEROSPACE	2 689	3 782	1 093
CRITICAL CARE MEDICINE	4 690	4 878	188
REMOTE SENSING	3 468	5 855	2 387
PHYSICS, PARTICLES & FIELDS	10 882	11 942	1 060
MINERALOGY	2 424	3 467	1 043
ELECTROCHEMISTRY	13 707	18 603	4 896
TRANSPLANTATION	4 666	4 192	-474
MATERIALS SCIENCE, CERAMICS	4 880	6 173	1 293
EMERGENCY MEDICINE	3 454	3 509	55
MEDICAL INFORMATICS	2 602	3 356	754
MATERIALS SCIENCE, COMPOSITES	3 552	4 683	1 131
COMPUTER SCIENCE, CYBERNETICS	1 296	1 711	415
MYCOLOGY	1 603	1 819	216
IMAGING SCIENCE & PHOTOGRAPHIC TECHNOLOGY	3 261	4 352	1 091
CRYSTALLOGRAPHY	6 802	6 408	-394
INTEGRATIVE & COMPLEMENTARY MEDICINE	3 732	3 392	-340
AUDIOLOGY & SPEECH-LANGUAGE PATHOLOGY	2 213	2 523	310
MATERIALS SCIENCE, TEXTILES	2 211	3 099	888
TROPICAL MEDICINE	3 112	4 421	1 309
ALLERGY	2 122	2 406	284
ROBOTICS	1 693	2 135	442
ORNITHOLOGY	1 078	1 188	110
MATERIALS SCIENCE, PAPER & WOOD	1 801	2 159	358
PHYSICS, NUCLEAR	5 968	5 875	-93
MINING & MINERAL PROCESSING	2 993	2 750	-243

续表

学科名称	2013 年载文量/篇	2017 年载文量/篇	变化量/篇
ANATOMY & MORPHOLOGY	1 891	2 285	394
LIMNOLOGY	1 976	2 147	171
LOGIC	810	890	80
ENGINEERING, PETROLEUM	1 331	2 310	979
CELL & TISSUE ENGINEERING	2 228	3 089	861
MATERIALS SCIENCE, COATINGS & FILMS	6 793	8 025	1 232
SUBSTANCE ABUSE	2 281	2 495	214
PRIMARY HEALTH CARE	1 288	1 434	146
MEDICAL ETHICS	781	722	-59
AGRICULTURAL ECONOMICS & POLICY	769	767	-2
MEDICINE, LEGAL	1 980	1 939	-41
NEUROIMAGING	2 379	2 902	523
ENGINEERING, OCEAN	1 227	1 651	424
ENGINEERING, MARINE	712	1 307	595
AGRICULTURAL ENGINEERING	4 286	3 722	-564
MICROSCOPY	1 208	996	-212
ANDROLOGY	381	521	140
GREEN & SUSTAINABLE SCIENCE & TECHNOLOGY	0	12 869	12 869

第六章 SCI 学科影响因子

自 1955 年 Garfield 首次阐明可以通过论文被引频次来测度期刊的影响力，并在 1963 年 ISI 出版的 *Science Citation Index*（1961）中正式提出和使用影响因子后，影响因子即成为衡量期刊学术影响力的重要指标之一。虽然人们已经认识到全球性的"影响因子崇拜""影响因子神话"问题[1][2]，我国管理部门也在不断试图通过政策打破"影响因子至上"的观念，但这些问题很大程度上来源于对影响因子应用的扩大化，起源于对影响因子的滥用和误用，即人们使用期刊评价指标影响因子去评价论文。而它作为期刊评价指标，学术界大多数人至今仍认为，影响因子用来评价期刊仍具有不容忽视的作用和公信力。当然，影响因子并不是完美的，对它的研究、质疑也一直没有停止，人们总结影响因子的不足主要体现在以下四个方面：一是影响因子涉及的引证时间窗口太短，仅有两年，很多学科没有还没有达到被引高峰，不足以评价期刊真实的学术影响力；二是影响因子的分子、分母使用的文献类型不同，分子使用了所有文献类型产生的被引用，而分母仅为 Article 和 Review 两种文献类型，这就导致部分期刊提高非可被引文献类型的量，减少 Article 和 Review 的文献量从而提高影响因子，甚至有的期刊将 Article 和 Review 的文献量减少到了极致，为 1 篇[3]；三是影响因子没有考虑被引频次偏态分布，导致由于部分论文的极高被引使整个期刊得到异常高的影响因子，如 *Cancer Journal for Clinicians* 2012 年影响因子高达 153.459，而如此高的影响因子主要由 Jemal 等[4][5]的 2 篇文章

---

[1] 刘雪立，秦小川. 解读"欧洲科学编辑学会关于影响因子不当使用的声明". 中国科技期刊研究，2009，20（1）：98-100.

[2] 刘雪立. 全球性 SCI 现象和影响因子崇拜 [J]. 中国科技期刊研究，2012，23（2）：185-190.

[3] 江晓原，穆蕴秋. 影响因子是可以操弄的——揭开影响因子的学术画皮（二）[J]. 读书，2016，（9）：16-28.

[4] JEMAL A, SIEGEL R, XU J Q, et al. Cancer statistics, 2010. CA Cancer J Clin, 2010, 60 (5): 277-300.

[5] JEMAL A, BRAY F, CENTER M M, et al. Global cancer statistics [J]. CA Cancer J Clin, 2011, 61 (2): 69-90.

"2010年癌症统计"和"全球癌症统计"贡献（贡献率为70.9%）；四是影响因子仅能用来做学科内的评价，不具有跨学科评价效力，这当然无法满足人们的需求。

针对影响因子的不足，JCR也在不断提出修正方案，如对于影响因子引证时间窗口小的问题，2009年JCR新增了5年影响因子，作为2年影响因子的补充；为了解决需求巨大的跨学科评价问题，JCR基于影响因子给出了期刊的分区，并于2016年新增了Average JIF Per – centile（影响因子百分位）指标。对于一个学科来说，JCR给出了学科的中位影响因子、学科集合影响因子，笔者按中位影响因子的获取方法，同时收集了各学科的中位5年影响因子、中位影响因子百分位作为学科影响力评价的补充。学科中位影响因子、学科集合影响因子、学科中位5年影响因子及学科中位影响因子百分位某种程度上都可以代表该学科的学术影响力，而对于哪一个更能体现学科真实学术影响力并未有定论。因此，笔者对上述指标进行分析，以了解各学科各影响因子评价指标随时间变迁情况及各指标间的相关关系。

第一节　SCI学科影响因子指标变迁

1. 学科中位影响因子

SCI内给出了学科的中位影响因子。学科中位影响因子是学科内所有期刊影响因子的中位数，属于位置指标，即影响因子排序处于学科中位的数值，或处于中位的两个期刊影响因子数值的平均数。具体为：将该学科 n 种期刊，按影响因子由小到大排列为

$$IF_1 \cdots IF_n,$$

当 n 为奇数时：

$$IF_{Median} = IF_{(n+1)/2}$$

当 n 为偶数时：

$$IF_{Median} = \frac{IF_{(n/2)} + IF_{(n+1)/2}}{2}$$

2013年和2017年SCI学科的中位影响因子及其变化值见表6-1。2013年SCI 176个学科中，平均中位影响因子为1.553，其中中位影响因子>3者共3个学科，分别为CELL & TISSUE ENGINEERING（细胞与组织工程）、CELL BIOLOGY（细胞生物学）和VIROLOGY（病毒学）；中位影响因子>2~3者

41个学科（23.30%）；中位影响因子>1~2者94个学科（53.41%）；中位影响因子>0.5~1者34个学科（19.32%）；中位影响因子≤0.5者4个学科，分别为 ENGINEERING, MARINE（工程、海事）、LOGIC（逻辑学）、ENGINEERING, PETROLEUM（工程、石油）和 HISTORY & PHILOSOPHY OF SCIENCE（科学史与哲学），其中位影响因子分别为0.458、0.447、0.429和0.393。上述数据表明，2013年SCI一半以上的学科中位影响因子>1~2，约1/4的学科中位影响因子>2~3，约1/5的学科中位影响因子为>0.5~1，处于极高值（>3）和极低值（<0.5）的学科均较少。

2017年SCI 177个学科中，平均中位影响因子为1.884，其中，中位影响因子>3者共10个，较2013年多了7个学科，分别为 CELL & TISSUE ENGINEERING（细胞与组织工程）、ALLERGY（过敏）、CELL BIOLOGY（细胞生物学）、IMMUNOLOGY（免疫学）、ONCOLOGY（肿瘤学）、RHEUMATOLOGY（风湿病学）、NEUROSCIENCES（神经科学）、GASTROENTEROLOGY & HEPATOLOGY（胃肠和肝病）、ENDOCRINOLOGY & METABOLISM（内分泌与代谢）和 MATERIALS SCIENCE, BIOMATERIALS（材料科学，生物材料）；中位影响因子>2~3者61个学科（34.46%）；中位影响因子>1~2者94个学科（53.11%）；中位影响因子>0.5~1者12个学科（6.78%），没有中位影响因子<0.5的学科。上述数据表明，同2013年一样，2017年SCI一半以上的学科中位影响因子>1~2，但2017年中位影响因子>2~3的学科更多，占1/3以上，中位影响因子<1的学科量明显较2013年少。可见，整体来看，2017年学科中位影响因子数值较2013年明显提高；即从学科中位影响因子来看，SCI学科5年来整体学术影响力明显提高。

2013年学科中位影响因子位于前5位的学科分别为 CELL & TISSUE ENGINEERING（细胞与组织工程）、CELL BIOLOGY（细胞生物学）、VIROLOGY（病毒学）、NEUROSCIENCES（神经科学）和 EVOLUTIONARY BIOLOGY（进化生物学），其中位影响因子分别为3.535、3.333、3.143、2.933和2.887，至2017年，该5个学科的中位影响因子分别为3.508、3.340、2.514、3.060和2.538，在176个学科排名分别为第1位、第3位、第7位、第31位和第34位。2017年，学科中位影响因子位于前5位的学科分别为 CELL & TISSUE ENGINEERING（细胞与组织工程）、ALLERGY（过敏）、CELL BIOLOGY（细胞生物学）、IMMUNOLOGY（免疫学）和 ONCOLOGY（肿瘤学），其中位影响因子分别为3.508、3.457、3.340、3.187和3.186，这5个学科在2013年中位影响因子排位分别为第1位、第12位、第2位、第7位、第9位。虽然

2017年学科整体学术影响力提高明显，但学科中位影响因子排位变化较大，各学科发展速度并不一致。

2013年和2017年学科中位影响因子最大的学科均是CELL & TISSUE ENGINEERING（细胞与组织工程），其学科中位影响因子分别为3.535和3.508；2013年和2017年学科中位影响因子最小的均是HISTORY & PHILOSOPHY OF SCIENCE（科学史与哲学），其学科中位影响因子分别为0.393和0.500。可见，学科间中位影响因子差异很大，不同学科影响因子数值差异很大，这也是影响因子不能用于学科比较的原因之一。

2017年SCI除了相对于2013年增加的GREEN & SUSTAINABLE SCIENCE & TECHNOLOGY（绿色可持续科技）学科外，其余176个学科中，学科中位影响因子高于2013年者162个学科（92.05%），可见，九成以上的SCI学科的学术影响力是增加的。5年中位影响因子增加>1的学科共3个，分别为NANOSCIENCE & NANOTECHNOLOGY（纳米科学与纳米技术）、TRANSPORTATION SCIENCE & TECHNOLOGY（交通科技）和ROBOTICS（机器人学），其中，NANOSCIENCE & NANOTECHNOLOGY（纳米科学与纳米技术）学科中位影响因子5年增加了1.149，增加最多，由2013年的1.102（第55名）增加到2017年的2.917（第11名）。5年中位影响因子增加>0.5~1的学科共37个（21.02%），5年中位影响因子增加>0.1~0.5的学科共104个（59.09%），5年中位影响因子增加>0~0.1的学科共18个（10.23%）。可见，约六成的学科5年中位影响因子增加>0.1~0.5，约1/5的学科5年中位影响因子增加>0.5~1。5年中位影响因子有所减少的学科共14个，平均减少了0.151，其中，减少<0.1者7个学科，分别为HORTICULTURE（园艺）、GEOCHEMISTRY & GEOPHYSICS（地球化学与地球物理学）、CELL & TISSUE ENGINEERING（细胞与组织工程）、PATHOLOGY（病理学）、CHEMISTRY, INORGANIC & NUCLEAR（化学、无机和核）、ANATOMY & MORPHOLOGY（解剖学与形态学）和MATERIALS SCIENCE, TEXTILES（材料科学，纺织品）；减少0.1~0.3者5个学科，分别为CHEMISTRY, ORGANIC（化学，有机）、BIOPHYSICS（生物物理学）、MEDICINE, LEGAL（医学、法律）、BEHAVIORAL SCIENCES（行为科学）和DEVELOPMENTAL BIOLOGY（发育生物学）；5年中位影响因子减少>0.3的学科为EVOLUTIONARY BIOLOGY（进化生物学）和VIROLOGY（病毒学），尤其VIROLOGY（病毒学）由2013年的3.143减少到2017年的2.514。

但由于不同学科中位影响因子基数不同，故绝对数值的增减并不能完全反

应不同学科间 5 年来变化情况的比较。鉴于此，笔者计算各学科 2017 年相对 2013 年的增长率，即

$$V_{\text{IF-Median}} = \frac{\text{IF}_{\text{Median2017}} - \text{IF}_{\text{Median2017}}}{\text{IF}_{\text{Median2017}}}$$

对 2013 年和 2017 年共同拥有的 176 个学科的中位影响因子 5 年增长率的分析结果（表 6-1）显示，ENGINEERING, PETROLEUM（工程、石油）学科中位影响因子增长最大，2017 年与 2013 年相比增长了 128.67%，由 0.429 增长到了 0.981；除此之外，ENGINEERING, MARINE（工程、海事）、MATERIALS SCIENCE, CHARACTERIZATION & TESTING（材料科学、表征与测试）、ENGINEERING, AEROSPACE（工程、航空航天）3 个学科 2017 年较 2013 年的增长幅度大于 100%，分别为 120.52%、117.02% 和 114.91%，但 3 个学科 2013 年的学科中位影响因子均较低，分别为 0.458、0.664、0.550，至 2017 年分别增长到了 1.010、1.441、1.182。2017 年学科中位影响因子增长幅度为 >50% ~100% 者共 23 个学科（10.23%），增长幅度为 >20% ~50% 者共 64 个学科（36.36%），增长幅度为 >10% ~20% 者共 39 个学科（22.16%），增长幅度为 0 ~10% 者共 32 个学科（18.18%）。可见，5 年来，学科中位影响因子增长幅度 >50% 者占 15.34%，一半以上的学科增长幅度在 10% ~50%。增长幅度为负值者 14 个学科，其中，11 个学科的减少幅度 <10%，EVOLUTIONARY BIOLOGY（进化生物学）、MEDICINE, LEGAL（医学、法律）和 VIROLOGY（病毒学）的 5 年中位影响因子减少幅度最大，分别为 12.09%、15.94% 和 20.01%。

表 6-1 2013 年和 2017 年各学科中位影响因子及其变化值和增长率

学科名称	2013 年	2017 年	变化值	增长率
ACOUSTICS	1.107	1.595	0.488	44.08%
AGRICULTURAL ECONOMICS & POLICY	0.707	1.147	0.440	62.23%
AGRICULTURAL ENGINEERING	1.159	1.379	0.220	18.98%
AGRICULTURE, DAIRY & ANIMAL SCIENCE	0.800	0.981	0.181	22.63%
AGRICULTURE, MULTIDISCIPLINARY	0.649	0.810	0.161	24.81%
AGRONOMY	0.920	1.106	0.186	20.22%
ALLERGY	2.642	3.457	0.815	30.85%
ANATOMY & MORPHOLOGY	1.431	1.400	-0.031	-2.17%
ANDROLOGY	1.694	1.785	0.091	5.37%

续表

学科名称	2013 年	2017 年	变化值	增长率
ANESTHESIOLOGY	2.120	2.556	0.436	20.57%
ASTRONOMY & ASTROPHYSICS	1.676	2.146	0.470	28.04%
AUDIOLOGY & SPEECH – LANGUAGE PATHOLOGY	1.419	1.696	0.277	19.52%
AUTOMATION & CONTROL SYSTEMS	1.389	2.082	0.693	49.89%
BEHAVIORAL SCIENCES	2.692	2.473	-0.219	-8.14%
BIOCHEMICAL RESEARCH METHODS	2.310	2.355	0.045	1.95%
BIOCHEMISTRY & MOLECULAR BIOLOGY	2.861	2.906	0.045	1.57%
BIODIVERSITY CONSERVATION	1.407	1.436	0.029	2.06%
BIOLOGY	1.432	1.552	0.120	8.38%
BIOPHYSICS	2.635	2.492	-0.143	-5.43%
BIOTECHNOLOGY & APPLIED MICROBIOLOGY	2.106	2.240	0.134	6.36%
CARDIAC & CARDIOVASCULAR SYSTEMS	2.203	2.283	0.080	3.63%
CELL & TISSUE ENGINEERING	3.535	3.508	-0.027	-0.76%
CELL BIOLOGY	3.333	3.340	0.007	0.21%
CHEMISTRY, ANALYTICAL	1.900	2.111	0.211	11.11%
CHEMISTRY, APPLIED	1.316	1.687	0.371	28.19%
CHEMISTRY, INORGANIC & NUCLEAR	1.840	1.810	-0.030	-1.63%
CHEMISTRY, MEDICINAL	2.390	2.631	0.241	10.08%
CHEMISTRY, MULTIDISCIPLINARY	1.401	2.198	0.797	56.89%
CHEMISTRY, ORGANIC	2.118	2.000	-0.118	-5.57%
CHEMISTRY, PHYSICAL	2.174	2.631	0.457	21.02%
CLINICAL NEUROLOGY	2.182	2.645	0.463	21.22%
COMPUTER SCIENCE, ARTIFICIAL INTELLIGENCE	1.167	1.755	0.588	50.39%
COMPUTER SCIENCE, CYBERNETICS	0.833	1.283	0.450	54.02%
COMPUTER SCIENCE, HARDWARE & ARCHITECTURE	0.996	1.518	0.522	52.41%
COMPUTER SCIENCE, INFORMATION SYSTEMS	1.035	1.747	0.712	68.79%
COMPUTER SCIENCE, INTERDISCIPLINARY APPLICATIONS	1.472	1.955	0.483	32.81%
COMPUTER SCIENCE, SOFTWARE ENGINEERING	0.941	1.341	0.400	42.51%

续表

学科名称	2013年	2017年	变化值	增长率
COMPUTER SCIENCE, THEORY & METHODS	0.770	1.129	0.359	46.62%
CONSTRUCTION & BUILDING TECHNOLOGY	0.789	1.299	0.510	64.64%
CRITICAL CARE MEDICINE	2.462	2.693	0.231	9.38%
CRYSTALLOGRAPHY	1.693	2.106	0.413	24.39%
DENTISTRY, ORAL SURGERY & MEDICINE	1.271	1.592	0.321	25.26%
DERMATOLOGY	1.536	1.893	0.357	23.24%
DEVELOPMENTAL BIOLOGY	2.675	2.433	-0.242	-9.05%
ECOLOGY	1.963	2.024	0.061	3.11%
EDUCATION, SCIENTIFIC DISCIPLINES	1.206	1.503	0.297	24.63%
ELECTROCHEMISTRY	2.089	2.492	0.403	19.29%
EMERGENCY MEDICINE	1.152	1.391	0.239	20.75%
ENDOCRINOLOGY & METABOLISM	2.732	3.044	0.312	11.42%
ENERGY & FUELS	1.698	2.667	0.969	57.07%
ENGINEERING, AEROSPACE	0.550	1.182	0.632	114.91%
ENGINEERING, BIOMEDICAL	1.566	2.006	0.440	28.10%
ENGINEERING, CHEMICAL	1.313	1.747	0.434	33.05%
ENGINEERING, CIVIL	0.956	1.448	0.492	51.46%
ENGINEERING, ELECTRICAL & ELECTRONIC	1.214	1.820	0.606	49.92%
ENGINEERING, ENVIRONMENTAL	1.649	2.249	0.600	36.39%
ENGINEERING, GEOLOGICAL	1.174	1.822	0.648	55.20%
ENGINEERING, INDUSTRIAL	1.111	2.000	0.889	80.02%
ENGINEERING, MANUFACTURING	1.236	1.969	0.733	59.30%
ENGINEERING, MARINE	0.458	1.010	0.552	120.52%
ENGINEERING, MECHANICAL	0.889	1.708	0.819	92.13%
ENGINEERING, MULTIDISCIPLINARY	0.955	1.273	0.318	33.30%
ENGINEERING, OCEAN	1.087	1.227	0.140	12.88%
ENGINEERING, PETROLEUM	0.429	0.981	0.552	128.67%
ENTOMOLOGY	0.899	1.019	0.120	13.35%

续表

学科名称	2013 年	2017 年	变化值	增长率
ENVIRONMENTAL SCIENCES	1.640	2.081	0.441	26.89%
EVOLUTIONARY BIOLOGY	2.887	2.538	-0.349	-12.09%
FISHERIES	1.183	1.490	0.307	25.95%
FOOD SCIENCE & TECHNOLOGY	1.206	1.781	0.575	47.68%
FORESTRY	1.057	1.383	0.326	30.84%
GASTROENTEROLOGY & HEPATOLOGY	2.391	3.050	0.659	27.56%
GENETICS & HEREDITY	2.581	2.691	0.110	4.26%
GEOCHEMISTRY & GEOPHYSICS	1.755	1.744	-0.011	-0.63%
GEOGRAPHY, PHYSICAL	2.152	2.346	0.194	9.01%
GEOLOGY	1.139	1.238	0.099	8.69%
GEOSCIENCES, MULTIDISCIPLINARY	1.472	1.901	0.429	29.14%
GERIATRICS & GERONTOLOGY	2.000	2.866	0.866	43.30%
GREEN & SUSTAINABLE SCIENCE & TECHNOLOGY	0.000	2.702	2.702	0.00%
HEALTH CARE SCIENCES & SERVICES	1.699	2.034	0.335	19.72%
HEMATOLOGY	2.445	2.608	0.163	6.67%
HISTORY & PHILOSOPHY OF SCIENCE	0.393	0.500	0.107	27.23%
HORTICULTURE	0.706	0.696	-0.010	-1.42%
IMAGING SCIENCE & PHOTOGRAPHIC TECHNOLOGY	1.111	1.643	0.532	47.88%
IMMUNOLOGY	2.739	3.187	0.448	16.36%
INFECTIOUS DISEASES	2.549	2.616	0.067	2.63%
INSTRUMENTS & INSTRUMENTATION	1.286	1.642	0.356	27.68%
INTEGRATIVE & COMPLEMENTARY MEDICINE	1.325	1.685	0.360	27.17%
LIMNOLOGY	1.309	1.512	0.203	15.51%
LOGIC	0.447	0.532	0.085	19.02%
MARINE & FRESHWATER BIOLOGY	1.423	1.526	0.103	7.24%
MATERIALS SCIENCE, BIOMATERIALS	2.606	3.026	0.420	16.12%
MATERIALS SCIENCE, CERAMICS	0.537	0.980	0.443	82.50%
MATERIALS SCIENCE, CHARACTERIZATION & TESTING	0.664	1.441	0.777	117.02%

续表

学科名称	2013年	2017年	变化值	增长率
MATERIALS SCIENCE, COATINGS & FILMS	1.431	1.850	0.419	29.28%
MATERIALS SCIENCE, COMPOSITES	0.777	1.333	0.556	71.56%
MATERIALS SCIENCE, MULTIDISCIPLINARY	1.380	2.008	0.628	45.51%
MATERIALS SCIENCE, PAPER & WOOD	0.682	0.764	0.082	12.02%
MATERIALS SCIENCE, TEXTILES	0.742	0.689	-0.053	-7.14%
MATHEMATICAL & COMPUTATIONAL BIOLOGY	1.503	1.619	0.116	7.72%
MATHEMATICS	0.582	0.704	0.122	20.96%
MATHEMATICS, APPLIED	0.733	0.972	0.239	32.61%
MATHEMATICS, INTERDISCIPLINARY APPLICATIONS	1.043	1.201	0.158	15.15%
MECHANICS	1.200	1.768	0.568	47.33%
MEDICAL ETHICS	1.125	1.148	0.023	2.04%
MEDICAL INFORMATICS	1.434	2.098	0.664	46.30%
MEDICAL LABORATORY TECHNOLOGY	1.532	1.976	0.444	28.98%
MEDICINE, GENERAL & INTERNAL	1.273	1.512	0.239	18.77%
MEDICINE, LEGAL	1.361	1.144	-0.217	-15.94%
MEDICINE, RESEARCH & EXPERIMENTAL	2.146	2.707	0.561	26.14%
METALLURGY & METALLURGICAL ENGINEERING	0.605	1.206	0.601	99.34%
METEOROLOGY & ATMOSPHERIC SCIENCES	1.717	1.968	0.251	14.62%
MICROBIOLOGY	2.424	2.537	0.113	4.66%
MICROSCOPY	1.632	1.659	0.027	1.65%
MINERALOGY	1.403	1.744	0.341	24.31%
MINING & MINERAL PROCESSING	0.667	1.260	0.593	88.91%
MULTIDISCIPLINARY SCIENCES	0.786	1.149	0.363	46.18%
MYCOLOGY	1.805	2.571	0.766	42.44%
NANOSCIENCE & NANOTECHNOLOGY	1.768	2.917	1.149	64.99%
NEUROIMAGING	2.434	2.581	0.147	6.04%
NEUROSCIENCES	2.933	3.060	0.127	4.33%
NUCLEAR SCIENCE & TECHNOLOGY	0.972	1.123	0.151	15.53%

续表

学科名称	2013 年	2017 年	变化值	增长率
NURSING	0.904	1.179	0.275	30.42%
NUTRITION & DIETETICS	2.444	2.694	0.250	10.23%
OBSTETRICS & GYNECOLOGY	1.792	2.026	0.234	13.06%
OCEANOGRAPHY	1.530	1.736	0.206	13.46%
ONCOLOGY	2.692	3.186	0.494	18.35%
OPERATIONS RESEARCH & MANAGEMENT SCIENCE	0.994	1.450	0.456	45.88%
OPHTHALMOLOGY	1.737	1.921	0.184	10.59%
OPTICS	1.350	1.866	0.516	38.22%
ORNITHOLOGY	0.833	1.063	0.230	27.61%
ORTHOPEDICS	1.577	1.858	0.281	17.82%
OTORHINOLARYNGOLOGY	1.265	1.514	0.249	19.68%
PALEONTOLOGY	1.167	1.239	0.072	6.17%
PARASITOLOGY	1.566	2.055	0.489	31.23%
PATHOLOGY	2.045	2.015	-0.030	-1.47%
PEDIATRICS	1.530	1.695	0.165	10.78%
PERIPHERAL VASCULAR DISEASE	2.432	2.629	0.197	8.10%
PHARMACOLOGY & PHARMACY	2.205	2.481	0.276	12.52%
PHYSICS, APPLIED	1.461	1.784	0.323	22.11%
PHYSICS, ATOMIC, MOLECULAR & CHEMICAL	1.991	2.119	0.128	6.43%
PHYSICS, CONDENSED MATTER	1.761	2.227	0.466	26.46%
PHYSICS, FLUIDS & PLASMAS	1.545	1.819	0.274	17.73%
PHYSICS, MATHEMATICAL	1.232	1.306	0.074	6.01%
PHYSICS, MULTIDISCIPLINARY	1.300	1.652	0.352	27.08%
PHYSICS, NUCLEAR	1.517	1.903	0.386	25.44%
PHYSICS, PARTICLES & FIELDS	1.781	2.290	0.509	28.58%
PHYSIOLOGY	2.345	2.517	0.172	7.33%
PLANT SCIENCES	1.337	1.415	0.078	5.83%
POLYMER SCIENCE	1.517	1.682	0.165	10.88%

续表

学科名称	2013 年	2017 年	变化值	增长率
PRIMARY HEALTH CARE	1.446	1.702	0.256	17.70%
PSYCHIATRY	2.067	2.419	0.352	17.03%
PSYCHOLOGY	1.999	2.226	0.227	11.36%
PUBLIC, ENVIRONMENTAL & OCCUPATIONAL HEALTH	1.608	1.854	0.246	15.30%
RADIOLOGY, NUCLEAR MEDICINE & MEDICAL IMAGING	1.681	2.036	0.355	21.12%
REHABILITATION	1.412	1.719	0.307	21.74%
REMOTE SENSING	1.427	1.850	0.423	29.64%
REPRODUCTIVE BIOLOGY	2.276	2.548	0.272	11.95%
RESPIRATORY SYSTEM	2.529	2.606	0.077	3.04%
RHEUMATOLOGY	2.468	3.139	0.671	27.19%
ROBOTICS	1.105	2.121	1.016	91.95%
SOIL SCIENCE	1.665	2.111	0.446	26.79%
SPECTROSCOPY	1.589	1.741	0.152	9.57%
SPORT SCIENCES	1.425	1.863	0.438	30.74%
STATISTICS & PROBABILITY	0.894	1.017	0.123	13.76%
SUBSTANCE ABUSE	2.055	2.425	0.370	18.00%
SURGERY	1.372	1.811	0.439	32.00%
TELECOMMUNICATIONS	1.117	1.802	0.685	61.32%
THERMODYNAMICS	0.935	1.633	0.698	74.65%
TOXICOLOGY	2.344	2.459	0.115	4.91%
TRANSPLANTATION	2.060	2.364	0.304	14.76%
TRANSPORTATION SCIENCE & TECHNOLOGY	1.102	2.164	1.062	96.37%
TROPICAL MEDICINE	0.917	1.668	0.751	81.90%
UROLOGY & NEPHROLOGY	1.850	2.038	0.188	10.16%
VETERINARY SCIENCES	0.901	0.972	0.071	7.88%
VIROLOGY	3.143	2.514	-0.629	-20.01%
WATER RESOURCES	1.231	1.783	0.552	44.84%
ZOOLOGY	0.978	1.097	0.119	12.17%

综上，整体来看 SCI 学科的中位影响因子差异较大，5 年来多数学科中位影响因子增加，平均增加了 0.324，一半以上的学科增加为 >0.1~0.5，增加幅度为 10%~50%。

2. 学科集合影响因子

除了学科中位影响因子外，SCI 内还给出了各学科的集合影响因子。学科集合影响因子是按照计算影响因子的方法，将整个学科看作一个大期刊，重新计算影响因子的分子和分母，得出整个学科的集合影响因子。具体为：

$$\text{IF}_{\text{Aggregate}} = \frac{C_1 + C_2 + \cdots + C_n}{(N_{A1} + N_{R1}) + \cdots + (N_{An} + N_{Rn})}$$

其中，n 为该学科期刊量；C 为该学科某刊前两年发表的所有类型文献在统计当年的总被引频次；N 为前两年发表的文献量；N_A 即文献类型为 Article 的文献量；N_R 即文献类型为 Review 的文献量。

2013 年和 2017 年 SCI 学科的集合影响因子及其变化值和增长率见表 6-2。2013 年 SCI 176 个学科中，平均集合影响因子为 2.476，远高于学科平均中位影响因子的 1.553。其中，集合影响因子 >5 者共 3 个学科，分别为 MULTIDISCIPLINARY SCIENCES（多学科科学）、CELL BIOLOGY（细胞生物学）和 CHEMISTRY, MULTIDISCIPLINARY（化学，多学科）；集合影响因子 >3~5 者 44 个学科（25.00%）；集合影响因子 >2~3 者 61 个学科（34.66%）；集合影响因子 >1~2 者 60 个学科（34.09%）；集合影响因子 ≤1 者 8 个学科，分别为 AGRICULTURAL ECONOMICS & POLICY（农业经济与政策）、MATERIALS SCIENCE, CHARACTERIZATION & TESTING（材料科学、表征与测试）、ENGINEERING, MARINE（工程，海事）、ENGINEERING, AEROSPACE（工程、航空航天）、MATHEMATICS（数学）、HISTORY & PHILOSOPHY OF SCIENCE（科学史与哲学）、ENGINEERING, PETROLEUM（工程、石油）和 LOGIC（逻辑），其集合影响因子分别为 0.992、0.882、0.819、0.781、0.729、0.658、0.557、0.467。上述数据表明，2013 年 SCI 176 个学科中，约六成学科的集合影响因子 >2，约 1/4 学科的集合影响因子 >3，极少的学科集合影响因子 <1。

表 6-2 2013 年和 2017 年各学科集合影响因子及其变化值和增长率

学科名称	2013 年	2017 年	变化值	增长率
ACOUSTICS	1.840	2.303	0.463	25.16%
AGRICULTURAL ECONOMICS & POLICY	0.992	1.436	0.444	44.76%

续表

学科名称	2013 年	2017 年	变化值	增长率
AGRICULTURAL ENGINEERING	3.391	3.802	0.411	12.12%
AGRICULTURE, DAIRY & ANIMAL SCIENCE	1.303	1.491	0.188	14.43%
AGRICULTURE, MULTIDISCIPLINARY	1.564	1.647	0.083	5.31%
AGRONOMY	1.615	1.946	0.331	20.50%
ALLERGY	4.259	4.663	0.404	9.49%
ANATOMY & MORPHOLOGY	1.591	1.805	0.214	13.45%
ANDROLOGY	1.998	2.234	0.236	11.81%
ANESTHESIOLOGY	2.766	3.093	0.327	11.82%
ASTRONOMY & ASTROPHYSICS	4.462	4.291	-0.171	-3.83%
AUDIOLOGY & SPEECH-LANGUAGE PATHOLOGY	1.715	1.826	0.111	6.47%
AUTOMATION & CONTROL SYSTEMS	2.226	3.341	1.115	50.09%
BEHAVIORAL SCIENCES	3.234	3.109	-0.125	-3.87%
BIOCHEMICAL RESEARCH METHODS	3.453	3.396	-0.057	-1.65%
BIOCHEMISTRY & MOLECULAR BIOLOGY	4.311	4.281	-0.030	-0.70%
BIODIVERSITY CONSERVATION	2.622	2.995	0.373	14.23%
BIOLOGY	2.561	3.047	0.486	18.98%
BIOPHYSICS	3.289	3.371	0.082	2.49%
BIOTECHNOLOGY & APPLIED MICROBIOLOGY	3.361	3.568	0.207	6.16%
CARDIAC & CARDIOVASCULAR SYSTEMS	3.938	4.343	0.405	10.28%
CELL & TISSUE ENGINEERING	4.940	4.535	-0.405	-8.20%
CELL BIOLOGY	5.816	5.829	0.013	0.22%
CHEMISTRY, ANALYTICAL	2.914	3.347	0.433	14.86%
CHEMISTRY, APPLIED	2.488	3.275	0.787	31.63%
CHEMISTRY, INORGANIC & NUCLEAR	2.659	2.719	0.060	2.26%
CHEMISTRY, MEDICINAL	2.701	2.931	0.230	8.52%
CHEMISTRY, MULTIDISCIPLINARY	5.222	5.541	0.319	6.11%
CHEMISTRY, ORGANIC	3.001	3.201	0.200	6.66%

续表

学科名称	2013 年	2017 年	变化值	增长率
CHEMISTRY, PHYSICAL	4.301	5.401	1.100	25.58%
CLINICAL NEUROLOGY	3.174	3.502	0.328	10.33%
COMPUTER SCIENCE, ARTIFICIAL INTELLIGENCE	2.003	3.085	1.082	54.02%
COMPUTER SCIENCE, CYBERNETICS	1.448	3.162	1.714	118.37%
COMPUTER SCIENCE, HARDWARE & ARCHITECTURE	1.326	2.275	0.949	71.57%
COMPUTER SCIENCE, INFORMATION SYSTEMS	1.584	2.354	0.770	48.61%
COMPUTER SCIENCE, INTERDISCIPLINARY APPLICATIONS	1.926	2.733	0.807	41.90%
COMPUTER SCIENCE, SOFTWARE ENGINEERING	1.203	1.784	0.581	48.30%
COMPUTER SCIENCE, THEORY & METHODS	1.212	2.123	0.911	75.17%
CONSTRUCTION & BUILDING TECHNOLOGY	1.543	2.683	1.140	73.88%
CRITICAL CARE MEDICINE	3.961	4.835	0.874	22.07%
CRYSTALLOGRAPHY	2.207	2.575	0.368	16.67%
DENTISTRY, ORAL SURGERY & MEDICINE	1.703	2.135	0.432	25.37%
DERMATOLOGY	2.273	2.657	0.384	16.89%
DEVELOPMENTAL BIOLOGY	4.186	3.622	−0.564	−13.47%
ECOLOGY	3.209	3.281	0.072	2.24%
EDUCATION, SCIENTIFIC DISCIPLINES	1.430	1.771	0.341	23.85%
ELECTROCHEMISTRY	3.242	4.427	1.185	36.55%
EMERGENCY MEDICINE	1.785	1.971	0.186	10.42%
ENDOCRINOLOGY & METABOLISM	4.096	4.179	0.083	2.03%
ENERGY & FUELS	3.793	5.396	1.603	42.26%
ENGINEERING, AEROSPACE	0.781	1.534	0.753	96.41%
ENGINEERING, BIOMEDICAL	2.936	3.155	0.219	7.46%
ENGINEERING, CHEMICAL	2.624	3.679	1.055	40.21%
ENGINEERING, CIVIL	1.670	2.301	0.631	37.78%
ENGINEERING, ELECTRICAL & ELECTRONIC	1.812	2.723	0.911	50.28%
ENGINEERING, ENVIRONMENTAL	3.480	4.917	1.437	41.29%

续表

学科名称	2013 年	2017 年	变化值	增长率
ENGINEERING, GEOLOGICAL	1.275	2.316	1.041	81.65%
ENGINEERING, INDUSTRIAL	1.597	2.780	1.183	74.08%
ENGINEERING, MANUFACTURING	1.574	2.710	1.136	72.17%
ENGINEERING, MARINE	0.819	1.681	0.862	105.25%
ENGINEERING, MECHANICAL	1.573	2.479	0.906	57.60%
ENGINEERING, MULTIDISCIPLINARY	1.342	2.086	0.744	55.44%
ENGINEERING, OCEAN	1.157	1.738	0.581	50.22%
ENGINEERING, PETROLEUM	0.557	1.218	0.661	118.67%
ENTOMOLOGY	1.350	1.624	0.274	20.30%
ENVIRONMENTAL SCIENCES	2.892	3.523	0.631	21.82%
EVOLUTIONARY BIOLOGY	4.439	3.916	-0.523	-11.78%
FISHERIES	1.543	1.844	0.301	19.51%
FOOD SCIENCE & TECHNOLOGY	2.066	2.612	0.546	26.43%
FORESTRY	1.605	1.842	0.237	14.77%
GASTROENTEROLOGY & HEPATOLOGY	3.918	4.685	0.767	19.58%
GENETICS & HEREDITY	4.463	3.966	-0.497	-11.14%
GEOCHEMISTRY & GEOPHYSICS	2.453	2.806	0.353	14.39%
GEOGRAPHY, PHYSICAL	2.574	2.866	0.292	11.34%
GEOLOGY	2.014	2.293	0.279	13.85%
GEOSCIENCES, MULTIDISCIPLINARY	2.536	2.658	0.122	4.81%
GERIATRICS & GERONTOLOGY	2.843	3.327	0.484	17.02%
GREEN & SUSTAINABLE SCIENCE & TECHNOLOGY	0.000	5.062	5.062	0.00%
HEALTH CARE SCIENCES & SERVICES	2.334	2.601	0.267	11.44%
HEMATOLOGY	4.413	4.547	0.134	3.04%
HISTORY & PHILOSOPHY OF SCIENCE	0.658	0.876	0.218	33.13%
HORTICULTURE	1.334	1.445	0.111	8.32%
IMAGING SCIENCE & PHOTOGRAPHIC TECHNOLOGY	2.331	3.149	0.818	35.09%

续表

学科名称	2013年	2017年	变化值	增长率
IMMUNOLOGY	4.244	4.349	0.105	2.47%
INFECTIOUS DISEASES	3.643	3.582	-0.061	-1.67%
INSTRUMENTS & INSTRUMENTATION	1.876	2.535	0.659	35.13%
INTEGRATIVE & COMPLEMENTARY MEDICINE	2.077	2.199	0.122	5.87%
LIMNOLOGY	2.207	2.480	0.273	12.37%
LOGIC	0.467	0.622	0.155	33.19%
MARINE & FRESHWATER BIOLOGY	1.989	2.137	0.148	7.44%
MATERIALS SCIENCE, BIOMATERIALS	4.338	4.446	0.108	2.49%
MATERIALS SCIENCE, CERAMICS	1.531	2.301	0.770	50.29%
MATERIALS SCIENCE, CHARACTERIZATION & TESTING	0.882	1.632	0.750	85.03%
MATERIALS SCIENCE, COATINGS & FILMS	2.235	3.248	1.013	45.32%
MATERIALS SCIENCE, COMPOSITES	1.931	3.259	1.328	68.77%
MATERIALS SCIENCE, MULTIDISCIPLINARY	3.535	4.578	1.043	29.50%
MATERIALS SCIENCE, PAPER & WOOD	1.236	1.422	0.186	15.05%
MATERIALS SCIENCE, TEXTILES	1.355	1.822	0.467	34.46%
MATHEMATICAL & COMPUTATIONAL BIOLOGY	2.579	2.468	-0.111	-4.30%
MATHEMATICS	0.729	0.855	0.126	17.28%
MATHEMATICS, APPLIED	1.109	1.299	0.190	17.13%
MATHEMATICS, INTERDISCIPLINARY APPLICATIONS	1.464	1.845	0.381	26.02%
MECHANICS	1.739	2.663	0.924	53.13%
MEDICAL ETHICS	1.238	1.421	0.183	14.78%
MEDICAL INFORMATICS	2.020	2.634	0.614	30.40%
MEDICAL LABORATORY TECHNOLOGY	2.251	2.450	0.199	8.84%
MEDICINE, GENERAL & INTERNAL	4.036	4.640	0.604	14.97%
MEDICINE, LEGAL	1.753	1.887	0.134	7.64%
MEDICINE, RESEARCH & EXPERIMENTAL	3.394	3.035	-0.359	-10.58%
METALLURGY & METALLURGICAL ENGINEERING	1.522	2.360	0.838	55.06%

续表

学科名称	2013 年	2017 年	变化值	增长率
METEOROLOGY & ATMOSPHERIC SCIENCES	2.930	3.141	0.211	7.20%
MICROBIOLOGY	3.673	3.779	0.106	2.89%
MICROSCOPY	2.005	1.809	-0.196	-9.78%
MINERALOGY	2.027	2.667	0.640	31.57%
MINING & MINERAL PROCESSING	1.357	1.949	0.592	43.63%
MULTIDISCIPLINARY SCIENCES	5.877	5.110	-0.767	-13.05%
MYCOLOGY	2.051	2.556	0.505	24.62%
NANOSCIENCE & NANOTECHNOLOGY	4.902	6.190	1.288	26.27%
NEUROIMAGING	4.642	3.997	-0.645	-13.89%
NEUROSCIENCES	4.062	4.018	-0.044	-1.08%
NUCLEAR SCIENCE & TECHNOLOGY	1.149	1.318	0.169	14.71%
NURSING	1.111	1.400	0.289	26.01%
NUTRITION & DIETETICS	3.049	3.487	0.438	14.37%
OBSTETRICS & GYNECOLOGY	2.254	2.547	0.293	13.00%
OCEANOGRAPHY	2.025	2.041	0.016	0.79%
ONCOLOGY	4.321	4.592	0.271	6.27%
OPERATIONS RESEARCH & MANAGEMENT SCIENCE	1.532	2.468	0.936	61.10%
OPHTHALMOLOGY	2.468	2.616	0.148	6.00%
OPTICS	2.262	2.581	0.319	14.10%
ORNITHOLOGY	1.285	1.347	0.062	4.82%
ORTHOPEDICS	2.125	2.482	0.357	16.80%
OTORHINOLARYNGOLOGY	1.515	1.849	0.334	22.05%
PALEONTOLOGY	1.685	1.648	-0.037	-2.20%
PARASITOLOGY	3.291	3.324	0.033	1.00%
PATHOLOGY	2.803	2.609	-0.194	-6.92%
PEDIATRICS	1.940	2.181	0.241	12.42%
PERIPHERAL VASCULAR DISEASE	4.267	4.102	-0.165	-3.87%

续表

学科名称	2013 年	2017 年	变化值	增长率
PHARMACOLOGY & PHARMACY	2.971	3.148	0.177	5.96%
PHYSICS, APPLIED	2.945	3.873	0.928	31.51%
PHYSICS, ATOMIC, MOLECULAR & CHEMICAL	2.906	3.171	0.265	9.12%
PHYSICS, CONDENSED MATTER	3.535	4.687	1.152	32.59%
PHYSICS, FLUIDS & PLASMAS	2.027	2.286	0.259	12.78%
PHYSICS, MATHEMATICAL	1.729	1.890	0.161	9.31%
PHYSICS, MULTIDISCIPLINARY	2.953	2.952	−0.001	−0.03%
PHYSICS, NUCLEAR	2.204	2.333	0.129	5.85%
PHYSICS, PARTICLES & FIELDS	3.714	3.798	0.084	2.26%
PHYSIOLOGY	2.976	3.116	0.140	4.70%
PLANT SCIENCES	2.741	2.675	−0.066	−2.41%
POLYMER SCIENCE	2.926	3.209	0.283	9.67%
PRIMARY HEALTH CARE	1.612	1.816	0.204	12.66%
PSYCHIATRY	3.440	3.600	0.160	4.65%
PSYCHOLOGY	2.786	2.764	−0.022	−0.79%
PUBLIC, ENVIRONMENTAL & OCCUPATIONAL HEALTH	2.339	2.643	0.304	13.00%
RADIOLOGY, NUCLEAR MEDICINE & MEDICAL IMAGING	2.796	3.002	0.206	7.37%
REHABILITATION	1.727	2.103	0.376	21.77%
REMOTE SENSING	2.272	3.245	0.973	42.83%
REPRODUCTIVE BIOLOGY	2.798	2.856	0.058	2.07%
RESPIRATORY SYSTEM	3.806	4.073	0.267	7.02%
RHEUMATOLOGY	3.746	4.123	0.377	10.06%
ROBOTICS	1.273	2.147	0.874	68.66%
SOIL SCIENCE	1.957	2.697	0.740	37.81%
SPECTROSCOPY	1.823	1.987	0.164	9.00%
SPORT SCIENCES	2.192	2.738	0.546	24.91%
STATISTICS & PROBABILITY	1.156	1.503	0.347	30.02%

续表

学科名称	2013 年	2017 年	变化值	增长率
SUBSTANCE ABUSE	2.768	3.109	0.341	12.32%
SURGERY	2.166	2.521	0.355	16.39%
TELECOMMUNICATIONS	1.582	2.929	1.347	85.15%
THERMODYNAMICS	2.174	3.090	0.916	42.13%
TOXICOLOGY	2.785	3.025	0.240	8.62%
TRANSPLANTATION	2.814	3.051	0.237	8.42%
TRANSPORTATION SCIENCE & TECHNOLOGY	1.430	2.525	1.095	76.57%
TROPICAL MEDICINE	2.193	2.682	0.489	22.30%
UROLOGY & NEPHROLOGY	2.984	3.387	0.403	13.51%
VETERINARY SCIENCES	1.258	1.348	0.090	7.15%
VIROLOGY	3.904	3.764	-0.140	-3.59%
WATER RESOURCES	2.125	2.396	0.271	12.75%
ZOOLOGY	1.486	1.456	-0.030	-2.02%

2017 年 SCI 177 个学科中，平均集合影响因子为 2.881，高于 2013 年的学科平均集合影响因子。其中，集合影响因子 >5 者共 7 个，较 2013 年多了 4 个学科，分别为 NANOSCIENCE & NANOTECHNOLOGY（纳米科学与纳米技术）、CELL BIOLOGY（细胞生物学）、CHEMISTRY, MULTIDISCIPLINARY（化学，多学科）、CHEMISTRY, PHYSICAL（化学，物理）、ENERGY & FUELS（能源和燃料）、MULTIDISCIPLINARY SCIENCES（多学科科学）和 GREEN & SUSTAINABLE SCIENCE & TECHNOLOGY（绿色可持续科技）；集合影响因子 >3~5 者 68 个学科（38.42%）；集合影响因子 >2~3 者 62 个学科（35.03%）；集合影响因子 >1~2 者 37 个学科（20.90%）；集合影响因子 ≤1 者共 3 个学科，分别为 HISTORY & PHILOSOPHY OF SCIENCE（科学史与哲学）、MATHEMATICS（数学）和 LOGIC（逻辑学），集合影响因子分别为 0.876、0.855 和 0.622。上述数据表明，整体来看，2017 年 SCI 学科的集合影响因子较 2013 年明显升高；2017 年 SCI 177 个学科中，七成以上学科的集合影响因子 >2，四成以上的学科集合影响因子 >3，极少的学科集合影响因子 <1。

2013年学科集合影响因子位于前5位的学科分别为MULTIDISCIPLINARY SCIENCES（多学科科学）、CELL BIOLOGY（细胞生物学）、CHEMISTRY，MULTIDISCIPLINARY（化学，多学科）、CELL & TISSUE ENGINEERING（细胞与组织工程）和NANOSCIENCE & NANOTECHNOLOGY（纳米科学与纳米技术），集合影响因子分别为5.877、5.816、5.222、4.940和4.902；至2017年，该5个学科的集合影响因子分别为5.110、5.829、5.541、4.535和6.190，在176个学科排名分别为第6位、第2位、第3位、第17位和第1位。2017年，学科集合影响因子位于前5位的学科分别为NANOSCIENCE & NANOTECHNOLOGY（纳米科学与纳米技术）、CELL BIOLOGY（细胞生物学）、CHEMISTRY，MULTIDISCIPLINARY（化学，多学科）、CHEMISTRY，PHYSICAL（化学，物理）和ENERGY & FUELS（能源和燃料），其集合影响因子分别为6.190、5.829、5.541、5.401和5.396，这5个学科在2013年集合影响因子排位分别为第5位、第2位、第3位、第14位、第27位。可见，5年来，学科集合影响因子排位虽然仍有较大变化，但相对于学科中位影响因子其变化幅度相对较小，与各学科发展速度不同相关。

由于算法不同，学科集合影响因子和学科中位影响因子的变化在学科间并不一致。学科集合影响因子2013年处于前三位的学科分别为MULTIDISCIPLINARY SCIENCES（多学科科学）、CELL BIOLOGY（细胞生物学）和CHEMISTRY，MULTIDISCIPLINARY（化学，多学科），其学科集合影响因子分别为5.877、5.816和5.222。2017年集合影响因子居前3位者分别为NANOSCIENCE & NANOTECHNOLOGY（纳米科学与纳米技术）、CELL BIOLOGY（细胞生物学）和CHEMISTRY，MULTIDISCIPLINARY（化学，多学科），学科集合影响因子分别为6.190、5.829和5.541。学科集合影响因子最低的2013年和2017年均为LOGIC（逻辑学），集合影响因子分别为0.467和0.622。相对于学科集合影响因子，学科中位影响因子最大最小值差更小，说明其离散度更小，区分度相对较低。

2017年SCI除了相对于2013年增加的GREEN & SUSTAINABLE SCIENCE & TECHNOLOGY（绿色可持续科技）学科外，其余176个学科中，学科集合影响因子高于2013年者153个学科（86.93%），平均增加了0.486，可见，85%以上的SCI学科的学术影响力是增加的。5年来，集合影响因子增加>1的学科共19个，其中，增加最多的学科为COMPUTER SCIENCE, CYBERNETICS（计算机科学，控制论），2017年集合影响因子较2013年增加了1.714，由2013年的1.448（第146名）增加到2017年的3.162（第60名）；

处于第 2 位和第 3 位的分别为 ENERGY & FUELS（能源和燃料）和 ENGINEERING, ENVIRONMENTAL（工程、环境），分别增加了 1.603 和 1.437，分别由 2013 年的第 27 位、第 34 位增加到 2017 年的第 5 位和第 8 位。5 年集合影响因子增加 >0.5~1 的学科共 36 个（21.45%），5 年集合影响因子增加 >0.1~0.5 的学科共 86 个（48.86%），5 年集合影响因子增加 >0~0.1 的学科共 12 个（6.82%）。可见，约七成的学科 5 年集合影响因子增加 >0.1，约 1/3 的学科 5 年集合影响因子增加 >0.5。5 年间，集合影响因子有所减少的学科共 23 个（13.07%），平均减少了 0.227，其中，减少 <0.1 者 9 个学科，分别为 PHYSICS, MULTIDISCIPLINARY（物理学，多学科）、PSYCHOLOGY（心理学）、ZOOLOGY（动物学）、BIOCHEMISTRY & MOLECULAR BIOLOGY（生物化学与分子生物学）、PALEONTOLOGY（古生物学）、NEUROSCIENCES（神经科学）、BIOCHEMICAL RESEARCH METHODS（生化研究方法）、INFECTIOUS DISEASES（传染病）和 PLANT SCIENCES（植物科学）；减少 0.1~0.3 者 7 个学科，分别为 MATHEMATICAL & COMPUTATIONAL BIOLOGY（数学与计算生物学）、BEHAVIORAL SCIENCES（行为科学）、VIROLOGY（病毒学）、PERIPHERAL VASCULAR DISEASE（外周血管疾病）、ASTRONOMY & ASTROPHYSICS（天文学和天体物理学）、PATHOLOGY（病理学）和 MICROSCOPY（显微镜检查）；5 年集合影响因子减少 >0.3 者 7 个学科，分别为 MEDICINE, RESEARCH & EXPERIMENTAL（医学、研究与实验）、CELL & TISSUE ENGINEERING（细胞与组织工程）、GENETICS & HEREDITY（遗传学与遗传）、EVOLUTIONARY BIOLOGY（进化生物学）、DEVELOPMENTAL BIOLOGY（发育生物学）、NEUROIMAGING（神经影像学）和 MULTIDISCIPLINARY SCIENCES（多学科科学），分别减少了 0.359、0.405、0.497、0.523、0.564、0.645 和 0.767。

同前方法计算各学科 2017 年相对 2013 年集合影响因子的增长率，即

$$V_{\text{IF-Aggregate}} = \frac{\text{IF}_{\text{Aggregate2017}} - \text{IF}_{\text{Aggregate2017}}}{\text{IF}_{\text{Aggregate2017}}}$$

对 2013 年和 2017 年 SCI 共同拥有的 176 个学科的集合影响因子 5 年增长率的分析结果显示，ENGINEERING, PETROLEUM（工程、石油）学科集合影响因子增长最大，2017 年增长了 2013 年的 118.67%，由 0.557 增长到了 0.661；除此之外，COMPUTER SCIENCE, CYBERNETICS（计算机科学，控制论）和 ENGINEERING, MARINE（工程，海事）2 个学科 2017 年较 2013 年的增长幅度大于 100%，分别为 118.37% 和 105.25%，但 2 个学科 2013 年

的学科集合影响因子均较低，分别为 1.448（第 146 位）和 0.819（第 171 位），至 2017 年分别增长到了 1.714（第 60 位）和 0.862（第 156 位）。2017 年学科集合影响因子增长幅度为 >50% ~100% 者共 22 个学科（12.50%），增长幅度为 >20% ~50% 者共 43 个学科（24.43%），增长幅度为 >10% ~20% 者共 41 个学科（23.30%），增长幅度为 0 ~10% 者共 44 个学科（25.00%）。可见，5 年来，学科集合影响因子增长幅度 >50% 的学科占 14.20%，近一半的学科增长幅度在 10% ~50%。增长幅度为负值者 23 个学科，其中，17 个学科的减少幅度 <10%，MEDICINE, RESEARCH & EXPERIMENTAL（医学、研究与实验）、GENETICS & HEREDITY（遗传学与遗传）、EVOLUTIONARY BIOLOGY（进化生物学）、MULTIDISCIPLINARY SCIENCES（多学科科学）、DEVELOPMENTAL BIOLOGY（发育生物学）和 NEUROIMAGING（神经影像学）5 年集合影响因子减少幅度最大，分别减少了 10.58%、11.14%、11.78%、13.05%、13.47% 和 13.89%。

综上，5 年来多数学科集合影响因子增加，平均增加了 0.393，约七成的学科 5 年集合影响因子增加 >0.1，约 1/3 的学科 5 年集合影响因子增加 >0.5，近一半的学科增长幅度为 10% ~50%。

3. 学科中位 5 年影响因子

收集 2013 年和 2017 年所有学科的 5 年影响因子，获得各学科的中位 5 年影响因子。具体为：将该学科 n 种期刊，按 5 年影响因子由小到大排列为

$$5IF_1 \cdots 5IF_n,$$

当 n 为奇数时：

$$5IF_{Median} = 5IF_{(n+1)/2}$$

当 n 为偶数时：

$$5IF_{Median} = \frac{5IF_{n/2} + 5IF_{(n+1)/2}}{2}$$

2013 年和 2017 年 SCI 学科的中位 5 年影响因子及其变化值见表 6-3。2013 年 SCI 176 个学科中，平均中位 5 年影响因子为 1.720，其中，中位 5 年影响因子 >3 者共 4 个学科，分别为 CELL & TISSUE ENGINEERING（细胞与组织工程）、CELL BIOLOGY（细胞生物学）、NEUROSCIENCES（神经科学）和 BEHAVIORAL SCIENCES（行为科学）；中位 5 年影响因子 >2 ~3 者 49 个学科（27.84%）；中位 5 年影响因子 >1 ~2 者 101 个学科（57.39%）；中位 5 年影响因子 ≤1 者 22 个学科（12.50%），中位 5 年影响因子最低为 ENGINEERING, PETROLEUM（工程、石油）的 0.436。上述数据表明，2013 年

SCI 一半以上的学科中位 5 年影响因子为 >1 ~2，1/4 以上的学科中位 5 年影响因子为 >2，1/8 的学科中位 5 年影响因子为 <1。

表 6 – 3　2013 年和 2017 年各学科中位 5 年影响因子及其变化值和增长率

学科	2013 年	2017 年	变化值	增长率
ACOUSTICS	1.284	1.708	0.424	33.02%
AGRICULTURAL ECONOMICS & POLICY	0.981	1.402	0.421	42.92%
AGRICULTURAL ENGINEERING	1.322	1.475	0.153	11.57%
AGRICULTURE, DAIRY & ANIMAL SCIENCE	0.860	1.076	0.216	25.12%
AGRICULTURE, MULTIDISCIPLINARY	0.711	0.962	0.252	35.40%
AGRONOMY	1.167	1.203	0.035	3.04%
ALLERGY	2.277	3.093	0.816	35.84%
ANATOMY & MORPHOLOGY	1.539	1.670	0.131	8.51%
ANDROLOGY	2.153	1.663	-0.490	-22.76%
ANESTHESIOLOGY	2.099	2.434	0.335	15.96%
ASTRONOMY & ASTROPHYSICS	1.745	1.960	0.215	12.32%
AUDIOLOGY & SPEECH – LANGUAGE PATHOLOGY	1.641	1.988	0.347	21.15%
AUTOMATION & CONTROL SYSTEMS	1.517	2.192	0.675	44.50%
BEHAVIORAL SCIENCES	3.038	2.730	-0.308	-10.14%
BIOCHEMICAL RESEARCH METHODS	2.521	2.473	-0.048	-1.90%
BIOCHEMISTRY & MOLECULAR BIOLOGY	2.922	2.911	-0.011	-0.38%
BIODIVERSITY CONSERVATION	1.487	1.994	0.508	34.14%
BIOLOGY	1.584	1.742	0.158	9.97%
BIOPHYSICS	2.744	2.586	-0.158	-5.76%
BIOTECHNOLOGY & APPLIED MICROBIOLOGY	2.282	2.416	0.134	5.85%
CARDIAC & CARDIOVASCULAR SYSTEMS	2.291	2.387	0.096	4.19%
CELL & TISSUE ENGINEERING	3.553	3.651	0.098	2.77%
CELL BIOLOGY	3.388	3.396	0.008	0.24%
CHEMISTRY, ANALYTICAL	2.064	2.000	-0.064	-3.10%

续表

学科	2013 年	2017 年	变化值	增长率
CHEMISTRY, APPLIED	1.383	1.793	0.410	29.61%
CHEMISTRY, INORGANIC & NUCLEAR	1.838	1.871	0.033	1.77%
CHEMISTRY, MEDICINAL	2.498	2.631	0.133	5.32%
CHEMISTRY, MULTIDISCIPLINARY	1.445	1.924	0.479	33.15%
CHEMISTRY, ORGANIC	2.097	1.921	-0.176	-8.39%
CHEMISTRY, PHYSICAL	2.283	2.551	0.269	11.76%
CLINICAL NEUROLOGY	2.379	2.664	0.285	11.96%
COMPUTER SCIENCE, ARTIFICIAL INTELLIGENCE	1.545	1.971	0.426	27.57%
COMPUTER SCIENCE, CYBERNETICS	1.400	1.868	0.468	33.39%
COMPUTER SCIENCE, HARDWARE & ARCHITECTURE	1.245	1.487	0.242	19.44%
COMPUTER SCIENCE, INFORMATION SYSTEMS	1.276	1.803	0.527	41.30%
COMPUTER SCIENCE, INTERDISCIPLINARY APPLICATIONS	1.592	2.144	0.552	34.67%
COMPUTER SCIENCE, SOFTWARE ENGINEERING	1.161	1.477	0.316	27.22%
COMPUTER SCIENCE, THEORY & METHODS	0.969	1.344	0.375	38.70%
CONSTRUCTION & BUILDING TECHNOLOGY	0.869	1.416	0.547	62.95%
CRITICAL CARE MEDICINE	2.564	2.913	0.349	13.59%
CRYSTALLOGRAPHY	1.752	1.964	0.212	12.10%
DENTISTRY, ORAL SURGERY & MEDICINE	1.675	1.790	0.115	6.84%
DERMATOLOGY	1.705	1.950	0.245	14.37%
DEVELOPMENTAL BIOLOGY	2.666	2.573	-0.093	-3.49%
ECOLOGY	2.269	2.389	0.120	5.29%
EDUCATION, SCIENTIFIC DISCIPLINES	1.413	1.736	0.324	22.90%
ELECTROCHEMISTRY	2.209	2.416	0.207	9.37%
EMERGENCY MEDICINE	1.213	1.412	0.199	16.36%
ENDOCRINOLOGY & METABOLISM	2.878	3.094	0.216	7.51%
ENERGY & FUELS	2.385	2.938	0.554	23.21%
ENGINEERING, AEROSPACE	0.791	1.134	0.343	43.36%

续表

学科	2013 年	2017 年	变化值	增长率
ENGINEERING, BIOMEDICAL	1.764	2.229	0.466	26.40%
ENGINEERING, CHEMICAL	1.452	1.721	0.269	18.53%
ENGINEERING, CIVIL	1.073	1.618	0.545	50.75%
ENGINEERING, ELECTRICAL & ELECTRONIC	1.301	1.852	0.551	42.35%
ENGINEERING, ENVIRONMENTAL	1.912	2.371	0.459	24.01%
ENGINEERING, GEOLOGICAL	1.513	2.269	0.757	50.02%
ENGINEERING, INDUSTRIAL	1.557	2.357	0.800	51.38%
ENGINEERING, MANUFACTURING	1.241	2.016	0.775	62.45%
ENGINEERING, MARINE	0.591	1.103	0.512	86.55%
ENGINEERING, MECHANICAL	1.034	1.758	0.724	70.02%
ENGINEERING, MULTIDISCIPLINARY	0.925	1.460	0.535	57.87%
ENGINEERING, OCEAN	1.002	1.257	0.255	25.45%
ENGINEERING, PETROLEUM	0.436	0.981	0.545	125.00%
ENTOMOLOGY	0.977	1.014	0.038	3.84%
ENVIRONMENTAL SCIENCES	2.092	2.213	0.121	5.78%
EVOLUTIONARY BIOLOGY	2.908	2.871	−0.037	−1.27%
FISHERIES	1.571	1.680	0.109	6.94%
FOOD SCIENCE & TECHNOLOGY	1.381	1.857	0.477	34.52%
FORESTRY	1.127	1.573	0.446	39.57%
GASTROENTEROLOGY & HEPATOLOGY	2.639	3.066	0.428	16.20%
GENETICS & HEREDITY	2.717	2.670	−0.047	−1.73%
GEOCHEMISTRY & GEOPHYSICS	2.046	2.268	0.222	10.83%
GEOGRAPHY, PHYSICAL	2.446	2.488	0.042	1.72%
GEOLOGY	1.408	1.366	−0.042	−2.98%
GEOSCIENCES, MULTIDISCIPLINARY	1.750	2.138	0.388	22.17%
GERIATRICS & GERONTOLOGY	2.805	2.963	0.158	5.63%
GREEN & SUSTAINABLE SCIENCE & TECHNOLOGY	#N/A	3.160	#N/A	#N/A

续表

学科	2013 年	2017 年	变化值	增长率
HEALTH CARE SCIENCES & SERVICES	1.960	2.370	0.410	20.92%
HEMATOLOGY	2.417	2.423	0.006	0.27%
HISTORY & PHILOSOPHY OF SCIENCE	0.539	0.607	0.068	12.62%
HORTICULTURE	0.793	0.901	0.109	13.69%
IMAGING SCIENCE & PHOTOGRAPHIC TECHNOLOGY	1.439	1.792	0.353	24.54%
IMMUNOLOGY	2.915	3.099	0.184	6.30%
INFECTIOUS DISEASES	2.764	2.543	-0.222	-8.01%
INSTRUMENTS & INSTRUMENTATION	1.367	1.712	0.345	25.20%
INTEGRATIVE & COMPLEMENTARY MEDICINE	1.471	1.887	0.416	28.28%
LIMNOLOGY	1.557	1.775	0.218	13.97%
LOGIC	0.525	0.659	0.135	25.64%
MARINE & FRESHWATER BIOLOGY	1.629	1.742	0.113	6.91%
MATERIALS SCIENCE, BIOMATERIALS	2.741	3.157	0.416	15.18%
MATERIALS SCIENCE, CERAMICS	0.568	0.871	0.303	53.35%
MATERIALS SCIENCE, CHARACTERIZATION & TESTING	0.846	1.314	0.468	55.32%
MATERIALS SCIENCE, COATINGS & FILMS	1.375	1.872	0.497	36.16%
MATERIALS SCIENCE, COMPOSITES	1.147	1.579	0.432	37.62%
MATERIALS SCIENCE, MULTIDISCIPLINARY	1.509	2.013	0.505	33.44%
MATERIALS SCIENCE, PAPER & WOOD	0.747	0.828	0.081	10.84%
MATERIALS SCIENCE, TEXTILES	0.752	0.832	0.080	10.71%
MATHEMATICAL & COMPUTATIONAL BIOLOGY	1.769	1.753	-0.016	-0.90%
MATHEMATICS	0.648	0.752	0.104	16.05%
MATHEMATICS, APPLIED	0.856	0.991	0.136	15.84%
MATHEMATICS, INTERDISCIPLINARY APPLICATIONS	1.102	1.395	0.294	26.65%
MECHANICS	1.277	1.779	0.502	39.27%
MEDICAL ETHICS	1.203	1.317	0.115	9.52%
MEDICAL INFORMATICS	1.599	2.355	0.756	47.29%

续表

学科	2013 年	2017 年	变化值	增长率
MEDICAL LABORATORY TECHNOLOGY	1.680	2.051	0.371	22.05%
MEDICINE, GENERAL & INTERNAL	1.357	1.591	0.234	17.24%
MEDICINE, LEGAL	1.464	1.282	-0.182	-12.44%
MEDICINE, RESEARCH & EXPERIMENTAL	2.398	2.692	0.294	12.26%
METALLURGY & METALLURGICAL ENGINEERING	0.626	1.163	0.537	85.78%
METEOROLOGY & ATMOSPHERIC SCIENCES	2.090	2.345	0.256	12.23%
MICROBIOLOGY	2.616	2.682	0.066	2.50%
MICROSCOPY	1.743	1.858	0.115	6.57%
MINERALOGY	1.626	1.733	0.107	6.58%
MINING & MINERAL PROCESSING	0.697	1.223	0.527	75.59%
MULTIDISCIPLINARY SCIENCES	0.853	1.141	0.288	33.76%
MYCOLOGY	1.959	2.362	0.403	20.55%
NANOSCIENCE & NANOTECHNOLOGY	1.914	3.163	1.249	65.26%
NEUROIMAGING	2.419	2.708	0.289	11.95%
NEUROSCIENCES	3.180	3.090	-0.090	-2.81%
NUCLEAR SCIENCE & TECHNOLOGY	1.019	1.123	0.105	10.26%
NURSING	1.203	1.450	0.247	20.53%
NUTRITION & DIETETICS	2.740	3.030	0.291	10.60%
OBSTETRICS & GYNECOLOGY	1.903	2.162	0.259	13.61%
OCEANOGRAPHY	1.867	1.889	0.022	1.18%
ONCOLOGY	2.699	3.012	0.313	11.60%
OPERATIONS RESEARCH & MANAGEMENT SCIENCE	1.283	1.705	0.423	32.94%
OPHTHALMOLOGY	1.751	1.989	0.238	13.59%
OPTICS	1.372	1.761	0.389	28.35%
ORNITHOLOGY	1.025	1.197	0.173	16.84%
ORTHOPEDICS	1.780	2.053	0.274	15.37%
OTORHINOLARYNGOLOGY	1.502	1.707	0.205	13.65%

续表

学科	2013 年	2017 年	变化值	增长率
PALEONTOLOGY	1.280	1.423	0.143	11.13%
PARASITOLOGY	1.999	2.096	0.098	4.88%
PATHOLOGY	2.035	1.987	−0.047	−2.33%
PEDIATRICS	1.697	1.872	0.176	10.34%
PERIPHERAL VASCULAR DISEASE	2.420	2.676	0.256	10.56%
PHARMACOLOGY & PHARMACY	2.409	2.551	0.142	5.89%
PHYSICS, APPLIED	1.478	1.796	0.319	21.56%
PHYSICS, ATOMIC, MOLECULAR & CHEMICAL	1.857	1.874	0.017	0.92%
PHYSICS, CONDENSED MATTER	1.726	2.088	0.362	20.97%
PHYSICS, FLUIDS & PLASMAS	1.540	1.972	0.432	28.05%
PHYSICS, MATHEMATICAL	1.201	1.309	0.108	8.95%
PHYSICS, MULTIDISCIPLINARY	1.129	1.356	0.227	20.11%
PHYSICS, NUCLEAR	1.774	1.547	−0.228	−12.82%
PHYSICS, PARTICLES & FIELDS	1.840	2.104	0.264	14.35%
PHYSIOLOGY	2.414	2.540	0.127	5.24%
PLANT SCIENCES	1.521	1.545	0.024	1.58%
POLYMER SCIENCE	1.561	1.575	0.015	0.93%
PRIMARY HEALTH CARE	1.646	1.869	0.223	13.55%
PSYCHIATRY	2.805	2.741	−0.063	−2.26%
PSYCHOLOGY	2.584	2.380	−0.204	−7.89%
PUBLIC, ENVIRONMENTAL & OCCUPATIONAL HEALTH	1.835	2.118	0.283	15.42%
RADIOLOGY, NUCLEAR MEDICINE & MEDICAL IMAGING	1.761	2.098	0.337	19.14%
REHABILITATION	1.782	2.073	0.291	16.30%
REMOTE SENSING	1.720	2.031	0.311	18.08%
REPRODUCTIVE BIOLOGY	2.391	2.591	0.201	8.39%
RESPIRATORY SYSTEM	2.563	2.709	0.146	5.70%
RHEUMATOLOGY	2.538	2.755	0.217	8.55%

续表

学科	2013 年	2017 年	变化值	增长率
ROBOTICS	1.462	2.165	0.703	48.08%
SOIL SCIENCE	2.041	2.248	0.207	10.14%
SPECTROSCOPY	1.791	1.928	0.137	7.65%
SPORT SCIENCES	1.841	2.257	0.416	22.60%
STATISTICS & PROBABILITY	1.192	1.254	0.062	5.16%
SUBSTANCE ABUSE	2.588	2.829	0.241	9.31%
SURGERY	1.612	1.972	0.360	22.30%
TELECOMMUNICATIONS	1.170	1.914	0.744	63.59%
THERMODYNAMICS	1.110	1.642	0.532	47.93%
TOXICOLOGY	2.525	2.496	-0.029	-1.15%
TRANSPLANTATION	1.707	2.667	0.960	56.24%
TRANSPORTATION SCIENCE & TECHNOLOGY	1.528	2.292	0.765	50.05%
TROPICAL MEDICINE	1.196	1.709	0.513	42.85%
UROLOGY & NEPHROLOGY	1.893	2.097	0.204	10.78%
VETERINARY SCIENCES	1.115	1.147	0.033	2.92%
VIROLOGY	2.956	2.589	-0.367	-12.40%
WATER RESOURCES	1.620	1.779	0.159	9.81%
ZOOLOGY	1.180	1.259	0.079	6.65%

2017 年 SCI 177 个学科平均中位 5 年影响因子为 1.983，较 2013 年的 1.720 增加了 0.253。其中，中位 5 年影响因子 >3 者共 12 个，较 2013 年多了 8 个学科，分别为 CELL & TISSUE ENGINEERING（细胞与组织工程）、CELL BIOLOGY（细胞生物学）、NANOSCIENCE & NANOTECHNOLOGY（纳米科学与纳米技术）、GREEN & SUSTAINABLE SCIENCE & TECHNOLOGY（绿色可持续科技）、MATERIALS SCIENCE, BIOMATERIALS（材料科学，生物材料）、IMMUNOLOGY（免疫学）、ENDOCRINOLOGY & METABOLISM（内分泌与代谢）、ALLERGY（过敏）、EUROSCIENCES（神经科学）、GASTROENTEROLOGY & HEPATOLOGY（胃肠和肝病）、NUTRITION & DIETETICS（营养学）和 ONCOLOGY（肿瘤学）；中位 5 年影响因子 >2~3 者 66 个学科

(37.29%); 中位 5 年影响因子 >1~2 者 89 个学科 (50.28%); 中位 5 年影响因子 ≤1 者 10 个学科, 分别为 MATHEMATICS, APPLIED (数学, 应用)、ENGINEERING, PETROLEUM (工程、石油)、AGRICULTURE, MULTIDISCIPLINARY (农业, 多学科)、HORTICULTURE (园艺)、MATERIALS SCIENCE, CERAMICS (材料科学, 陶瓷)、MATERIALS SCIENCE, TEXTILES (材料科学, 纺织品)、MATERIALS SCIENCE, PAPER & WOOD (材料科学、纸张和木材)、MATHEMATICS (数学)、LOGIC (逻辑学) 和 HISTORY & PHILOSOPHY OF SCIENCE (科学史与哲学), 其中位 5 年影响因子分别为 0.991、0.981、0.962、0.901、0.871、0.832、0.828、0.752、0.659 和 0.607。上述数据表明, 同 2013 年一样, 2017 年 SCI 一半以上的学科中位 5 年影响因子为 >1~2, 但 2017 年中位 5 年影响因子为 >2~3 的学科更多, 占 1/3 以上, 中位 5 年影响因子 <1 的学科量明显较 2013 年少。可见, 整体来看, 2017 年学科中位 5 年影响因子数值较 2013 年明显提高; 即从学科中位 5 年影响因子来看, SCI 学科 5 年来整体学术影响力明显提高。该数据与各学科中位影响因子表现趋势相同。

同学科中位影响因子一样, 2013 年学科中位 5 年影响因子位于前 5 位的学科分别为 CELL & TISSUE ENGINEERING (细胞与组织工程)、CELL BIOLOGY (细胞生物学)、NEUROSCIENCES (神经科学) 和 EVOLUTIONARY BIOLOGY (进化生物学)、VIROLOGY (病毒学), 中位 5 年影响因子分别为 3.553、3.388、3.180、3.038 和 2.956, 至 2017 年, 该 5 个学科的中位 5 年影响因子分别为 3.651、3.396、3.090、2.730 和 2.589, 在 176 个学科排名分别为第 1 位、第 2 位、第 9 位、第 21 位和第 32 位。2017 年, 除了 GREEN & SUSTAINABLE SCIENCE & TECHNOLOGY (绿色可持续科技) 学科外, 其余 176 个学科中, 中位 5 年影响因子位于前 5 位的学科分别为 CELL & TISSUE ENGINEERING (细胞与组织工程)、CELL BIOLOGY (细胞生物学)、NANOSCIENCE & NANOTECHNOLOGY (纳米科学与纳米技术)、MATERIALS SCIENCE, BIOMATERIALS (材料科学, 生物材料) 和 IMMUNOLOGY (免疫学), 其中位 5 年影响因子分别为 3.651、3.396、3.163、3.157 和 3.099, 这 5 个学科在 2013 年中位 5 年影响因子排位分别为第 1 位、第 2 位、第 57 位、第 14 位、第 7 位。虽然 2017 年学科整体学术影响力提高明显, 但学科中位 5 年影响因子排位变化较大, 说明各学科发展速度并不一致。

2017 年 SCI 除了相对于 2013 年增加的 GREEN & SUSTAINABLE SCIENCE & TECHNOLOGY (绿色可持续科技) 学科外, 其余 176 个学科中, 学科中位

5 年影响因子高于 2013 年者 155 个学科（87.57%），可见，5 年来绝大多数 SCI 学科的学术影响力是增加的。5 年来，中位 5 年影响因子增加 >1 的学科仅有 NANOSCIENCE & NANOTECHNOLOGY（纳米科学与纳米技术），其学科中位 5 年影响因子 5 年增加了 1.249，由 2013 年的 1.914（第 57 名）增加到 2017 年的 3.163（第 3 名）。5 年中位 5 年影响因子增加 >0.5 ~ 1 的学科共 27 个（15.34%），5 年中位 5 年影响因子增加 >0.1 ~ 0.5 的学科共 107 个（60.80%），5 年中位 5 年影响因子增加 >0 ~ 0.1 的学科共 20 个（11.36%）。可见，约六成的学科 5 年来中位 5 年影响因子增加 >0.1 ~ 0.5，约 16% 的学科 5 年来中位 5 年影响因子增加 >0.5。5 年中位 5 年影响因子有所减少的学科共 21 个，平均减少了 0.139，其中，减少 <0.1 者 12 个学科，减少 >0.1 者 9 个学科，分别为 BIOPHYSICS（生物物理学）、CHEMISTRY, ORGANIC（化学，有机）、MEDICINE, LEGAL（医学、法律）、PSYCHOLOGY（心理学）、INFECTIOUS DISEASES（传染病）、PHYSICS, NUCLEAR（物理学，核）、BEHAVIORAL SCIENCES（行为科学）、VIROLOGY（病毒学）、ANDROLOGY（男科学），尤其 BEHAVIORAL SCIENCES（行为科学）、VIROLOGY（病毒学）、ANDROLOGY（男科学）3 个学科减少的最多，5 年来学科中位 5 年影响因子分别减少了 0.308、0.367 和 0.490。

同前，计算各学科 2017 年相对 2013 年学科中位 5 年影响因子的增长率，即

$$V_{5IF-Median} = \frac{5IF_{Median2017} - 5IF_{Median2013}}{5IF_{Median2013}}$$

对 2013 年和 2017 年共同拥有的 176 个学科的中位 5 年影响因子 5 年增长率的分析结果显示，ENGINEERING, PETROLEUM（工程、石油）学科中位 5 年影响因子增长最大，5 年增长了 125.00%，由 0.436 增长到了 0.981，其余 175 个学科的中位 5 年影响因子 5 年增长率均 <100%。其中，中位 5 年影响因子增长幅度为 50% ~ 100% 者共 16 个学科（9.09%），增长幅度为 20% ~ 50% 者共 52 个学科（29.55%），增长幅度为 10% ~ 20% 者共 44 个学科（25.00%），增长幅度为 0 ~ 10% 者共 42 个学科（23.86%）。可见，5 年来学科中位 5 年影响因子增长幅度 >50% 者占 9.66%，一半以上的学科增长幅度在 10% ~ 50%。增长幅度为负值者 21 个学科，其中，16 个学科的减少幅度 <10%，减少幅度 >10% 者 5 个学科，分别为 BEHAVIORAL SCIENCES（行为科学）、VIROLOGY（病毒学）、MEDICINE, LEGAL（医学、法律）、PHYSICS, NUCLEAR（物理学，核）和 ANDROLOGY（男科学），分别减少 10.14%、

12.40%、12.44%、12.82%和22.76%。

4. 学科影响因子百分位

跨学科期刊评价和学术评价是全球科学评价领域的难题之一。在较长一段时间内，国内外常用的跨学科评价指标仅有两个。一个是 Web of Science 内的期刊分区。汤森路透集团2009年开始对 JCR 2003 年以来各年度收录的期刊进行分区，即每个学科按影响因子大小降序排列后，平均分为4区，分别为 Q1 区、Q2 区、Q3 区、Q4 区，各区期刊学术影响力逐渐降低。期刊分区给出了期刊在学科内部的相对影响力位置，避免了长期以来期刊评价中直接比较不同学科影响因子的误区，直至今日，其仍被广泛用作机构或个人科研绩效评价和奖励的标准。但期刊分区太过于笼统，区分度较低，同一个分区内处于第一位和最后一位的期刊影响力可能相差很大，作为一个层次的期刊对待显然有失偏颇。另一个学界较为认可的跨学科评价指标即为 Scopus 数据库的来源标准化篇均影响力（source normalized impact per paper，SNIP）。SNIP 是2010年由荷兰莱顿大学教授 Henk F. Moed 提出的[1]，是期刊发表论文的篇均粗影响和期刊主题领域中的数据库相对引用潜力的比值，用来测评期刊的语境引文影响，旨在从篇均引文数的角度减少不同学科领域间期刊引用行为的差异，从而实现不同学科领域间期刊的直接比较，随后 Moed 对该指标做了一系列解析和验证，认为该指标很好地实现了跨学科评价[2][3][4][5]。国内王璞等[6]认为，SNIP 同时考虑到引文和被引两方面的影响，将数据库的文献覆盖率计入考虑，通过严密的学科标准化算法使其成为一种专业性强、计量稳定、学科规划细致的评价指标。但我们也可以看出，SNIP 虽然具有较强的跨学科评价效力，但其计

---

[1] MOED H F. Measuring contextual citation impact of scientific journals [J]. Journal of Informetics, 2010, 4 (3): 265 – 277.

[2] MOED H F. CWTS crown indicator measures citation impact of a research group's publication oeuvre. Journal of Informetrics, 2010, 4 (3): 436 – 438.

[3] MOED H F. The source normalized impact per paper is a valid and sophisticated indicator of journal citation impact. Journal of the American Society for Information Science and Technology, 2011, 62 (1): 211 – 213.

[4] MOED H F. A new journal citation impact measure that compensates for disparities in citation potential among research areas. Annals of Library and Information Studies, 2010, 57 (3): 271 – 277.

[5] MOED H F, COLLEDGE L, REEDIJK J, et al. Citation – based metrics are appropriate tools in journal assessment provided that they are accurate and used in an informed way. Scientometrics, 2012, 92 (2): 367 – 376.

[6] 王璞, 刘雪立, 刘睿远, 等. 基于 Scopus 数据库的 SNIP 及其修正指标 SNIP2 研究综述 [J]. 中国科技期刊研究, 2013, 24 (5): 838 – 842.

算复杂,数据获取不易,结果不易验证,故而限制了其使用。在这种情况下,JCR 给出了影响因子百分位指标,该指标区分度明显较期刊分区高,且数据易获取,计算公式简单,结果易验证。故该指标一经提出,即被部分学者关注。如刘雪立等[①]采用统计分析的方法,比较了 JIFP 与论文被引频次 8 个区段百分位数排序(Percentile Rank8,PR8)指数的跨学科评价效果;盛丽娜等[②]比较了 JIFP 与 h 指数的期刊评价效果;顾欢[③]比较了 JIFP 与 SNIP 的评价效果;牛晓锋[④]根据 JIFP 的计算公式,计算了 2016 年 JCR 中 85 种图书情报学期刊 5 年 JIFP 和他引 JIFP,并与其他常用文献计量学评价指标进行对比,以分析 JIFP 在期刊评价中的作用。

影响因子百分位(Average Journal Impact Factor Percentile)是 2015 年 JCR 新给出指标,其计算公式为:

$$AJIP = (N - R + 0.5) / N \times 100\%$$

其中,N 是学科期刊数量,R 是学科内影响因子降序排列后的次序。之所以加上 0.5,是为了防止出现影响因子百分位计算为 0 的情况[⑤]。从其指标计算公式可以看出,影响因子百分位属于基于影响因子的位置指标,具有一定的跨学科属性。由于 2013 年和 2014 年的 JCR 均没有给出各期刊的影响因子百分位,故笔者仅分析 2015 年至 2017 年改指标的变化。

与 2017 年一样,2015 年 SCI 也共分为 177 个学科,笔者对 2015 年和 2017 年各学科影响因子百分位分布情况进行正态性检验(KOLMOGOROV - SMIRNOV 检测),结果见表 6 - 4。由表知,2015 年和 2017 年 177 个学科的影响因子百分位均呈正态分布,故后续使用各学科影响因子百分位的平均值进行分析。

[①] 刘雪立,魏雅慧,盛丽娜,等. 期刊 PR8 指数:一个新的跨学科期刊评价指标及其实证研究 Journal PR8 Index:A New Indicator for the Evaluation of Journals Across Fields and the Empirical Studies [J]. 图书情报工作,2017,61(11):116 - 123.

[②] 盛丽娜,顾欢. "影响因子百分位"与 h 指数、累积 h 指数对期刊的评价效力分析 [J]. 中国科技期刊研究,2017,28(2):166 - 170.

[③] 顾欢. "影响因子百分位"与 SNIP 的跨学科评价效力实证分析 [J]. 情报杂志,2017,36(7):134 - 137.

[④] 牛晓锋. 不同影响因子百分位对期刊评价效力的比较研究 [J]. 出版广角,2018(12):52 - 54.

[⑤] 俞立平. "影响因子百分位"指标的特点研究 [J]. 图书情报工作,2016,60(10):103 - 107.

表6-4 2015年和2017年各学科影响因子百分位正态分布检验结果

学科	2015年 Z值	2015年 P值	2017年 Z值	2017年 P值
ACOUSTICS	0.519	0.951	0.501	0.964
AGRICULTURAL ECOOMICS & POLICY	0.649	0.793	0.553	0.920
AGRICULTURAL EGIEERIG	0.524	0.947	0.407	0.996
AGRICULTURE, DAIRY & AIMAL SCIECE	0.471	0.980	0.550	0.922
AGRICULTURE, MULTIDISCIPLIARY	0.585	0.884	0.757	0.616
AGROOMY	0.850	0.465	0.659	0.778
ALLERGY	0.651	0.791	0.642	0.804
AATOMY & MORPHOLOGY	0.646	0.798	0.492	0.969
ADROLOGY	0.462	0.983	0.401	0.997
AESTHESIOLOGY	0.497	0.966	0.518	0.951
ASTROOMY & ASTROPHYSICS	0.826	0.502	0.679	0.746
AUDIOLOGY & SPEECH-LAGUAGE PATHOLOGY	0.634	0.816	0.527	0.944
AUTOMATIO & COTROL SYSTEMS	0.744	0.637	0.817	0.517
BEHAVIORAL SCIECES	0.497	0.966	0.704	0.705
BIOCHEMICAL RESEARCH METHODS	1.012	0.257	0.923	0.362
BIOCHEMISTRY & MOLECULAR BIOLOGY	1.453	0.029	1.247	0.089
BIODIVERSITY COSERVATIO	0.721	0.675	0.745	0.635
BIOLOGY	0.755	0.618	0.788	0.563
BIOPHYSICS	0.956	0.320	0.539	0.933
BIOTECHOLOGY & APPLIED MICROBIOLOGY	1.031	0.239	1.182	0.122
CARDIAC & CARDIOVASCULAR SYSTEMS	0.952	0.325	1.056	0.215
CELL & TISSUE EGIEERIG	0.599	0.866	0.638	0.810
CELL BIOLOGY	1.069	0.203	0.999	0.271
CHEMISTRY, AALYTICAL	0.689	0.729	0.659	0.778
CHEMISTRY, APPLIED	0.715	0.686	0.809	0.529
CHEMISTRY, IORGAIC & UCLEAR	0.506	0.960	0.511	0.957
CHEMISTRY, MEDICIAL	0.768	0.596	0.628	0.825

续表

学科	2015 年 Z 值	2015 年 P 值	2017 年 Z 值	2017 年 P 值
CHEMISTRY, MULTIDISCIPLIARY	1.019	0.250	1.091	0.185
CHEMISTRY, ORGAIC	0.664	0.771	0.584	0.885
CHEMISTRY, PHYSICAL	0.958	0.318	1.282	0.075
CLIICAL EUROLOGY	0.982	0.289	0.911	0.377
COMPUTER SCIECE, ARTIFICIAL ITELLIGECE	1.009	0.261	0.786	0.567
COMPUTER SCIECE, CYBERETICS	0.411	0.996	0.690	0.728
COMPUTER SCIECE, HARDWARE & ARCHITECTURE	0.830	0.496	0.691	0.727
COMPUTER SCIECE, IFORMATIO SYSTEMS	1.028	0.241	0.885	0.414
COMPUTER SCIECE, ITERDISCIPLIARY APPLICATIOS	0.707	0.700	0.784	0.570
COMPUTER SCIECE, SOFTWARE EGIEERIG	0.854	0.459	0.712	0.691
COMPUTER SCIECE, THEORY & METHODS	0.482	0.974	0.610	0.851
COSTRUCTIO & BUILDIG TECHOLOGY	0.842	0.478	0.744	0.638
CRITICAL CARE MEDICIE	0.513	0.955	0.555	0.918
CRYSTALLOGRAPHY	0.643	0.802	0.514	0.955
DETISTRY, ORAL SURGERY & MEDICIE	0.633	0.818	0.629	0.824
DERMATOLOGY	0.671	0.758	0.616	0.842
DEVELOPMETAL BIOLOGY	0.626	0.828	0.630	0.822
ECOLOGY	0.964	0.311	1.050	0.221
EDUCATIO, SCIETIFIC DISCIPLIES	0.729	0.663	0.498	0.965
ELECTROCHEMISTRY	0.731	0.660	0.655	0.785
EMERGECY MEDICIE	0.494	0.968	0.662	0.773
EDOCRIOLOGY & METABOLISM	0.861	0.449	0.875	0.428
EERGY & FUELS	0.993	0.277	0.826	0.503
EGIEERIG, AEROSPACE	0.907	0.383	0.639	0.808
EGIEERIG, BIOMEDICAL	0.775	0.585	0.829	0.498
EGIEERIG, CHEMICAL	1.084	0.190	1.018	0.251
EGIEERIG, CIVIL	0.895	0.399	0.799	0.547

续表

学科	2015 年 Z 值	2015 年 P 值	2017 年 Z 值	2017 年 P 值
EGIEERIG, ELECTRICAL & ELECTROIC	1.211	0.107	1.176	0.126
EGIEERIG, EVIROMETAL	0.606	0.856	0.796	0.550
EGIEERIG, GEOLOGICAL	0.733	0.655	0.539	0.934
EGIEERIG, IDUSTRIAL	0.621	0.836	0.672	0.758
EGIEERIG, MAUFACTURIG	0.609	0.851	0.582	0.887
EGIEERIG, MARIE	0.519	0.951	0.440	0.990
EGIEERIG, MECHAICAL	0.759	0.611	0.858	0.453
EGIEERIG, MULTIDISCIPLIARY	0.952	0.325	0.657	0.782
EGIEERIG, OCEA	0.599	0.865	0.546	0.927
EGIEERIG, PETROLEUM	0.677	0.749	0.512	0.955
ETOMOLOGY	0.743	0.639	0.846	0.472
EVIROMETAL SCIECES	1.192	0.116	1.169	0.130
EVOLUTIOARY BIOLOGY	0.999	0.271	0.901	0.391
FISHERIES	0.645	0.800	0.592	0.875
FOOD SCIECE & TECHOLOGY	0.881	0.419	0.841	0.480
FORESTRY	0.690	0.728	0.589	0.878
GASTROETEROLOGY & HEPATOLOGY	0.714	0.687	0.796	0.550
GEETICS & HEREDITY	1.082	0.192	1.024	0.245
GEOCHEMISTRY & GEOPHYSICS	0.717	0.683	0.863	0.445
GEOGRAPHY, PHYSICAL	0.752	0.624	0.728	0.665
GEOLOGY	0.687	0.733	0.663	0.771
GEOSCIECES, MULTIDISCIPLIARY	1.038	0.232	1.032	0.237
GERIATRICS & GEROTOLOGY	0.757	0.615	0.688	0.732
GREE & SUSTAIABLE SCIECE & TECHOLOGY	0.729	0.662	0.829	0.498
HEALTH CARE SCIECES & SERVICES	0.886	0.412	0.679	0.746
HEMATOLOGY	0.725	0.669	0.914	0.374
HISTORY & PHILOSOPHY OF SCIECE	0.651	0.790	0.611	0.850

续表

学科	2015年 Z值	2015年 P值	2017年 Z值	2017年 P值
HORTICULTURE	0.633	0.817	0.556	0.916
IMAGIG SCIECE & PHOTOGRAPHIC TECHOLOGY	0.622	0.833	0.589	0.878
IMMUOLOGY	1.122	0.161	0.933	0.348
IFECTIOUS DISEASES	0.906	0.385	1.039	0.230
ISTRUMETS & ISTRUMETATIO	0.668	0.764	0.519	0.951
ITEGRATIVE & COMPLEMETARY MEDICIE	0.615	0.844	0.464	0.983
LIMOLOGY	0.652	0.789	0.556	0.917
LOGIC	0.422	0.994	0.558	0.914
MARIE & FRESHWATER BIOLOGY	0.901	0.392	0.912	0.376
MATERIALS SCIECE, BIOMATERIALS	0.740	0.645	0.831	0.494
MATERIALS SCIECE, CERAMICS	0.518	0.951	0.531	0.941
MATERIALS SCIECE, CHARACTERIZATIO & TESTIG	0.601	0.864	0.736	0.650
MATERIALS SCIECE, COATIGS & FILMS	0.420	0.995	0.559	0.913
MATERIALS SCIECE, COMPOSITES	0.706	0.702	0.713	0.690
MATERIALS SCIECE, MULTIDISCIPLIARY	1.192	0.117	1.163	0.133
MATERIALS SCIECE, PAPER & WOOD	0.506	0.960	0.503	0.962
MATERIALS SCIECE, TEXTILES	0.613	0.846	0.549	0.923
MATHEMATICAL & COMPUTATIOAL BIOLOGY	0.672	0.758	0.392	0.998
MATHEMATICS	1.114	0.167	1.138	0.150
MATHEMATICS, APPLIED	1.008	0.261	0.996	0.275
MATHEMATICS, ITERDISCIPLIARY APPLICATIOS	0.768	0.597	0.557	0.916
MECHAICS	0.919	0.366	0.920	0.366
MEDICAL ETHICS	0.497	0.966	0.377	0.999
MEDICAL IFORMATICS	0.489	0.971	0.685	0.735
MEDICAL LABORATORY TECHOLOGY	0.519	0.950	0.531	0.940
MEDICIE, GEERAL & ITERAL	0.875	0.429	0.832	0.494
MEDICIE, LEGAL	0.399	0.997	0.505	0.961

续表

学科	2015年 Z值	2015年 P值	2017年 Z值	2017年 P值
MEDICIE, RESEARCH & EXPERIMETAL	0.831	0.494	0.885	0.413
METALLURGY & METALLURGICAL EGIEERIG	0.696	0.718	0.581	0.889
METEOROLOGY & ATMOSPHERIC SCIECES	0.741	0.642	0.601	0.863
MICROBIOLOGY	1.001	0.269	0.969	0.304
MICROSCOPY	0.357	1.000	0.421	0.994
MIERALOGY	0.649	0.794	0.599	0.865
MIIG & MIERAL PROCESSIG	0.630	0.823	0.516	0.953
MULTIDISCIPLIARY SCIECES	0.850	0.465	0.674	0.754
MYCOLOGY	0.535	0.937	0.502	0.963
AOSCIECE & AOTECHOLOGY	1.291	0.071	1.088	0.187
EUROIMAGIG	0.561	0.911	0.715	0.686
EUROSCIECES	1.350	0.052	1.270	0.080
UCLEAR SCIECE & TECHOLOGY	0.427	0.993	0.732	0.657
URSIG	0.888	0.409	0.965	0.309
UTRITIO & DIETETICS	0.791	0.559	0.777	0.583
OBSTETRICS & GYECOLOGY	0.672	0.758	0.690	0.728
OCEAOGRAPHY	0.738	0.647	0.683	0.739
OCOLOGY	1.178	0.124	1.202	0.111
OPERATIOS RESEARCH & MAAGEMET SCIECE	0.676	0.750	0.666	0.766
OPHTHALMOLOGY	0.744	0.636	0.656	0.782
OPTICS	0.881	0.420	0.841	0.479
ORITHOLOGY	0.383	0.999	0.376	0.999
ORTHOPEDICS	0.623	0.832	0.703	0.707
OTORHIOLARYGOLOGY	0.509	0.958	0.516	0.953
PALEOTOLOGY	0.727	0.666	0.763	0.605
PARASITOLOGY	0.673	0.755	0.422	0.994
PATHOLOGY	1.211	0.106	0.804	0.537

续表

学科	2015年 Z值	2015年 P值	2017年 Z值	2017年 P值
PEDIATRICS	0.792	0.558	0.802	0.541
PERIPHERAL VASCULAR DISEASE	0.681	0.742	0.712	0.691
PHARMACOLOGY & PHARMACY	1.106	0.173	1.042	0.228
PHYSICS, APPLIED	0.900	0.392	0.822	0.508
PHYSICS, ATOMIC, MOLECULAR & CHEMICAL	0.426	0.993	0.586	0.883
PHYSICS, CODESED MATTER	0.730	0.661	0.739	0.646
PHYSICS, FLUIDS & PLASMAS	0.541	0.932	0.491	0.969
PHYSICS, MATHEMATICAL	0.628	0.825	0.835	0.488
PHYSICS, MULTIDISCIPLIARY	0.567	0.905	0.804	0.537
PHYSICS, UCLEAR	0.497	0.966	0.518	0.951
PHYSICS, PARTICLES & FIELDS	0.528	0.943	0.386	0.998
PHYSIOLOGY	0.767	0.599	0.831	0.495
PLAT SCIECES	1.108	0.171	0.932	0.351
POLYMER SCIECE	0.877	0.425	0.667	0.765
PRIMARY HEALTH CARE	0.818	0.516	0.488	0.971
PSYCHIATRY	1.032	0.237	0.992	0.279
PSYCHOLOGY	0.781	0.576	0.641	0.805
PUBLIC, EVIROMETAL & OCCUPATIOAL HEALTH	1.086	0.189	1.002	0.268
RADIOLOGY, UCLEAR MEDICIE & MEDICAL IMAGIG	0.860	0.450	0.716	0.685
REHABILITATIO	0.587	0.881	0.742	0.641
REMOTE SESIG	0.514	0.954	0.512	0.956
REPRODUCTIVE BIOLOGY	0.492	0.969	0.615	0.843
RESPIRATORY SYSTEM	0.876	0.426	0.515	0.953
RHEUMATOLOGY	0.427	0.993	0.454	0.986
ROBOTICS	0.620	0.836	0.448	0.988
SOIL SCIECE	0.559	0.913	0.581	0.889
SPECTROSCOPY	0.613	0.846	0.548	0.925

续表

学科	2015年 Z值	2015年 P值	2017年 Z值	2017年 P值
SPORT SCIECES	0.621	0.835	0.653	0.787
STATISTICS & PROBABILITY	0.866	0.441	1.001	0.269
SUBSTACE ABUSE	0.429	0.993	0.506	0.960
SURGERY	1.115	0.166	1.092	0.184
TELECOMMUICATIOS	0.700	0.712	0.775	0.585
THERMODYAMICS	0.604	0.859	0.710	0.694
TOXICOLOGY	0.709	0.696	0.822	0.509
TRASPLATATIO	0.617	0.841	0.702	0.708
TRASPORTATIO SCIECE & TECHOLOGY	0.709	0.696	0.819	0.514
TROPICAL MEDICIE	0.580	0.890	0.657	0.781
UROLOGY & EPHROLOGY	0.807	0.532	0.650	0.792
VETERIARY SCIECES	0.816	0.519	0.760	0.611
VIROLOGY	0.555	0.917	0.571	0.900
WATER RESOURCES	0.635	0.814	0.569	0.902
ZOOLOGY	0.772	0.590	0.799	0.545

笔者计算2015年和2017年SCI各学科影响因子百分位的算术平均值，结果见表6-5。由影响因子百分位的计算方式可知，影响因子百分位属于学科内影响因子的位置指标，故各学科的平均值均在50%左右。2015年177个学科中，影响因子百分位均值<40%者3个学科，分别为ENGINEERING, PETROLEUM（工程、石油）、LOGIC（逻辑学）和NUCLEAR SCIENCE & TECHNOLOGY（核科学技术）的35.209%、37.661%和39.658%；这3个学科2017年的影响因子百分位均值仍不足40%，分别为37.396%、37.535%和39.880%。2015年影响因子百分位均值不足50%的学科共95个（53.67%）；≥50%者82个学科（46.33%），影响因子百分位均值最大的为GREEN & SUSTAINABLE SCIENCE & TECHNOLOGY（绿色可持续科技）和EVOLUTIONARY BIOLOGY（进化生物学）的58.412%和58.521%。2017年影响因子百分位均值不足50%的学科共97个（54.80%）；≥50%者80个学科（45.20%），

影响因子百分位均值最大的为 BEHAVIORAL SCIENCES（行为科学）和 NANOSCIENCE & NANOTECHNOLOGY（纳米科学与纳米技术）的 58.248% 和 58.625%。总体来看，影响因子百分位均值保持自我均衡，2 年变化值基本为 0。这也是影响因子百分位可以作为跨学科评价指标应用的特性之一。

表 6-5　2015 年和 2017 年 SCI 各学科影响因子百分位的算术平均值

学科	2015 年/%	2017 年/%	变化值/%
ACOUSTICS	46.686	47.486	0.799
AGRICULTURAL ECONOMICS & POLICY	47.726	47.627	-0.099
AGRICULTURAL ENGINEERING	48.920	48.098	-0.822
AGRICULTURE, DAIRY & ANIMAL SCIENCE	45.983	46.560	0.577
AGRICULTURE, MULTIDISCIPLINARY	46.483	46.770	0.288
AGRONOMY	46.972	47.111	0.139
ALLERGY	48.317	49.841	1.524
ANATOMY & MORPHOLOGY	44.946	45.300	0.354
ANDROLOGY	45.940	46.975	1.035
ANESTHESIOLOGY	49.013	50.546	1.533
ASTRONOMY & ASTROPHYSICS	51.465	50.670	-0.795
AUDIOLOGY & SPEECH - LANGUAGE PATHOLOGY	55.204	52.455	-2.749
AUTOMATION & CONTROL SYSTEMS	52.550	54.329	1.779
BEHAVIORAL SCIENCES	57.748	58.248	0.501
BIOCHEMICAL RESEARCH METHODS	53.817	51.993	-1.824
BIOCHEMISTRY & MOLECULAR BIOLOGY	53.257	52.878	-0.378
BIODIVERSITY CONSERVATION	46.376	47.759	1.383
BIOLOGY	48.370	48.900	0.530
BIOPHYSICS	50.110	49.282	-0.829
BIOTECHNOLOGY & APPLIED MICROBIOLOGY	49.866	49.239	-0.627
CARDIAC & CARDIOVASCULAR SYSTEMS	51.131	51.254	0.123
CELL & TISSUE ENGINEERING	57.032	55.648	-1.385
CELL BIOLOGY	54.427	54.558	0.131
CHEMISTRY, ANALYTICAL	49.547	47.936	-1.611

续表

学科	2015 年/%	2017 年/%	变化值/%
CHEMISTRY, APPLIED	47.330	48.027	0.697
CHEMISTRY, INORGANIC & NUCLEAR	48.779	48.091	-0.688
CHEMISTRY, MEDICINAL	51.905	52.856	0.951
CHEMISTRY, MULTIDISCIPLINARY	50.629	50.905	0.276
CHEMISTRY, ORGANIC	49.844	49.351	-0.493
CHEMISTRY, PHYSICAL	54.680	54.195	-0.485
CLINICAL NEUROLOGY	51.753	52.282	0.530
COMPUTER SCIENCE, ARTIFICIAL INTELLIGENCE	52.193	50.523	-1.669
COMPUTER SCIENCE, CYBERNETICS	47.640	47.452	-0.188
COMPUTER SCIENCE, HARDWARE & ARCHITECTURE	47.163	49.221	2.058
COMPUTER SCIENCE, INFORMATION SYSTEMS	50.405	51.794	1.389
COMPUTER SCIENCE, INTERDISCIPLINARY APPLICATIONS	53.728	54.194	0.466
COMPUTER SCIENCE, SOFTWARE ENGINEERING	47.703	48.056	0.352
COMPUTER SCIENCE, THEORY & METHODS	50.527	48.540	-1.987
CONSTRUCTION & BUILDING TECHNOLOGY	46.092	47.497	1.405
CRITICAL CARE MEDICINE	56.865	56.332	-0.533
CRYSTALLOGRAPHY	47.640	49.790	2.150
DENTISTRY, ORAL SURGERY & MEDICINE	48.844	48.979	0.136
DERMATOLOGY	49.714	50.217	0.503
DEVELOPMENTAL BIOLOGY	51.655	49.277	-2.379
ECOLOGY	53.080	52.148	-0.933
EDUCATION, SCIENTIFIC DISCIPLINES	47.627	47.451	-0.176
ELECTROCHEMISTRY	53.878	53.865	-0.013
EMERGENCY MEDICINE	48.174	47.938	-0.237
ENDOCRINOLOGY & METABOLISM	52.466	52.391	-0.075
ENERGY & FUELS	55.255	54.796	-0.459
ENGINEERING, AEROSPACE	45.034	45.643	0.609
ENGINEERING, BIOMEDICAL	47.726	47.566	-0.160

续表

学科	2015 年/%	2017 年/%	变化值/%
ENGINEERING, CHEMICAL	48.924	49.209	0.285
ENGINEERING, CIVIL	46.625	47.292	0.667
ENGINEERING, ELECTRICAL & ELECTRONIC	48.975	50.424	1.449
ENGINEERING, ENVIRONMENTAL	52.361	53.849	1.487
ENGINEERING, GEOLOGICAL	48.251	50.541	2.290
ENGINEERING, INDUSTRIAL	50.388	52.323	1.935
ENGINEERING, MANUFACTURING	52.233	53.428	1.195
ENGINEERING, MARINE	44.297	46.039	1.742
ENGINEERING, MECHANICAL	47.107	48.881	1.775
ENGINEERING, MULTIDISCIPLINARY	46.096	46.361	0.266
ENGINEERING, OCEAN	42.503	43.572	1.069
ENGINEERING, PETROLEUM	35.209	37.535	2.326
ENTOMOLOGY	47.834	48.285	0.451
ENVIRONMENTAL SCIENCES	51.371	51.233	-0.138
EVOLUTIONARY BIOLOGY	58.521	57.257	-1.264
FISHERIES	48.706	48.626	-0.081
FOOD SCIENCE & TECHNOLOGY	47.761	48.271	0.510
FORESTRY	49.017	49.895	0.878
GASTROENTEROLOGY & HEPATOLOGY	52.524	53.015	0.491
GENETICS & HEREDITY	52.381	51.710	-0.671
GEOCHEMISTRY & GEOPHYSICS	50.603	50.286	-0.317
GEOGRAPHY, PHYSICAL	54.020	54.096	0.076
GEOLOGY	48.210	48.135	-0.075
GEOSCIENCES, MULTIDISCIPLINARY	51.625	50.901	-0.724
GERIATRICS & GERONTOLOGY	53.490	54.268	0.777
GREEN & SUSTAINABLE SCIENCE & TECHNOLOGY	58.412	57.402	-1.010
HEALTH CARE SCIENCES & SERVICES	55.662	55.424	-0.239
HEMATOLOGY	50.774	49.400	-1.374

续表

学科	2015 年/%	2017 年/%	变化值/%
HISTORY & PHILOSOPHY OF SCIENCE	42.625	42.795	0.169
HORTICULTURE	45.602	44.933	−0.669
IMAGING SCIENCE & PHOTOGRAPHIC TECHNOLOGY	46.340	49.396	3.056
IMMUNOLOGY	54.427	54.303	−0.123
INFECTIOUS DISEASES	50.956	52.008	1.053
INSTRUMENTS & INSTRUMENTATION	48.115	48.202	0.087
INTEGRATIVE & COMPLEMENTARY MEDICINE	46.322	45.633	−0.689
LIMNOLOGY	46.921	48.249	1.328
LOGIC	37.661	37.396	−0.265
MARINE & FRESHWATER BIOLOGY	49.680	48.628	−1.052
MATERIALS SCIENCE, BIOMATERIALS	55.250	57.536	2.286
MATERIALS SCIENCE, CERAMICS	48.952	49.035	0.083
MATERIALS SCIENCE, CHARACTERIZATION & TESTING	45.272	45.739	0.466
MATERIALS SCIENCE, COATINGS & FILMS	44.739	48.728	3.989
MATERIALS SCIENCE, COMPOSITES	49.974	50.011	0.037
MATERIALS SCIENCE, MULTIDISCIPLINARY	52.072	52.103	0.031
MATERIALS SCIENCE, PAPER & WOOD	48.272	46.904	−1.368
MATERIALS SCIENCE, TEXTILES	44.862	44.487	−0.376
MATHEMATICAL & COMPUTATIONAL BIOLOGY	47.791	46.792	−1.000
MATHEMATICS	47.147	46.501	−0.646
MATHEMATICS, APPLIED	50.788	51.089	0.301
MATHEMATICS, INTERDISCIPLINARY APPLICATIONS	50.370	48.213	−2.157
MECHANICS	51.234	51.434	0.200
MEDICAL ETHICS	54.758	49.434	−5.324
MEDICAL INFORMATICS	53.860	53.303	−0.557
MEDICAL LABORATORY TECHNOLOGY	48.712	49.438	0.726
MEDICINE, GENERAL & INTERNAL	48.639	48.911	0.272
MEDICINE, LEGAL	48.190	48.399	0.209

续表

学科	2015 年/%	2017 年/%	变化值/%
MEDICINE, RESEARCH & EXPERIMENTAL	50.216	50.818	0.602
METALLURGY & METALLURGICAL ENGINEERING	43.743	43.566	-0.177
METEOROLOGY & ATMOSPHERIC SCIENCES	52.400	52.032	-0.369
MICROBIOLOGY	51.618	50.930	-0.688
MICROSCOPY	48.789	45.223	-3.567
MINERALOGY	49.390	50.053	0.663
MINING & MINERAL PROCESSING	45.094	44.867	-0.227
MULTIDISCIPLINARY SCIENCES	49.312	50.466	1.154
MYCOLOGY	49.817	51.322	1.504
NANOSCIENCE & NANOTECHNOLOGY	57.716	58.625	0.909
NEUROIMAGING	55.313	53.100	-2.213
NEUROSCIENCES	55.075	55.471	0.395
NUCLEAR SCIENCE & TECHNOLOGY	39.658	39.880	0.222
NURSING	45.507	45.245	-0.262
NUTRITION & DIETETICS	52.748	53.397	0.649
OBSTETRICS & GYNECOLOGY	49.936	49.953	0.017
OCEANOGRAPHY	51.132	49.133	-2.000
ONCOLOGY	54.657	55.367	0.710
OPERATIONS RESEARCH & MANAGEMENT SCIENCE	51.280	50.190	-1.090
OPHTHALMOLOGY	48.872	48.939	0.067
OPTICS	49.917	48.700	-1.217
ORNITHOLOGY	49.642	49.643	0.002
ORTHOPEDICS	47.379	47.682	0.303
OTORHINOLARYNGOLOGY	47.224	47.053	-0.171
PALEONTOLOGY	48.928	47.565	-1.363
PARASITOLOGY	51.796	50.948	-0.848
PATHOLOGY	47.597	47.441	-0.156
PEDIATRICS	46.618	46.151	-0.467

续表

学科	2015 年/%	2017 年/%	变化值/%
PERIPHERAL VASCULAR DISEASE	51.735	50.875	-0.860
PHARMACOLOGY & PHARMACY	50.629	50.272	-0.357
PHYSICS, APPLIED	50.821	48.911	-1.910
PHYSICS, ATOMIC, MOLECULAR & CHEMICAL	51.680	51.082	-0.597
PHYSICS, CONDENSED MATTER	52.306	52.064	-0.242
PHYSICS, FLUIDS & PLASMAS	51.323	51.186	-0.136
PHYSICS, MATHEMATICAL	51.613	49.715	-1.897
PHYSICS, MULTIDISCIPLINARY	49.539	49.999	0.460
PHYSICS, NUCLEAR	51.267	50.636	-0.631
PHYSICS, PARTICLES & FIELDS	56.915	55.734	-1.181
PHYSIOLOGY	52.019	51.393	-0.626
PLANT SCIENCES	48.679	48.589	-0.090
POLYMER SCIENCE	50.030	48.999	-1.032
PRIMARY HEALTH CARE	48.969	48.332	-0.637
PSYCHIATRY	53.876	52.730	-1.146
PSYCHOLOGY	51.556	50.323	-1.233
PUBLIC, ENVIRONMENTAL & OCCUPATIONAL HEALTH	51.375	50.831	-0.545
RADIOLOGY, NUCLEAR MEDICINE & MEDICAL IMAGING	49.795	49.104	-0.692
REHABILITATION	49.290	49.407	0.116
REMOTE SENSING	52.825	52.448	-0.377
REPRODUCTIVE BIOLOGY	55.583	55.471	-0.112
RESPIRATORY SYSTEM	51.811	52.257	0.446
RHEUMATOLOGY	51.034	52.811	1.777
ROBOTICS	47.397	49.866	2.469
SOIL SCIENCE	51.117	52.110	0.993
SPECTROSCOPY	48.418	47.186	-1.232
SPORT SCIENCES	47.768	49.472	1.704
STATISTICS & PROBABILITY	45.648	44.915	-0.733

续表

学科	2015 年/%	2017 年/%	变化值/%
SUBSTANCE ABUSE	56.330	54.526	-1.804
SURGERY	46.481	46.345	-0.136
TELECOMMUNICATIONS	48.850	52.638	3.788
THERMODYNAMICS	49.340	48.250	-1.090
TOXICOLOGY	52.810	52.356	-0.453
TRANSPLANTATION	52.572	49.569	-3.003
TRANSPORTATION SCIENCE & TECHNOLOGY	52.400	51.955	-0.445
TROPICAL MEDICINE	42.693	45.501	2.808
UROLOGY & NEPHROLOGY	49.113	49.419	0.306
VETERINARY SCIENCES	46.734	46.466	-0.268
VIROLOGY	50.749	50.683	-0.066
WATER RESOURCES	47.611	48.718	1.107
ZOOLOGY	44.020	44.033	0.014

第二节　各学科影响因子的统计学特征和相关性分析

一、各学科影响因子的统计学特征

笔者以2017年SCI 177个学科为例，分析学科中位影响因子、中位5年影响因子、集合影响因子和影响因子百分位均值间的统计学特征，结果见表6-6。各指标的极小极大值比相比，影响因子百分位均值＞中位5年影响因子＞学科中位影响因子＞学科集合影响因子；各指标的中位极大值比相比，也显示出影响因子百分位均值＞中位5年影响因子＞学科中位影响因子＞学科集合影响因子。上述数据表明，对于SCI学科来说，4个影响因子相关指标中，影响因子百分位集中度最好、离散度最小，学科间的区分度最小，可见该指标很好地改善了其他影响因子指标分布的偏性，数据波动更加平稳；而学科集合影响因子离散度最大，对学科来说区分度最大。各影响因子相关指标的统计学特征分析结果表明，对于所有学科来讲，学科的中位影响因子、中位5年影响因子、集合影响因子和影响因子百分位均呈正态分布（KOLMOGOROV – SMIRNOV 检测，均为 $P>0.05$）。

表6-6 指标的统计描述及统计学特征

项目	影响因子百分位均值	中位5年影响因子	学科中位影响因子	学科集合影响因子
均数	49.825	1.983	1.884	2.881
中位数	49.569	1.950	1.820	2.710
标准差	3.423	0.614	0.624	1.063
最小值	37.396	0.607	0.500	0.622
最大值	58.625	3.651	3.508	6.190
极小极大值比	0.638	0.166	0.143	0.100
中位极大值比	0.846	0.534	0.519	0.438
偏度	-0.292	0.136	0.239	0.584
峰度	1.456	-0.410	-0.323	0.129
KOLMOGOROV – SMIRNOV 检测的 Z 值	0.754	0.654	0.717	1.051
KOLMOGOROV – SMIRNOV 检测的 P 值	0.621	0.786	0.683	0.219

峰度（Kurtosis）是描述总体中所有取值分布形态陡缓程度的统计量。4个影响因子相关指标的峰度分布中，影响因子百分位和学科集合影响因子是正值，说明这两个数据的分布相较于正态分布更为陡峭，为尖顶峰；相对来说，影响因子百分位的峰度更大，说明其分布形态的陡缓程度与正态分布的差异程度更大。学科中位5年影响因子和中位影响因子的峰度均为负值，表明这两个指标的数据分布与正态分布相比较为平坦，为平顶峰；相对来说，学科中位影响因子的峰度较大，说明相对于中位5年影响因子，中位影响因子数据分布形态的陡缓程度与正态分布的差异程度更大。偏度（Skewness）与峰度类似，也是描述数据分布形态的统计量，其描述的是某总体取值分布的对称性。4个影响因子相关指标的偏度分布中，影响因子百分位为负值，说明其数据分布形态与正态分布相比为左偏，即有一条长尾拖在左边，数据左端有较多的极端值；学科中位5年影响因子、中位影响因子和学科集合影响因子的偏度均为正值，

说明这3个指标的数据分布形态与正态分布相比为右偏,即有一条长尾巴拖在右边,数据右端有较多的极端值,其中学科集合影响因子的偏度绝对值最大,说明该指标数据分布形态的偏斜程度最大。

二、各学科影响因子的相关性分析

笔者分析各学科影响因子相关指标间的相关性,由于数据均呈正态分布,故使用 Pearson 相关对各指标的相关性进行分析,结果见表6-7。由表可知,4种学科影响因子相关指标间均呈显著正相关,相关系数为 0.688~0.965。其中,影响因子百分位均值与学科中位5年影响因子、中位影响因子和集合影响因子间的相关性相对较弱,相关系数分别为 0.775、0.754 和 0.688;学科中位5年影响因子与学科中位影响因子和集合影响因子的相关系数分别为 0.965 和 0.748;学科中位影响因子和学科集合影响因子的相关系数为 0.782。可见,4种学科影响因子指标中,学科中位5年影响因子与学科中位影响因子的相关性最强,相关系数为 0.965,究其原因,由于学科中位5年影响因子与学科中位影响因子分别取的是各学科5年影响因子和影响因子的中位数,同一个学科多是来自同一种期刊或者相邻的两个期刊的指标均值,由于数据的同源性,故而两者呈现极强相关理论上成立。田质兵[1]基于 JCR 中信息科学与图书馆学中影响因子排名前20的期刊,对影响因子、5年影响因子的排名进行对比分析,结果发现两者呈显著正相关(相关系数为 0.898,$P<0.001$),与本研究结果相互佐证。由表6-7我们还可以看出,学科影响因子百分位均值与学科集合影响因子间的相关性相对最弱,相关系数为 0.688,这可能是由于学科影响因子百分位均值与学科集合影响因子的计算方法不同导致的,两者相关系数为 0.688,已经表现出较强的相关性,说明两者对期刊的评价效力虽然有差异,但差异不大,评价结果仍较为相似。

表6-7 4种学科影响因子指标的相关性分析

指标	统计值	影响因子百分位均值	中位5年影响因子	学科中位影响因子	学科集合影响因子
影响因子百分位均值	相关系数	1.000	0.775**	0.754**	0.688**
	P 值		0.000	0.000	0.000

---

[1] 田质兵. 评价期刊影响力的三项指标比较研究 [J]. 现代情报,2010,30 (9):141-143,146.

续表

指标	统计值	影响因子百分位均值	中位5年影响因子	学科中位影响因子	学科集合影响因子
中位5年影响因子	相关系数	0.775**	1.000	0.965**	0.748**
	P 值	0.000		0.000	0.000
学科中位影响因子	相关系数	0.754**	0.965**	1.000	0.782**
	P 值	0.000	0.000		0.000
学科集合影响因子	相关系数	0.688**	0.748**	0.782**	1.000
	P 值	0.000	0.000	0.000	

注：**$P<0.01$。

第七章　SCI 学科总被引频次

总被引频次是常用的期刊评价指标，其使用历史悠久，且至今国内外几乎所有主流的学术期刊评价体系都有该指标，如 SCI、SSCI、Scopus 数据库、南京大学 CSSCI 期刊评价体系、北京大学中文核心期刊评价体系、中国科学技术信息研究所的中国科技核心期刊（中国科技论文统计源期刊）评价体系等。总被引频次是指自期刊创刊之日起所有文献在统计当年的所有被引频次，该指标可以客观地说明期刊总体被使用和受重视的程度，以及在学术交流中的作用和地位。但人们也认识到其在期刊评价方面的不足[1][2][3]。由其定义可知，总被引频次是个总量指标，其与期刊的创刊早晚、载文量大小直接相关，对于办刊历史悠久或载文量大的期刊有偏向，而并不利于办刊历史短或载文量小的期刊，故而有学者认为该指标作为期刊评价指标本身即不公平，使创刊较晚或载文量较小的部分优质期刊受到"歧视"，且即便有些期刊提高了办刊质量，短期内其总被引频次也并不能体现，这也是其不足之处，故而有学者针对其不足，提出了限制引文窗口的观点，如国内俞立平[4]设计的 5 年被引频次等。但无论如何，总被引频次作为常用期刊评价指标之一，对它的分析一定程度上反映了期刊的学术影响力状况，对它的研究仍有其自身的意义。笔者对 SCI 各学科 5 年总被引频次情况进行分析，以期进一步通过该指标了解 SCI 期刊的 5 年演进情况。

---

[1] 刘雪立，魏雅慧，盛丽娜，等. 科技期刊总被引频次和影响因子构成中的自引率比较——兼谈影响因子的人为操纵倾向 [J]. 编辑学报，2017，29（6）：602 - 606.

[2] 俞立平，孙建红. 总被引频次用于科技评价的误区研究——兼谈科技评价的时间特性 [J]. 中国科技期刊研究，2014，25（6）：829 - 832.

[3] 王琳. 特征因子与影响因子及总被引频次的指标特性比较——基于"TOP 期刊群"样本的实例分析 [J]. 编辑学报，2013，25（2）：200 - 204.

[4] 俞立平. 基于评价时效性的总被引频次评价改进研究 [J]. 国家图书馆学刊，2019，28（6）：74 - 81.

第一节　SCI 学科总被引频次五年变迁

2013 年和 2017 年 SCI 各学科总被引频次及其变化值见表 7-1。2013 年 SCI 176 个学科共被引 68 966 284 次，平均学科年被引 391 853.9 次，中位数为 243 471.5 次。176 个学科中，总被引频次最多的为 BIOCHEMISTRY & MOLECULAR BIOLOGY（生物化学与分子生物学），全年共被引 3 184 943 次，远高于处于第二位的 CHEMISTRY, MULTIDISCIPLINARY（化学，多学科）的 2 195 260 次和处于第三位的 MULTIDISCIPLINARY SCIENCES（多学科科学）的 2 079 971 次。176 个学科中，年总被引频次 >100 万次者 14 个，>50 万~100 万次者 31 个，>20 万~50 万次者 48 个，>10 万~20 万次者 36 个，>5 万~10 万次者 27 个，≤5 万次者 20 个学科。LOGIC（逻辑学）和 ENGINEERING, MARINE（工程，海事）两个学科的年总被引频次均不足 1 万，分别为 6 532 次和 6 050 次。可见，不同学科间年总被引频次差异非常大，总被引频次具有明显的学科特异性，不能直接用于学科间的对比。

表 7-1　2013 年和 2017 年 SCI 各学科总被引频次变化

学科名称	2013 年/次	2017 年/次	变化值/次	增长率
ACOUSTICS	117 073	175 541	58 468	49.94%
AGRICULTURAL ECONOMICS & POLICY	12 898	24021	11123	86.24%
AGRICULTURAL ENGINEERING	94 309	165 648	71 339	75.64%
AGRICULTURE, DAIRY & ANIMAL SCIENCE	137 560	194 869	57 309	41.66%
AGRICULTURE, MULTIDISCIPLINARY	148 844	208 636	59 792	40.17%
AGRONOMY	195 496	287 102	91 606	46.86%
ALLERGY	91 956	127 991	36 035	39.19%
ANATOMY & MORPHOLOGY	52 086	65 760	13 674	26.25%
ANDROLOGY	10 958	8 410	-2 548	-23.25%
ANESTHESIOLOGY	140 665	201 325	60 660	43.12%
ASTRONOMY & ASTROPHYSICS	781 885	1 071 345	289 460	37.02%

续表

学科名称	总被引频次 2013 年/次	总被引频次 2017 年/次	变化值/次	增长率
AUDIOLOGY & SPEECH – LANGUAGE PATHOLOGY	73 229	100 231	27 002	36.87%
AUTOMATION & CONTROL SYSTEMS	179 013	350 086	171 073	95.56%
BEHAVIORAL SCIENCES	279285	356 259	76 974	27.56%
BIOCHEMICAL RESEARCH METHODS	616 671	797 638	180 967	29.35%
BIOCHEMISTRY & MOLECULAR BIOLOGY	3 184 943	3 625 819	440 876	13.84%
BIODIVERSITY CONSERVATION	125 589	210 540	84 951	67.64%
BIOLOGY	368 066	491 775	123 709	33.61%
BIOPHYSICS	536 012	639 285	103 273	19.27%
BIOTECHNOLOGY & APPLIED MICROBIOLOGY	942 406	132 3169	380 763	40.40%
CARDIAC & CARDIOVASCULAR SYSTEMS	762 762	995 834	233 072	30.56%
CELL & TISSUE ENGINEERING	76 359	118 553	42 194	55.26%
CELL BIOLOGY	1 784 263	2 132 559	348 296	19.52%
CHEMISTRY, ANALYTICAL	666 922	874 108	207 186	31.07%
CHEMISTRY, APPLIED	368 824	576 085	207 261	56.20%
CHEMISTRY, INORGANIC & NUCLEAR	408 476	430 819	22343	5.47%
CHEMISTRY, MEDICINAL	382 737	499 438	116 701	30.49%
CHEMISTRY, MULTIDISCIPLINARY	2 195 260	3 470 362	1 275 102	58.08%
CHEMISTRY, ORGANIC	712 914	770 990	58 076	8.15%
CHEMISTRY, PHYSICAL	1 925 703	3 187 930	1 262 227	65.55%
CLINICAL NEUROLOGY	986 677	1 303 928	317 251	32.15%
COMPUTER SCIENCE, ARTIFICIAL INTELLIGENCE	259 711	497 154	237 443	91.43%
COMPUTER SCIENCE, CYBERNETICS	28 409	42 750	14 341	50.48%
COMPUTER SCIENCE, HARDWARE & ARCHITECTURE	87 708	152 417	64 709	73.78%
COMPUTER SCIENCE, INFORMATION SYSTEMS	196 770	363 122	166 352	84.54%
COMPUTER SCIENCE, INTERDISCIPLINARY APPLICATIONS	251 636	433 256	181 620	72.18%
COMPUTER SCIENCE, SOFTWARE ENGINEERING	132 245	214 275	82 030	62.03%

续表

学科名称	总被引频次 2013年/次	2017年/次	变化值/次	增长率
COMPUTER SCIENCE, THEORY & METHODS	130 310	227 016	96 706	74.21%
CONSTRUCTION & BUILDING TECHNOLOGY	100 621	243 534	142 913	142.03%
CRITICAL CARE MEDICINE	245 218	308 939	63 721	25.99%
CRYSTALLOGRAPHY	173 749	213 732	39 983	23.01%
DENTISTRY, ORAL SURGERY & MEDICINE	241 725	346 625	104 900	43.40%
DERMATOLOGY	188 984	245 390	56 406	29.85%
DEVELOPMENTAL BIOLOGY	268 582	289 496	20 914	7.79%
ECOLOGY	836 603	1 129 034	292 431	34.95%
EDUCATION, SCIENTIFIC DISCIPLINES	60 608	103 836	43 228	71.32%
ELECTROCHEMISTRY	383 242	611 640	228 398	59.60%
EMERGENCY MEDICINE	78 275	87 289	9 014	11.52%
ENDOCRINOLOGY & METABOLISM	768 976	994 345	225 369	29.31%
ENERGY & FUELS	506 461	129 0331	783 870	154.77%
ENGINEERING, AEROSPACE	42 140	81 508	39 368	93.42%
ENGINEERING, BIOMEDICAL	308 656	465 743	157 087	50.89%
ENGINEERING, CHEMICAL	658 106	1 216 298	558 192	84.82%
ENGINEERING, CIVIL	277434	469 398	191 964	69.19%
ENGINEERING, ELECTRICAL & ELECTRONIC	930 393	1 636 339	705 946	75.88%
ENGINEERING, ENVIRONMENTAL	375 409	707 470	332 061	88.45%
ENGINEERING, GEOLOGICAL	55 205	127 131	71 926	130.29%
ENGINEERING, INDUSTRIAL	95 871	199 535	103 664	108.13%
ENGINEERING, MANUFACTURING	96 274	202 463	106 189	110.30%
ENGINEERING, MARINE	6 050	16 789	10 739	177.50%
ENGINEERING, MECHANICAL	312 231	594 923	282 692	90.54%
ENGINEERING, MULTIDISCIPLINARY	140 357	273 881	133 524	95.13%
ENGINEERING, OCEAN	20 136	35 672	15 536	77.16%
ENGINEERING, PETROLEUM	12 153	29 295	17 142	141.05%

续表

学科名称	总被引频次 2013年/次	2017年/次	变化值/次	增长率
ENTOMOLOGY	145 173	190 470	45 297	31.20%
ENVIRONMENTAL SCIENCES	1 105 118	1 937 978	832 860	75.36%
EVOLUTIONARY BIOLOGY	355 391	450 381	94 990	26.73%
FISHERIES	145 384	193 266	47 882	32.93%
FOOD SCIENCE & TECHNOLOGY	503 290	805 763	302 473	60.10%
FORESTRY	120 032	165 114	45 082	37.56%
GASTROENTEROLOGY & HEPATOLOGY	477 309	637 010	159 701	33.46%
GENETICS & HEREDITY	996 231	1 202 537	206 306	20.71%
GEOCHEMISTRY & GEOPHYSICS	383 327	597 585	214 258	55.89%
GEOGRAPHY, PHYSICAL	159 297	246 559	87 262	54.78%
GEOLOGY	85 703	120 827	35 124	40.98%
GEOSCIENCES, MULTIDISCIPLINARY	753 561	9 186 941	165133	21.91%
GERIATRICS & GERONTOLOGY	143 424	226 943	83 519	58.23%
GREEN & SUSTAINABLE SCIENCE & TECHNOLOGY	0	281 938	281 938	—
HEALTH CARE SCIENCES & SERVICES	223 158	361 599	138 441	62.04%
HEMATOLOGY	520 767	619 968	99 201	19.05%
HISTORY & PHILOSOPHY OF SCIENCE	21 740	35 025	13 285	61.11%
HORTICULTURE	78 952	98 135	19 183	24.30%
IMAGING SCIENCE & PHOTOGRAPHIC TECHNOLOGY	92 985	162 870	69 885	75.16%
IMMUNOLOGY	1055 655	1281 805	226 150	21.42%
INFECTIOUS DISEASES	438 590	548 095	109 505	24.97%
INSTRUMENTS & INSTRUMENTATION	251 188	419 155	167 967	66.87%
INTEGRATIVE & COMPLEMENTARY MEDICINE	50 737	101 746	51 009	100.54%
LIMNOLOGY	82 826	107 281	24 455	29.53%
LOGIC	6 532	10 336	3 804	58.24%
MARINE & FRESHWATER BIOLOGY	365 484	452 621	87 137	23.84%
MATERIALS SCIENCE, BIOMATERIALS	184 527	318 421	133 894	72.56%

续表

学科名称	总被引频次 2013年/次	总被引频次 2017年/次	变化值/次	增长率
MATERIALS SCIENCE, CERAMICS	98 726	151 173	52 447	53.12%
MATERIALS SCIENCE, CHARACTERIZATION & TESTING	27 152	50 793	23 641	87.07%
MATERIALS SCIENCE, COATINGS & FILMS	186 995	266 977	79 982	42.77%
MATERIALS SCIENCE, COMPOSITES	70 872	139 538	68 666	96.89%
MATERIALS SCIENCE, MULTIDISCIPLINARY	1 963 333	3 817 731	1 854 398	94.45%
MATERIALS SCIENCE, PAPER & WOOD	24 556	38 720	14 164	57.68%
MATERIALS SCIENCE, TEXTILES	27 759	47 893	20 134	72.53%
MATHEMATICAL & COMPUTATIONAL BIOLOGY	214 801	329 133	114332	53.23%
MATHEMATICS	352 871	494 556	141 685	40.15%
MATHEMATICS, APPLIED	382 339	538 241	155 902	40.78%
MATHEMATICS, INTERDISCIPLINARY APPLICATIONS	197 949	311 654	113 705	57.44%
MECHANICS	426 923	713 795	286 872	67.20%
MEDICAL ETHICS	10 287	14 012	3 725	36.21%
MEDICAL INFORMATICS	58 279	96 990	38 711	66.42%
MEDICAL LABORATORY TECHNOLOGY	87 032	105 004	17 972	20.65%
MEDICINE, GENERAL & INTERNAL	1 112 385	1 456 323	343 938	30.92%
MEDICINE, LEGAL	32 188	43 679	11 491	35.70%
MEDICINE, RESEARCH & EXPERIMENTAL	604 903	861 766	256 863	42.46%
METALLURGY & METALLURGICAL ENGINEERING	283 234	476 737	193 503	68.32%
METEOROLOGY & ATMOSPHERIC SCIENCES	370 622	622 374	251 752	67.93%
MICROBIOLOGY	886 143	1 119 120	232 977	26.29%
MICROSCOPY	29 300	33 505	4 205	14.35%
MINERALOGY	92 768	142 545	49 777	53.66%
MINING & MINERAL PROCESSING	45 681	57 849	12 168	26.64%
MULTIDISCIPLINARY SCIENCES	2 079 971	3 132 708	1 052 737	50.61%
MYCOLOGY	41 448	62 587	21 139	51.00%
NANOSCIENCE & NANOTECHNOLOGY	799 994	1 579 701	779 707	97.46%

续表

学科名称	总被引频次 2013年/次	2017年/次	变化值/次	增长率
NEUROIMAGING	118 889	162 649	43 760	36.81%
NEUROSCIENCES	1 910 305	2 346 253	435 948	22.82%
NUCLEAR SCIENCE & TECHNOLOGY	141 130	177 385	36 255	25.69%
NURSING	98 965	170 125	71 160	71.90%
NUTRITION & DIETETICS	371 773	551 247	179 474	48.28%
OBSTETRICS & GYNECOLOGY	304 369	418 243	113 874	37.41%
OCEANOGRAPHY	212 579	293 032	80 453	37.85%
ONCOLOGY	1 447 114	1 933 835	486 721	33.63%
OPERATIONS RESEARCH & MANAGEMENT SCIENCE	195 488	354 703	159 215	81.44%
OPHTHALMOLOGY	271 263	338 951	67 688	24.95%
OPTICS	506 214	725 095	218 881	43.24%
ORNITHOLOGY	28 983	37 190	8 207	28.32%
ORTHOPEDICS	330 857	487 678	156 821	47.40%
OTORHINOLARYNGOLOGY	122 222	151 748	29 526	24.16%
PALEONTOLOGY	77 615	100 357	22 742	29.30%
PARASITOLOGY	149 957	219 513	69 556	46.38%
PATHOLOGY	272 283	329 075	56 792	20.86%
PEDIATRICS	383 190	512 095	128 905	33.64%
PERIPHERAL VASCULAR DISEASE	566 123	635 764	69 641	12.30%
PHARMACOLOGY & PHARMACY	1 226 157	1 571 415	345 258	28.16%
PHYSICS, APPLIED	1 392 849	2 463 869	1 071 020	76.89%
PHYSICS, ATOMIC, MOLECULAR & CHEMICAL	609 156	740 634	131 478	21.58%
PHYSICS, CONDENSED MATTER	1 064 121	1 503 777	439 656	41.32%
PHYSICS, FLUIDS & PLASMAS	233 409	323 854	90 445	38.75%
PHYSICS, MATHEMATICAL	258 747	335 784	77 037	29.77%
PHYSICS, MULTIDISCIPLINARY	841 364	962 233	120 869	14.37%
PHYSICS, NUCLEAR	144099	214 672	70 573	48.98%

续表

学科名称	总被引频次			
	2013 年/次	2017 年/次	变化值/次	增长率
PHYSICS, PARTICLES & FIELDS	344 432	489 365	144933	42.08%
PHYSIOLOGY	515 164	576 524	61 360	11.91%
PLANT SCIENCES	823 990	1 062 199	238 209	28.91%
POLYMER SCIENCE	563 333	745 549	182 216	32.35%
PRIMARY HEALTH CARE	30 816	44 120	13 304	43.17%
PSYCHIATRY	666 308	809 753	143 445	21.53%
PSYCHOLOGY	317 320	445 555	128 235	40.41%
PUBLIC, ENVIRONMENTAL & OCCUPATIONAL HEALTH	595 437	891 424	295 987	49.71%
RADIOLOGY, NUCLEAR MEDICINE & MEDICAL IMAGING	598 862	809 757	210 895	35.22%
REHABILITATION	114 767	178 834	64 067	55.82%
REMOTE SENSING	89 347	173 205	83 858	93.86%
REPRODUCTIVE BIOLOGY	166 237	204 746	38 509	23.17%
RESPIRATORY SYSTEM	336 252	444 579	108 327	32.22%
RHEUMATOLOGY	191 164	216 486	25 322	13.25%
ROBOTICS	24 718	52 396	27 678	111.98%
SOIL SCIENCE	155 337	212 076	56 739	36.53%
SPECTROSCOPY	185 521	192 580	7 059	3.80%
SPORT SCIENCES	268 841	415 942	147 101	54.72%
STATISTICS & PROBABILITY	274 994	410 006	135 012	49.10%
SUBSTANCE ABUSE	75 355	100 840	25 485	33.82%
SURGERY	961 421	1 206 541	245 120	25.50%
TELECOMMUNICATIONS	180 309	377 975	197 666	109.63%
THERMODYNAMICS	180 166	432 289	252 123	139.94%
TOXICOLOGY	355 652	476 328	120 676	33.93%
TRANSPLANTATION	144 094	174 315	30 221	20.97%
TRANSPORTATION SCIENCE & TECHNOLOGY	53 577	115 114	61 537	114.86%
TROPICAL MEDICINE	78 060	115 732	37 672	48.26%

续表

学科名称	总被引频次			
	2013年/次	2017年/次	变化值/次	增长率
UROLOGY & NEPHROLOGY	348 468	438 062	89 594	25.71%
VETERINARY SCIENCES	258 523	329 588	71 065	27.49%
VIROLOGY	289 025	314 149	25 124	8.69%
WATER RESOURCES	303 411	493 303	189 892	62.59%
ZOOLOGY	311 181	385 248	74 067	23.80%

2017年SCI 177个学科共被引99 229 664次，平均学科年被引560 619.6次，中位数为308 939次，均明显高于2013年的各指标值。2017年SCI 177个学科中，总被引频次最多的为MATERIALS SCIENCE, MULTIDISCIPLINARY（材料科学，多学科），全年共被引3 817 731次，处于第二位的为BIOCHEMISTRY & MOLECULAR BIOLOGY（生物化学与分子生物学）的3 625 819次，处于第三位的为CHEMISTRY, MULTIDISCIPLINARY（化学，多学科）的3 470 362次，三个学科2017年的总被引频次也均较2013年明显提高。总体来看，2017年SCI 177个学科中，年总被引频次>100万次者26个学科，>50万~100万次者31个，>20万~50万次者63个，>10万~20万次者33个，>2万~10万次者20个，<2万次者4个学科，分别为ENGINEERING, MARINE（工程，海事）的16 789次、MEDICAL ETHICS（医学伦理学）的14 012次、LOGIC（逻辑学）的10 336次和ANDROLOGY（男科学）的8 410次。

相较于2013年，2017年和2013年SCI共同拥有的176个学科中，175个学科的总被引频次是增加的，平均每个学科增加了171 965.5次。其中增加最多的是MATERIALS SCIENCE, MULTIDISCIPLINARY（材料科学，多学科），年总被引频次增加了1 854 398次，除此之外，增加>100万次者还有4个学科，CHEMISTRY, MULTIDISCIPLINARY（化学，多学科）增加了1 275 102次，CHEMISTRY, PHYSICAL（化学，物理）增加了1 262 227次，PHYSICS, APPLIED（物理学，应用）增加了1 071 020次，MULTIDISCIPLINARY SCIENCES（多学科科学）增加了1 052 737次。年总被引频次增加>20万~100万次者38个学科，>10万~20万次者42个学科，>2万~10万次者71个学科，<2万次者19个学科。学科总被引频次2017年较2013年增加

的原因分析为，相较于 2013 年，2017 年计算总被引频次时增加了 5 年的论文数，单年度产生的被引用不容忽视。

计算各学科 2017 年总被引频次相较于 2013 年的增长率，即

$$V_{TC} = \frac{TC_{2017} - TC_{2013}}{TC_{2013}} \times 100\%$$

式中，TC 即为 Total Cites（总被引频次）。相较于 2013 年，2017 年总被引频次增长率 >100% 者 12 个学科，即有 12 个学科 5 年来总被引频次增加了至少 1 倍；增长率 >70%~100% 者共 28 个学科，增长率 >50%~70% 者 32 个学科，增长率 >30%~50% 者 52 个学科，增长率 >10%~30% 者 46 个学科，增长率 ≤10% 者共 5 个学科，分别为 VIROLOGY（病毒学）、CHEMISTRY, ORGANIC（化学，有机）、DEVELOPMENTAL BIOLOGY（发育生物学）、CHEMISTRY, INORGANIC & NUCLEAR（化学、无机和核）和 SPECTROSCOPY（光谱学）。

2017 年总被引频次较 2013 年唯一减少的学科为 ANDROLOGY（男科学），由 2013 年的 10 958 次减少到了 2017 年的 8 410 次，减少了 2 548 次，减少率为 23.25%。这是不太符合常理的，理论上来说，一个学科每年都会有新的文献产生，文献总量肯定是上升的，总量越大，可能获得的被引用也就会越多，尤其作为一个学科来说，其文献逐年的增加量应该是个可观的数字，由越来越庞大的文献量产生的被引总量，即便在一年产生也应是增加的。但考虑到 ANDROLOGY（男科学）2013 年全年的被引频次仅 10 958 次，而同年 *Nature*（《自然》）一年的被引频次为 590 324 次，为 ANDROLOGY（男科学）学科的 53 倍还多，可见 ANDROLOGY（男科学）规模应该比较小。进一步查询后发现，ANDROLOGY（男科学）2013 年共收录 7 种期刊，分别为 *Int J Androl*、*Asian J Androl*、*Syst Biol Reprod Med*、*J Androl*、*Andrologia*、*Rev Int Androl* 和 *Andrology - Us*，可被引文献量共计 381 篇；2017 年该学科收录 6 种期刊，除了 2013 年收录的 *Rev Int Androl*、*Asian J Androl*、*Andrology - Us* 和 *Syst Biol Reprod Med* 外，新增了 *Andrologia* 和 *World J Mens Health*，可被引文献量共计 521 篇。以上数据表明，ANDROLOGY（男科学）学科历年规模均很小，且每年收录的期刊并不稳定，变化较大，加上各期刊的可被引文献量都比较小，总被引频次也较少，这样，由于学科文献基数较小、变异度较大，导致年度间总被引频次的差异大，2017 年学科总被引频次较 2013 年小也可以理解。

第二节 学科总被引频次与其他指标的相关性

作为常用期刊评价指标，总被引频次和影响因子是最常被人们共同提到的两个指标，很多期刊以"某某期刊总被引频次、影响因子等评刊指标再创新高"为题，庆贺指标的提升。相应地，也有论述作为期刊如何提升两者指标的经验分享类论文产出，如肖唐华等撰写的《提高科技期刊影响因子和总被引频次的探索与实践》[①]，以及使用这两个指标评价期刊学术影响力升降的文献，如史锐等撰写的《从总被引频次和影响因子等的变化看我国大气科学类期刊的发展》[②]、李穆等撰写的《河北省高校学报分析——从总被引频次和影响因子入手》[③] 和黄翠芳撰写的《水利工程类科技期刊学术影响力分析——以总被引频次、影响因子、Web即年下载率和总下载量为分析源》[④] 等。但单独对两者的统计学特征和相关性分析的论文不多。鉴于此，笔者即对各SCI学科的总被引频次和各影响因子的相关性进行分析，以查看两者评价期刊的一致性。

笔者使用 KOLMOGOROV – SMIRNOV 检测 SCI 给出的各学科总被引频次的正态性，结果显示数据不呈正态分布（$Z = 2.844$，$P < 0.000$），故使用 Spearman 相关对学科总被引频次与学科其他学术影响力指标做相关性分析。笔者对不同学科总被引频次与学科中位影响因子、学科中位5年影响因子、学科集合影响因子和学科影响因子百分位均值做 Spearman 相关性分析，结果见表7-2。由表7-2可知，2013年总被引频次与学科中位影响因子、中位5年影响因子、集合影响因子均呈显著正相关（均为 $P < 0.001$），相关系数最小者为与中位5年影响因子的0.469，相关系数最大者为与集合影响因子的0.669。2017年指标间的相关性结果与2013年类似，总被引频次与学科中位影响因

---

① 肖唐华，吴克力，王丽芳，等. 提高科技期刊影响因子和总被引频次的探索与实践［J］. 中国科技期刊研究，2011，22（6）：947 – 949.
② 史锐，柏晶瑜，朱立亚. 从总被引频次和影响因子等的变化看我国大气科学类期刊的发展［J］. 中国科技期刊研究，2007，18（5）：791 – 794.
③ 李穆，王士忠，冯民，等. 河北省高校学报分析——从总被引频次和影响因子入手［J］. 科技与出版，2009（5）：56 – 59.
④ 黄翠芳. 水利工程类科技期刊学术影响力分析——以总被引频次、影响因子、Web即年下载率和总下载量为分析源［J］. 中国科技期刊研究，2012，23（6）：999 – 1004.

子、中位 5 年影响因子、集合影响因子亦均呈显著正相关（均为 $P<0.001$），相关性最小者亦为与中位 5 年影响因子的相关性，相关系数为 0.421，相关系数最大者为与集合影响因子的 0.631。2013 年和 2017 年，学科总被引频次与学科集合影响因子的相关性均为最强，与中位影响因子和中位 5 年影响因子的相关性均相对较弱，考虑与指标的计算方法不同有关。学科中位影响因子和中位 5 年影响因子均为位置指标，而总被频次为总量指标，与学科集合影响因子的分子有重叠部分，故而与之的相关性表现为最佳。各指标的相关系数 2017 年均较 2013 年有所降低，可能说明各指标的独立性越来越强，指标间的互补作用越来越明显，交叉作用越来越小。

表 7-2 学科总被引频次与各影响因子指标间的相关性分析

指标	统计值	中位影响因子	中位 5 年影响因子	集合影响因子	影响因子百分位均值
2013 年总被引频次	相关系数	0.517**	0.469**	0.669**	—
	P 值	0.000	0.000	0.000	—
2017 年总被引频次	相关系数	0.476**	0.421**	0.631**	0.411**
	P 值	0.000	0.000	0.000	0.000

注：**$P<0.01$；2013 年 JCR 内没有给出影响因子百分位，故无法计算 2013 年各学科影响因子百分位均值与总被引频次的相关性。

由于影响因子百分位是 2015 年 JCR 新增加的指标，JCR 并未按其计算方法补全之前各版本的数据，故而仅 2015 年及其之后的 JCR 内有该指标，笔者仅计算了 2017 年的总被引频次与影响因子百分位均值的相关性，结果显示，两者呈统计学意义的正相关，但其相关系数低于总被引频次与其他 3 个影响因子相关指标的相关系数，为 0.411，可能与影响因子百分位更具有学科属性有关。

学科总被引频次与学科中位影响因子、中位 5 年影响因子、集合影响因子、影响因子百分位均值的相关系数均不足 0.7，均未呈现出强相关，这可能与学科总被引频次受学科文献总量的影响较大有关。尤其，这个文献总量并非一年两年的量，是自学科内期刊创刊开始至统计年的文献量，因此期刊间可能差异很大，导致学科间的差异更大，用这种属于总量性质的指标，与中位影响因子、中位 5 年影响因子、集合影响因子、影响因子百分位均值这些相对量的指标做对比，本身就存在一定差异性，相关系数相对较小也是说得通的。但总被引频次与各影响因子相关指标均与被引频次有关，故指标间具有一定相关性，说明各指标均在一定程度上实现了对期刊的评价，具有较为类似的评价效力。

第八章　SCI 学科集合即年指标

期刊的即年指标是指期刊发表的论文在当年被引用的情况，是一个表征期刊即时反应速率的指标。虽然俞立平[①]基于 JCR2012 生态学、生物学、数学（跨学科）期刊的研究显示，即年指标与期刊影响力指标的拟合优度值小于 0.5，从而得出即年指标不能作为期刊影响力的指标。但根据即年指标的定义，我们可以看出即年指标越大，说明期刊论文刊发后在当年被关注且被引用得越多，基于质量上乘的期刊及其优秀论文总是被用户争相阅读引用，因此较多学者认为该指标一定程度上反映了期刊影响力。如王珏等[②]即以即年指标作为衡量期刊学术影响力的重要指标依据，系统分析了 2006～2010 年 JCR 收录的开放获取期刊的即年指标随时间、学科和地域三个维度变化的情况，以此了解开放获取期刊的学术质量。刘雪立等[③]应用中国科技信息研究所发布的《中国科技期刊引证报告》和中国期刊网的数据资料，详细分析论证了我国医学期刊出版周期与即年指标的关系，并得出缩短出版周期有可能是提高期刊即年指标的途径，但条件不具备的情况下，盲目缩短出版周期将导致期刊即年指标下降。可见，大多数学者认可即年指标可在一定程度上反映期刊的学术质量。

SCI 内给出了各学科的集合即年指标（Aggregate Immediacy Index，AII），其计算公式为：

$$\mathrm{AII} = \frac{C_{\mathrm{Total}}}{N}$$

式中，C_{Total} 是该学科所有期刊当年刊发的论文在当年被引用的总次数；N 是该学科期刊当年发表论文数。笔者对 SCI 各学科 5 年来集合即年指标变迁情况进行分析，并分析该指标与其他学术影响力指标间的相关性。

[①] 俞立平. 从时间周期看总被引频次与即年指标评价误区[J]. 中国出版，2014（12）：8-11.
[②] 王珏，方卿. 开放存取期刊学术质量评价（三）——基于即年指标视角的分析[J]. 出版科学，2011，19（6）：74-78.
[③] 刘雪立，董建军，周志新. 我国医学期刊出版周期与即年指标关系的调查研究[J]. 中国科技期刊研究，2007，18（4）：597-599.

第一节　指标的变迁

SCI 不同学科 2013 年和 2017 年集合即年指标及其变化情况见表 8-1。

表 8-1　2013 年和 2017 年学科集合即年指标变化

学科名称	2013 年集合即年指标	2017 年集合即年指标	变化值	增长率
ACOUSTICS	0.357	0.704	0.347	97.20%
AGRICULTURAL ECONOMICS & POLICY	0.220	0.360	0.140	63.64%
AGRICULTURAL ENGINEERING	0.672	0.719	0.047	6.99%
AGRICULTURE, DAIRY & ANIMAL SCIENCE	0.235	0.340	0.105	44.68%
AGRICULTURE, MULTIDISCIPLINARY	0.280	0.329	0.049	17.50%
AGRONOMY	0.364	0.454	0.090	24.73%
ALLERGY	0.961	1.544	0.583	60.67%
ANATOMY & MORPHOLOGY	0.342	0.512	0.170	49.71%
ANDROLOGY	0.504	0.618	0.114	22.62%
ANESTHESIOLOGY	0.785	0.960	0.175	22.29%
ASTRONOMY & ASTROPHYSICS	1.426	1.412	-0.014	-0.98%
AUDIOLOGY & SPEECH-LANGUAGE PATHOLOGY	0.363	0.434	0.071	19.56%
AUTOMATION & CONTROL SYSTEMS	0.399	0.834	0.435	109.02%
BEHAVIORAL SCIENCES	0.656	0.763	0.107	16.31%
BIOCHEMICAL RESEARCH METHODS	0.683	0.831	0.148	21.67%
BIOCHEMISTRY & MOLECULAR BIOLOGY	0.929	1.026	0.097	10.44%
BIODIVERSITY CONSERVATION	0.558	0.899	0.341	61.11%
BIOLOGY	0.718	0.856	0.138	19.22%
BIOPHYSICS	0.779	0.935	0.156	20.03%
BIOTECHNOLOGY & APPLIED MICROBIOLOGY	0.618	0.817	0.199	32.20%
CARDIAC & CARDIOVASCULAR SYSTEMS	0.851	1.216	0.365	42.89%
CELL & TISSUE ENGINEERING	1.067	1.041	-0.026	-2.44%

续表

学科名称	2013年集合即年指标	2017年集合即年指标	变化值	增长率
CELL BIOLOGY	1.227	1.370	0.143	11.65%
CHEMISTRY, ANALYTICAL	0.552	0.864	0.312	56.52%
CHEMISTRY, APPLIED	0.486	0.855	0.369	75.93%
CHEMISTRY, INORGANIC & NUCLEAR	0.579	0.742	0.163	28.15%
CHEMISTRY, MEDICINAL	0.528	0.695	0.167	31.63%
CHEMISTRY, MULTIDISCIPLINARY	1.030	1.273	0.243	23.59%
CHEMISTRY, ORGANIC	0.661	0.834	0.173	26.17%
CHEMISTRY, PHYSICAL	0.848	1.333	0.485	57.19%
CLINICAL NEUROLOGY	0.669	0.822	0.153	22.87%
COMPUTER SCIENCE, ARTIFICIAL INTELLIGENCE	0.320	0.808	0.488	152.50%
COMPUTER SCIENCE, CYBERNETICS	0.256	1.404	1.148	448.44%
COMPUTER SCIENCE, HARDWARE & ARCHITECTURE	0.194	0.574	0.380	195.88%
COMPUTER SCIENCE, INFORMATION SYSTEMS	0.250	0.536	0.286	114.40%
COMPUTER SCIENCE, INTERDISCIPLINARY APPLICATIONS	0.391	0.607	0.216	55.24%
COMPUTER SCIENCE, SOFTWARE ENGINEERING	0.209	0.448	0.239	114.35%
COMPUTER SCIENCE, THEORY & METHODS	0.234	0.622	0.388	165.81%
CONSTRUCTION & BUILDING TECHNOLOGY	0.261	0.570	0.309	118.39%
CRITICAL CARE MEDICINE	1.121	1.583	0.462	41.21%
CRYSTALLOGRAPHY	0.487	0.539	0.052	10.68%
DENTISTRY, ORAL SURGERY & MEDICINE	0.292	0.466	0.174	59.59%
DERMATOLOGY	0.494	0.794	0.300	60.73%
DEVELOPMENTAL BIOLOGY	0.793	0.806	0.013	1.64%
ECOLOGY	0.686	0.808	0.122	17.78%
EDUCATION, SCIENTIFIC DISCIPLINES	0.296	0.442	0.146	49.32%
ELECTROCHEMISTRY	0.671	1.116	0.445	66.32%
EMERGENCY MEDICINE	0.373	0.555	0.182	48.79%

续表

学科名称	2013年集合即年指标	2017年集合即年指标	变化值	增长率
ENDOCRINOLOGY & METABOLISM	0.853	1.063	0.210	24.62%
ENERGY & FUELS	0.751	1.221	0.470	62.58%
ENGINEERING, AEROSPACE	0.141	0.291	0.150	106.38%
ENGINEERING, BIOMEDICAL	0.485	0.815	0.330	68.04%
ENGINEERING, CHEMICAL	0.494	0.972	0.478	96.76%
ENGINEERING, CIVIL	0.276	0.499	0.223	80.80%
ENGINEERING, ELECTRICAL & ELECTRONIC	0.312	0.617	0.305	97.76%
ENGINEERING, ENVIRONMENTAL	0.597	1.340	0.743	124.46%
ENGINEERING, GEOLOGICAL	0.266	0.594	0.328	123.31%
ENGINEERING, INDUSTRIAL	0.293	0.627	0.334	113.99%
ENGINEERING, MANUFACTURING	0.250	0.529	0.279	111.60%
ENGINEERING, MARINE	0.149	0.383	0.234	157.05%
ENGINEERING, MECHANICAL	0.293	0.658	0.365	124.57%
ENGINEERING, MULTIDISCIPLINARY	0.283	0.518	0.235	83.04%
ENGINEERING, OCEAN	0.264	0.382	0.118	44.70%
ENGINEERING, PETROLEUM	0.104	0.245	0.141	135.58%
ENTOMOLOGY	0.363	0.435	0.072	19.83%
ENVIRONMENTAL SCIENCES	0.501	0.792	0.291	58.08%
EVOLUTIONARY BIOLOGY	0.868	0.898	0.030	3.46%
FISHERIES	0.299	0.461	0.162	54.18%
FOOD SCIENCE & TECHNOLOGY	0.367	0.569	0.202	55.04%
FORESTRY	0.370	0.456	0.086	23.24%
GASTROENTEROLOGY & HEPATOLOGY	0.885	1.427	0.542	61.24%
GENETICS & HEREDITY	0.877	0.929	0.052	5.93%
GEOCHEMISTRY & GEOPHYSICS	0.615	0.693	0.078	12.68%
GEOGRAPHY, PHYSICAL	0.720	0.796	0.076	10.56%
GEOLOGY	0.570	0.695	0.125	21.93%

续表

学科名称	2013年集合即年指标	2017年集合即年指标	变化值	增长率
GEOSCIENCES, MULTIDISCIPLINARY	0.634	0.687	0.053	8.36%
GERIATRICS & GERONTOLOGY	0.601	0.843	0.242	40.27%
GREEN & SUSTAINABLE SCIENCE & TECHNOLOGY	0.000	1.153	1.153	—
HEALTH CARE SCIENCES & SERVICES	0.533	0.646	0.113	21.20%
HEMATOLOGY	1.030	1.258	0.228	22.14%
HISTORY & PHILOSOPHY OF SCIENCE	0.315	0.348	0.033	10.48%
HORTICULTURE	0.249	0.281	0.032	12.85%
IMAGING SCIENCE & PHOTOGRAPHIC TECHNOLOGY	0.460	0.704	0.244	53.04%
IMMUNOLOGY	0.926	1.086	0.160	17.28%
INFECTIOUS DISEASES	0.889	0.958	0.069	7.76%
INSTRUMENTS & INSTRUMENTATION	0.406	0.679	0.273	67.24%
INTEGRATIVE & COMPLEMENTARY MEDICINE	0.308	0.408	0.100	32.47%
LIMNOLOGY	0.409	0.561	0.152	37.16%
LOGIC	0.086	0.191	0.105	122.09%
MARINE & FRESHWATER BIOLOGY	0.420	0.540	0.120	28.57%
MATERIALS SCIENCE, BIOMATERIALS	0.790	1.070	0.280	35.44%
MATERIALS SCIENCE, CERAMICS	0.317	0.573	0.256	80.76%
MATERIALS SCIENCE, CHARACTERIZATION & TESTING	0.197	0.379	0.182	92.39%
MATERIALS SCIENCE, COATINGS & FILMS	0.381	0.883	0.502	131.76%
MATERIALS SCIENCE, COMPOSITES	0.478	0.902	0.424	88.70%
MATERIALS SCIENCE, MULTIDISCIPLINARY	0.661	1.026	0.365	55.22%
MATERIALS SCIENCE, PAPER & WOOD	0.244	0.327	0.083	34.02%
MATERIALS SCIENCE, TEXTILES	0.301	0.580	0.279	92.69%
MATHEMATICAL & COMPUTATIONAL BIOLOGY	0.452	0.581	0.129	28.54%
MATHEMATICS	0.184	0.242	0.058	31.52%
MATHEMATICS, APPLIED	0.261	0.367	0.106	40.61%

续表

学科名称	2013年集合即年指标	2017年集合即年指标	变化值	增长率
MATHEMATICS, INTERDISCIPLINARY APPLICATIONS	0.362	0.531	0.169	46.69%
MECHANICS	0.385	0.737	0.352	91.43%
MEDICAL ETHICS	1.110	1.267	0.157	14.14%
MEDICAL INFORMATICS	0.498	0.663	0.165	33.13%
MEDICAL LABORATORY TECHNOLOGY	0.507	0.787	0.280	55.23%
MEDICINE, GENERAL & INTERNAL	1.156	1.048	-0.108	-9.34%
MEDICINE, LEGAL	0.366	0.446	0.080	21.86%
MEDICINE, RESEARCH & EXPERIMENTAL	0.636	0.641	0.005	0.79%
METALLURGY & METALLURGICAL ENGINEERING	0.333	0.657	0.324	97.30%
METEOROLOGY & ATMOSPHERIC SCIENCES	0.637	0.756	0.119	18.68%
MICROBIOLOGY	0.801	0.895	0.094	11.74%
MICROSCOPY	0.421	0.643	0.222	52.73%
MINERALOGY	0.538	0.701	0.163	30.30%
MINING & MINERAL PROCESSING	0.287	0.484	0.197	68.64%
MULTIDISCIPLINARY SCIENCES	0.878	0.865	-0.013	-1.48%
MYCOLOGY	0.475	0.678	0.203	42.74%
NANOSCIENCE & NANOTECHNOLOGY	0.928	1.348	0.420	45.26%
NEUROIMAGING	0.945	0.968	0.023	2.43%
NEUROSCIENCES	0.864	1.008	0.144	16.67%
NUCLEAR SCIENCE & TECHNOLOGY	0.249	0.324	0.075	30.12%
NURSING	0.215	0.327	0.112	52.09%
NUTRITION & DIETETICS	0.580	0.854	0.274	47.24%
OBSTETRICS & GYNECOLOGY	0.530	0.674	0.144	27.17%
OCEANOGRAPHY	0.519	0.585	0.066	12.72%
ONCOLOGY	0.899	1.084	0.185	20.58%
OPERATIONS RESEARCH & MANAGEMENT SCIENCE	0.277	0.611	0.334	120.58%
OPHTHALMOLOGY	0.473	0.597	0.124	26.22%

续表

学科名称	2013年集合即年指标	2017年集合即年指标	变化值	增长率
OPTICS	0.533	0.713	0.180	33.77%
ORNITHOLOGY	0.258	0.348	0.090	34.88%
ORTHOPEDICS	0.346	0.512	0.166	47.98%
OTORHINOLARYNGOLOGY	0.304	0.482	0.178	58.55%
PALEONTOLOGY	0.532	0.568	0.036	6.77%
PARASITOLOGY	0.657	0.700	0.043	6.54%
PATHOLOGY	0.615	0.650	0.035	5.69%
PEDIATRICS	0.423	0.575	0.152	35.93%
PERIPHERAL VASCULAR DISEASE	0.909	1.070	0.161	17.71%
PHARMACOLOGY & PHARMACY	0.621	0.789	0.168	27.05%
PHYSICS, APPLIED	0.608	0.951	0.343	56.41%
PHYSICS, ATOMIC, MOLECULAR & CHEMICAL	0.757	0.828	0.071	9.38%
PHYSICS, CONDENSED MATTER	0.769	1.211	0.442	57.48%
PHYSICS, FLUIDS & PLASMAS	0.482	0.649	0.167	34.65%
PHYSICS, MATHEMATICAL	0.494	0.547	0.053	10.73%
PHYSICS, MULTIDISCIPLINARY	0.818	0.892	0.074	9.05%
PHYSICS, NUCLEAR	0.612	0.779	0.167	27.29%
PHYSICS, PARTICLES & FIELDS	1.377	1.397	0.020	1.45%
PHYSIOLOGY	0.661	0.774	0.113	17.10%
PLANT SCIENCES	0.582	0.640	0.058	9.97%
POLYMER SCIENCE	0.585	0.786	0.201	34.36%
PRIMARY HEALTH CARE	0.619	0.787	0.168	27.14%
PSYCHIATRY	0.722	0.914	0.192	26.59%
PSYCHOLOGY	0.579	0.670	0.091	15.72%
PUBLIC, ENVIRONMENTAL & OCCUPATIONAL HEALTH	0.505	0.626	0.121	23.96%
RADIOLOGY, NUCLEAR MEDICINE & MEDICAL IMAGING	0.566	0.759	0.193	34.10%
REHABILITATION	0.323	0.469	0.146	45.20%

续表

学科名称	2013年集合即年指标	2017年集合即年指标	变化值	增长率
REMOTE SENSING	0.526	0.730	0.204	38.78%
REPRODUCTIVE BIOLOGY	0.607	0.666	0.059	9.72%
RESPIRATORY SYSTEM	0.876	1.230	0.354	40.41%
RHEUMATOLOGY	0.789	1.011	0.222	28.14%
ROBOTICS	0.211	0.437	0.226	107.11%
SOIL SCIENCE	0.354	0.607	0.253	71.47%
SPECTROSCOPY	0.379	0.590	0.211	55.67%
SPORT SCIENCES	0.393	0.658	0.265	67.43%
STATISTICS & PROBABILITY	0.221	0.360	0.139	62.90%
SUBSTANCE ABUSE	0.641	0.968	0.327	51.01%
SURGERY	0.416	0.637	0.221	53.13%
TELECOMMUNICATIONS	0.220	0.603	0.383	174.09%
THERMODYNAMICS	0.442	0.822	0.380	85.97%
TOXICOLOGY	0.539	0.759	0.220	40.82%
TRANSPLANTATION	0.621	0.911	0.290	46.70%
TRANSPORTATION SCIENCE & TECHNOLOGY	0.228	0.642	0.414	181.58%
TROPICAL MEDICINE	0.424	0.470	0.046	10.85%
UROLOGY & NEPHROLOGY	0.671	0.992	0.321	47.84%
VETERINARY SCIENCES	0.292	0.340	0.048	16.44%
VIROLOGY	0.907	0.936	0.029	3.20%
WATER RESOURCES	0.412	0.551	0.139	33.74%
ZOOLOGY	0.376	0.426	0.050	13.30%

2017年SCI 177个学科的集合即年指标最大为CRITICAL CARE MEDICINE（重症监护医学）的1.583，最小为LOGIC（逻辑学）的0.191，平均为0.739，中位数为0.695。177个学科中，学科集合即年指标>1者共30个（16.95%），说明有30个学科当年发表的论文数在当年就收到平均>1次的被引用；学科集合即年指标为0.5~1.0者共111个（62.71%），说明SCI一半

以上的学科即年指标处于 0.5～1.0 的范围；学科即年指标 <0.5 者共 36 个 (20.34%)，其中 <0.3 者 5 个学科，分别为 ENGINEERING，AEROSPACE（工程、航空航天）、HORTICULTURE（园艺）、ENGINEERING，PETROLEUM（工程、石油）、MATHEMATICS（数学）、LOGIC（逻辑学），其学科集合即年指标分别为 0.291、0.281、0.245、0.242、0.191。

  2013 年 SCI 176 个学科的集合即年指标最大为 ASTRONOMY & ASTROPHYSICS（天文学和天体物理学）的 1.426，最小为 LOGIC（逻辑学）的 0.086，平均为 0.535，中位数为 0.501。176 个学科中，学科集合即年指标 >1 者共 9 个 (5.11%)，除 ASTRONOMY & ASTROPHYSICS（天文学和天体物理学）外，还有 PHYSICS，PARTICLES & FIELDS（物理学、粒子与场）、CELL BIOLOGY（细胞生物学）、MEDICINE, GENERAL & INTERNAL（内科、综合内科）、CRITICAL CARE MEDICINE（重症监护医学）、MEDICAL ETHICS（医学伦理学）、CELL & TISSUE ENGINEERING（细胞与组织工程）、HEMATOLOGY（血液学）、CHEMISTRY, MULTIDISCIPLINARY（化学，多学科），学科即年指标分别为 1.377、1.227、1.156、1.121、1.110、1.067、1.030、1.030，说明 2013 年仅有 9 个学科当年发表的论文数在当年的平均被引频次 >1 次；学科集合即年指标为 0.5～1.0 者共 79 个 (44.89%)，说明不足一半的学科即年指标处于 0.5～1.0 的范围；学科即年指标 <0.5 者共 88 个 (50.00%)，其中 <0.3 者 38 个学科，<0.2 者 7 个学科，分别为 MATERIALS SCIENCE, CHARACTERIZATION & TESTING（材料科学、表征与测试）、COMPUTER SCIENCE, HARDWARE & ARCHITECTURE（计算机科学、硬件与建筑）、MATHEMATICS（数学）、ENGINEERING, MARINE（工程，海事）、ENGINEERING, AEROSPACE（工程、航空航天）、ENGINEERING, PETROLEUM（工程、石油）、LOGIC（逻辑学），学科即年指标分别为 0.197、0.194、0.184、0.149、0.141、0.104、0.086。

  上述数据表明，无论是最大值、平均值还是中位数，2017 年 SCI 学科的集合即年指标均高于 2013 年，且 2017 年学科集合即年指标 >0.5 及 >1 的量均高于 2013 年，学科即年指标处于 <0.3 的学科明显较 2013 年少。可见，从即年指标角度来说，2017 年 SCI 整体学术影响力显著增加。出现这种情况的原因有两点：一个原因是科学信息日新月异，知识更新速度加快，新的观点很容易被验证、接受等导致；另一个原因可能是随着科学技术的进步，期刊论文刊发后可以被很快传播，并较容易获取，从而加快了整个科技信息的流通，使得当年刊发的论文当年即可被引用成为现实，从而使即年指标明显增加。

计算 5 年增长值后可知，2017 年 SCI 177 种学科最大的集合即年指标为 CRITICAL CARE MEDICINE（重症监护医学）的 1.583，较该学科 2013 年的集合即年指标 1.121 增加了 0.462，增长率达到 41.21%。除了 GREEN & SUSTAINABLE SCIENCE & TECHNOLOGY（绿色可持续科技）学科外，2017 年较 2013 年学科集合即年指标变化最大的为 COMPUTER SCIENCE, CYBERNETICS（计算机科学，控制论），2017 年增加了 1.148；其次为 ENGINEERING, ENVIRONMENTAL（工程、环境），2017 年较 2013 年增长了 0.743。2017 年和 2013 年共同拥有的 176 个学科中，172 个学科的集合即年指标有所增长，平均增长了 0.208。其中，增长值 > 0.5 者 5 个学科，分别为 COMPUTER SCIENCE, CYBERNETICS（计算机科学，控制论）、ENGINEERING, ENVIRONMENTAL（工程、环境）、ALLERGY（过敏）、GASTROENTEROLOGY & HEPATOLOGY（胃肠和肝病）和 MATERIALS SCIENCE, COATINGS & FILMS（材料科学、涂料和薄膜）；增长值 0.2~0.5 者共 67 个学科（38.07%）；增长值 0.1~0.2 者共 60 个学科（34.09%）；增长值 < 0.1 者共 40 个学科（22.73%）。2017 年学科集合即年指标较 2013 年有所降低者共 4 个学科，分别为 MULTIDISCIPLINARY SCIENCES（多学科科学）、ASTRONOMY & ASTROPHYSICS（天文学和天体物理学）、CELL & TISSUE ENGINEERING（细胞与组织工程）和 MEDICINE, GENERAL & INTERNAL（内科、综合内科），减少的量分别为 -0.013、-0.014、-0.026 和 -0.108，平均为 -0.040。

增长绝对值不能完全反应各学科集合即年指标 5 年变化情况，故笔者同时计算了各学科 5 年来集合即年指标增长率，即：

$$V_{\text{II-Aggregate}} = \frac{\text{II}_{\text{Aggregate2017}} - \text{II}_{\text{Aggregate2017}}}{\text{II}_{\text{Aggregate2017}}}$$

式中，II 为 Immediacy Index（即年指标）的简写。176 个学科中，2017 年学科集合即年指标较 2013 年有所增长的 173 个学科平均增长率为 51.36%。其中，增长率最高的为 COMPUTER SCIENCE, CYBERNETICS（计算机科学，控制论），达 448.44%，由 2013 年的 0.256 增长到 2017 年的 1.404；其次为 COMPUTER SCIENCE, HARDWARE & ARCHITECTURE（计算机科学、硬件与建筑），增长率达 195.88%。176 个学科中，增长率 > 100% 者共 22 个（12.50%），八分之一的学科集合即年指标 5 年内翻了至少一番；增长率 50%~100% 者 44 个学科（25.00%），四分之一的学科至少增长了一半；增长率 20%~50% 者 63 个学科（35.80%）；4 个学科的增长幅度为负值，降低幅度平均为 -3.56%。

以上数据表明，5年来，学科集合即年指标增长明显，增长幅度也很大，说明随着技术的不断进步，期刊数字化进程的加快，人们获得信息的速度显著增加。也说明，期刊人不断调整出版方案，逐渐适应数据时代。

第二节　相关性分析

即年指标反映的是期刊的即时反应速率，其值越大，说明期刊论文在当年的平均被引频次越大，进一步说明期刊被关注度高，影响力越大。在很多对期刊评价指标分析类论文中，除了影响因子和总被引频次外，即年指标是最常被使用到的评价指标之一。如王燕[1]曾分析中国科技期刊国际影响力提升计划对其第一批资助的SCI收录期刊国际影响力水平的提升效果，其使用的指标有总被引频次、影响因子、即年指标等；魏雅慧等[2]分析我国SCI收录期刊实行国际合作出版后期刊影响力的变化情况，其使用的评价指标有总被引频次、影响因子、即年指标和期刊分区等。笔者即基于学科角度，分析期刊即时反应速率与期刊学术影响力的关系。

Kolmogorov – Smirnov检测结果显示，2013年和2017年SCI学科集合即年指标均呈正态分布（$Z=0.138$、1.067，$P=0.150$、0.205）。但由于学科总被引频次不符合正态分布，为便于比较，对所有指标的相关性均使用Spearman相关性分析进行。对学科集合即年指标与总被引频次、学科中位影响因子、学科中位5年影响因子和学科影响因子百分位均值的相关关系进行分析，结果见表8-2。由表8-2可知，2013年即年指标与总被引频次、学科中位影响因子、中位5年影响因子、集合影响因子均呈显著正相关（均为$P<0.001$），相关系数由大到小为与学科集合影响因子 > 学科中位影响因子 > 学科中位5年影响因子 > 学科总被引频次。尤其，与学科集合影响因子的相关系数达到0.923，呈极强相关性；与学科中位影响因子的相关系数为0.814，亦呈强相关；与学科中位5年影响因子的相关性相对较弱一些，相关系数为0.754；与总被引频次的相关性最小，但相关系数仍为0.580。

---

[1] 王燕."中国科技期刊国际影响力提升计划"对科技期刊影响力提升效果的评价研究［J］. 中国科技期刊研究，2018，29（10）：1048-1053.

[2] 魏雅慧，刘雪立，孟君. 我国SCI收录期刊国际合作出版情况及其影响力指标的变化［J］. 中国科技期刊研究，2018，29（7）：715-721.

表8-2 学科集合即年指标与学科其他影响力指标间的相关性分析

指标	统计值	总被引频次	中位影响因子	中位5年影响因子	集合影响因子	影响因子百分位均值
2013年集合即年指标	相关系数	0.580**	0.814**	0.754**	0.923**	—
	P值	0.000	0.000	0.000	0.000	—
2017年集合即年指标	相关系数	0.524**	0.737**	0.697**	0.904**	0.635**
	P值	0.000	0.000	0.000	0.000	0.000

注：由于2013年SCI没有影响因子百分位指标，故无法对该值进行分析。

2017年指标间的相关性结果与2013年类似，即年指标与总被引频次、学科中位影响因子、中位5年影响因子、集合影响因子均呈显著正相关（均为$P<0.001$），相关系数由大到小亦为与学科集合影响因子＞学科中位影响因子＞学科中位5年影响因子＞学科总被引频次。同样，2017年学科集合即年指标与学科集合影响因子的相关系数最大，达到0.904，亦呈极强相关性；与学科中位影响因子的相关系数为0.737；与学科中位5年影响因子的相关系数为0.697；与总被引频次的相关性最小，为0.524。虽然结果类似，但2017年即年指标与其他学术影响力指标间的相关系数均小于2013年，与总被引频次与学科各影响因子相关指标表现出相同的趋势。笔者分析，可能随着时间的推移，单个指标的评价效力在减弱，期刊评价越来越趋向于各指标的协同评价。

需要指出的是，学科即年指标与学科集合影响因子表现出了极强相关，相关系数均>0.9，分析原因为，集合影响因子是学科前两年刊发的所有文献在统计当年的被引用与学科前两年刊发的可被引文献的比值，而集合即年指标是学科统计当年的文献在统计年获得被引频次与当年文献量的比值，二者原始数据年代相近，可能是二者呈极强相关的原因。另外，我们还可以发现，无论是学科总被引频次还是集合即年指标，其与学科中位影响因子、中位5年影响因子的相关系数均小于二者与学科集合影响因子的相关系数，说明集合影响因子与其他学科学术影响力评价指标间的相关性更强，换句话说，集合影响因子似乎更能代表学科的学术影响力。分析原因为，集合影响因子计算时使用的分子和分母均为整个学科的数据，而学科中位影响因子仅是使用该学科中影响因子处于中间位置的期刊的影响因子代替，理论上也是集合影响因子更接近学科的真实影响力。但由于学科中位影响因子更易获取，不需要学科内所有期刊的原始被引和文献量即可获得，因此应用也较为广泛。

第九章 学科半衰期

半衰期是衡量文献老化速度的指标,它不是针对个别文献或某一组文献,而是指某一学科或专业领域的文献总和而言的。文献随着"年龄"的增长,其内容日益变得陈旧,逐渐失去了作为科学情报源的价值,越来越少地被用户利用的过程称为文献的老化。1943年,Gosnell首次就大学图书馆中文献生命周期的问题进行研究,并于次年提出文献半衰期的概念[1]。1958年,Bernal首先提出用半衰期来衡量文献老化的速度,这是文献生命周期研究的里程碑[2]。Bernal提出的半衰期被人们称为历时半衰期,更为人们熟知的名称是被引半衰期(Cited Half – Life)。被引半衰期是基于文献被引用的分析,指某一期刊论文在某年被引用的全部次数中,较新的一半被引论文发表的时间跨度,即较新的一半是在多长时间内发表的。1960年,Burton和Kebler[3]提出了共时法半衰期测度的方法(共时半衰期),他们将文献的半衰期定义为这样一段时间:在此时间内已发表的某一学科领域内正在被利用的全部文献中较新的一半,或目前所利用的文献中较新的一半是在多长时间内发表的,它计算的是某一期刊平均引用多久以前的论文,也称为引用半衰期(Citing Half – Life)。可见,引用半衰期是基于参考文献的分析,被引半衰期是基于被引频次的分析,二者都是测度老化速度的指标。引用半衰期的值越低,表示该期刊所引用的参考文献时效性越高;被引半衰期的值越低,表示学科知识更新速度越快。

---

[1] GOSNELL C F. THe Rate of Obsolescence in College Library Book Collection by an Analysis of Three Select Lists of Books for College Libraries [D]. New York: Unir, 1943.

[2] BERNAL J D. The transmission of scientific information: A user's analysis. In Proceedings of the International Conference on Scientific Information, Washington, November, 21, 1958 [C]. Washington: NAS/NRC, 1958.

[3] BURTON R E, KEBLER R W. The "half – life" of some scientific and technical literatures [J]. American Documentation, 1960, 11 (1), 18 – 22.

第一节 SCI 学科半衰期的变迁

一、集合被引半衰期

2013 年和 2017 年 SCI 各学科集合被引半衰期对比见表 9-1。

表 9-1 2013 年和 2017 年 SCI 各学科集合被引半衰期变化

学科名称	集合被引半衰期 2013 年/年	2017 年/年	变化值*/年	增长率*
ACOUSTICS	9.2	9.9	0.7	7.61%
AGRICULTURAL ECONOMICS & POLICY	8.6	9.0	0.4	4.65%
AGRICULTURAL ENGINEERING	5.0	6.2	1.2	24.00%
AGRICULTURE, DAIRY & ANIMAL SCIENCE	8.5	9.2	0.7	8.24%
AGRICULTURE, MULTIDISCIPLINARY	8.0	9.1	1.1	13.75%
AGRONOMY	8.7	8.8	0.1	1.15%
ALLERGY	6.3	6.7	0.4	6.35%
ANATOMY & MORPHOLOGY	9.0	9.9	0.9	10.00%
ANDROLOGY	6.9	4.3	-2.6	-37.68%
ANESTHESIOLOGY	8.0	8.7	0.7	8.75%
ASTRONOMY & ASTROPHYSICS	7.0	8.1	1.1	15.71%
AUDIOLOGY & SPEECH-LANGUAGE PATHOLOGY	>10.0	>10.0	0.0	0.00%
AUTOMATION & CONTROL SYSTEMS	6.7	6.5	-0.2	-2.99%
BEHAVIORAL SCIENCES	8.3	9.0	0.7	8.43%
BIOCHEMICAL RESEARCH METHODS	6.3	7.5	1.2	19.05%
BIOCHEMISTRY & MOLECULAR BIOLOGY	8.2	9.0	0.8	9.76%
BIODIVERSITY CONSERVATION	7.4	8.4	1.0	13.51%
BIOLOGY	8.5	9.2	0.7	8.24%
BIOPHYSICS	7.7	8.4	0.7	9.09%
BIOTECHNOLOGY & APPLIED MICROBIOLOGY	6.5	7.3	0.8	12.31%

续表

学科名称	集合被引半衰期 2013年/年	2017年/年	变化值*/年	增长率*
CARDIAC & CARDIOVASCULAR SYSTEMS	6.8	7.0	0.2	2.94%
CELL & TISSUE ENGINEERING	4.4	5.2	0.8	18.18%
CELL BIOLOGY	7.2	8.0	0.8	11.11%
CHEMISTRY, ANALYTICAL	6.9	6.8	-0.1	-1.45%
CHEMISTRY, APPLIED	6.8	7.2	0.4	5.88%
CHEMISTRY, INORGANIC & NUCLEAR	7.5	7.8	0.3	4.00%
CHEMISTRY, MEDICINAL	6.4	7.1	0.7	10.94%
CHEMISTRY, MULTIDISCIPLINARY	5.6	5.6	0.0	0.00%
CHEMISTRY, ORGANIC	7.0	7.8	0.8	11.43%
CHEMISTRY, PHYSICAL	5.7	6.1	0.4	7.02%
CLINICAL NEUROLOGY	7.3	7.9	0.6	8.22%
COMPUTER SCIENCE, ARTIFICIAL INTELLIGENCE	7.5	7.0	-0.5	-6.67%
COMPUTER SCIENCE, CYBERNETICS	7.9	5.8	-2.1	-26.58%
COMPUTER SCIENCE, HARDWARE & ARCHITECTURE	8.7	7.8	-0.9	-10.34%
COMPUTER SCIENCE, INFORMATION SYSTEMS	7.0	6.3	-0.7	-10.00%
COMPUTER SCIENCE, INTERDISCIPLINARY APPLICATIONS	6.8	7.0	0.2	2.94%
COMPUTER SCIENCE, SOFTWARE ENGINEERING	7.9	8.2	0.3	3.80%
COMPUTER SCIENCE, THEORY & METHODS	9.3	8.2	-1.1	-11.83%
CONSTRUCTION & BUILDING TECHNOLOGY	7.4	6.8	-0.6	-8.11%
CRITICAL CARE MEDICINE	7.4	7.4	0.0	0.00%
CRYSTALLOGRAPHY	7.3	8.4	1.1	15.07%
DENTISTRY, ORAL SURGERY & MEDICINE	8.4	9.2	0.8	9.52%
DERMATOLOGY	7.6	7.8	0.2	2.63%
DEVELOPMENTAL BIOLOGY	8.2	9.8	1.6	19.51%
ECOLOGY	8.6	9.5	0.9	10.47%
EDUCATION, SCIENTIFIC DISCIPLINES	7.4	7.8	0.4	5.41%

续表

学科名称	集合被引半衰期			
	2013年/年	2017年/年	变化值*/年	增长率*
ELECTROCHEMISTRY	6.0	5.6	-0.4	-6.67%
EMERGENCY MEDICINE	7.2	7.1	-0.1	-1.39%
ENDOCRINOLOGY & METABOLISM	7.0	7.6	0.6	8.57%
ENERGY & FUELS	4.7	4.6	-0.1	-2.13%
ENGINEERING, AEROSPACE	>10.0	>10.0	0.0	0.00%
ENGINEERING, BIOMEDICAL	6.3	7.1	0.8	12.70%
ENGINEERING, CHEMICAL	6.5	6.2	-0.3	-4.62%
ENGINEERING, CIVIL	6.6	7.1	0.5	7.58%
ENGINEERING, ELECTRICAL & ELECTRONIC	7.0	6.6	-0.4	-5.71%
ENGINEERING, ENVIRONMENTAL	5.9	6.5	0.6	10.17%
ENGINEERING, GEOLOGICAL	9.7	9.5	-0.2	-2.06%
ENGINEERING, INDUSTRIAL	8.1	8.2	0.1	1.23%
ENGINEERING, MANUFACTURING	7.0	7.3	0.3	4.29%
ENGINEERING, MARINE	6.9	6.1	-0.8	-11.59%
ENGINEERING, MECHANICAL	8.0	8.0	0.0	0.00%
ENGINEERING, MULTIDISCIPLINARY	7.3	6.7	-0.6	-8.22%
ENGINEERING, OCEAN	8.9	8.6	-0.3	-3.37%
ENGINEERING, PETROLEUM	8.4	7.4	-1.0	-11.90%
ENTOMOLOGY	9.7	>10.0	0.3	3.09%
ENVIRONMENTAL SCIENCES	6.7	6.8	0.1	1.49%
EVOLUTIONARY BIOLOGY	8.3	9.6	1.3	15.66%
FISHERIES	9.6	>10.0	0.4	4.17%
FOOD SCIENCE & TECHNOLOGY	7.2	7.7	0.5	6.94%
FORESTRY	8.4	9.0	0.6	7.14%
GASTROENTEROLOGY & HEPATOLOGY	6.4	6.9	0.5	7.81%
GENETICS & HEREDITY	7.0	8.0	1.0	14.29%

续表

学科名称	集合被引半衰期 2013年/年	2017年/年	变化值*/年	增长率*
GEOCHEMISTRY & GEOPHYSICS	>10.0	>10.0	0.0	0.00%
GEOGRAPHY, PHYSICAL	7.5	7.8	0.3	4.00%
GEOLOGY	>10.0	>10.0	0.0	0.00%
GEOSCIENCES, MULTIDISCIPLINARY	8.4	8.2	-0.2	-2.38%
GERIATRICS & GERONTOLOGY	6.6	6.8	0.2	3.03%
GREEN & SUSTAINABLE SCIENCE & TECHNOLOGY	0.0	3.8	3.8	0.00%
HEALTH CARE SCIENCES & SERVICES	6.8	7.3	0.5	7.35%
HEMATOLOGY	6.5	7.6	1.1	16.92%
HISTORY & PHILOSOPHY OF SCIENCE	>10.0	>10.0	0.0	0.00%
HORTICULTURE	9.3	>10.0	0.7	7.53%
IMAGING SCIENCE & PHOTOGRAPHIC TECHNOLOGY	8.2	7.6	-0.6	-7.32%
IMMUNOLOGY	7.0	7.7	0.7	10.00%
INFECTIOUS DISEASES	6.2	6.8	0.6	9.68%
INSTRUMENTS & INSTRUMENTATION	6.4	6.3	-0.1	-1.56%
INTEGRATIVE & COMPLEMENTARY MEDICINE	5.9	6.4	0.5	8.47%
LIMNOLOGY	>10.0	>10.0	0.0	0.00%
LOGIC	9.6	>10.0	0.4	4.17%
MARINE & FRESHWATER BIOLOGY	9.5	>10.0	0.5	5.26%
MATERIALS SCIENCE, BIOMATERIALS	5.1	5.5	0.4	7.84%
MATERIALS SCIENCE, CERAMICS	8.7	7.9	-0.8	-9.20%
MATERIALS SCIENCE, CHARACTERIZATION & TESTING	6.9	7.0	0.1	1.45%
MATERIALS SCIENCE, COATINGS & FILMS	7.8	7.9	0.1	1.28%
MATERIALS SCIENCE, COMPOSITES	6.8	6.3	-0.5	-7.35%
MATERIALS SCIENCE, MULTIDISCIPLINARY	5.4	5.7	0.3	5.56%
MATERIALS SCIENCE, PAPER & WOOD	7.9	6.8	-1.1	-13.92%
MATERIALS SCIENCE, TEXTILES	6.5	6.2	-0.3	-4.62%

续表

学科名称	集合被引半衰期 2013年/年	2017年/年	变化值*/年	增长率*
MATHEMATICAL & COMPUTATIONAL BIOLOGY	7.4	8.4	1.0	13.51%
MATHEMATICS	>10.0	>10.0	0.0	0.00%
MATHEMATICS, APPLIED	8.6	9.7	1.1	12.79%
MATHEMATICS, INTERDISCIPLINARY APPLICATIONS	9.9	>10.0	0.1	1.01%
MECHANICS	9.0	8.8	−0.2	−2.22%
MEDICAL ETHICS	5.5	6.4	0.9	16.36%
MEDICAL INFORMATICS	7.0	7.0	0.0	0.00%
MEDICAL LABORATORY TECHNOLOGY	7.7	8.2	0.5	6.49%
MEDICINE, GENERAL & INTERNAL	8.1	8.1	0.0	0.00%
MEDICINE, LEGAL	6.3	7.0	0.7	11.11%
MEDICINE, RESEARCH & EXPERIMENTAL	6.8	6.5	−0.3	−4.41%
METALLURGY & METALLURGICAL ENGINEERING	7.1	7.7	0.6	8.45%
METEOROLOGY & ATMOSPHERIC SCIENCES	7.7	8.1	0.4	5.19%
MICROBIOLOGY	7.4	8.2	0.8	10.81%
MICROSCOPY	8.2	9.5	1.3	15.85%
MINERALOGY	>10.0	>10.0	0.0	0.00%
MINING & MINERAL PROCESSING	8.7	8.3	−0.4	−4.60%
MULTIDISCIPLINARY SCIENCES	7.9	6.5	−1.4	−17.72%
MYCOLOGY	7.2	7.4	0.2	2.78%
NANOSCIENCE & NANOTECHNOLOGY	4.1	4.5	0.4	9.76%
NEUROIMAGING	6.4	7.2	0.8	12.50%
NEUROSCIENCES	7.7	8.4	0.7	9.09%
NUCLEAR SCIENCE & TECHNOLOGY	8.2	8.8	0.6	7.32%
NURSING	6.9	7.6	0.7	10.14%
NUTRITION & DIETETICS	6.8	7.4	0.6	8.82%
OBSTETRICS & GYNECOLOGY	7.0	7.7	0.7	10.00%

续表

学科名称	集合被引半衰期 2013年/年	2017年/年	变化值*/年	增长率*
OCEANOGRAPHY	9.7	>10.0	0.3	3.09%
ONCOLOGY	6.2	6.7	0.5	8.06%
OPERATIONS RESEARCH & MANAGEMENT SCIENCE	8.5	8.7	0.2	2.35%
OPHTHALMOLOGY	7.9	8.5	0.6	7.59%
OPTICS	6.2	6.4	0.2	3.23%
ORNITHOLOGY	>10.0	>10.0	0.0	0.00%
ORTHOPEDICS	8.7	8.7	0.0	0.00%
OTORHINOLARYNGOLOGY	8.5	8.5	0.0	0.00%
PALEONTOLOGY	>10.0	>10.0	0.0	0.00%
PARASITOLOGY	5.2	6.0	0.8	15.38%
PATHOLOGY	7.7	8.3	0.6	7.79%
PEDIATRICS	7.4	8.0	0.6	8.11%
PERIPHERAL VASCULAR DISEASE	7.8	8.8	1.0	12.82%
PHARMACOLOGY & PHARMACY	7.0	7.6	0.6	8.57%
PHYSICS, APPLIED	6.0	6.5	0.5	8.33%
PHYSICS, ATOMIC, MOLECULAR & CHEMICAL	9.1	9.1	0.0	0.00%
PHYSICS, CONDENSED MATTER	6.7	7.1	0.4	5.97%
PHYSICS, FLUIDS & PLASMAS	8.3	9.5	1.2	14.46%
PHYSICS, MATHEMATICAL	8.6	>10.0	1.4	16.28%
PHYSICS, MULTIDISCIPLINARY	8.0	9.2	1.2	15.00%
PHYSICS, NUCLEAR	7.7	>10.0	2.3	29.87%
PHYSICS, PARTICLES & FIELDS	6.1	7.3	1.2	19.67%
PHYSIOLOGY	8.7	9.8	1.1	12.64%
PLANT SCIENCES	8.7	9.4	0.7	8.05%
POLYMER SCIENCE	7.0	7.3	0.3	4.29%
PRIMARY HEALTH CARE	7.4	8.0	0.6	8.11%
PSYCHIATRY	7.8	8.1	0.3	3.85%

续表

学科名称	集合被引半衰期			
	2013年/年	2017年/年	变化值*/年	增长率*
PSYCHOLOGY	10.0	>10.0	0.0	0.00%
PUBLIC, ENVIRONMENTAL & OCCUPATIONAL HEALTH	7.7	8.1	0.4	5.19%
RADIOLOGY, NUCLEAR MEDICINE & MEDICAL IMAGING	7.0	7.5	0.5	7.14%
REHABILITATION	7.3	8.0	0.7	9.59%
REMOTE SENSING	7.9	6.7	-1.2	-15.19%
REPRODUCTIVE BIOLOGY	7.5	8.5	1.0	13.33%
RESPIRATORY SYSTEM	7.2	7.3	0.1	1.39%
RHEUMATOLOGY	6.4	6.6	0.2	3.12%
ROBOTICS	7.0	7.1	0.1	1.43%
SOIL SCIENCE	>10.0	>10.0	0.0	0.00%
SPECTROSCOPY	7.6	8.0	0.4	5.26%
SPORT SCIENCES	8.2	8.7	0.5	6.10%
STATISTICS & PROBABILITY	>10.0	>10.0	0.0	0.00%
SUBSTANCE ABUSE	7.2	7.7	0.5	6.94%
SURGERY	7.8	8.0	0.2	2.56%
TELECOMMUNICATIONS	6.1	5.1	-1.0	-16.39%
THERMODYNAMICS	7.0	6.7	-0.3	-4.29%
TOXICOLOGY	7.0	7.9	0.9	12.86%
TRANSPLANTATION	6.2	7.2	1.0	16.13%
TRANSPORTATION SCIENCE & TECHNOLOGY	7.0	6.5	-0.5	-7.14%
TROPICAL MEDICINE	6.8	6.2	-0.6	-8.82%
UROLOGY & NEPHROLOGY	6.7	7.5	0.8	11.94%
VETERINARY SCIENCES	8.0	8.9	0.9	11.25%
VIROLOGY	6.5	7.3	0.8	12.31%
WATER RESOURCES	7.6	7.7	0.1	1.32%
ZOOLOGY	>10.0	>10.0	0.0	0.00%

注：* 计算变化值和增长率时>10年者均按10年计算。

SCI 对于半衰期 > 10 年者并未给出具体年份，仅统一以 > 10 年给出。2013 年，学科集合被引半衰期 > 10 年者共 13 个，分别为 AUDIOLOGY & SPEECH – LANGUAGE PATHOLOGY（听力学与语言病理学）、ENGINEERING, AEROSPACE（工程、航空航天）、GEOCHEMISTRY & GEOPHYSICS（地球化学与地球物理学）、GEOLOGY（地质学）、HISTORY & PHILOSOPHY OF SCIENCE（科学史与哲学）、LIMNOLOGY（湖沼学）、MATHEMATICS（数学）、MINERALOGY（矿物学）、ORNITHOLOGY（鸟类学）、PALEONTOLOGY（古生物学）、SOIL SCIENCE（土壤科学）、STATISTICS & PROBABILITY（统计与概率）和 ZOOLOGY（动物学）；集合被引半衰期为 8.0 ~ 10.0 年者 50 个学科，7.0 ~ 7.9 年者 60 个学科，6.0 ~ 6.9 年者 41 个学科，4.0 ~ 5.9 年者 12 个学科。学科集合被引半衰期 < 5.0 年者共 3 个，分别为 ENERGY & FUELS（能源和燃料）的 4.7 年，CELL & TISSUE ENGINEERING（细胞与组织工程）的 4.4 年和 NANOSCIENCE & NANOTECHNOLOGY（纳米科学与纳米技术）的 4.1 年。将被引半衰期 > 10 年者按 10 年计算，176 个学科的平均集合被引半衰期为 7.6 年。方红玲[①]曾对比国内外眼科学、数学和环境科学三个学科 2011 ~ 2015 年的被引半衰期，结果表明，国内三个学科被引半衰期分别为 4.97 ~ 6.29 年、6.56 ~ 7.47 年和 4.43 ~ 5.60 年，而 SCI 期刊三个学科的被引半衰期分别为 6.08 ~ 8.35 年、6.42 ~ 9.73 年和 6.32 ~ 8.01 年，从而认为我国眼科学和环境科学中文期刊发表文献的生命周期较短，相应期刊编辑首要任务是采取一定的措施和手段，鼓励本学科国内知名专家学者把有深远影响的学术成果发表在国内期刊上，提升期刊在国内的显示度和持久影响力。其内出现的数据与本资料有所出入，这是因为文献仅选择了一个学科的数个期刊而非全部，使用的也是学科内数个期刊的平均被引半衰期，并不能代表期刊整体的被引半衰期，且学科平均被引半衰期与学科集合被引半衰期的计算方法也不一样，结果略有不同也是可以理解的。但我们也可以看到，相对于国内期刊，SCI 期刊的集合被引半衰期相对要长一些，这值得办刊人深思背后的原因。

2017 年集合被引半衰期 > 10 年的学科在 2013 年的基础上又多了 10 个，分别为 PSYCHOLOGY（心理学）、MATHEMATICS, INTERDISCIPLINARY APPLICATIONS（数学，跨学科应用）、ENTOMOLOGY（昆虫学）、OCEANOGRAPHY（海洋学）、FISHERIES（渔业）、LOGIC（逻辑学）、MARINE &

---

① 方红玲. 国内外眼科学、数学和环境科学期刊被引半衰期的比较 [J]. 中国科技期刊研究, 2018, 29 (2): 165 – 170.

FRESHWATER BIOLOGY（海洋与淡水生物学）、HORTICULTURE（园艺）、PHYSICS, MATHEMATICAL（物理，数学）、PHYSICS, NUCLEAR（物理学，核），共有 23 个学科。集合被引半衰期为 8.0~10.0 年者 60 个学科，比 2013 年多了 10 个学科；集合被引半衰期为 7.0~7.9 年者 50 个学科，较 2013 年少了 10 个学科；集合被引半衰期为 6.0~6.9 年者 33 个学科，较 2013 年少了 8 个学科；4.0~5.9 年者 10 个学科，较 2013 年少了 2 个学科。可见，整体来看，2017 年 SCI 学科的集合被引半衰期是增加的。

除 GREEN & SUSTAINABLE SCIENCE & TECHNOLOGY（绿色可持续科技）学科外，2017 年收录的 176 个学科平均集合被引半衰期为 7.9 年，较 2013 年增加了 0.3 年，由于 >10 年者是按 10 年计算的，因此 2017 年实际集合被引半衰期会比 2013 年更长。

2017 年 176 个学科较 2013 年集合被引半衰期增长者共 119 个学科（67.61%），较 2013 年不变者 22 个学科（12.50%），较 2013 年减少者共 35 个学科（19.89%）。可见，六成以上的学科集合被引半衰期是增加的，5 年平均增加了 0.6 年，其中增加最多的学科是 PHYSICS, NUCLEAR（物理学，核），由 2013 年的 7.7 年，增加到了 2017 年 >10 年。2017 年集合被引半衰期较 2013 年增长 >1.0 年者 15 个学科，0.8~1.0 年者 23 个学科，0.6~0.7 年者 28 个学科，0.4~0.5 年者 25 个学科，0.2~0.3 年者 18 个学科，0.1 年者 9 个学科。2017 年集合被引半衰期较 2013 年减少的 35 个学科中，平均减少了 0.6 年。减少最多的为 ANDROLOGY（男科学），5 年减少了 2.6 年；处于第二位的为 COMPUTER SCIENCE, CYBERNETICS（计算机科学，控制论），5 年减少了 2.1 年。2017 年集合被引半衰期较 2013 年减少 >1.0 年者还有 4 个学科，分别为 MATERIALS SCIENCE, PAPER & WOOD（材料科学、纸张和木材）、COMPUTER SCIENCE, THEORY & METHODS（计算机科学、理论与方法）、REMOTE SENSING（遥感）和 MULTIDISCIPLINARY SCIENCES（多学科科学）。

由 2017 年相对于 2013 集合被引半衰期的增长率可以看出，增长率最高的两个学科分别为 PHYSICS, NUCLEAR（物理学，核）和 AGRICULTURAL ENGINEERING（农业工程），分别增长了 29.87% 和 24.00%。增长率 >10% 者共 40 个学科，>8%~10% 者 25 个学科，>5%~8% 者 25 个学科，>2%~5% 者 20 个学科，>1%~2% 者 9 个学科。5 年集合被引半衰期减少的 35 个学科中，降低率 <10% 者共 24 个学科，>10% 者 11 个学科，降低率平均为 8.58%。35 个学科中，降低率最多的为 ANDROLOGY（男科学），达 37.68%，其次为 COMPUTER SCIENCE, CYBERNETICS（计算机科学，控制论）的 26.58%。

无论从 5 年集合被引半衰期的变化值还是增长率上都可以看出，ANDROLOGY（男科学）和 COMPUTER SCIENCE, CYBERNETICS（计算机科学，控制论）两学科正处于蓬勃发展期，知识更新速度加快，旧理论逐渐被替换，新的理论逐渐建立；PHYSICS, NUCLEAR（物理学，核）学科知识更新速度减缓明显，理论体系基本稳定，发展逐渐趋于成熟或者达到成熟路上的某一平台期。Price[①] 和 Line[②] 认为，随着发文量的增长，可利用文献逐渐增多，文献所含知识的更新速度加快，半衰期逐渐缩短。但宋艳辉等[③]基于 2010~2012 年 CSSCI 中的新闻传播学期刊的研究表明，新闻传播学的半衰期逐年变大；索传军教授团队[④]基于 1960~2009 年 SCIE 收录的 40 种数学期刊 91 484 篇文献的研究表明，发文量的增长与半衰期呈正相关，即在互联网环境下文献的绝对老化并未发生，而文献的相对老化速度持续减缓，另外，该研究还发现传统文献适用的"二八定律"在互联网时代中逐步弱化，"长尾效应"日益显现。本研究结果也显示，SCI 期刊的被引半衰期变的更长了，笔者认为，其原因一方面为随着数字化信息的易获取性，旧文献也变得易获取，从而增加了被引用的可能，延长了其被引半衰期；另一方面可能与期刊学术影响力增加，其内所载信息在更长一段时间内均具有参考价值，实现了文献老化的延缓，文献半衰期得到了真正的延长。

二、集合引用半衰期

2013 年和 2017 年 SCI 各学科集合引用半衰期见表 9-2。

[①] PRICE D J D. Networks of scientific papers [J]. Science, 1965, 149 (3683): 510-515.
[②] LINE M B. Changes in the Use of literature with time—Obsolescence revisited [J]. Library Trends, 1993, 41 (4): 665-683.
[③] 宋艳辉，罗力，武夷山. 网络环境下新闻传播学文献老化规律研究 [J]. 中国出版, 2016, (11): 33-36.
[④] 钟晶晶，游毅，索传军. 新信息环境下数学文献老化趋势及影响因素新探 [J]. 情报杂志, 2011, 30 (12): 36-42.

表 9-2 2013 年和 2017 年 SCI 各学科集合引用半衰期变化

学科名称	学科集合引用半衰期			
	2013 年/年	2017 年/年	变化值*/年	增长率*
ACOUSTICS	9.5	9.4	-0.1	-1.05%
AGRICULTURAL ECONOMICS & POLICY	8.0	8.7	0.7	8.75%
AGRICULTURAL ENGINEERING	6.8	6.7	-0.1	-1.47%
AGRICULTURE, DAIRY & ANIMAL SCIENCE	>10.0	>10.0	0	0.00%
AGRICULTURE, MULTIDISCIPLINARY	8.9	9.1	0.2	2.25%
AGRONOMY	9.7	9.9	0.2	2.06%
ALLERGY	6.7	6.9	0.2	2.99%
ANATOMY & MORPHOLOGY	>10.0	>10.0	0	0.00%
ANDROLOGY	8.1	9.5	1.4	17.28%
ANESTHESIOLOGY	7.4	7.5	0.1	1.35%
ASTRONOMY & ASTROPHYSICS	7.7	8.5	0.8	10.39%
AUDIOLOGY & SPEECH-LANGUAGE PATHOLOGY	>10.0	>10.0	0	0.00%
AUTOMATION & CONTROL SYSTEMS	7.9	7.5	-0.4	-5.06%
BEHAVIORAL SCIENCES	9.1	9.7	0.6	6.59%
BIOCHEMICAL RESEARCH METHODS	6.8	7.3	0.5	7.35%
BIOCHEMISTRY & MOLECULAR BIOLOGY	7.6	8.0	0.4	5.26%
BIODIVERSITY CONSERVATION	8.8	9.5	0.7	7.95%
BIOLOGY	8.8	9.2	0.4	4.55%
BIOPHYSICS	7.9	8.1	0.2	2.53%
BIOTECHNOLOGY & APPLIED MICROBIOLOGY	7.3	7.4	0.1	1.37%
CARDIAC & CARDIOVASCULAR SYSTEMS	6.8	6.8	0	0.00%
CELL & TISSUE ENGINEERING	6.4	7.1	0.7	10.94%
CELL BIOLOGY	7.0	7.5	0.5	7.14%
CHEMISTRY, ANALYTICAL	6.9	6.8	-0.1	-1.45%
CHEMISTRY, APPLIED	8.1	7.7	-0.4	-4.94%
CHEMISTRY, INORGANIC & NUCLEAR	8.5	8.2	-0.3	-3.53%

续表

学科名称	学科集合引用半衰期			
	2013 年 /年	2017 年 /年	变化值* /年	增长率*
CHEMISTRY, MEDICINAL	7.7	7.9	0.2	2.60%
CHEMISTRY, MULTIDISCIPLINARY	6.7	6.6	-0.1	-1.49%
CHEMISTRY, ORGANIC	7.6	7.6	0	0.00%
CHEMISTRY, PHYSICAL	7.4	6.8	-0.6	-8.11%
CLINICAL NEUROLOGY	7.9	8.0	0.1	1.27%
COMPUTER SCIENCE, ARTIFICIAL INTELLIGENCE	8.1	7.7	-0.4	-4.94%
COMPUTER SCIENCE, CYBERNETICS	9.1	7.9	-1.2	-13.19%
COMPUTER SCIENCE, HARDWARE & ARCHITECTURE	7.2	6.8	-0.4	-5.56%
COMPUTER SCIENCE, INFORMATION SYSTEMS	7.5	6.9	-0.6	-8.00%
COMPUTER SCIENCE, INTERDISCIPLINARY APPLICATIONS	8.6	8.5	-0.1	-1.16%
COMPUTER SCIENCE, SOFTWARE ENGINEERING	7.8	7.5	-0.3	-3.85%
COMPUTER SCIENCE, THEORY & METHODS	8.2	7.8	-0.4	-4.88%
CONSTRUCTION & BUILDING TECHNOLOGY	8.7	8.2	-0.5	-5.75%
CRITICAL CARE MEDICINE	7.1	7.0	-0.1	-1.41%
CRYSTALLOGRAPHY	8.0	8.5	0.5	6.25%
DENTISTRY, ORAL SURGERY & MEDICINE	8.9	8.8	-0.1	-1.12%
DERMATOLOGY	7.9	7.9	0	0.00%
DEVELOPMENTAL BIOLOGY	8.1	9.0	0.9	11.11%
ECOLOGY	9.0	9.6	0.6	6.67%
EDUCATION, SCIENTIFIC DISCIPLINES	8.2	8.5	0.3	3.66%
ELECTROCHEMISTRY	6.5	5.9	-0.6	-9.23%
EMERGENCY MEDICINE	7.9	7.7	-0.2	-2.53%
ENDOCRINOLOGY & METABOLISM	7.4	7.8	0.4	5.41%
ENERGY & FUELS	6.2	5.9	-0.3	-4.84%

续表

学科名称	学科集合引用半衰期			
	2013年/年	2017年/年	变化值*/年	增长率*
ENGINEERING, AEROSPACE	>10.0	9.8	-0.2	-2.00%
ENGINEERING, BIOMEDICAL	7.6	7.8	0.2	2.63%
ENGINEERING, CHEMICAL	8.0	7.3	-0.7	-8.75%
ENGINEERING, CIVIL	8.9	8.7	-0.2	-2.25%
ENGINEERING, ELECTRICAL & ELECTRONIC	7.2	6.8	-0.4	-5.56%
ENGINEERING, ENVIRONMENTAL	7.0	6.9	-0.1	-1.43%
ENGINEERING, GEOLOGICAL	>10.0	>10.0	0	0.00%
ENGINEERING, INDUSTRIAL	9.3	8.8	-0.5	-5.38%
ENGINEERING, MANUFACTURING	8.7	8.1	-0.6	-6.90%
ENGINEERING, MARINE	>10.0	9.2	-0.8	-8.00%
ENGINEERING, MECHANICAL	9.3	9.0	-0.3	-3.23%
ENGINEERING, MULTIDISCIPLINARY	8.8	8.5	-0.3	-3.41%
ENGINEERING, OCEAN	>10.0	>10.0	0	0.00%
ENGINEERING, PETROLEUM	>10.0	9.5	-0.5	-5.00%
ENTOMOLOGY	>10.0	>10.0	0	0.00%
ENVIRONMENTAL SCIENCES	7.9	7.9	0	0.00%
EVOLUTIONARY BIOLOGY	9.1	9.6	0.5	5.49%
FISHERIES	>10.0	>10.0	0	0.00%
FOOD SCIENCE & TECHNOLOGY	8.5	8.5	0	0.00%
FORESTRY	9.8	>10.0	0.2	2.04%
GASTROENTEROLOGY & HEPATOLOGY	6.8	6.8	0	0.00%
GENETICS & HEREDITY	7.2	7.6	0.4	5.56%
GEOCHEMISTRY & GEOPHYSICS	>10.0	>10.0	0	0.00%
GEOGRAPHY, PHYSICAL	9.8	>10.0	0.2	2.04%

续表

学科名称	学科集合引用半衰期			
	2013年/年	2017年/年	变化值*/年	增长率*
GEOLOGY	>10.0	>10.0	0	0.00%
GEOSCIENCES, MULTIDISCIPLINARY	>10.0	>10.0	0	0.00%
GERIATRICS & GERONTOLOGY	7.6	7.6	0	0.00%
GREEN & SUSTAINABLE SCIENCE & TECHNOLOGY	0.0	6.3	6.3	0.00%
HEALTH CARE SCIENCES & SERVICES	7.2	7.2	0	0.00%
HEMATOLOGY	6.6	7.0	0.4	6.06%
HISTORY & PHILOSOPHY OF SCIENCE	>10.0	>10.0	0	0.00%
HORTICULTURE	9.8	>10.0	0.2	2.04%
IMAGING SCIENCE & PHOTOGRAPHIC TECHNOLOGY	8.4	7.8	-0.6	-7.14%
IMMUNOLOGY	6.8	7.1	0.3	4.41%
INFECTIOUS DISEASES	6.3	6.5	0.2	3.17%
INSTRUMENTS & INSTRUMENTATION	7.5	7.1	-0.4	-5.33%
INTEGRATIVE & COMPLEMENTARY MEDICINE	7.6	8.0	0.4	5.26%
LIMNOLOGY	9.7	>10.0	0.3	3.09%
LOGIC	>10.0	>10.0	0	0.00%
MARINE & FRESHWATER BIOLOGY	>10.0	>10.0	0	0.00%
MATERIALS SCIENCE, BIOMATERIALS	6.7	6.8	0.1	1.49%
MATERIALS SCIENCE, CERAMICS	8.6	8.1	-0.5	-5.81%
MATERIALS SCIENCE, CHARACTERIZATION & TESTING	9.6	9.2	-0.4	-4.17%
MATERIALS SCIENCE, COATINGS & FILMS	7.7	7.2	-0.5	-6.49%
MATERIALS SCIENCE, COMPOSITES	8.4	7.9	-0.5	-5.95%
MATERIALS SCIENCE, MULTIDISCIPLINARY	6.9	6.6	-0.3	-4.35%
MATERIALS SCIENCE, PAPER & WOOD	8.3	8.1	-0.2	-2.41%
MATERIALS SCIENCE, TEXTILES	8.0	7.3	-0.7	-8.75%

续表

学科名称	学科集合引用半衰期			
	2013年/年	2017年/年	变化值*/年	增长率*
MATHEMATICAL & COMPUTATIONAL BIOLOGY	7.8	8.5	0.7	8.97%
MATHEMATICS	>10.0	>10.0	0	0.00%
MATHEMATICS, APPLIED	>10.0	>10.0	0	0.00%
MATHEMATICS, INTERDISCIPLINARY APPLICATIONS	9.5	9.6	0.1	1.05%
MECHANICS	>10.0	9.7	-0.3	-3.00%
MEDICAL ETHICS	7.5	7.2	-0.3	-4.00%
MEDICAL INFORMATICS	7.2	7.3	0.1	1.39%
MEDICAL LABORATORY TECHNOLOGY	7.5	7.4	-0.1	-1.33%
MEDICINE, GENERAL & INTERNAL	7.2	7.2	0	0.00%
MEDICINE, LEGAL	8.2	8.4	0.2	2.44%
MEDICINE, RESEARCH & EXPERIMENTAL	7.1	7.2	0.1	1.41%
METALLURGY & METALLURGICAL ENGINEERING	9.0	8.5	-0.5	-5.56%
METEOROLOGY & ATMOSPHERIC SCIENCES	8.2	8.6	0.4	4.88%
MICROBIOLOGY	7.6	7.7	0.1	1.32%
MICROSCOPY	9.1	9.0	-0.1	-1.10%
MINERALOGY	>10.0	>10.0	0	0.00%
MINING & MINERAL PROCESSING	>10.0	>10.0	0	0.00%
MULTIDISCIPLINARY SCIENCES	7.3	7.8	0.5	6.85%
MYCOLOGY	9.3	9.1	-0.2	-2.15%
NANOSCIENCE & NANOTECHNOLOGY	5.9	5.8	-0.1	-1.69%
NEUROIMAGING	7.7	7.8	0.1	1.30%
NEUROSCIENCES	8.2	8.6	0.4	4.88%
NUCLEAR SCIENCE & TECHNOLOGY	9.4	9.4	0	0.00%
NURSING	7.2	7.0	-0.2	-2.78%

续表

学科名称	学科集合引用半衰期			
	2013 年 /年	2017 年 /年	变化值* /年	增长率*
NUTRITION & DIETETICS	7.7	7.8	0.1	1.30%
OBSTETRICS & GYNECOLOGY	7.5	7.6	0.1	1.33%
OCEANOGRAPHY	>10.0	>10.0	0	0.00%
ONCOLOGY	6.4	6.4	0	0.00%
OPERATIONS RESEARCH & MANAGEMENT SCIENCE	9.4	9.2	-0.2	-2.13%
OPHTHALMOLOGY	8.3	8.7	0.4	4.82%
OPTICS	7.2	7.3	0.1	1.39%
ORNITHOLOGY	>10.0	>10.0	0	0.00%
ORTHOPEDICS	8.7	8.6	-0.1	-1.15%
OTORHINOLARYNGOLOGY	8.9	8.9	0	0.00%
PALEONTOLOGY	>10.0	>10.0	0	0.00%
PARASITOLOGY	8.2	8.3	0.1	1.22%
PATHOLOGY	7.4	7.3	-0.1	-1.35%
PEDIATRICS	7.7	7.9	0.2	2.60%
PERIPHERAL VASCULAR DISEASE	7.2	7.4	0.2	2.78%
PHARMACOLOGY & PHARMACY	7.4	7.4	0	0.00%
PHYSICS, APPLIED	6.7	6.6	-0.1	-1.49%
PHYSICS, ATOMIC, MOLECULAR & CHEMICAL	8.8	9.0	0.2	2.27%
PHYSICS, CONDENSED MATTER	7.2	6.9	-0.3	-4.17%
PHYSICS, FLUIDS & PLASMAS	9.5	>10.0	0.5	5.26%
PHYSICS, MATHEMATICAL	>10.0	>10.0	0	0.00%
PHYSICS, MULTIDISCIPLINARY	8.3	9.0	0.7	8.43%
PHYSICS, NUCLEAR	9.6	>10.0	0.4	4.17%
PHYSICS, PARTICLES & FIELDS	8.3	8.8	0.5	6.02%
PHYSIOLOGY	9.0	9.2	0.2	2.22%

续表

学科名称	学科集合引用半衰期			
	2013年/年	2017年/年	变化值*/年	增长率*
PLANT SCIENCES	9.2	9.8	0.6	6.52%
POLYMER SCIENCE	7.6	7.6	0	0.00%
PRIMARY HEALTH CARE	6.7	6.7	0	0.00%
PSYCHIATRY	8.0	8.1	0.1	1.25%
PSYCHOLOGY	8.9	9.7	0.8	8.99%
PUBLIC, ENVIRONMENTAL & OCCUPATIONAL HEALTH	7.4	7.4	0	0.00%
RADIOLOGY, NUCLEAR MEDICINE & MEDICAL IMAGING	7.3	7.5	0.2	2.74%
REHABILITATION	8.6	8.9	0.3	3.49%
REMOTE SENSING	8.5	7.7	-0.8	-9.41%
REPRODUCTIVE BIOLOGY	8.4	8.9	0.5	5.95%
RESPIRATORY SYSTEM	7.1	6.8	-0.3	-4.23%
RHEUMATOLOGY	6.9	7.3	0.4	5.80%
ROBOTICS	7.9	8.1	0.2	2.53%
SOIL SCIENCE	>10.0	>10.0	0	0.00%
SPECTROSCOPY	8.4	8.5	0.1	1.19%
SPORT SCIENCES	8.8	8.7	-0.1	-1.14%
STATISTICS & PROBABILITY	>10.0	>10.0	0	0.00%
SUBSTANCE ABUSE	8.1	7.9	-0.2	-2.47%
SURGERY	7.9	7.9	0	0.00%
TELECOMMUNICATIONS	6.9	6.2	-0.7	-10.14%
THERMODYNAMICS	8.7	8.0	-0.7	-8.05%
TOXICOLOGY	8.3	8.3	0	0.00%
TRANSPLANTATION	6.9	7.3	0.4	5.80%
TRANSPORTATION SCIENCE & TECHNOLOGY	7.8	7.3	-0.5	-6.41%
TROPICAL MEDICINE	7.6	7.7	0.1	1.32%
UROLOGY & NEPHROLOGY	7.0	7.3	0.3	4.29%

续表

学科名称	学科集合引用半衰期			
	2013年/年	2017年/年	变化值*/年	增长率*
VETERINARY SCIENCES	9.5	9.9	0.4	4.21%
VIROLOGY	7.0	7.6	0.6	8.57%
WATER RESOURCES	8.8	8.7	-0.1	-1.14%
ZOOLOGY	>10.0	>10.0	0	0.00%

注：*计算变化值和增长率时>10年者均按10年计算。

2013年，学科集合引用半衰期>10年者共28个，集合引用半衰期为8.0~10.0年者70个学科，7.0~7.9年者56个学科，6.0~6.9年者21个学科，仅NANOSCIENCE & NANOTECHNOLOGY（纳米科学与纳米技术）学科集合引用半衰期<6.0年，为5.9年。2017年，学科集合引用半衰期>10年者共30个，集合引用半衰期为8.0~10.0年者65个学科，7.0~7.9年者58个学科，6.0~6.9年者20个学科，ELECTROCHEMISTRY（电化学）、ENERGY & FUELS（能源和燃料）和NANOSCIENCE & NANOTECHNOLOGY（纳米科学与纳米技术）3个学科的集合引用半衰期<6.0年，分别为5.9年、5.9年和5.8年。

将引用半衰期>10年者均按10年计算，2017年176个学科较2013年集合引用半衰期增长者共72个学科（40.91%），较2013年不变者42个学科（23.86%），较2013年减少者共62个学科（35.23%）。可见，集合引用半衰期变化较为均衡，增加者和减少者均有之。从增加量上来看，72个5年集合引用半衰期增加的学科，平均增加量0.35年，其中增加量最多的为ANDROLOGY（男科学），增加了1.4年，也是唯一一个2017年集合引用半衰期较2013年增长>1.0年的学科；增加量为0.5~1.0年者20个学科，0.2~0.4年者35个学科，增加量为0.1年者16个学科。62个5年集合引用半衰期减少的学科，平均减少了0.35年。减少最多的为COMPUTER SCIENCE, CYBERNETICS（计算机科学，控制论），5年减少了1.2年。2013年176个学科的平均集合引用半衰期为8.24年，2017年为8.30年，5年间变化了0.06年，变化量可以忽略。增长率的表现同增长量类似，没有特别大的增长率或降低率。5年集合引用半衰期增长率平均为0.28%。其中，增长率最大的为ANDROLOGY（男科学）的17.28%，减少率最大的为COMPUTER SCIENCE, CYBER-

NETICS（计算机科学，控制论）的 13.19%，数值都不太大。以上数据均表明，SCI 176 个学科的集合引用半衰期 5 年来变化不大。

关于引用半衰期随时间变化的研究结果并不一致。2000 年，Raan[①] 基于 1998 年 SCI 和 SSCI 收录所有文献的约 1 500 万条参考文献的研究表明，引用文献的年龄分布极不均匀，近期文献引用率高；同样，2008 年，Evans[②] 基于 3 400 万篇 Article 参考文献的研究亦表明，随着越来越多的期刊信息更易被获取，论文更偏向于引用近期的参考文献。而 2008 年，Lariviere 等[③] 基于 1900~2004 年 SCI 收录所有文献的参考文献的研究表明，自 20 世纪 60 年代中期以来，研究人员依赖的文献越来越老；2017 年，张琳教授团队[④][⑤]基于 Web of Science 1992 年和 2014 年约 7 900 万条参考文献的研究亦表明，相较于 1992 年，2014 年的出版物倾向于引用更多的"非常老"的文献，而较少的"非常新"文献。因此，引用半衰期随时间如何变化仍需进一步研究。

第二节 学科半衰期的统计学特征

半衰期是常用来衡量某学科老化速度的指标，国内有关于半衰期与其他期刊学术影响力指标分析的论文，但仅涉及部分学科内的对比，尚不能说明其特征，如何文等[⑥]基于《中国期刊引证报告（扩刊版）》和 JCR 数据库，探讨图书情报领域的影响因子和被引半衰期的关系；张志转等[⑦]基于农业综合性学术

---

① van RAAN A F J. On Growth, ageing, and fractal differentiation of science [J]. Scientometrics, 2000, 47 (2): 347–362.

② EVANS J A. Electronic publication and the narrowing of science and scholarship [J]. Science, 2008, 321 (5887): 395–399.

③ LARIVIERE V, ARCHAMBAULT E, GINGRAS Y. Long – term variations in the aging of scientific literature: From exponential growth to steady – state science (1900~2004) [J]. Journal of the American Society for Information Science and Technology, 2008, 59 (2): 288–296.

④ ZHANG L, GLÄNZEL W. A citation – based cross – disciplinary study on literature aging: part I—the synchronous approach [J]. Scientometrics, 2017, 111 (3): 1573–1589.

⑤ ZHANG L, GLÄNZEL W. A citation – based cross – disciplinary study on literature ageing: part II—diachronous aspects [J]. Scientometrics, 2017, 111 (3): 1559–1572.

⑥ 何文，叶继元. 期刊影响因子与被引半衰期关系之比较研究——以图书情报学期刊为例 [J]. 新世纪图书馆，2015 (4): 39–43.

⑦ 张志转，朱永和. 学术期刊引证指标间的相关性研究——以农业综合性学术期刊为例 [J]. 安徽农业科学，2010, 38 (2): 544, 1105.

期刊分析了被引半衰期与其他学术影响力评价指标间的相关性。但由于半衰期具有学科特性，以学科为单位研究其变化更能说明问题，而笔者并未见有从学科角度分析集合被引半衰期、集合引用半衰期与学科其他学术影响力指标相关性的分析。

学科集合被引半衰期和集合引用半衰期的统计学特征见表9-3。使用KOLMOGOROV-SMIRNOV检验分析集合被引半衰期和集合引用半衰期的正态分布，结果显示，2013年和2017年二者均呈正态分布（均为$P>0.05$）。2013年和2017年集合被引半衰期和集合引用半衰期的极小极大值比相比，均表现出集合被引半衰期＜集合引用半衰期，两个指标的中位极大值比，亦表现出集合被引半衰期＜集合引用半衰期。说明相对于集合被引半衰期，集合引用半衰期的数据更集中，离散度更小一些，学科间的区分度更小一些。

表9-3 学科集合被引半衰期和集合引用半衰期的统计学特征

统计值	2013 集合被引半衰期	2013 学科集合引用半衰期	2017 集合被引半衰期	2017 学科集合引用半衰期
均数/年	7.601	8.287	7.879	8.295
标准差/年	1.268	1.121	1.38	1.166
中位数/年	7.4	8.15	7.8	8.1
最小值/年	4.1	5.9	3.8	5.8
最大值/年	10	10	10	10
极小极大值比	0.410	0.590	0.380	0.580
中位极大值比	0.740	0.815	0.780	0.810
偏度	-0.160	-1.111	-0.318	-1.115
峰度	0.127	0.147	-0.177	0.081
KOLMOGOROV-SMIRNOV 检测的Z值	1.061	1.273	0.940	1.299
KOLMOGOROV-SMIRNOV 检测的P值	0.211	0.078	0.340	0.068

注：集合被引半衰期和集合引用半衰期中>10.0年者均按10.0年计算。

2013 年学科集合被引半衰期和学科集合引用半衰期及 2017 年的学科集合引用半衰期的峰度均为正值,说明数据的分布相较于正态分布更为陡峭,为尖顶峰;但各指标峰度相差不大,均为 0.1~0.2,可见虽为尖顶峰,但其分布形态的陡缓程度与正态分布的差异较为一致,均不大。2017 年学科集合被引半衰期的峰度为负值,说明数据分布与正态分布相比较为平坦,为平顶峰,但数值为 0.177,可见其分布形态的陡缓程度与正态分布的差异亦不太大。2013 年和 2017 年学科集合被引半衰期和学科集合引用半衰期的偏度均为负值,说明其数据分布形态与正态分布相比为左偏,即有一条长尾拖在左边,数据左端有较多的极端值,相对于学科集合被引半衰期,学科集合引用半衰期的偏度绝对值更大,说明集合引用半衰期的数据分布形态的偏斜程度更大。

第三节 指标间的相关性分析

有关半衰期与期刊学术影响力关系的研究较多,但结论并不完全一致。2009 年 Tsay[1] 基于 2002 年 SCI 物理、化学、工程等学科期刊为研究对象,对引用半衰期和被引半衰期与期刊的文献量、总被引频次、影响因子、即年指标做 Pearson 相关性分析,结果显示,被引半衰期与引证半衰期显著相关,但与其他指标均未表现出明显的相关性。Tsay 和 Chen[2] 基于 2000 年 JCR 中普通内科和外科期刊分析总被引频次、影响因子、即年指标、被引半衰期和引用半衰期之间的关系,结果表明,被引半衰期与引用半衰期间呈显著相关,但与总被引频次、影响因子、即年指标间均未表现出统计学意义的相关性。白云[3] 基于我国社会科学期刊的研究发现,被引半衰期与期刊在学科中的影响度及学术地位没有明显的关联,但被引半衰期较长的的期刊,其影响因子相对较小;而影响因子较大的期刊,多表现为半衰期较短,但是被引半衰期与影响因子间并不

---

[1] TSAY M Y. An analysis and comparison of scientometric data between journals of physics, chemistry and engineering [J]. Scientometrics, 2009, 78 (2): 279-293.

[2] TSAY M Y, CHEN Y L. Journals of general & internal medicine and surgery: An analysis and comparison of citation [J]. Scientometrics, 2005, 64 (1): 17-30.

[3] 白云. 中国人文社会科学期刊被引半衰期分析研究 [J]. 云南师范大学学报: 哲学社会科学版, 2006 (4): 127-130.

存在明显的负相关。董敏红[1]以 2008 年 19 种图书情报类中文核心期刊为研究对象,以 2009 年《中国期刊引证报告》数据为基础分析期刊各指标间的相关性,结果显示,被引半衰期与影响因子、即年指标均呈显著正相关。可见,已有文献多以学科为研究对象,以期刊为个体进行分析,但所涉及的学科较少,甚至仅有一个学科,而半衰期又具有学科属性,是反映一个学科整体的文献老化速度的指标,因此,笔者认为,现有文献对被引半衰期和引用半衰期的分析均欠全面。基于此,笔者同时分析了集合被引半衰期和集合引用半衰期在 SCI 学科内的相关性及其与其他学术影响力指标间的相关性。

一、集合被引半衰期和集合引用半衰期间的相关性分析

2013 年 176 个 SCI 学科的集合被引半衰期和集合引用半衰期相关性散点图见图 9-1。由图可以看出,2013 年 176 个 SCI 学科的集合被引半衰期与集合引用半衰期呈现强相关性,Pearson 相关性分析结果显示,二者相关系数为 0.774 ($P<0.001$)。2017 年 177 个 SCI 学科的集合被引半衰期和集合引用半衰期相关性散点图见图 9-2,由图可以看出,2017 年 177 个 SCI 学科的集合被引半衰期与集合引用半衰期亦呈现强相关性,Pearson 相关性分析结果显示,二者相关系数为 0.768 ($P<0.001$)。集合被引半衰期是某学科所有文献在统计当年的被引频次中,较新的一半是多长时间之内发表的;集合引用半衰期是某学科所有文献的文后参考文献中,较新的一半是多长时间之内发表的。基于 2013 年和 2017 年的数据表明,SCI 学科的集合引用半衰期和集合被引半衰期均呈现出较强的相关性,与 Tsay 和 Chen [2]的研究结果一致。但我们也可以看出,2017 年二者的相关系数小于 2013 年,说明二者的相关性有所减弱。对 5 年间 176 个 SCI 学科的集合被引半衰期的变化值与集合引用半衰期的变化值间做相关性分析,结果表明,二者亦呈显著正相关性($P<0.001$),相关系数为 0.594,较年度值低。考虑可能与 >10 年的半衰期作为 10 年计算,导致部分期刊半衰期的变化值被低估有关。学科集合被引半衰期与集合引用半衰期 5 年变化值间的散点图结果见图 9-3,再次证明集合被引半衰期和集合引用半衰期间的相关性十分显著。

---

[1] 董敏红. 基于主成分分析的图书情报类核心期刊评价指标有效性研究 [J]. 情报科学, 2010 (11): 1670-1672.

[2] TSAY M Y, CHEN Y L. Journals of general & internal medicine and surgery: An analysis and comparison of citation [J]. Scientometrics, 2005, 64 (1): 17-30.

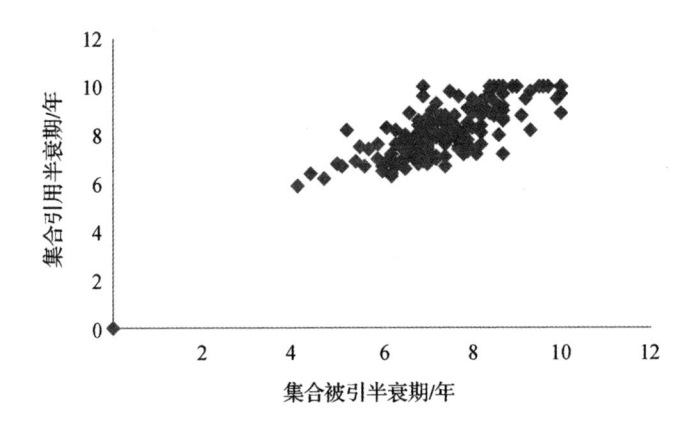

图 9-1　2013 年 176 个 SCI 学科集合被引半衰期与集合引用半衰期的相关性散点图
注：>10.0 年者按 10.0 年计算

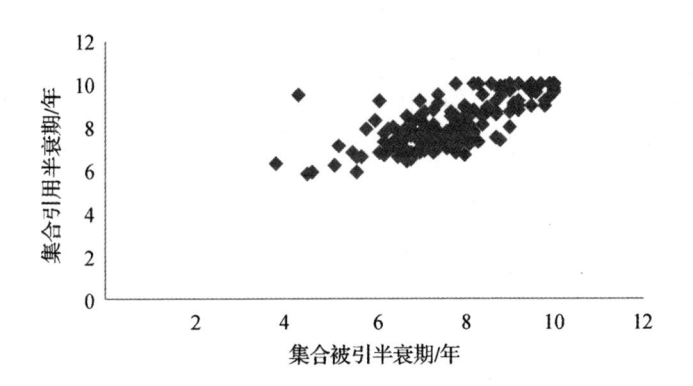

图 9-2　2017 年 SCI 学科集合被引半衰期与集合引用半衰期的相关性散点图
注：>10.0 年者按 10.0 年计算

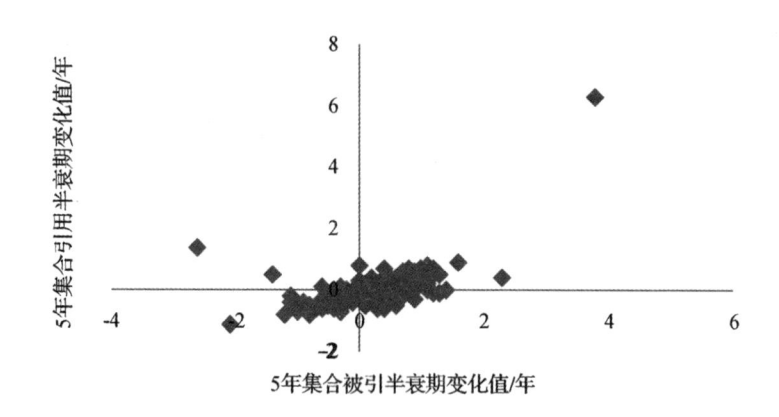

图 9-3 学科集合被引半衰期与集合引用半衰期 5 年变化值间的散点图

注：>10.0 年者按 10.0 年计算

二、集合被引半衰期和集合引用半衰期与其他学术影响力指标间的相关性分析

由于学科的部分学术影响力指标不呈正态分布，为便于比较分析，使用 Spearman 相关性对学科集合被引半衰期和学科集合引用半衰期与学科总被引频次、学科中位影响因子、学科中位 5 年影响因子、学科集合影响因子和学科影响因子百分位均值做的相关性分析，结果见表 9-4。

表 9-4 学科集合被引半衰期和学科集合引用半衰期与学科其他学术影响力指标的相关性

指标	统计值	总被引频次	中位影响因子	中位 5 年影响因子	集合影响因子	影响因子百分位均值
2013 年集合被引半衰期	相关系数	-0.224**	-0.374**	-0.327**	-0.482**	—
	P 值	0.003	0.000	0.000	0.000	—
2013 年集合引用半衰期	相关系数	-0.396**	-0.527**	-0.475**	-0.638**	
	P 值	0.000	0.000	0.000	0.000	

续表

指标	统计值	总被引频次	中位影响因子	中位5年影响因子	集合影响因子	影响因子百分位均值
2017年集合被引半衰期	相关系数	-0.136	-0.323**	-0.274**	-0.467**	-0.259**
	P值	0.070	0.000	0.000	0.000	0.001
2017年集合引用半衰期	相关系数	-0.344**	-0.502**	-0.454**	-0.613**	-0.361**
	P值	0.000	0.000	0.000	0.000	0.000

注：**$P<0.01$；2013年JCR内没有给出影响因子百分位，故无法计算2013年集合被引半衰期和集合引用半衰期与影响因子百分位均值的相关性。

由表9-4可知，2013年集合被引半衰期与总被引频次、中位影响因子、中位5年影响因子、集合影响因子均呈显著负相关（均为$P<0.01$），相关系数由大到小分别为集合影响因子＞中位5年影响因子＞中位影响因子＞总被引频次，与集合影响因子的相关系数最大，为0.482。2017年学科集合被引半衰期与其他学术影响力指标间的相关性结果与2013年类似，即集合被引半衰期与总被引频次、中位影响因子、中位5年影响因子、集合影响因子亦均呈显著负相关（均为$P<0.01$），相关系数由大到小也表现为集合影响因子＞中位影响因子＞中位5年影响因子＞总被引频次，但各相关系数均较2013年小，且相关系数越小者改变越明显，与集合影响因子的相关系数最大，为0.467。可见，学科集合被引半衰期与学科其他学术影响力指标虽然呈现出统计学意义上的相关性，但最大的相关系数仍达不到0.5，说明相关性并不强，其他学术影响力指标的变化对学科集合被引半衰期的影响力并不太大。

与集合被引半衰期表现趋势相似，2013年集合引用半衰期与总引用频次、中位影响因子、中位5年影响因子、集合影响因子均呈显著负相关（均为$P<0.01$），相关系数由大到小分别为集合影响因子＞中位5年影响因子＞中位影响因子＞总引用频次，与集合影响因子的相关系数最大，为0.638。2017年学科集合引用半衰期与其他学科影响力评价指标间的相关性结果亦与2013年类似，集合引用半衰期与总引用频次、中位影响因子、中位5年影响因子、集合影响因子均呈显著负相关（均为$P<0.01$），相关系数由大到小也表现为集合影响因子＞中位影响因子＞中位5年影响因子＞总引用频次，但各相关系数均较2013年略小，与集合影响因子的相关系数最大，为0.613。换句话说，随着学科总被引频次的增加，学科集合被引半衰期呈现一定程度的减少；随着中位影响因子、集合影响因子和集合即年指标的增加，集合被引半衰期呈现较为

明显的减少；与集合被引半衰期相比，集合引用半衰期随学科其他指标变化而变化的关系更紧密。与学科集合被引半衰期不同的是，相对于2013年，2017年的学科集合引用半衰期与其他学科学术影响力指标的相关系数并未表现出明显的相关系数越小改变越明显的特征。各指标的相关系数均较2013年有所降低，可能说明各指标的独立性越来越强，单一指标的特性越来越强，期刊评价越来越倾向于多指标的综合评价。

2013年和2017年的学科集合引用半衰期与学科其他学术影响力指标的相关系数均大于学科集合被引半衰期与学科其他学术影响力指标的相关系数，尤其2013年和2017年集合被引半衰期与集合影响因子、中位影响因子的相关系数均>0.5，呈现较强相关性。这说明，相对于学科集合被引半衰期，学科集合引用半衰期与学科其他学术影响力指标的相关性更强，更能反映出期刊其他学术影响力的大小。该结果与笔者的预期并不相符，总被引频次、中位影响因子、集合影响因子、影响因子百分位均值均是建立在被引的基础上，而被引半衰期同样是基于被引的指标，考虑同一数据库使用的被引频次来源一致，理论上应该相关性更强。但本研究结果却显示，学科引用半衰期与上述指标的相关性更强，分析原因可能为，学科引用半衰期是基于学科所有参考文献的指标，对于一个学科来讲，所有的被引用均体现在参考文献内，而参考文献由于格式更统一，相对于被引频次其统计时的误差更小、数据更全面，从这个角度考虑，基于参考文献的半衰期比基于被引频次的半衰期更能体现其真实的学术影响力，从而使学科集合引用半衰期与学科其他学术影响力指标的相关系数高于学科集合被引半衰期与学科其他学术影响力指标的相关系数。

学科集合被引半衰期、学科集合引用半衰期与集合影响因子的相关系数均是最大的，其次为与中位影响因子、中位5年影响因子的相关系数，最后为与总被引频次的相关系数，分析原因可能与各指标的计算方式有关。集合影响因子与学科集合被引半衰期和学科集合引用半衰期使用的指标重叠度较高，而中位影响因子和中位5年影响因子均为位置指标，总被频次为总量指标，故而与学科半衰期的相关性相对较弱。

同前，由于影响因子百分位是2015年JCR新增加的指标，故而笔者仅计算了2017年的集合被引半衰期、集合引用半衰期与影响因子百分位均值的相关性，结果显示二者呈统计学意义的负相关，相关系数分别0.259和0.631，该值仅略高于学科两个半衰期与总被引频次间的相关系数，与中位影响因子、中位5年影响因子、集合影响因子的相关系数，考虑与影响因子百分位的位置指标属性有关。

第十章　SCI 学科特征因子

特征因子（Eigenfactor）是以 JCR 为数据源，构建剔除自引的期刊 5 年期引文矩阵，以类似于 Google 的网页排名使用的 PageRank 的算法迭代计算出期刊的权重影响值。Google 的网页排名使用的 PageRank 算法的思路是，怎么判断一个网站的好坏呢？如果它被外部网站链接的数量越多、外部网站的质量越高，那么这个网站质量也就越高。每个外部或者内部链接都是对网站页面的一个投票，投票率越高，就是说这个页面越流行。所以也就有了这个所谓的链接流行度用来衡量多少人愿意将他们的网站和你的网站挂钩。特征因子也一样，它主要通过统计期刊的引用链来衡量期刊是不是"很流行"。做法是首先随机选择一份期刊，然后随机通过该期刊中的一篇参考文献链接到另外一份期刊，继而在这份期刊中又随机选取一篇参考文献再链接到下一份期刊，以此类推，形成一个复杂的互相链接的网络。从特征因子的工作原理可以看出：特征因子积分评价的是期刊的整体影响力，会受到期刊刊文数量的影响。它的得分高低，能用来衡量期刊对科学界的重要性；并且透过期刊引进引文的来源，也可反映期刊内容品质。特征因子实现了引文数量与价值的综合评价[1]，它不仅考察了引文的数量，而且考虑了施引期刊的影响力，即某期刊如果越多地被高影响力的期刊引用，则该期刊的影响力也越高[2]。庄纪林[3]以 CSSCI 收录的图书情报学期刊 2007 年互引矩阵为基础，分析了特征因子与各期刊学术影响力指标的相关性，结果表明，特征因子可以作为总被引频次与影响因子的参考、补

---

[1] 赵星. 特征因子（Eigenfactor）的背景及部分性质［EB/OL］.［2016 - 11 - 1］http：//blog.sciencenet.cn/home.php?mod = space&uid = 1898&do = blog&id = 254646.

[2] FRANCESCHET M. Ten good reasons to use the Eigenfactor metrics［J］. Information Processing & Management，2010，46（5）：555 - 558.

[3] 庄纪林. 特征因子算法与 SJR 算法的比较分析及实证研究［J］. 大学图书馆学，2019，37（2）：88 - 96.

充甚至替代。但有研究得出相反的结论。如杨惠等[①]基于2017年Web of Science收录的全部8 849种自然科学期刊和中国179种自然科学期刊,对特征因子与期刊影响因子、总被引频次、论文影响分值、标准化特征因子和期刊影响因子百分位之间的一致性和相关性,讨论特征因子与其他评价指标在期刊评价中的利与弊,结果表明,在期刊评价过程中,特征因子与标准特征因子一致性最强,与总被引频次有较强的一致性,与影响因子、论文影响分值和影响因子百分位一致性不如总被引频次。虽然特征因子能从施引期刊的质量来评价期刊影响力,但在对期刊进行评价时,特征因子不能取代其他期刊评价指标。

Normalized Eigenfactor(标准特征因子)是汤森路透集团最新发布的2015年版JCR数据库中的新增期刊评价指标,JCR内对其解释为"Normalized Eigenfactor is the Eigenfactor Score normalized, by rescaling the total number of journals in the JCR each year, so that the average journal has a score of 1. Journals can then be compared and influence measured by their score relative to 1",国内俞立平等[②]将之翻译为"标准特征因子",并以JCR内数学学科为研究对象,同时辅以经济学学科,对标准特征因子与期刊其他文献计量学指标(影响因子、5年影响因子、他引影响因子、总被引频次、即年指标、被引半衰期、引用半衰期、载文量、文献选出率等)在学科内的相关性做了分析,结果表明,标准特征因子和特征因子的相似度极高,与其他文献计量学指标的关系也相似。笔者曾以SCI眼科学期刊为例,分析标准特征因子对期刊的评价效力,结果显示,标准特征因子和现行使用的期刊评价指标均呈显著正相关(均为$P = 0.000$),与问卷调查评分也均呈显著正相关(均为$P = 0.000$);同一学科中,标准特征因子与特征因子对期刊的排序是完全一致的;标准特征因子对期刊学术影响力具有较强的评价效力[③]。

综上,现有研究对特征因子的研究结论并不一致,对特征因子的特性,尤其学科特性的研究仍有待进一步深入。现今,无论是特征因子还是标准特征因子,均还没有基于学科层次进行的相关研究。鉴于标准特征因子是基于特征因子获得的指标,故笔者将二者放一起研究。

---

① 杨惠,骆筱秋,王晴,等. 特征因子在期刊评价中的作用[J]. 科技与出版,2018(6): 55-61.

② 俞立平,李守伟. 标准特征因子的特点与应用分析[J]. 中国科技期刊研究,2016,27(9): 990-993.

③ 盛丽娜,顾欢,刘雪立. "影响因子百分位" "标准特征因子"对期刊评价效力的实证研究——基于SCI眼科学期刊[J]. 情报杂志,2017,36(6): 197-201.

第一节 学科特征因子和标准特征因子的获取

2013年和2017年各学科期刊特征因子及2017年各学科标准特征因子的正态性检验结果见表10-1。由表10-1可知，2013年176个学科的特征因子中，呈正态分布者仅29个学科（16.48%），不呈正态分布者147个（83.52%）；2017年177个学科的特征因子中，呈正态分布者26个（14.69%），不呈正态分布者151个（85.31%）；2013年JCR内未给出标准特征因子，2017年SCI 177个学科的标准特征因子中，26个（14.69%）呈正态分布，其余151个（85.31%）均不呈正态分布。由于无论2013年SCI还是2017年SCI，各学科特征因子不呈正态分布者均占80%以上，故而选择各学科特征因子的中位数作为各学科的特征因子，称之为"学科中位特征因子"；由于2017年的标准特征因子不呈正态分布者占85%以上，故而选择各学科标准特征因子的中位数作为各学科的标准特征因子，称为"学科中位标准特征因子"。

学科中位特征因子获得方法为：将学科内所有期刊的特征因子按从大到小排序为

$$EF_1 \cdots EF_n$$

当 n 为奇数时：

$$EF_{Median} = EF_{(n+1)/2}$$

当 n 为偶数时：

$$EF_{Median} = \frac{EF_{n/2} + EF_{(n+1)/2}}{2}$$

同样方法获得各学科的中位标准特征因子。

表10-1 2013年和2017年各学科期刊特征因子及2017年各学科标准特征因子的正态性检验结果

所属学科		2013年特征因子	2017年特征因子	2017年标准化特征因子
ACOUSTICS	Z 值	1.351	1.193	1.193
	P 值	0.052	0.116	0.116

续表

所属学科		2013年特征因子	2017年特征因子	2017年标准化特征因子
AGRICULTURAL ECONOMICS & POLICY	Z值	1.212	1.098	1.100
	P值	0.106	0.179	0.178
AGRICULTURAL ENGINEERING	Z值	1.299	1.473	1.473
	P值	0.068	0.026	0.026
AGRICULTURE, DAIRY & ANIMAL SCIENCE	Z值	1.952	2.216	2.217
	P值	0.001	0.000	0.000
AGRICULTURE, MULTIDISCIPLINARY	Z值	2.919	2.772	2.772
	P值	0.000	0.000	0.000
AGRONOMY	Z值	2.179	2.564	2.567
	P值	0.000	0.000	0.000
ALLERGY	Z值	1.579	1.785	1.785
	P值	0.014	0.003	0.003
ANATOMY & MORPHOLOGY	Z值	1.054	0.930	0.928
	P值	0.216	0.353	0.355
ANDROLOGY	Z值	0.469	0.610	0.611
	P值	0.981	0.851	0.850
ANESTHESIOLOGY	Z值	1.554	1.451	1.450
	P值	0.016	0.030	0.030
ASTRONOMY & ASTROPHYSICS	Z值	2.857	2.789	2.789
	P值	0.000	0.000	0.000
AUDIOLOGY & SPEECH – LANGUAGE PATHOLOGY	Z值	1.468	1.626	1.625
	P值	0.027	0.010	0.010
AUTOMATION & CONTROL SYSTEMS	Z值	2.166	2.188	2.188
	P值	0.000	0.000	0.000
BEHAVIORAL SCIENCES	Z值	1.602	1.892	1.891
	P值	0.012	0.002	0.002

续表

所属学科		2013年特征因子	2017年特征因子	2017年标准化特征因子
BIOCHEMICAL RESEARCH METHODS	Z值	2.394	2.812	2.812
	P值	0.000	0.000	0.000
BIOCHEMISTRY & MOLECULAR BIOLOGY	Z值	5.887	6.004	6.004
	P值	0.000	0.000	0.000
BIODIVERSITY CONSERVATION	Z值	1.941	2.346	2.345
	P值	0.001	0.000	0.000
BIOLOGY	Z值	3.218	3.216	3.216
	P值	0.000	0.000	0.000
BIOPHYSICS	Z值	2.299	2.241	2.241
	P值	0.000	0.000	0.000
BIOTECHNOLOGY & APPLIED MICROBIOLOGY	Z值	4.159	4.149	4.149
	P值	0.000	0.000	0.000
CARDIAC & CARDIOVASCULAR SYSTEMS	Z值	3.747	3.591	3.590
	P值	0.000	0.000	0.000
CELL & TISSUE ENGINEERING	Z值	1.483	1.378	1.378
	P值	0.025	0.045	0.045
CELL BIOLOGY	Z值	4.312	4.586	4.586
	P值	0.000	0.000	0.000
CHEMISTRY, ANALYTICAL	Z值	2.470	2.600	2.599
	P值	0.000	0.000	0.000
CHEMISTRY, APPLIED	Z值	2.772	2.756	2.757
	P值	0.000	0.000	0.000
CHEMISTRY, INORGANIC & NUCLEAR	Z值	1.983	2.209	2.208
	P值	0.001	0.000	0.000
CHEMISTRY, MEDICINAL	Z值	2.074	1.737	1.737
	P值	0.000	0.005	0.005

续表

所属学科		2013年特征因子	2017年特征因子	2017年标准化特征因子
CHEMISTRY, MULTIDISCIPLINARY	Z 值	4.462	5.096	5.096
	P 值	0.000	0.000	0.000
CHEMISTRY, ORGANIC	Z 值	2.135	2.161	2.161
	P 值	0.000	0.000	0.000
CHEMISTRY, PHYSICAL	Z 值	3.796	3.921	3.921
	P 值	0.000	0.000	0.000
CLINICAL NEUROLOGY	Z 值	3.681	3.431	3.430
	P 值	0.000	0.000	0.000
COMPUTER SCIENCE, ARTIFICIAL INTELLIGENCE	Z 值	3.160	3.446	3.446
	P 值	0.000	0.000	0.000
COMPUTER SCIENCE, CYBERNETICS	Z 值	1.509	1.829	1.829
	P 值	0.021	0.002	0.002
COMPUTER SCIENCE, HARDWARE & ARCHITECTURE	Z 值	1.500	1.738	1.736
	P 值	0.022	0.005	0.005
COMPUTER SCIENCE, INFORMATION SYSTEMS	Z 值	3.445	3.359	3.357
	P 值	0.000	0.000	0.000
COMPUTER SCIENCE, INTERDISCIPLINARY APPLICATIONS	Z 值	2.353	2.421	2.422
	P 值	0.000	0.000	0.000
COMPUTER SCIENCE, SOFTWARE ENGINEERING	Z 值	2.516	2.592	2.595
	P 值	0.000	0.000	0.000
COMPUTER SCIENCE, THEORY & METHODS	Z 值	2.246	2.640	2.640
	P 值	0.000	0.000	0.000
CONSTRUCTION & BUILDING TECHNOLOGY	Z 值	2.135	2.466	2.467
	P 值	0.000	0.000	0.000
CRITICAL CARE MEDICINE	Z 值	1.397	1.395	1.394
	P 值	0.040	0.041	0.041

续表

所属学科		2013年特征因子	2017年特征因子	2017年标准化特征因子
CRYSTALLOGRAPHY	Z 值	1.716	1.561	1.561
	P 值	0.006	0.015	0.015
DENTISTRY, ORAL SURGERY & MEDICINE	Z 值	1.790	1.962	1.963
	P 值	0.003	0.001	0.001
DERMATOLOGY	Z 值	1.966	2.083	2.082
	P 值	0.001	0.000	0.000
DEVELOPMENTAL BIOLOGY	Z 值	2.257	2.357	2.356
	P 值	0.000	0.000	0.000
ECOLOGY	Z 值	2.845	3.212	3.213
	P 值	0.000	0.000	0.000
EDUCATION, SCIENTIFIC DISCIPLINES	Z 值	1.478	1.549	1.548
	P 值	0.025	0.017	0.017
ELECTROCHEMISTRY	Z 值	1.463	1.694	1.694
	P 值	0.028	0.006	0.006
EMERGENCY MEDICINE	Z 值	1.318	1.317	1.317
	P 值	0.062	0.062	0.062
ENDOCRINOLOGY & METABOLISM	Z 值	2.906	3.148	3.147
	P 值	0.000	0.000	0.000
ENERGY & FUELS	Z 值	2.581	3.006	3.006
	P 值	0.000	0.000	0.000
ENGINEERING, AEROSPACE	Z 值	1.315	1.609	1.608
	P 值	0.063	0.011	0.011
ENGINEERING, BIOMEDICAL	Z 值	2.822	2.643	2.643
	P 值	0.000	0.000	0.000
ENGINEERING, CHEMICAL	Z 值	3.353	3.780	3.779
	P 值	0.000	0.000	0.000

续表

所属学科		2013年特征因子	2017年特征因子	2017年标准化特征因子
ENGINEERING, CIVIL	Z值	4.063	3.356	3.358
	P值	0.000	0.000	0.000
ENGINEERING, ELECTRICAL & ELECTRONIC	Z值	3.859	3.945	3.943
	P值	0.000	0.000	0.000
ENGINEERING, ENVIRONMENTAL	Z值	2.322	2.409	2.409
	P值	0.000	0.000	0.000
ENGINEERING, GEOLOGICAL	Z值	1.182	1.106	1.103
	P值	0.122	0.173	0.175
ENGINEERING, INDUSTRIAL	Z值	1.648	1.795	1.796
	P值	0.009	0.003	0.003
ENGINEERING, MANUFACTURING	Z值	1.754	1.761	1.762
	P值	0.004	0.004	0.004
ENGINEERING, MARINE	Z值	1.219	1.480	1.480
	P值	0.102	0.025	0.025
ENGINEERING, MECHANICAL	Z值	2.754	2.973	2.975
	P值	0.000	0.000	0.000
ENGINEERING, MULTIDISCIPLINARY	Z值	2.684	2.920	2.919
	P值	0.000	0.000	0.000
ENGINEERING, OCEAN	Z值	1.216	1.030	1.030
	P值	0.104	0.239	0.240
ENGINEERING, PETROLEUM	Z值	1.152	1.277	1.274
	P值	0.140	0.077	0.078
ENTOMOLOGY	Z值	1.996	2.006	2.005
	P值	0.001	0.001	0.001
ENVIRONMENTAL SCIENCES	Z值	4.645	4.998	4.997
	P值	0.000	0.000	0.000

续表

所属学科		2013年特征因子	2017年特征因子	2017年标准化特征因子
EVOLUTIONARY BIOLOGY	Z值	1.689	1.805	1.804
	P值	0.007	0.003	0.003
FISHERIES	Z值	1.568	1.620	1.621
	P值	0.015	0.011	0.010
FOOD SCIENCE & TECHNOLOGY	Z值	3.543	3.536	3.535
	P值	0.000	0.000	0.000
FORESTRY	Z值	2.458	2.381	2.381
	P值	0.000	0.000	0.000
GASTROENTEROLOGY & HEPATOLOGY	Z值	2.334	2.413	2.413
	P值	0.000	0.000	0.000
GENETICS & HEREDITY	Z值	4.173	4.212	4.212
	P值	0.000	0.000	0.000
GEOCHEMISTRY & GEOPHYSICS	Z值	2.555	2.516	2.515
	P值	0.000	0.000	0.000
GEOGRAPHY, PHYSICAL	Z值	1.437	1.765	1.764
	P值	0.032	0.004	0.004
GEOLOGY	Z值	2.285	2.329	2.330
	P值	0.000	0.000	0.000
GEOSCIENCES, MULTIDISCIPLINARY	Z值	5.002	4.363	4.363
	P值	0.000	0.000	0.000
GERIATRICS & GERONTOLOGY	Z值	1.568	1.449	1.449
	P值	0.015	0.030	0.030
GREEN & SUSTAINABLE SCIENCE & TECHNOLOGY	Z值	—	1.806	1.805
	P值	—	0.003	0.003
HEALTH CARE SCIENCES & SERVICES	Z值	1.942	2.133	2.134
	P值	0.001	0.000	0.000

续表

所属学科		2013年特征因子	2017年特征因子	2017年标准化特征因子
HEMATOLOGY	Z 值	2.924	2.799	2.799
	P 值	0.000	0.000	0.000
HISTORY & PHILOSOPHY OF SCIENCE	Z 值	1.722	1.948	1.948
	P 值	0.005	0.001	0.001
HORTICULTURE	Z 值	1.446	2.043	2.040
	P 值	0.030	0.000	0.000
IMAGING SCIENCE & PHOTOGRAPHIC TECHNOLOGY	Z 值	1.369	1.739	1.738
	P 值	0.047	0.005	0.005
IMMUNOLOGY	Z 值	3.679	3.502	3.502
	P 值	0.000	0.000	0.000
INFECTIOUS DISEASES	Z 值	2.193	2.437	2.438
	P 值	0.000	0.000	0.000
INSTRUMENTS & INSTRUMENTATION	Z 值	2.035	2.260	2.260
	P 值	0.001	0.000	0.000
INTEGRATIVE & COMPLEMENTARY MEDICINE	Z 值	1.557	1.743	1.743
	P 值	0.016	0.005	0.005
LIMNOLOGY	Z 值	1.624	1.712	1.712
	P 值	0.010	0.006	0.006
LOGIC	Z 值	0.886	1.070	1.068
	P 值	0.413	0.203	0.204
MARINE & FRESHWATER BIOLOGY	Z 值	2.456	2.505	2.502
	P 值	0.000	0.000	0.000
MATERIALS SCIENCE, BIOMATERIALS	Z 值	1.839	1.753	1.753
	P 值	0.002	0.004	0.004
MATERIALS SCIENCE, CERAMICS	Z 值	1.810	2.092	2.091
	P 值	0.003	0.000	0.000

续表

所属学科		2013年特征因子	2017年特征因子	2017年标准化特征因子
MATERIALS SCIENCE, CHARACTERIZATION & TESTING	Z值	1.752	1.713	1.712
	P值	0.004	0.006	0.006
MATERIALS SCIENCE, COATINGS & FILMS	Z值	1.583	1.542	1.542
	P值	0.013	0.017	0.017
MATERIALS SCIENCE, COMPOSITES	Z值	1.378	1.492	1.491
	P值	0.045	0.023	0.023
MATERIALS SCIENCE, MULTIDISCIPLINARY	Z值	5.435	5.898	5.897
	P值	0.000	0.000	0.000
MATERIALS SCIENCE, PAPER & WOOD	Z值	1.263	1.498	1.499
	P值	0.082	0.022	0.022
MATERIALS SCIENCE, TEXTILES	Z值	1.628	1.813	1.813
	P值	0.010	0.003	0.003
MATHEMATICAL & COMPUTATIONAL BIOLOGY	Z值	2.474	2.765	2.766
	P值	0.000	0.000	0.000
MATHEMATICS	Z值	4.659	4.361	4.364
	P值	0.000	0.000	0.000
MATHEMATICS, APPLIED	Z值	3.912	3.619	3.616
	P值	0.000	0.000	0.000
MATHEMATICS, INTERDISCIPLINARY APPLICATIONS	Z值	2.784	2.747	2.749
	P值	0.000	0.000	0.000
MECHANICS	Z值	3.002	3.076	3.077
	P值	0.000	0.000	0.000
MEDICAL ETHICS	Z值	0.955	0.933	0.936
	P值	0.322	0.349	0.345
MEDICAL INFORMATICS	Z值	1.209	1.304	1.303
	P值	0.108	0.067	0.067

续表

所属学科		2013年特征因子	2017年特征因子	2017年标准化特征因子
MEDICAL LABORATORY TECHNOLOGY	Z 值	1.522	1.515	1.514
	P 值	0.019	0.020	0.020
MEDICINE, GENERAL & INTERNAL	Z 值	4.922	5.050	5.050
	P 值	0.000	0.000	0.000
MEDICINE, LEGAL	Z 值	0.793	0.808	0.809
	P 值	0.556	0.531	0.529
MEDICINE, RESEARCH & EXPERIMENTAL	Z 值	3.683	3.670	3.671
	P 值	0.000	0.000	0.000
METALLURGY & METALLURGICAL ENGINEERING	Z 值	3.106	2.992	2.992
	P 值	0.000	0.000	0.000
METEOROLOGY & ATMOSPHERIC SCIENCES	Z 值	2.234	2.569	2.570
	P 值	0.000	0.000	0.000
MICROBIOLOGY	Z 值	3.006	3.083	3.084
	P 值	0.000	0.000	0.000
MICROSCOPY	Z 值	0.581	0.599	0.600
	P 值	0.889	0.865	0.864
MINERALOGY	Z 值	1.275	1.291	1.291
	P 值	0.077	0.071	0.071
MINING & MINERAL PROCESSING	Z 值	1.471	1.369	1.370
	P 值	0.026	0.047	0.047
MULTIDISCIPLINARY SCIENCES	Z 值	3.481	3.836	3.836
	P 值	0.000	0.000	0.000
MYCOLOGY	Z 值	0.717	1.015	1.019
	P 值	0.683	0.254	0.250
NANOSCIENCE & NANOTECHNOLOGY	Z 值	2.871	3.438	3.438
	P 值	0.000	0.000	0.000

续表

所属学科		2013年特征因子	2017年特征因子	2017年标准化特征因子
NEUROIMAGING	Z值	1.312	1.166	1.166
	P值	0.064	0.132	0.132
NEUROSCIENCES	Z值	5.134	4.887	4.886
	P值	0.000	0.000	0.000
NUCLEAR SCIENCE & TECHNOLOGY	Z值	1.300	1.192	1.193
	P值	0.068	0.117	0.116
NURSING	Z值	2.438	2.237	2.244
	P值	0.000	0.000	0.000
NUTRITION & DIETETICS	Z值	2.471	2.374	2.373
	P值	0.000	0.000	0.000
OBSTETRICS & GYNECOLOGY	Z值	2.069	1.992	1.991
	P值	0.000	0.001	0.001
OCEANOGRAPHY	Z值	1.704	1.828	1.829
	P值	0.006	0.003	0.002
ONCOLOGY	Z值	4.592	4.449	4.449
	P值	0.000	0.000	0.000
OPERATIONS RESEARCH & MANAGEMENT SCIENCE	Z值	2.513	2.335	2.333
	P值	0.000	0.000	0.000
OPHTHALMOLOGY	Z值	1.947	2.063	2.062
	P值	0.001	0.000	0.000
OPTICS	Z值	3.183	3.259	3.258
	P值	0.000	0.000	0.000
ORNITHOLOGY	Z值	1.162	1.189	1.183
	P值	0.134	0.118	0.122
ORTHOPEDICS	Z值	1.758	1.994	1.993
	P值	0.004	0.001	0.001

续表

所属学科		2013年特征因子	2017年特征因子	2017年标准化特征因子
OTORHINOLARYNGOLOGY	Z值	1.416	1.699	1.698
	P值	0.036	0.006	0.006
PALEONTOLOGY	Z值	2.119	2.163	2.160
	P值	0.000	0.000	0.000
PARASITOLOGY	Z值	1.902	2.020	2.020
	P值	0.001	0.001	0.001
PATHOLOGY	Z值	2.456	2.076	2.076
	P值	0.000	0.000	0.000
PEDIATRICS	Z值	3.193	3.233	3.234
	P值	0.000	0.000	0.000
PERIPHERAL VASCULAR DISEASE	Z值	2.666	2.652	2.651
	P值	0.000	0.000	0.000
PHARMACOLOGY & PHARMACY	Z值	3.797	3.764	3.762
	P值	0.000	0.000	0.000
PHYSICS, APPLIED	Z值	4.101	4.087	4.087
	P值	0.000	0.000	0.000
PHYSICS, ATOMIC, MOLECULAR & CHEMICAL	Z值	1.801	2.063	2.063
	P值	0.003	0.000	0.000
PHYSICS, CONDENSED MATTER	Z值	3.250	3.236	3.236
	P值	0.000	0.000	0.000
PHYSICS, FLUIDS & PLASMAS	Z值	1.747	1.731	1.731
	P值	0.004	0.005	0.005
PHYSICS, MATHEMATICAL	Z值	2.404	2.350	2.350
	P值	0.000	0.000	0.000
PHYSICS, MULTIDISCIPLINARY	Z值	3.516	3.502	3.502
	P值	0.000	0.000	0.000

续表

所属学科		2013年特征因子	2017年特征因子	2017年标准化特征因子
PHYSICS, NUCLEAR	Z值	0.988	1.180	1.180
	P值	0.283	0.124	0.124
PHYSICS, PARTICLES & FIELDS	Z值	1.645	1.633	1.633
	P值	0.009	0.010	0.010
PHYSIOLOGY	Z值	2.240	1.805	1.804
	P值	0.000	0.003	0.003
PLANT SCIENCES	Z值	4.376	4.701	4.701
	P值	0.000	0.000	0.000
POLYMER SCIENCE	Z值	2.864	2.883	2.884
	P值	0.000	0.000	0.000
PRIMARY HEALTH CARE	Z值	0.816	1.212	1.211
	P值	0.518	0.106	0.107
PSYCHIATRY	Z值	2.854	2.728	2.726
	P值	0.000	0.000	0.000
PSYCHOLOGY	Z值	1.464	2.022	2.023
	P值	0.027	0.001	0.001
PUBLIC, ENVIRONMENTAL & OCCUPATIONAL HEALTH	Z值	3.317	3.612	3.612
	P值	0.000	0.000	0.000
RADIOLOGY, NUCLEAR MEDICINE & MEDICAL IMAGING	Z值	3.309	3.245	3.245
	P值	0.000	0.000	0.000
REHABILITATION	Z值	1.927	1.794	1.795
	P值	0.001	0.003	0.003
REMOTE SENSING	Z值	1.525	1.777	1.776
	P值	0.019	0.004	0.004
REPRODUCTIVE BIOLOGY	Z值	1.278	1.105	1.105
	P值	0.076	0.174	0.174

续表

所属学科		2013年特征因子	2017年特征因子	2017年标准化特征因子
RESPIRATORY SYSTEM	Z 值	2.082	1.882	1.882
	P 值	0.000	0.002	0.002
RHEUMATOLOGY	Z 值	1.427	1.324	1.323
	P 值	0.034	0.060	0.060
ROBOTICS	Z 值	1.183	0.940	0.941
	P 值	0.122	0.339	0.339
SOIL SCIENCE	Z 值	1.367	1.490	1.491
	P 值	0.048	0.024	0.024
SPECTROSCOPY	Z 值	1.291	1.337	1.337
	P 值	0.071	0.056	0.056
SPORT SCIENCES	Z 值	2.376	2.132	2.132
	P 值	0.000	0.000	0.000
STATISTICS & PROBABILITY	Z 值	2.536	2.633	2.632
	P 值	0.000	0.000	0.000
SUBSTANCE ABUSE	Z 值	1.014	1.038	1.038
	P 值	0.255	0.232	0.232
SURGERY	Z 值	3.321	3.062	3.061
	P 值	0.000	0.000	0.000
TELECOMMUNICATIONS	Z 值	2.515	2.531	2.530
	P 值	0.000	0.000	0.000
THERMODYNAMICS	Z 值	2.059	2.246	2.245
	P 值	0.000	0.000	0.000
TOXICOLOGY	Z 值	1.928	1.893	1.893
	P 值	0.001	0.002	0.002
TRANSPLANTATION	Z 值	1.061	1.067	1.067
	P 值	0.210	0.205	0.205

续表

所属学科		2013年特征因子	2017年特征因子	2017年标准化特征因子
TRANSPORTATION SCIENCE & TECHNOLOGY	Z值	1.531	1.658	1.657
	P值	0.018	0.008	0.008
TROPICAL MEDICINE	Z值	1.429	1.262	1.262
	P值	0.034	0.083	0.083
UROLOGY & NEPHROLOGY	Z值	2.654	2.414	2.413
	P值	0.000	0.000	0.000
VETERINARY SCIENCES	Z值	2.712	2.799	2.792
	P值	0.000	0.000	0.000
VIROLOGY	Z值	1.959	1.825	1.825
	P值	0.001	0.003	0.003
WATER RESOURCES	Z值	2.612	2.853	2.854
	P值	0.000	0.000	0.000
ZOOLOGY	Z值	3.474	3.522	3.517
	P值	0.000	0.000	0.000

第二节 学科中位特征因子的变迁及中位标准特征因子

2013年和2017年各学科中位特征因子及其变化值见表10-2。由表10-2可知，特征因子均较小，保留至小数点后5位。2013年SCI 176个学科的中位特征因子平均为0.00333，大于该值的学科共74个（42.05%），最大的为VIROLOGY（病毒学）的0.01119，>0.008者还有INFECTIOUS DISEASES（传染病）、ELECTROCHEMISTRY（电化学）、PHYSICS, NUCLEAR（物理学，核）和PHYSICS, PARTICLES & FIELDS（物理学、粒子与场）4个学科，2013年中位特征因子分别为0.00854、0.00838、0.00823和0.00823；>0.005~0.008者29个学科（16.48%）；>0.003~0.005者54个学科

（30.68%）；>0.001~0.003者76个学科（43.18%）；≤0.001者12个学科（6.82%），最小的为HISTORY & PHILOSOPHY OF SCIENCE（科学史与哲学）的0.00048，其次为MINING & MINERAL PROCESSING（采矿和选矿）的0.00059和MATERIALS SCIENCE, TEXTILES（材料科学，纺织品）的0.00065。

表10-2 2013年和2017年各学科中位特征因子及其变化情况和2017年各学科中位标准特征因子值

学科	2013年中位特征因子	2017年中位特征因子	变化值	变化率	2017年中位标准特征因子
ACOUSTICS	0.003 04	0.003 04	0.000 00	0.00%	0.354 65
AGRICULTURAL ECONOMICS & POLICY	0.000 87	0.000 77	-0.000 10	-11.49%	0.090 45
AGRICULTURAL ENGINEERING	0.002 62	0.001 62	-0.001 00	-38.17%	0.189 43
AGRICULTURE, DAIRY & ANIMAL SCIENCE	0.001 52	0.001 10	-0.000 43	-27.63%	0.128 01
AGRICULTURE, MULTIDISCIPLINARY	0.000 86	0.001 05	0.000 20	22.09%	0.123 24
AGRONOMY	0.001 40	0.001 28	-0.000 12	-8.57%	0.149 96
ALLERGY	0.003 92	0.003 46	-0.000 46	-11.73%	0.404 31
ANATOMY & MORPHOLOGY	0.003 72	0.002 75	-0.000 97	-26.08%	0.321 17
ANDROLOGY	0.002 38	0.002 49	0.000 11	4.62%	0.290 61
ANESTHESIOLOGY	0.004 70	0.004 42	-0.000 28	-5.96%	0.515 76
ASTRONOMY & ASTROPHYSICS	0.004 58	0.004 01	-0.000 58	-12.45%	0.467 65
AUDIOLOGY & SPEECH-LANGUAGE PATHOLOGY	0.001 84	0.001 91	0.000 07	3.80%	0.223 67
AUTOMATION & CONTROL SYSTEMS	0.002 50	0.003 51	0.001 01	40.40%	0.409 41
BEHAVIORAL SCIENCES	0.006 50	0.004 95	-0.001 55	-23.85%	0.577 98
BIOCHEMICAL RESEARCH METHODS	0.006 19	0.005 51	-0.000 67	-10.99%	0.643 21
BIOCHEMISTRY & MOLECULAR BIOLOGY	0.007 61	0.006 47	-0.001 15	-14.98%	0.754 09
BIODIVERSITY CONSERVATION	0.001 88	0.001 59	-0.000 29	-15.43%	0.185 53
BIOLOGY	0.002 68	0.002 39	-0.000 29	-10.82%	0.279 30
BIOPHYSICS	0.005 96	0.005 69	-0.000 28	-4.53%	0.663 01
BIOTECHNOLOGY & APPLIED MICROBIOLOGY	0.004 42	0.004 07	-0.000 35	-7.92%	0.475 21

续表

学科	2013 年中位特征因子	2017 年中位特征因子	变化值	变化率	2017 年中位标准特征因子
CARDIAC & CARDIOVASCULAR SYSTEMS	0.003 54	0.004 36	0.000 82	23.16%	0.508 71
CELL & TISSUE ENGINEERING	0.004 63	0.004 47	-0.000 16	-3.46%	0.521 32
CELL BIOLOGY	0.007 28	0.006 32	-0.000 96	-13.19%	0.736 67
CHEMISTRY, ANALYTICAL	0.005 25	0.003 56	-0.001 69	-32.19%	0.415 65
CHEMISTRY, APPLIED	0.002 20	0.001 77	-0.000 43	-19.55%	0.206 33
CHEMISTRY, INORGANIC & NUCLEAR	0.003 19	0.002 21	-0.000 98	-30.72%	0.257 86
CHEMISTRY, MEDICINAL	0.005 80	0.005 32	-0.000 48	-8.28%	0.620 33
CHEMISTRY, MULTIDISCIPLINARY	0.003 36	0.003 39	0.000 03	0.89%	0.396 12
CHEMISTRY, ORGANIC	0.004 21	0.002 94	-0.001 27	-30.17%	0.343 29
CHEMISTRY, PHYSICAL	0.006 53	0.005 74	-0.000 78	-12.10%	0.669 69
CLINICAL NEUROLOGY	0.004 72	0.005 44	0.000 73	15.25%	0.634 18
COMPUTER SCIENCE, ARTIFICIAL INTELLIGENCE	0.001 48	0.001 52	0.000 04	2.70%	0.177 06
COMPUTER SCIENCE, CYBERNETICS	0.001 26	0.001 11	-0.000 15	-11.90%	0.129 39
COMPUTER SCIENCE, HARDWARE & ARCHITECTURE	0.002 30	0.001 94	-0.000 36	-15.65%	0.226 50
COMPUTER SCIENCE, INFORMATION SYSTEMS	0.001 57	0.001 61	0.000 04	2.55%	0.188 04
COMPUTER SCIENCE, INTERDISCIPLINARY APPLICATIONS	0.003 30	0.003 21	-0.000 09	-2.73%	0.374 70
COMPUTER SCIENCE, SOFTWARE ENGINEERING	0.001 83	0.001 67	-0.000 17	-8.74%	0.194 40
COMPUTER SCIENCE, THEORY & METHODS	0.001 36	0.001 60	0.000 24	17.65%	0.187 42
CONSTRUCTION & BUILDING TECHNOLOGY	0.001 06	0.001 23	0.000 17	16.04%	0.143 92
CRITICAL CARE MEDICINE	0.007 03	0.005 75	-0.001 28	-18.21%	0.670 52
CRYSTALLOGRAPHY	0.004 07	0.003 52	-0.000 55	-13.51%	0.410 50

续表

学科	2013 年中位特征因子	2017 年中位特征因子	变化值	变化率	2017 年中位标准特征因子
DENTISTRY, ORAL SURGERY & MEDICINE	0.002 82	0.002 46	-0.000 36	-12.77%	0.287 61
DERMATOLOGY	0.003 00	0.003 38	0.000 38	12.67%	0.394 52
DEVELOPMENTAL BIOLOGY	0.006 16	0.003 13	-0.003 04	-49.19%	0.364 74
ECOLOGY	0.003 91	0.003 23	-0.000 68	-17.39%	0.376 97
EDUCATION, SCIENTIFIC DISCIPLINES	0.001 91	0.001 69	-0.000 22	-11.52%	0.197 31
ELECTROCHEMISTRY	0.008 38	0.007 10	-0.001 29	-15.27%	0.827 69
EMERGENCY MEDICINE	0.001 95	0.002 23	0.000 28	14.36%	0.260 42
ENDOCRINOLOGY & METABOLISM	0.005 69	0.005 40	-0.000 30	-5.10%	0.629 18
ENERGY & FUELS	0.003 04	0.003 66	0.000 62	20.39%	0.427 31
ENGINEERING, AEROSPACE	0.001 23	0.000 91	-0.000 32	-26.02%	0.106 12
ENGINEERING, BIOMEDICAL	0.003 30	0.004 17	0.000 87	26.36%	0.486 40
ENGINEERING, CHEMICAL	0.002 21	0.002 68	0.000 47	21.27%	0.312 21
ENGINEERING, CIVIL	0.001 40	0.001 83	0.000 43	30.71%	0.213 50
ENGINEERING, ELECTRICAL & ELECTRONIC	0.003 39	0.003 54	0.000 15	4.42%	0.413 20
ENGINEERING, ENVIRONMENTAL	0.004 25	0.003 74	-0.000 51	-12.00%	0.435 83
ENGINEERING, GEOLOGICAL	0.001 81	0.003 04	0.001 23	67.96%	0.354 06
ENGINEERING, INDUSTRIAL	0.001 38	0.001 57	0.000 19	13.77%	0.183 18
ENGINEERING, MANUFACTURING	0.001 61	0.001 46	-0.000 15	-9.32%	0.171 14
ENGINEERING, MARINE	0.000 69	0.000 58	-0.000 11	-15.94%	0.067 36
ENGINEERING, MECHANICAL	0.001 92	0.002 71	0.000 79	41.15%	0.315 96
ENGINEERING, MULTIDISCIPLINARY	0.001 42	0.001 26	-0.000 17	-11.27%	0.146 88
ENGINEERING, OCEAN	0.001 17	0.001 14	-0.000 02	-2.56%	0.133 73
ENGINEERING, PETROLEUM	0.000 70	0.000 85	0.000 16	21.43%	0.099 64
ENTOMOLOGY	0.001 32	0.001 08	-0.000 24	-18.18%	0.126 91
ENVIRONMENTAL SCIENCES	0.003 09	0.002 95	-0.000 14	-4.53%	0.344 38

续表

学科	2013年中位特征因子	2017年中位特征因子	变化值	变化率	2017年中位标准特征因子
EVOLUTIONARY BIOLOGY	0.005 64	0.004 22	-0.001 42	-25.18%	0.492 57
FISHERIES	0.002 23	0.001 78	-0.000 46	-20.18%	0.207 72
FOOD SCIENCE & TECHNOLOGY	0.001 88	0.001 68	-0.000 20	-10.64%	0.195 85
FORESTRY	0.001 34	0.000 99	-0.000 36	-26.12%	0.115 24
GASTROENTEROLOGY & HEPATOLOGY	0.006 66	0.005 52	-0.001 14	-17.12%	0.643 95
GENETICS & HEREDITY	0.005 16	0.004 19	-0.000 97	-18.80%	0.489 09
GEOCHEMISTRY & GEOPHYSICS	0.002 70	0.002 92	0.000 22	8.15%	0.341 43
GEOGRAPHY, PHYSICAL	0.004 15	0.002 99	-0.001 16	-27.95%	0.348 90
GEOLOGY	0.000 90	0.000 83	-0.000 07	-7.78%	0.096 77
GEOSCIENCES, MULTIDISCIPLINARY	0.003 23	0.003 13	-0.000 10	-3.10%	0.364 86
GERIATRICS & GERONTOLOGY	0.003 15	0.004 38	0.001 23	39.05%	0.510 60
GREEN & SUSTAINABLE SCIENCE & TECHNOLOGY	—	0.003 58	—	—	0.417 68
HEALTH CARE SCIENCES & SERVICES	0.003 56	0.003 20	-0.000 36	-10.11%	0.373 58
HEMATOLOGY	0.005 71	0.005 20	-0.000 51	-8.93%	0.606 56
HISTORY & PHILOSOPHY OF SCIENCE	0.000 48	0.000 44	-0.000 04	-8.33%	0.052 22
HORTICULTURE	0.000 86	0.000 65	-0.000 21	-24.42%	0.076 15
IMAGING SCIENCE & PHOTOGRAPHIC TECHNOLOGY	0.001 26	0.002 28	0.001 02	80.95%	0.266 32
IMMUNOLOGY	0.006 78	0.006 09	-0.000 69	-10.18%	0.710 45
INFECTIOUS DISEASES	0.008 54	0.005 83	-0.002 71	-31.73%	0.680 02
INSTRUMENTS & INSTRUMENTATION	0.002 02	0.002 96	0.000 94	46.53%	0.345 75
INTEGRATIVE & COMPLEMENTARY MEDICINE	0.001 09	0.001 60	0.000 52	46.79%	0.186 97
LIMNOLOGY	0.002 13	0.001 75	-0.000 38	-17.84%	0.204 37
LOGIC	0.001 35	0.001 11	-0.000 24	-17.78%	0.129 99

续表

学科	2013年中位特征因子	2017年中位特征因子	变化值	变化率	2017年中位标准特征因子
MARINE & FRESHWATER BIOLOGY	0.002 43	0.001 72	-0.000 71	-29.22%	0.200 52
MATERIALS SCIENCE, BIOMATERIALS	0.002 97	0.004 88	0.001 92	64.31%	0.568 80
MATERIALS SCIENCE, CERAMICS	0.001 02	0.000 62	-0.000 40	-39.22%	0.073 20
MATERIALS SCIENCE, CHARACTERIZATION & TESTING	0.000 81	0.000 96	0.000 15	18.52%	0.111 91
MATERIALS SCIENCE, COATINGS & FILMS	0.001 79	0.001 67	-0.000 12	-6.70%	0.195 17
MATERIALS SCIENCE, COMPOSITES	0.001 21	0.001 29	0.000 08	6.61%	0.150 46
MATERIALS SCIENCE, MULTIDISCIPLINARY	0.003 27	0.003 26	-0.000 01	-0.31%	0.381 10
MATERIALS SCIENCE, PAPER & WOOD	0.000 78	0.000 61	-0.000 17	-21.79%	0.071 79
MATERIALS SCIENCE, TEXTILES	0.000 65	0.000 47	-0.000 18	-27.69%	0.055 68
MATHEMATICAL & COMPUTATIONAL BIOLOGY	0.003 31	0.002 72	-0.000 59	-17.82%	0.317 05
MATHEMATICS	0.002 73	0.002 33	-0.000 40	-14.65%	0.271 56
MATHEMATICS, APPLIED	0.002 68	0.002 50	-0.000 18	-6.72%	0.291 34
MATHEMATICS, INTERDISCIPLINARY APPLICATIONS	0.002 55	0.002 28	-0.000 27	-10.59%	0.266 28
MECHANICS	0.002 29	0.002 66	0.000 38	16.16%	0.310 77
MEDICAL ETHICS	0.000 81	0.000 86	0.000 05	6.17%	0.100 17
MEDICAL INFORMATICS	0.003 68	0.004 84	0.001 16	31.52%	0.564 61
MEDICAL LABORATORY TECHNOLOGY	0.001 88	0.002 57	0.000 69	36.70%	0.300 33
MEDICINE, GENERAL & INTERNAL	0.002 72	0.002 92	0.000 21	7.35%	0.341 39
MEDICINE, LEGAL	0.002 30	0.002 30	0.000 00	0.00%	0.268 20
MEDICINE, RESEARCH & EXPERIMENTAL	0.004 49	0.004 62	0.000 14	2.90%	0.539 01
METALLURGY & METALLURGICAL ENGINEERING	0.001 15	0.001 75	0.000 60	52.17%	0.204 56
METEOROLOGY & ATMOSPHERIC SCIENCES	0.005 26	0.004 28	-0.000 98	-18.63%	0.499 42
MICROBIOLOGY	0.005 00	0.004 75	-0.000 25	-5.00%	0.554 45

续表

学科	2013年中位特征因子	2017年中位特征因子	变化值	变化率	2017年中位标准特征因子
MICROSCOPY	0.005 26	0.004 28	-0.000 98	-18.63%	0.499 49
MINERALOGY	0.003 97	0.002 35	-0.001 62	-40.81%	0.274 84
MINING & MINERAL PROCESSING	0.000 59	0.000 89	0.000 30	50.85%	0.104 49
MULTIDISCIPLINARY SCIENCES	0.001 15	0.001 57	0.000 42	36.52%	0.183 34
MYCOLOGY	0.002 71	0.001 98	-0.000 73	-26.94%	0.230 87
NANOSCIENCE & NANOTECHNOLOGY	0.005 96	0.006 13	0.000 17	2.85%	0.714 86
NEUROIMAGING	0.002 60	0.007 22	0.004 62	177.69%	0.841 41
NEUROSCIENCES	0.006 28	0.006 65	0.000 37	5.89%	0.775 89
NUCLEAR SCIENCE & TECHNOLOGY	0.004 67	0.003 28	-0.001 39	-29.76%	0.382 97
NURSING	0.001 08	0.001 24	0.000 16	14.81%	0.144 28
NUTRITION & DIETETICS	0.004 29	0.004 56	0.000 27	6.29%	0.531 67
OBSTETRICS & GYNECOLOGY	0.004 62	0.004 00	-0.000 62	-13.42%	0.466 85
OCEANOGRAPHY	0.002 57	0.001 91	-0.000 67	-25.68%	0.222 97
ONCOLOGY	0.005 17	0.004 99	-0.000 19	-3.48%	0.581 64
OPERATIONS RESEARCH & MANAGEMENT SCIENCE	0.002 47	0.002 18	-0.000 29	-11.74%	0.254 81
OPHTHALMOLOGY	0.003 00	0.003 71	0.000 71	23.67%	0.433 28
OPTICS	0.003 29	0.003 88	0.000 59	17.93%	0.452 43
ORNITHOLOGY	0.001 39	0.000 66	-0.000 73	-52.52%	0.077 32
ORTHOPEDICS	0.003 70	0.003 05	-0.000 65	-17.57%	0.356 42
OTORHINOLARYNGOLOGY	0.003 01	0.003 01	0.000 00	0.00%	0.351 03
PALEONTOLOGY	0.001 16	0.000 99	-0.000 17	-14.66%	0.116 52
PARASITOLOGY	0.002 71	0.002 97	0.000 26	9.59%	0.347 15
PATHOLOGY	0.004 12	0.002 72	-0.001 40	-33.98%	0.317 94
PEDIATRICS	0.003 66	0.003 86	0.000 20	5.46%	0.449 88
PERIPHERAL VASCULAR DISEASE	0.005 02	0.004 92	-0.000 10	-1.99%	0.574 11

续表

学科	2013年中位特征因子	2017年中位特征因子	变化值	变化率	2017年中位标准特征因子
PHARMACOLOGY & PHARMACY	0.004 31	0.003 86	-0.000 45	-10.44%	0.450 36
PHYSICS, APPLIED	0.004 95	0.005 83	0.000 88	17.78%	0.679 83
PHYSICS, ATOMIC, MOLECULAR & CHEMICAL	0.006 68	0.006 68	0.000 00	0.00%	0.778 63
PHYSICS, CONDENSED MATTER	0.007 95	0.006 43	-0.001 52	-19.12%	0.750 07
PHYSICS, FLUIDS & PLASMAS	0.003 91	0.004 17	0.000 26	6.65%	0.487 10
PHYSICS, MATHEMATICAL	0.003 59	0.003 02	-0.000 57	-15.88%	0.352 18
PHYSICS, MULTIDISCIPLINARY	0.003 81	0.003 96	0.000 15	3.94%	0.461 42
PHYSICS, NUCLEAR	0.008 23	0.006 32	-0.001 92	-23.21%	0.736 31
PHYSICS, PARTICLES & FIELDS	0.008 23	0.006 75	-0.001 48	-17.98%	0.787 62
PHYSIOLOGY	0.005 31	0.004 51	-0.000 80	-15.07%	0.526 15
PLANT SCIENCES	0.001 99	0.001 61	-0.000 38	-19.10%	0.188 36
POLYMER SCIENCE	0.002 32	0.002 32	0.000 00	0.00%	0.270 84
PRIMARY HEALTH CARE	0.002 67	0.001 74	-0.000 93	-34.83%	0.203 03
PSYCHIATRY	0.003 79	0.003 24	-0.000 56	-14.51%	0.377 98
PSYCHOLOGY	0.004 33	0.003 54	-0.000 79	-18.24%	0.412 87
PUBLIC, ENVIRONMENTAL & OCCUPATIONAL HEALTH	0.003 08	0.003 22	0.000 14	4.55%	0.375 16
RADIOLOGY, NUCLEAR MEDICINE & MEDICAL IMAGING	0.003 72	0.004 04	0.000 32	8.60%	0.471 00
REHABILITATION	0.001 59	0.001 80	0.000 21	13.21%	0.209 97
REMOTE SENSING	0.002 35	0.002 55	0.000 20	8.51%	0.297 59
REPRODUCTIVE BIOLOGY	0.007 30	0.006 18	-0.001 12	-15.34%	0.720 80
RESPIRATORY SYSTEM	0.004 82	0.005 19	0.000 37	7.68%	0.605 88
RHEUMATOLOGY	0.007 30	0.007 89	0.000 59	8.08%	0.919 66
ROBOTICS	0.001 75	0.002 13	0.000 38	21.71%	0.247 93

续表

学科	2013年中位特征因子	2017年中位特征因子	变化值	变化率	2017年中位标准特征因子
SOIL SCIENCE	0.003 29	0.002 79	-0.000 50	-15.20%	0.325 72
SPECTROSCOPY	0.004 48	0.003 20	-0.001 28	-28.57%	0.373 34
SPORT SCIENCES	0.002 17	0.002 54	0.000 37	17.05%	0.296 97
STATISTICS & PROBABILITY	0.003 37	0.003 14	-0.000 23	-6.82%	0.366 22
SUBSTANCE ABUSE	0.004 92	0.003 84	-0.001 08	-21.95%	0.448 19
SURGERY	0.003 55	0.003 88	0.000 33	9.30%	0.452 70
TELECOMMUNICATIONS	0.002 13	0.003 15	0.001 02	47.89%	0.367 77
THERMODYNAMICS	0.001 84	0.002 45	0.000 61	33.15%	0.286 12
TOXICOLOGY	0.005 27	0.003 56	-0.001 72	-32.45%	0.414 88
TRANSPLANTATION	0.006 32	0.005 91	-0.000 40	-6.49%	0.688 88
TRANSPORTATION SCIENCE & TECHNOLOGY	0.001 36	0.001 82	0.000 47	33.82%	0.212 22
TROPICAL MEDICINE	0.002 46	0.003 02	0.000 56	22.76%	0.351 73
UROLOGY & NEPHROLOGY	0.003 45	0.003 59	0.000 14	4.06%	0.418 22
VETERINARY SCIENCES	0.001 54	0.001 45	-0.000 09	-5.84%	0.169 52
VIROLOGY	0.011 19	0.008 32	-0.002 87	-25.65%	0.970 15
WATER RESOURCES	0.002 73	0.001 96	-0.000 77	-28.21%	0.228 61
ZOOLOGY	0.001 23	0.001 03	-0.000 20	-16.26%	0.119 77

2017年SCI 177个学科的中位特征因子平均为0.003 14，较2013年略低。其中，大于等于该值的学科共80个（45.20%），最大的亦为VIROLOGY（病毒学），但其中位特征因子较2013年略低，为0.008 32，除此外，没有学科的中位特征因子>0.008；>0.007者的学科还有HEUMATOLOGY（风湿病学）、NEUROIMAGING（神经影像学）和ELECTROCHEMISTRY（电化学），2017年中位特征因子分别为0.007 89、0.007 22和0.007 10；>0.005~0.007者23个学科（12.99%）；>0.003~0.005者61个学科（34.46%）；>0.001~0.003者73个学科（41.24%）；≤0.001者16个学科（9.04%），最小的为HISTORY & PHILOSOPHY OF SCIENCE（科学史与哲学），其2017年

的学科中位特征因子为 0.000 44，其次为 MATERIALS SCIENCE，TEXTILES（材料科学，纺织品）的 0.000 47 和 ENGINEERING，MARINE（工程，海事）的 0.000 58，数值均较 2013 年低。

计算 2017 年相较于 2013 年 SCI 176 个学科中位特征因子的变化值，结果显示，整体来看，2017 年学科中位特征因子均值是降低的，平均降低了 0.000 21。5 年来，学科中位特征因子增长者 64 个学科（36.36%），平均增长了 0.000 51。增长值最多的学科为 NEUROIMAGING（神经影像学），5 年增长了 0.004 62，增长率达 177.50%；增长值 > 0.001 者还有 MATERIALS SCIENCE，BIOMATERIALS（材料科学，生物材料）、GERIATRICS & GERONTOLOGY（老年病学）、ENGINEERING，GEOLOGICAL（工程、地质）、MEDICAL INFORMATICS（医学信息学）、TELECOMMUNICATIONS（电信）、IMAGING SCIENCE & PHOTOGRAPHIC TECHNOLOGY（影像科学与摄影技术）和 AUTOMATION & CONTROL SYSTEMS（自动化与控制系统），5 年来分别增长了 0.001 92、0.001 23、0.001 23、0.001 16、0.001 02、0.001 02 和 0.001 01。5 年来学科中位特征因子没有变化者 5 个学科，较 2013 年减小者 106 个学科（59.89%），平均减小了 0.000 66，减小 > 0.002 者 3 个学科，分别为 INFECTIOUS DISEASES（传染病）、VIROLOGY（病毒学）和 DEVELOPMENTAL BIOLOGY（发育生物学），5 年来分别减小了 0.002 71、0.002 87 和 0.003 04。

计算 5 年各学科中位特征因子的增长率，结果发现，除 NEUROIMAGING（神经影像学）增长率 > 100% 外，其余学科最大的增长率为 IMAGING SCIENCE & PHOTOGRAPHIC TECHNOLOGY（影像科学与摄影技术）的 80.95%；> 50% 者还有 ENGINEERING，GEOLOGICAL（工程、地质）、MATERIALS SCIENCE，BIOMATERIALS（材料科学，生物材料）、METALLURGY & METALLURGICAL ENGINEERING（冶金与冶金工程）和 MINING & MINERAL PROCESSING（采矿和选矿）4 个学科，增长率 > 10% ~ 50% 者 34 个学科（19.31%）；增长率 > 0 ~ 10% 者 26 个学科（14.77%）；5 年增长率为负值的学科中，减少率为 10% 以下者 26 个学科（14.77%）；减少率为 > 10% ~ 40% 者 78 个学科（44.32%）；减少率 > 40% 的学科共 3 个，分别为 MINERALOGY（矿物学）、DEVELOPMENTAL BIOLOGY（发育生物学）和 ORNITHOLOGY（鸟类学）。

由于 2013 年 JCR 内没有给出标准特征因子，故本研究仅计算了各学科 2017 年的中位标准特征因子，具体见表 10 - 2。2017 年 SCI 177 个学科的中位标准特征因子平均为 0.366 77，可见虽然标准特征因子仍保留到了小数点后 5 位，但其数值比特征因子大约扩大了 100 倍，可以反映出该值较特征因子的区分度更强。177 个学科中，大于等于平均值的学科共 79 个（44.63%），与中位特征因子表现相似；最大的为 VIROLOGY（病毒学）的 0.970 15，其次为 RHEUMATOLOGY（风湿病学）的 0.919 66，>0.8 者的学科还有 NEUROIMAGING（神经影像学）和 ELECTROCHEMISTRY（电化学），中位标准特征因子分别为 0.841 41 和 0.827 69。处于前几位的学科排位与学科中位特征因子完全一致。学科中位标准特征因子 >0.5~0.8 者 36 个学科（20.34%）；>0.3~0.5 者 63 个学科（35.59%）；>0.1~0.3 者 64 个学科（36.16%）；≤0.1 者 10 个学科，分别为 ENGINEERING, PETROLEUM（工程、石油）、GEOLOGY（地质学）、AGRICULTURAL ECONOMICS & POLICY（农业经济与政策）、ORNITHOLOGY（鸟类学）、HORTICULTURE（园艺）、MATERIALS SCIENCE, CERAMICS（材料科学，陶瓷）、MATERIALS SCIENCE, PAPER & WOOD（材料科学、纸张和木材）、ENGINEERING, MARINE（工程，海事）、MATERIALS SCIENCE, TEXTILES（材料科学，纺织品）和 HISTORY & PHILOSOPHY OF SCIENCE（科学史与哲学），学科中位标准特征因子分别为 0.099 64、0.096 77、0.090 45、0.077 32、0.076 15、0.073 20、0.071 79、0.067 36、0.055 68 和 0.052 22。

第三节　中位特征因子和中位标准特征因子的统计学特征

学科中位特征因子和学科中位标准特征因子的统计学特征见表 10-3。使用 KOLMOGOROV - SMIRNOV 检验分析学科中位特征因子的正态分布，结果显示，2013 年和 2017 年二者均呈正态分布（均为 $P > 0.05$）；使用 KOLMOGOROV - SMIRNOV 检验分析 2017 年各学科中位标准特征因子的正态分布，结果显示，2017 年中位标准特征因子亦呈正态分布（均为 $P = 0.311$）。

中位特征因子的极小极大值比 2013 年为 0.043，小于 2017 年的 0.053；中位极大值比 2013 年为 0.268，小于 2017 年的 0.359，说明相对于 2013 年，2017 年各学的特征因子表现出了更小的离散度，数据分布更为集中。2013 年和 2017 年的学科中位特征因子的偏度均为正值，说明其数据分布形态与正态分布相比为右偏，即有一条长尾拖在右边，数据右端有较多的极端值，相对于

2013年的学科中位特征因子，2017年学科中位特征因子的偏度更大，说明学科中位特征因子的数据分布形态的偏斜程度更大。2013年学科中位特征因子的峰度为正值，说明数据的分布相较于正态分布更为陡峭，且数值为0.741，为较为明显的尖顶峰；而2017年学科中位特征因子的峰度为负值，说明数据的分布相较于正态分布更为平坦，为平顶峰，但数值为0.178，可见其分布形态的陡缓程度与正态分布的差异不太大。

与2017年中位特征因子，2017年的中位标准特征因子表现出了类似的统计学特征，其极小极大值比（0.054）和中位极大值比（0.360）与中位特征因子基本相同（0.053和0.359），偏度（0.631）和峰度（-0.179）与中位特征因子亦基本相同（0.632和-0.178）；但其均数为0.366 77，远大于中位特征因子的0.003 14，中位数为0.348 90，亦远大于中位特征因子的0.002 99。上述数据似乎说明，标准特征因子较特征因子的数值更大，某种程度上提高了该指标的区分度；但标准特征因子并没有改变特征因子的统计学特征。

表10-3　中位特征因子、中位标准特征因子的统计学特征

项目	2013年中位特征因子	2017年中位特征因子	2017年中位标准特征因子
均数	0.003 35	0.003 14	0.366 77
中位数	0.003 00	0.002 99	0.348 90
标准差	0.002 01	0.001 73	0.201 10
极小极大值比	0.043	0.053	0.054
中位极大值比	0.268	0.359	0.360
最小值	0.000 48	0.000 44	0.052 22
最大值	0.011 19	0.008 32	0.970 15
偏度	0.930	0.632	0.631
峰度	0.741	-0.178	-0.179
KOLMOGOROV-SMIRNOV检测的Z值	1.293	0.970	0.964
KOLMOGOROV-SMIRNOV检测的P值	0.070	0.303	0.311

第四节 指标间的相关性分析

一、特征因子与标准特征因子间的相关性

由于 2013 年 JCR 内没有给出期刊的标准特征因子，故仅分析 2017 年 SCI 177 个学科的学科中位特征因子和学科中位标准特征因子的相关性，由于二者均呈正态分布，故使用 Pearson 相关性分析进行。Pearson 相关性分析结果显示，二者呈完全正相关，相关系数为 1.000（$P=0.000$）。二者散点图见图 10-1，由图也可以明显看出，学科中位特征因子和学科中位标准特征因子完全呈一条直线，相关关系明确。与笔者以眼科学期刊为研究对象的结果一致[1]，即无论是在学科内还是在学科间，特征因子和标准特征因子均呈完全正相关关系。

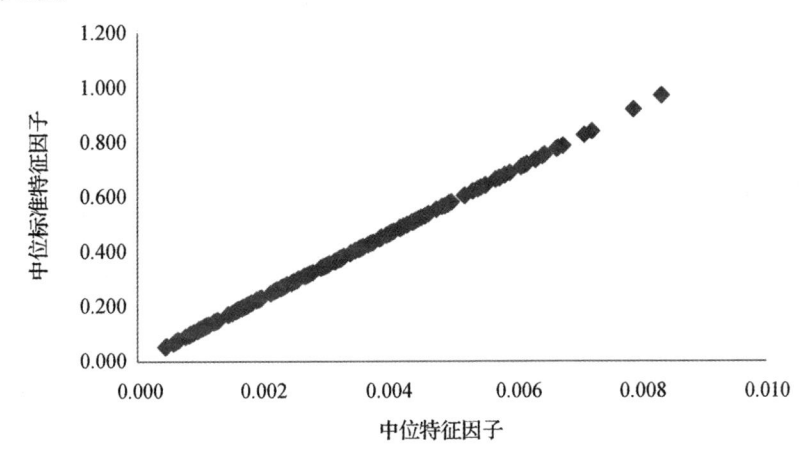

图 10-1　2017 年学科中位特征因子和中位标准特征因子的散点图

---

[1] 盛丽娜，顾欢，刘雪立. "影响因子百分位" "标准特征因子" 对期刊评价效力的实证研究——基于 SCI 眼科学期刊 [J]. 情报杂志，2017，36（6）：197-201.

二、学科中位特征因子、标准特征因子与其他学术影响力指标间的相关性

将 2013 年 SCI 176 个学科的中位特征因子与学科其他评价指标,包括中位影响因子、集合影响因子、中位 5 年影响因子、总被引频次、集合即年指标、集合被引半衰期、集合引用半衰期做相关性分析;将 2017 年 SCI 177 个学科的中位特征因子、中位标准特征因子与学科其他评价指标,包中位影响因子、集合影响因子、中位 5 年影响因子、影响因子百分位均值、总被引频次、集合即年指标、集合被引半衰期、集合引用半衰期等做相关性分析。由于部分学科评价指标并不呈正态分布,为便于数据对比分析,均使用 Spearman 相关性分析进行,结果见表 10 - 4。

表 10 - 4　2013 年和 2017 年学科中位特征因子及 2017 年学科中位标准特征因子与其他学术影响力指标间的相关性分析

学科指标	2013 年中位特征因子 相关系数	P 值	2017 年中位特征因子 相关系数	P 值	2017 年中位标准特征因子 相关系数	P 值
中位影响因子	0.854**	0.000	0.833**	0.000	0.833**	0.000
集合影响因子	0.738**	0.000	0.692**	0.000	0.692**	0.000
中位 5 年影响因子	0.805**	0.000	0.776**	0.000	0.776**	0.000
影响因子百分位均值	—	—	0.642**	0.000	0.642**	0.000
总被引频次	0.594**	0.000	0.558**	0.000	0.558**	0.000
集合即年指标	0.714**	0.000	0.672**	0.000	0.672**	0.000
集合被引半衰期	-0.294**	0.000	-0.188*	0.012	-0.188*	0.012
集合引用半衰期	-0.459**	0.000	-0.421**	0.000	-0.421**	0.000

注: **P < 0.01;2013 年由于 JCR 未给出影响因子百分位和标准特征因子,故表内相关数据未给出。

由表 10 - 4 可知,2013 年学科中位特征因子与学科中位影响因子、学科集合影响因子、学科中位 5 年影响因子、总被引频次、集合即年指标均呈显著正相关(均为 P < 0.01),相关系数由大到小分别为学科中位影响因子 > 学科中位 5 年影响因子 > 学科集合影响因子 > 学科集合即年指标 > 学科总被引频次,与学科中位影响因子、中位 5 年影响因子的相关系数均 > 0.8,分别为 0.854 和 0.805,与总被引频次的相关系数最小,但也接近 0.6,为 0.594;与

学科集合引用半衰期、集合被引半衰期均呈显著负相关，相关系数分别为 -0.459 和 -0.294。2017 年指标间的相关性结果与 2013 年类似，只是 2017 年新增了期刊的影响因子百分位评价指标，故相关性分析中增加了与学科影响因子百分位均值的相关性分析，结果显示，中位特征因子与中位影响因子、集合影响因子、中位 5 年影响因子、影响因子百分位均值、总被引频次、集合即年指标亦均呈显著正相关（均为 $P<0.01$），相关系数由大到小分别为中位影响因子 > 中位 5 年影响因子 > 集合影响因子 > 集合即年指标 > 影响因子百分位均值 > 总被引频次，与中位影响因子、中位 5 年影响因子的相关系数最大，但仅与中位影响因子的相关系数均 > 0.8，为 0.833，与总被引频次的相关系数最小，为 0.558；与集合引用半衰期、集合被引半衰期均呈显著负相关，相关系数分别为 -0.421 和 -0.188。

虽然 2017 年学科中位特征因子与其他学科指标的相关性分析结果与 2013 年类似，但从表 10-4 内也可以看出，相关强度，即无论是正相关的相关系数，还是负相关的相关系数绝对值，2017 年均小于 2013 年，这与其他指标在 5 年间相关性结果分析的表现一致，说明同时考虑质和量的评价指标特征因子，与其他指标的相关性也在减弱，单一指标综合评价学科的能力似乎变得更为片面，多指标综合评价更能反映学科的真实学术影响力。

2017 年学科中位标准特征因子与其他学科指标间的相关性结果，与学科中位特征与其他学科指标间的相关性分析结果完全一致，相关系数没有变化，二者的评价效力完全一致，仅是精确度略有差异的问题。标准特征因子将特征因子扩大了 100 倍，但仍保留了 5 位小数点后数字，是对特征因子更为精确的描述，并未改变特征因子的其他任何属性，可以认为二者是雷同的指标。

中位特征因子、中位标准特征因子均与中位影响因子表现出了强相关，其相关系数高于中位 5 年影响因子、集合影响因子和影响因子百分位均值。由特征因子的算法可以看出，特征因子较影响因子评价得更为细致，除了考虑被引频次的量，还考虑到了被引频次的质，即被高水平的期刊引用的次数越多，该刊的特征因子就越大。从这个方面来看，使用学科中位影响因子代表学科的整体学术影响力似乎更有说服力，且特征因子计算过于繁杂，使用的数据难以获取，而中位影响因子不但计算较为简单，数据也较容易获取，因此，使用学科中位影响因子进行学科间的对比更有价值。由于影响因子不具有跨学科评价的属性，故而使用影响因子的相对值对不同学科间的期刊进行评价成为一种较为普遍认同的方法，而相对值的选取国内外却并无统一标准。结合本研究结果，笔者认真，对不同学科期刊进行跨学科评价时，学科相对学科中位影响因子的影响因子进行对比较为合理。

众所周知，影响因子被人们质疑的原因之一为其引证时间窗口太短的问题，故原JCR发布者汤森路透集团于2009年新增了5年影响因子这一指标。5年影响因子较2年影响因子明显扩大了引证时间范围，更具有评价效力。但本研究基于2013年和2017年的中位特征因子及2017年的中位标准特征因子的研究均显示，中位特征因子和中位标准特征因子与中位影响因子的相关系数均大于与中位5年影响因子的相关系数。笔者考虑，可能SCI学科即自然科学，"刚性"更强，学科的理论更新速度较快，2年较5年更接近引用高峰，故而2年的影响因子较5年的影响因子评价效力更高，2年影响因子已经可以说明问题。

相对来说，中位特征因子、中位标准特征因子与集合影响因子的相关系数较中位影响因子和中位5年影响因子低，且与影响因子百分位的均值更低一些，似乎说明将一个学科按一个整体来计算的学科集合影响因子，更偏向于评价被引频次的量，而没有考虑被引频次的质，可能造成了较大的差异；而影响因子百分位属于位置指标，与特征因子及标准特征因子的计算侧重点完全不同，可能是造成与其相关系数在所有学科影响因子指标中最小的原因。

中位特征因子、中位标准特征因子与集合引用半衰期的相关系数远大于与集合被引半衰期的相关系数，除期刊>10年的半衰期均按10年计算带来的误差外，考虑与集合被引半衰期的获取不精确有关。作者引用时总有各种原因导致文献不能被识别，如引用格式有误、刊名标识有误、作者名书写有误、年卷期页码标注有误等，均可能造成被引频次的遗失，这就使计算的被引频次并不能完全反映出实际被引用情况。相对来说，引用半衰期使用的是参考文献，只要文献标识有年代，就可以较为准确计算出期刊的引用半衰期。从这个角度来看，期刊引用半衰期与学科其他指标相关性更强似乎也有一定道理。

综上，学科中位标准特征因子与学科中位特征因子的统计学特性完全一致，二者仅表现在精确度的差异上，中位标准特征因子由于较特征因子数值扩大了100倍，但仍保留了5位小数点位数，故而精确度更高。中位特征因子和中位标准特征因子与学科中位影响因子的相关性最强，但学科中位影响因子值更易获取及验证、核查等，在实际文献计量学评价中，笔者建议没有条件的研究人员使用学科中位影响因子进行分析。

第十一章 SCI 论文影响分值

论文影响分值也是基于特征因子之上的期刊评价指标,其旨在基于每篇论文来测度期刊的相对重要性。其计算方式为:特征因子分值除以期刊所发表论文的标准化比值(所有期刊的论文总数为1)。论文影响分值的平均值为1.00,大于1.00表明期刊中每篇论文的影响力高于平均水平,小于1.00则表明期刊中每篇论文的影响力低于平均水平[1]。由论文影响分值的计算方式可知,相对于"总量"的标准特征因子,论文影响分值是其"相对量"指标。期刊常用评价指标中,总被引频次是总量指标,而影响因子即为篇均被引频次,属于相对量指标。从这个角度看,特征因子的相对量指标——论文影响分值是否具有其自身的统计学特性,其在具体评价中与其他指标的相关性如何?由于笔者并未查及相关文献,故而同特征因子的分析方法做了论文影响分值的研究。

第一节 学科论文影响分值的获取

借用统计学分析,选择适宜的用来评价 SCI 各学科的论文影响分值。2013年和 2017 年各学科论文影响分值的正态性检验结果见表 11-1。由表 11-1 可知,2013 年 176 个学科的论文影响分值,呈正态分布者 85 个学科(48.30%),不呈正态分布者 91 个(51.70%);2017 年 177 个学科的论文影响分值中,呈正态分布者 79 个(44.63%),不呈正态分布者 98 个(55.37%)。由于无论 2013 年 SCI 还是 2017 年 SCI,各学科论文影响分值不呈正态分布者均略多于呈正态分布者,考虑与特征因子同源的特性,后续研究仍

---

[1] 任胜利. 特征因子(Eigenfactor):基于引证网络分析期刊和论文的重要性[J]. 中国科技期刊研究,2009,20(3):415-418.

选择各学科论文影响分值的中位数作为各学科的论文影响分值,称为"学科中位论文影响分值"。

表 11 – 1 2013 年和 2017 年各学科期刊论文影响分值的正态性检验结果

所属学科		2013 年论文影响分值	2017 年论文影响分值
ACOUSTICS	Z 值	0.509	0.732
	P 值	0.958	0.658
AGRICULTURAL ECONOMICS & POLICY	Z 值	0.571	0.658
	P 值	0.900	0.780
AGRICULTURAL ENGINEERING	Z 值	0.716	0.720
	P 值	0.684	0.678
AGRICULTURE, DAIRY & ANIMAL SCIENCE	Z 值	1.030	1.282
	P 值	0.240	0.075
AGRICULTURE, MULTIDISCIPLINARY	Z 值	1.046	1.156
	P 值	0.224	0.138
AGRONOMY	Z 值	1.367	1.634
	P 值	0.048	0.010
ALLERGY	Z 值	1.003	1.206
	P 值	0.267	0.109
ANATOMY & MORPHOLOGY	Z 值	1.245	1.000
	P 值	0.090	0.270
ANDROLOGY	Z 值	0.557	0.477
	P 值	0.916	0.977
ANESTHESIOLOGY	Z 值	0.787	0.745
	P 值	0.565	0.635
ASTRONOMY & ASTROPHYSICS	Z 值	2.350	2.577
	P 值	0.000	0.000
AUDIOLOGY & SPEECH – LANGUAGE PATHOLOGY	Z 值	0.560	0.543
	P 值	0.913	0.930

续表

所属学科		2013年论文影响分值	2017年论文影响分值
AUTOMATION & CONTROL SYSTEMS	Z值	1.233	1.084
	P值	0.095	0.190
BEHAVIORAL SCIENCES	Z值	2.418	2.500
	P值	0.000	0.000
BIOCHEMICAL RESEARCH METHODS	Z值	2.599	3.027
	P值	0.000	0.000
BIOCHEMISTRY & MOLECULAR BIOLOGY	Z值	4.277	4.353
	P值	0.000	0.000
BIODIVERSITY CONSERVATION	Z值	1.088	1.373
	P值	0.187	0.046
BIOLOGY	Z值	2.443	2.398
	P值	0.000	0.000
BIOPHYSICS	Z值	2.409	2.158
	P值	0.000	0.000
BIOTECHNOLOGY & APPLIED MICROBIOLOGY	Z值	3.809	4.487
	P值	0.000	0.000
CARDIAC & CARDIOVASCULAR SYSTEMS	Z值	2.127	2.448
	P值	0.000	0.000
CELL & TISSUE ENGINEERING	Z值	1.731	1.584
	P值	0.005	0.013
CELL BIOLOGY	Z值	3.755	3.875
	P值	0.000	0.000
CHEMISTRY, ANALYTICAL	Z值	2.282	1.268
	P值	0.000	0.080
CHEMISTRY, APPLIED	Z值	1.531	1.288
	P值	0.018	0.072

续表

所属学科		2013年论文影响分值	2017年论文影响分值
CHEMISTRY, INORGANIC & NUCLEAR	Z 值	1.286	1.336
	P 值	0.073	0.056
CHEMISTRY, MEDICINAL	Z 值	1.186	1.334
	P 值	0.120	0.057
CHEMISTRY, MULTIDISCIPLINARY	Z 值	3.726	3.899
	P 值	0.000	0.000
CHEMISTRY, ORGANIC	Z 值	1.908	1.480
	P 值	0.001	0.025
CHEMISTRY, PHYSICAL	Z 值	3.372	3.312
	P 值	0.000	0.000
CLINICAL NEUROLOGY	Z 值	2.648	3.200
	P 值	0.000	0.000
COMPUTER SCIENCE, ARTIFICIAL INTELLIGENCE	Z 值	2.041	2.324
	P 值	0.000	0.000
COMPUTER SCIENCE, CYBERNETICS	Z 值	0.777	0.964
	P 值	0.582	0.310
COMPUTER SCIENCE, HARDWARE & ARCHITECTURE	Z 值	1.481	1.425
	P 值	0.025	0.034
COMPUTER SCIENCE, INFORMATION SYSTEMS	Z 值	1.908	2.327
	P 值	0.001	0.000
COMPUTER SCIENCE, INTERDISCIPLINARY APPLICATIONS	Z 值	1.920	2.069
	P 值	0.001	0.000
COMPUTER SCIENCE, SOFTWARE ENGINEERING	Z 值	1.681	1.390
	P 值	0.007	0.042
COMPUTER SCIENCE, THEORY & METHODS	Z 值	2.070	1.968
	P 值	0.000	0.001

续表

所属学科		2013年论文影响分值	2017年论文影响分值
CONSTRUCTION & BUILDING TECHNOLOGY	Z值	1.444	0.953
	P值	0.031	0.324
CRITICAL CARE MEDICINE	Z值	1.202	1.702
	P值	0.111	0.006
CRYSTALLOGRAPHY	Z值	1.403	0.915
	P值	0.039	0.372
DENTISTRY, ORAL SURGERY & MEDICINE	Z值	0.809	1.348
	P值	0.530	0.053
DERMATOLOGY	Z值	1.223	2.038
	P值	0.101	0.000
DEVELOPMENTAL BIOLOGY	Z值	1.982	2.116
	P值	0.001	0.000
ECOLOGY	Z值	2.412	2.341
	P值	0.000	0.000
EDUCATION, SCIENTIFIC DISCIPLINES	Z值	0.934	1.170
	P值	0.347	0.129
ELECTROCHEMISTRY	Z值	0.521	1.136
	P值	0.949	0.151
EMERGENCY MEDICINE	Z值	0.741	0.985
	P值	0.643	0.286
ENDOCRINOLOGY & METABOLISM	Z值	2.235	2.780
	P值	0.000	0.000
ENERGY & FUELS	Z值	1.830	3.111
	P值	0.002	0.000
ENGINEERING, AEROSPACE	Z值	1.118	1.232
	P值	0.164	0.096

续表

所属学科		2013年论文影响分值	2017年论文影响分值
ENGINEERING, BIOMEDICAL	Z值	1.549	1.577
	P值	0.016	0.014
ENGINEERING, CHEMICAL	Z值	2.874	3.150
	P值	0.000	0.000
ENGINEERING, CIVIL	Z值	1.355	1.264
	P值	0.051	0.082
ENGINEERING, ELECTRICAL & ELECTRONIC	Z值	2.424	2.835
	P值	0.000	0.000
ENGINEERING, ENVIRONMENTAL	Z值	1.138	0.998
	P值	0.150	0.272
ENGINEERING, GEOLOGICAL	Z值	0.771	0.776
	P值	0.592	0.584
ENGINEERING, INDUSTRIAL	Z值	0.630	0.760
	P值	0.823	0.611
ENGINEERING, MANUFACTURING	Z值	1.038	0.883
	P值	0.231	0.417
ENGINEERING, MARINE	Z值	0.761	0.683
	P值	0.608	0.740
ENGINEERING, MECHANICAL	Z值	2.705	2.619
	P值	0.000	0.000
ENGINEERING, MULTIDISCIPLINARY	Z值	1.874	1.412
	P值	0.002	0.037
ENGINEERING, OCEAN	Z值	0.719	0.682
	P值	0.679	0.741
ENGINEERING, PETROLEUM	Z值	1.268	0.832
	P值	0.080	0.493

续表

所属学科		2013年论文影响分值	2017年论文影响分值
ENTOMOLOGY	Z值	2.089	2.248
	P值	0.000	0.000
ENVIRONMENTAL SCIENCES	Z值	2.650	3.296
	P值	0.000	0.000
EVOLUTIONARY BIOLOGY	Z值	1.658	1.746
	P值	0.008	0.004
FISHERIES	Z值	1.262	1.447
	P值	0.083	0.030
FOOD SCIENCE & TECHNOLOGY	Z值	1.427	1.477
	P值	0.034	0.025
FORESTRY	Z值	1.065	0.894
	P值	0.207	0.401
GASTROENTEROLOGY & HEPATOLOGY	Z值	2.069	2.453
	P值	0.000	0.000
GENETICS & HEREDITY	Z值	3.645	3.738
	P值	0.000	0.000
GEOCHEMISTRY & GEOPHYSICS	Z值	1.984	1.884
	P值	0.001	0.002
GEOGRAPHY, PHYSICAL	Z值	0.964	0.818
	P值	0.311	0.516
GEOLOGY	Z值	1.003	1.435
	P值	0.267	0.032
GEOSCIENCES, MULTIDISCIPLINARY	Z值	2.599	2.584
	P值	0.000	0.000
GERIATRICS & GERONTOLOGY	Z值	0.856	0.892
	P值	0.457	0.404

续表

所属学科		2013年论文影响分值	2017年论文影响分值
GREEN & SUSTAINABLE SCIENCE & TECHNOLOGY	Z 值	—	1.053
	P 值	—	0.218
HEALTH CARE SCIENCES & SERVICES	Z 值	1.218	1.966
	P 值	0.103	0.001
HEMATOLOGY	Z 值	1.503	1.947
	P 值	0.022	0.001
HISTORY & PHILOSOPHY OF SCIENCE	Z 值	0.992	0.981
	P 值	0.279	0.291
HORTICULTURE	Z 值	1.123	1.316
	P 值	0.160	0.063
IMAGING SCIENCE & PHOTOGRAPHIC TECHNOLOGY	Z 值	1.195	1.261
	P 值	0.115	0.083
IMMUNOLOGY	Z 值	3.926	3.486
	P 值	0.000	0.000
INFECTIOUS DISEASES	Z 值	1.748	1.961
	P 值	0.004	0.001
INSTRUMENTS & INSTRUMENTATION	Z 值	0.697	0.983
	P 值	0.716	0.288
INTEGRATIVE & COMPLEMENTARY MEDICINE	Z 值	0.505	0.375
	P 值	0.961	0.999
LIMNOLOGY	Z 值	0.653	0.887
	P 值	0.787	0.411
LOGIC	Z 值	0.779	1.036
	P 值	0.578	0.234
MARINE & FRESHWATER BIOLOGY	Z 值	2.532	2.470
	P 值	0.000	0.000

续表

所属学科		2013年论文影响分值	2017年论文影响分值
MATERIALS SCIENCE, BIOMATERIALS	Z值	0.720	0.665
	P值	0.677	0.768
MATERIALS SCIENCE, CERAMICS	Z值	0.965	0.815
	P值	0.310	0.520
MATERIALS SCIENCE, CHARACTERIZATION & TESTING	Z值	0.665	0.783
	P值	0.768	0.573
MATERIALS SCIENCE, COATINGS & FILMS	Z值	0.649	0.570
	P值	0.794	0.901
MATERIALS SCIENCE, COMPOSITES	Z值	1.274	0.914
	P值	0.078	0.374
MATERIALS SCIENCE, MULTIDISCIPLINARY	Z值	4.999	5.546
	P值	0.000	0.000
MATERIALS SCIENCE, PAPER & WOOD	Z值	0.618	0.680
	P值	0.840	0.743
MATERIALS SCIENCE, TEXTILES	Z值	0.726	1.062
	P值	0.667	0.209
MATHEMATICAL & COMPUTATIONAL BIOLOGY	Z值	1.440	1.968
	P值	0.032	0.001
MATHEMATICS	Z值	3.252	3.859
	P值	0.000	0.000
MATHEMATICS, APPLIED	Z值	2.624	2.396
	P值	0.000	0.000
MATHEMATICS, INTERDISCIPLINARY APPLICATIONS	Z值	2.297	2.388
	P值	0.000	0.000
MECHANICS	Z值	2.821	2.778
	P值	0.000	0.000

续表

所属学科		2013年论文影响分值	2017年论文影响分值
MEDICAL ETHICS	Z值	0.668	0.978
	P值	0.763	0.294
MEDICAL INFORMATICS	Z值	0.938	0.932
	P值	0.342	0.350
MEDICAL LABORATORY TECHNOLOGY	Z值	1.245	0.873
	P值	0.090	0.430
MEDICINE, GENERAL & INTERNAL	Z值	4.173	4.469
	P值	0.000	0.000
MEDICINE, LEGAL	Z值	0.754	0.476
	P值	0.620	0.977
MEDICINE, RESEARCH & EXPERIMENTAL	Z值	2.874	3.303
	P值	0.000	0.000
METALLURGY & METALLURGICAL ENGINEERING	Z值	1.741	1.345
	P值	0.005	0.054
METEOROLOGY & ATMOSPHERIC SCIENCES	Z值	1.514	2.014
	P值	0.020	0.001
MICROBIOLOGY	Z值	3.052	3.182
	P值	0.000	0.000
MICROSCOPY	Z值	0.551	0.549
	P值	0.922	0.923
MINERALOGY	Z值	1.248	1.586
	P值	0.089	0.013
MINING & MINERAL PROCESSING	Z值	1.194	0.850
	P值	0.116	0.466
MULTIDISCIPLINARY SCIENCES	Z值	2.799	2.818
	P值	0.000	0.000

续表

所属学科		2013年论文影响分值	2017年论文影响分值
MYCOLOGY	Z值	0.850	1.537
	P值	0.466	0.018
NANOSCIENCE & NANOTECHNOLOGY	Z值	2.540	2.985
	P值	0.000	0.000
NEUROIMAGING	Z值	0.745	0.708
	P值	0.636	0.698
NEUROSCIENCES	Z值	4.162	4.064
	P值	0.000	0.000
NUCLEAR SCIENCE & TECHNOLOGY	Z值	0.667	0.596
	P值	0.765	0.869
NURSING	Z值	1.176	1.172
	P值	0.126	0.128
NUTRITION & DIETETICS	Z值	1.408	1.254
	P值	0.038	0.086
OBSTETRICS & GYNECOLOGY	Z值	1.154	1.632
	P值	0.139	0.010
OCEANOGRAPHY	Z值	1.624	1.723
	P值	0.010	0.005
ONCOLOGY	Z值	4.505	4.886
	P值	0.000	0.000
OPERATIONS RESEARCH & MANAGEMENT SCIENCE	Z值	1.137	1.316
	P值	0.151	0.063
OPHTHALMOLOGY	Z值	1.170	1.682
	P值	0.129	0.007
OPTICS	Z值	3.126	3.125
	P值	0.000	0.000

续表

所属学科		2013 年论文影响分值	2017 年论文影响分值
ORNITHOLOGY	Z 值	0.563	0.645
	P 值	0.909	0.799
ORTHOPEDICS	Z 值	0.838	0.823
	P 值	0.484	0.508
OTORHINOLARYNGOLOGY	Z 值	0.599	0.692
	P 值	0.866	0.725
PALEONTOLOGY	Z 值	1.268	1.038
	P 值	0.080	0.232
PARASITOLOGY	Z 值	1.605	1.680
	P 值	0.012	0.007
PATHOLOGY	Z 值	2.079	2.430
	P 值	0.000	0.000
PEDIATRICS	Z 值	1.429	1.625
	P 值	0.034	0.010
PERIPHERAL VASCULAR DISEASE	Z 值	1.604	1.903
	P 值	0.012	0.001
PHARMACOLOGY & PHARMACY	Z 值	3.793	4.446
	P 值	0.000	0.000
PHYSICS, APPLIED	Z 值	3.929	4.118
	P 值	0.000	0.000
PHYSICS, ATOMIC, MOLECULAR & CHEMICAL	Z 值	1.266	1.580
	P 值	0.081	0.014
PHYSICS, CONDENSED MATTER	Z 值	2.749	2.678
	P 值	0.000	0.000
PHYSICS, FLUIDS & PLASMAS	Z 值	2.109	2.212
	P 值	0.000	0.000

续表

所属学科		2013年论文影响分值	2017年论文影响分值
PHYSICS, MATHEMATICAL	Z 值	0.904	0.643
	P 值	0.387	0.802
PHYSICS, MULTIDISCIPLINARY	Z 值	3.378	3.177
	P 值	0.000	0.000
PHYSICS, NUCLEAR	Z 值	1.072	0.913
	P 值	0.201	0.375
PHYSICS, PARTICLES & FIELDS	Z 值	1.734	2.066
	P 值	0.005	0.000
PHYSIOLOGY	Z 值	2.618	2.882
	P 值	0.000	0.000
PLANT SCIENCES	Z 值	3.708	3.629
	P 值	0.000	0.000
POLYMER SCIENCE	Z 值	2.699	2.660
	P 值	0.000	0.000
PRIMARY HEALTH CARE	Z 值	1.126	1.175
	P 值	0.158	0.127
PSYCHIATRY	Z 值	1.741	2.590
	P 值	0.005	0.000
PSYCHOLOGY	Z 值	2.277	2.711
	P 值	0.000	0.000
PUBLIC, ENVIRONMENTAL & OCCUPATIONAL HEALTH	Z 值	1.892	2.904
	P 值	0.002	0.000
RADIOLOGY, NUCLEAR MEDICINE & MEDICAL IMAGING	Z 值	1.792	2.038
	P 值	0.003	0.000
REHABILITATION	Z 值	0.730	1.078
	P 值	0.660	0.195

续表

所属学科		2013年论文影响分值	2017年论文影响分值
REMOTE SENSING	Z值	0.681	1.027
	P值	0.743	0.242
REPRODUCTIVE BIOLOGY	Z值	1.204	1.469
	P值	0.110	0.027
RESPIRATORY SYSTEM	Z值	1.369	2.351
	P值	0.047	0.000
RHEUMATOLOGY	Z值	0.783	0.945
	P值	0.572	0.333
ROBOTICS	Z值	0.838	0.994
	P值	0.484	0.276
SOIL SCIENCE	Z值	0.491	0.486
	P值	0.969	0.972
SPECTROSCOPY	Z值	2.058	1.667
	P值	0.000	0.008
SPORT SCIENCES	Z值	0.913	1.394
	P值	0.375	0.041
STATISTICS & PROBABILITY	Z值	1.924	2.258
	P值	0.001	0.000
SUBSTANCE ABUSE	Z值	0.591	0.767
	P值	0.875	0.599
SURGERY	Z值	2.085	2.249
	P值	0.000	0.000
TELECOMMUNICATIONS	Z值	1.729	1.982
	P值	0.005	0.001
THERMODYNAMICS	Z值	2.111	2.206
	P值	0.000	0.000

续表

所属学科		2013年论文影响分值	2017年论文影响分值
TOXICOLOGY	Z值	2.103	2.416
	P值	0.000	0.000
TRANSPLANTATION	Z值	0.875	0.666
	P值	0.429	0.768
TRANSPORTATION SCIENCE & TECHNOLOGY	Z值	0.705	1.075
	P值	0.703	0.198
TROPICAL MEDICINE	Z值	0.907	0.967
	P值	0.383	0.308
UROLOGY & NEPHROLOGY	Z值	1.801	2.366
	P值	0.003	0.000
VETERINARY SCIENCES	Z值	0.926	1.204
	P值	0.358	0.110
VIROLOGY	Z值	1.684	1.425
	P值	0.007	0.034
WATER RESOURCES	Z值	0.755	1.078
	P值	0.619	0.195
ZOOLOGY	Z值	1.971	1.814
	P值	0.001	0.003

第二节　学科中位论文影响分值的变迁

2013年和2017年各学科中位论文影响分值见表11-2。由表11-2可知，2013年SCI 176个学科的中位论文影响分值平均为0.530，大于该值的学科共77个（43.75%），最大的为EVOLUTIONARY BIOLOGY（进化生物学）的1.129，>1的学科还有CELL BIOLOGY（细胞生物学）和DEVELOPMENTAL BIOLOGY（发育生物学），2013年中位论文影响分值分别为1.099和1.029；

>0.7~1者33个学科（18.75%）；>0.5~0.7者56个学科（31.82%）；>0.3~0.5者66个学科（37.71%）；≤0.3者18个学科（10.23%），最小的为ENGINEERING，PETROLEUM（工程、石油）的0.139，其次为MATERIALS SCIENCE，TEXTILES（材料科学，纺织品）的0.146和MATERIALS SCIENCE，CERAMICS（材料科学，陶瓷）的0.168。

表11-2 2013年和2017年SCI各学科中位论文影响分值及变化情况

学科	2013年中位论文影响分值	2017年中位论文影响分值	变化值	增长率
ACOUSTICS	0.466	0.476	0.011	2.26%
AGRICULTURAL ECONOMICS & POLICY	0.361	0.443	0.082	22.71%
AGRICULTURAL ENGINEERING	0.328	0.314	-0.015	-4.42%
AGRICULTURE, DAIRY & ANIMAL SCIENCE	0.208	0.267	0.059	28.37%
AGRICULTURE, MULTIDISCIPLINARY	0.199	0.219	0.020	10.05%
AGRONOMY	0.264	0.282	0.018	6.82%
ALLERGY	0.591	0.733	0.142	24.03%
ANATOMY & MORPHOLOGY	0.487	0.457	-0.030	-6.16%
ANDROLOGY	0.576	0.541	-0.036	-6.16%
ANESTHESIOLOGY	0.524	0.611	0.087	16.60%
ASTRONOMY & ASTROPHYSICS	0.677	0.788	0.111	16.40%
AUDIOLOGY & SPEECH - LANGUAGE PATHOLOGY	0.581	0.542	-0.039	-6.71%
AUTOMATION & CONTROL SYSTEMS	0.563	0.638	0.075	13.32%
BEHAVIORAL SCIENCES	0.981	0.828	-0.153	-15.60%
BIOCHEMICAL RESEARCH METHODS	0.716	0.708	-0.008	-1.05%
BIOCHEMISTRY & MOLECULAR BIOLOGY	0.854	0.793	-0.061	-7.14%
BIODIVERSITY CONSERVATION	0.477	0.594	0.117	24.53%
BIOLOGY	0.492	0.512	0.020	4.07%
BIOPHYSICS	0.803	0.735	-0.069	-8.53%
BIOTECHNOLOGY & APPLIED MICROBIOLOGY	0.629	0.566	-0.063	-10.02%
CARDIAC & CARDIOVASCULAR SYSTEMS	0.655	0.662	0.006	0.99%

续表

学科	2013 年中位论文影响分值	2017 年中位论文影响分值	变化值	增长率
CELL & TISSUE ENGINEERING	0.906	0.894	-0.013	-1.38%
CELL BIOLOGY	1.099	0.966	-0.133	-12.11%
CHEMISTRY, ANALYTICAL	0.515	0.481	-0.034	-6.60%
CHEMISTRY, APPLIED	0.301	0.306	0.005	1.50%
CHEMISTRY, INORGANIC & NUCLEAR	0.395	0.347	-0.048	-12.15%
CHEMISTRY, MEDICINAL	0.532	0.519	-0.013	-2.44%
CHEMISTRY, MULTIDISCIPLINARY	0.313	0.343	0.030	9.42%
CHEMISTRY, ORGANIC	0.473	0.404	-0.069	-14.59%
CHEMISTRY, PHYSICAL	0.569	0.551	-0.018	-3.08%
CLINICAL NEUROLOGY	0.708	0.794	0.086	12.15%
COMPUTER SCIENCE, ARTIFICIAL INTELLIGENCE	0.528	0.532	0.004	0.76%
COMPUTER SCIENCE, CYBERNETICS	0.504	0.413	-0.091	-18.06%
COMPUTER SCIENCE, HARDWARE & ARCHITECTURE	0.489	0.484	-0.005	-1.02%
COMPUTER SCIENCE, INFORMATION SYSTEMS	0.484	0.503	0.019	3.93%
COMPUTER SCIENCE, INTERDISCIPLINARY APPLICATIONS	0.553	0.558	0.005	0.90%
COMPUTER SCIENCE, SOFTWARE ENGINEERING	0.524	0.526	0.001	0.29%
COMPUTER SCIENCE, THEORY & METHODS	0.504	0.520	0.016	3.17%
CONSTRUCTION & BUILDING TECHNOLOGY	0.303	0.349	0.046	15.18%
CRITICAL CARE MEDICINE	0.770	0.897	0.128	16.57%
CRYSTALLOGRAPHY	0.331	0.409	0.078	23.56%
DENTISTRY, ORAL SURGERY & MEDICINE	0.489	0.452	-0.037	-7.57%
DERMATOLOGY	0.439	0.480	0.041	9.34%
DEVELOPMENTAL BIOLOGY	1.029	0.867	-0.162	-15.74%
ECOLOGY	0.764	0.676	-0.088	-11.52%
EDUCATION, SCIENTIFIC DISCIPLINES	0.357	0.439	0.082	22.97%
ELECTROCHEMISTRY	0.502	0.473	-0.030	-5.88%

续表

学科	2013年中位论文影响分值	2017年中位论文影响分值	变化值	增长率
EMERGENCY MEDICINE	0.327	0.428	0.102	31.09%
ENDOCRINOLOGY & METABOLISM	0.749	0.906	0.157	20.96%
ENERGY & FUELS	0.629	0.647	0.019	2.94%
ENGINEERING, AEROSPACE	0.274	0.332	0.058	21.17%
ENGINEERING, BIOMEDICAL	0.509	0.575	0.066	12.97%
ENGINEERING, CHEMICAL	0.361	0.380	0.019	5.12%
ENGINEERING, CIVIL	0.349	0.391	0.042	12.03%
ENGINEERING, ELECTRICAL & ELECTRONIC	0.432	0.468	0.036	8.22%
ENGINEERING, ENVIRONMENTAL	0.462	0.509	0.046	10.06%
ENGINEERING, GEOLOGICAL	0.620	0.621	0.001	0.16%
ENGINEERING, INDUSTRIAL	0.467	0.461	-0.006	-1.28%
ENGINEERING, MANUFACTURING	0.349	0.403	0.055	15.64%
ENGINEERING, MARINE	0.228	0.256	0.028	12.06%
ENGINEERING, MECHANICAL	0.318	0.412	0.094	29.61%
ENGINEERING, MULTIDISCIPLINARY	0.303	0.364	0.061	19.97%
ENGINEERING, OCEAN	0.406	0.358	-0.048	-11.84%
ENGINEERING, PETROLEUM	0.139	0.193	0.055	39.35%
ENTOMOLOGY	0.320	0.319	-0.001	-0.31%
ENVIRONMENTAL SCIENCES	0.593	0.543	-0.050	-8.43%
EVOLUTIONARY BIOLOGY	1.129	0.911	-0.218	-19.31%
FISHERIES	0.481	0.427	-0.054	-11.23%
FOOD SCIENCE & TECHNOLOGY	0.334	0.379	0.045	13.47%
FORESTRY	0.334	0.372	0.038	11.38%
GASTROENTEROLOGY & HEPATOLOGY	0.774	0.926	0.153	19.72%
GENETICS & HEREDITY	0.881	0.823	-0.058	-6.53%
GEOCHEMISTRY & GEOPHYSICS	0.729	0.684	-0.045	-6.17%

续表

学科	2013年中位论文影响分值	2017年中位论文影响分值	变化值	增长率
GEOGRAPHY, PHYSICAL	0.691	0.722	0.031	4.49%
GEOLOGY	0.465	0.372	-0.093	-20.00%
GEOSCIENCES, MULTIDISCIPLINARY	0.619	0.645	0.026	4.20%
GERIATRICS & GERONTOLOGY	0.730	0.822	0.092	12.60%
GREEN & SUSTAINABLE SCIENCE & TECHNOLOGY	0.000	0.618	0.618	
HEALTH CARE SCIENCES & SERVICES	0.686	0.731	0.045	6.49%
HEMATOLOGY	0.774	0.772	-0.002	-0.26%
HISTORY & PHILOSOPHY OF SCIENCE	0.302	0.287	-0.015	-4.97%
HORTICULTURE	0.188	0.188	0.000	0.00%
IMAGING SCIENCE & PHOTOGRAPHIC TECHNOLOGY	0.444	0.408	-0.036	-8.11%
IMMUNOLOGY	0.857	0.862	0.005	0.58%
INFECTIOUS DISEASES	0.882	0.851	-0.032	-3.57%
INSTRUMENTS & INSTRUMENTATION	0.391	0.430	0.039	9.97%
INTEGRATIVE & COMPLEMENTARY MEDICINE	0.291	0.358	0.067	23.02%
LIMNOLOGY	0.499	0.502	0.002	0.50%
LOGIC	0.484	0.402	-0.082	-16.94%
MARINE & FRESHWATER BIOLOGY	0.504	0.452	-0.052	-10.23%
MATERIALS SCIENCE, BIOMATERIALS	0.639	0.629	-0.010	-1.56%
MATERIALS SCIENCE, CERAMICS	0.168	0.175	0.008	4.48%
MATERIALS SCIENCE, CHARACTERIZATION & TESTING	0.290	0.344	0.054	18.62%
MATERIALS SCIENCE, COATINGS & FILMS	0.348	0.366	0.018	5.17%
MATERIALS SCIENCE, COMPOSITES	0.242	0.325	0.083	34.09%
MATERIALS SCIENCE, MULTIDISCIPLINARY	0.437	0.441	0.004	0.92%
MATERIALS SCIENCE, PAPER & WOOD	0.174	0.167	-0.007	-4.02%
MATERIALS SCIENCE, TEXTILES	0.146	0.152	0.006	4.12%
MATHEMATICAL & COMPUTATIONAL BIOLOGY	0.693	0.674	-0.019	-2.74%

续表

学科	2013 年中位论文影响分值	2017 年中位论文影响分值	变化值	增长率
MATHEMATICS	0.681	0.644	-0.037	-5.43%
MATHEMATICS, APPLIED	0.655	0.636	-0.019	-2.90%
MATHEMATICS, INTERDISCIPLINARY APPLICATIONS	0.611	0.660	0.049	8.02%
MECHANICS	0.487	0.522	0.035	7.19%
MEDICAL ETHICS	0.402	0.453	0.051	12.56%
MEDICAL INFORMATICS	0.523	0.721	0.199	37.99%
MEDICAL LABORATORY TECHNOLOGY	0.396	0.573	0.177	44.57%
MEDICINE, GENERAL & INTERNAL	0.362	0.422	0.060	16.57%
MEDICINE, LEGAL	0.474	0.370	-0.104	-21.94%
MEDICINE, RESEARCH & EXPERIMENTAL	0.686	0.735	0.049	7.14%
METALLURGY & METALLURGICAL ENGINEERING	0.175	0.250	0.075	42.86%
METEOROLOGY & ATMOSPHERIC SCIENCES	0.772	0.684	-0.089	-11.46%
MICROBIOLOGY	0.782	0.768	-0.014	-1.73%
MICROSCOPY	0.559	0.592	0.033	5.81%
MINERALOGY	0.592	0.525	-0.067	-11.32%
MINING & MINERAL PROCESSING	0.181	0.286	0.106	58.45%
MULTIDISCIPLINARY SCIENCES	0.282	0.370	0.088	31.26%
MYCOLOGY	0.526	0.645	0.119	22.62%
NANOSCIENCE & NANOTECHNOLOGY	0.571	0.650	0.079	13.84%
NEUROIMAGING	0.641	0.830	0.189	29.49%
NEUROSCIENCES	0.987	0.977	-0.010	-1.01%
NUCLEAR SCIENCE & TECHNOLOGY	0.338	0.321	-0.017	-5.03%
NURSING	0.322	0.363	0.041	12.58%
NUTRITION & DIETETICS	0.724	0.786	0.063	8.64%
OBSTETRICS & GYNECOLOGY	0.569	0.647	0.078	13.62%
OCEANOGRAPHY	0.726	0.594	-0.133	-18.25%

续表

学科	2013年中位论文影响分值	2017年中位论文影响分值	变化值	增长率
ONCOLOGY	0.774	0.812	0.038	4.84%
OPERATIONS RESEARCH & MANAGEMENT SCIENCE	0.599	0.622	0.024	3.93%
OPHTHALMOLOGY	0.534	0.580	0.046	8.61%
OPTICS	0.376	0.410	0.034	9.04%
ORNITHOLOGY	0.325	0.358	0.033	10.15%
ORTHOPEDICS	0.555	0.584	0.030	5.32%
OTORHINOLARYNGOLOGY	0.423	0.483	0.060	14.18%
PALEONTOLOGY	0.432	0.446	0.014	3.24%
PARASITOLOGY	0.518	0.603	0.085	16.52%
PATHOLOGY	0.585	0.473	-0.112	-19.08%
PEDIATRICS	0.499	0.549	0.050	10.03%
PERIPHERAL VASCULAR DISEASE	0.738	0.815	0.077	10.43%
PHARMACOLOGY & PHARMACY	0.620	0.603	-0.017	-2.74%
PHYSICS, APPLIED	0.436	0.416	-0.021	-4.70%
PHYSICS, ATOMIC, MOLECULAR & CHEMICAL	0.608	0.591	-0.017	-2.80%
PHYSICS, CONDENSED MATTER	0.485	0.446	-0.039	-8.04%
PHYSICS, FLUIDS & PLASMAS	0.679	0.677	-0.002	-0.29%
PHYSICS, MATHEMATICAL	0.709	0.745	0.036	5.08%
PHYSICS, MULTIDISCIPLINARY	0.402	0.366	-0.036	-8.84%
PHYSICS, NUCLEAR	0.709	0.545	-0.165	-23.20%
PHYSICS, PARTICLES & FIELDS	0.935	1.011	0.076	8.13%
PHYSIOLOGY	0.738	0.750	0.012	1.63%
PLANT SCIENCES	0.360	0.397	0.037	10.14%
POLYMER SCIENCE	0.299	0.297	-0.002	-0.67%
PRIMARY HEALTH CARE	0.463	0.504	0.041	8.86%
PSYCHIATRY	0.798	0.810	0.013	1.57%

续表

学科	2013年中位论文影响分值	2017年中位论文影响分值	变化值	增长率
PSYCHOLOGY	0.808	0.734	-0.074	-9.16%
PUBLIC, ENVIRONMENTAL & OCCUPATIONAL HEALTH	0.580	0.650	0.070	11.98%
RADIOLOGY, NUCLEAR MEDICINE & MEDICAL IMAGING	0.523	0.553	0.030	5.74%
REHABILITATION	0.499	0.550	0.051	10.12%
REMOTE SENSING	0.520	0.527	0.006	1.25%
REPRODUCTIVE BIOLOGY	0.695	0.736	0.042	5.98%
RESPIRATORY SYSTEM	0.697	0.714	0.017	2.44%
RHEUMATOLOGY	0.757	0.936	0.179	23.65%
ROBOTICS	0.340	0.590	0.250	73.53%
SOIL SCIENCE	0.593	0.545	-0.048	-8.02%
SPECTROSCOPY	0.434	0.489	0.055	12.67%
SPORT SCIENCES	0.568	0.593	0.025	4.40%
STATISTICS & PROBABILITY	0.836	0.876	0.040	4.78%
SUBSTANCE ABUSE	0.768	0.857	0.090	11.66%
SURGERY	0.468	0.545	0.077	16.45%
TELECOMMUNICATIONS	0.346	0.466	0.120	34.68%
THERMODYNAMICS	0.382	0.359	-0.023	-6.02%
TOXICOLOGY	0.630	0.576	-0.054	-8.57%
TRANSPLANTATION	0.520	0.745	0.225	43.27%
TRANSPORTATION SCIENCE & TECHNOLOGY	0.490	0.565	0.075	15.31%
TROPICAL MEDICINE	0.382	0.390	0.008	2.09%
UROLOGY & NEPHROLOGY	0.563	0.532	-0.032	-5.60%
VETERINARY SCIENCES	0.287	0.313	0.027	9.25%
VIROLOGY	0.933	0.896	-0.036	-3.91%
WATER RESOURCES	0.469	0.469	0.000	0.00%
ZOOLOGY	0.357	0.366	0.009	2.52%

论文影响分值的平均值为1.00，大于1.00表明期刊中每篇论文的影响力高于平均水平，而EVOLUTIONARY BIOLOGY（进化生物学）的中位论文影响分值为1.129，说明在这个学科中，处于论文影响分值中位数的期刊的每篇论文的影响力均高于平均水平。笔者进一步分析了该学科的期刊发现，该学科2013年共收录期刊46种，平均论文影响分值为1.577，其中论文影响分值最高的为美国的 *Annual Review of Ecology Evolution and Systematics*，其论文影响分值为8.970，处于第2位的期刊为 *Trends in Ecology & Evolution*，其论文影响分值为8.188；46种期刊中，论文影响分值>1者共25种（54.35%），可见，该学科一半以上的期刊其内每篇论文的影响力均高于平均水平。但也并非所有期刊的论文影响分值均非常高，2013年该学科论文影响分值<1的期刊共21种（45.65%），其中<0.5者8种期刊，尤其 *Journal of Evolutionary Biochemistry and Physiology* 2013的论文影响分值仅为0.052，处于学科最低，该期刊的影响因子、5年影响因子和几年指标分别为0.235、0.295和0.045，也均处于学科最低。

2017年SCI 177个学科的中位论文影响分值平均为0.549，较2013年有所升高。其中，大于等于该值的学科共82个（46.33%），最大的为PHYSICS, PARTICLES & FIELDS（物理学、粒子与场），中位论文影响分值为1.011，除此外，没有学科的中位论文影响分值>1；>0.7~1者40个学科（22.60%）；>0.5~0.7者60个学科（33.90%）；>0.3~0.5者63个学科（35.59%）；≤0.3者13个学科（7.34%），最小的为MATERIALS SCIENCE, TEXTILES（材料科学，纺织品）的0.152，其次为MATERIALS SCIENCE, PAPER & WOOD（材料科学、纸张和木材）和MATERIALS SCIENCE, CERAMICS（材料科学，陶瓷）的0.167和0.175。

计算2017年相较于2013年SCI 176个学科中位论文影响分值的变化值，结果显示，整体来看，2017年学科中位论文影响分值均值是增加的，平均增加了0.081。5年来，学科中位论文影响分值增长者110个学科（62.50%），平均增长了0.058。增长值最多的学科为ROBOTICS（机器人学），5年增长了0.250，由2013年的0.340增长到2017年0.590；TRANSPLANTATION（移植）5年增长了0.225，由2013年的0.520增长到2017年0.745；除此外5年增长值>0.1者14个学科，>0.5~1.0者34个学科（19.32%），>0.2~0.5者33个学科（18.75%），>0~0.2者27个学科（15.34%）。5年学科中位论文影响分值无变化者2个学科，分别为WATER RESOURCES（水资源）和HORTICULTURE（园艺）。5年学科中位论文影响分值降低者64个学科

(36.36%),平均降低了 0.050。降低最多的学科为 EVOLUTIONARY BIOLOGY（进化生物学），5 年降低了 0.218，由 2013 年的 1.129 降低到 2017 年 0.911；除此外 5 年降低值 >0.1 者还有 7 个学科，分别为 MEDICINE, LEGAL（医学、法律）、PATHOLOGY（病理学）、OCEANOGRAPHY（海洋学）、CELL BIOLOGY（细胞生物学）、BEHAVIORAL SCIENCES（行为科学）、DEVELOPMENTAL BIOLOGY（发育生物学）何 PHYSICS, NUCLEAR（物理学，核），5 年分别降低了 0.104、0.112、0.133、0.133、0.153、0.162 和 0.165；5 年降低值 <0.1 者 8 个学科，分别为 ENTOMOLOGY（昆虫学）、HEMATOLOGY（血液学）、PHYSICS, FLUIDS & PLASMAS（物理、流体和等离子体）、POLYMER SCIENCE（高分子科学）、COMPUTER SCIENCE, HARDWARE & ARCHITECTURE（计算机科学、硬件与建筑）、ENGINEERING, INDUSTRIAL（工程，工业）、MATERIALS SCIENCE, PAPER & WOOD（材料科学、纸张和木材）和 BIOCHEMICAL RESEARCH METHODS（生化研究方法），5 年分别降低了 0.001、0.002、0.002、0.002、0.005、0.006、0.007、0.008。

计算 5 年各学科中位论文影响分值的增长率，结果发现，增长率最大的为 ROBOTICS（机器人学）的 73.53%，其次为 MINING & MINERAL PROCESSING（采矿和选矿）的 58.45%，此外所有学科 5 年中位论文影响分值增长率均 <50%，其中，增长率 >20% ~ 50% 者 22 个学科（12.50%）；增长率 >10% ~ 20% 者 35 个学科（19.89%）；增长率 >0 ~ 10% 者 51 个学科（28.98%）。WATER RESOURCES（水资源）和 HORTICULTURE（园艺）2 个学科的 5 年中位论文影响分值没有变化。5 年为负增长的学科中，减少率为 10% 及以下者 44 个学科（25.00%）；减少率为 >10% 者 20 个学科（11.36%）。

第三节 学科中位论文影响分值的统计学特征及相关性分析

一、学科中位论文影响分值的统计学特征

学科中位论文影响分值的统计学特征见表 11-3。使用 KOLMOGOROV - SMIRNOV 检验分析学科中位论文影响分值的正态性，结果显示，2013 年和 2017 年二者均呈正态分布（$P = 0.413$、0.607）。中位论文影响分值的极小极

大值比 2013 年为 0.123，小于 2017 年的 0.150；中位极大值比 2013 年为 0.449，小于 2017 年的 0.526，说明相对于 2013 年，2017 年各学的论文影响分值表现出了更小的离散度，数据分布更为集中。这个特性与学科中位特征因子表现出了完全的一致性，即 2017 年指标的离散度更小。2013 年和 2017 年的学科中位论文影响分值的偏度均为正值，说明其数据分布形态与正态分布相比为右偏，即有一条长尾拖在右边，数据右端有较多的极端值，相对于 2013 年的学科中位论文影响分值，2017 年学科中位论文影响分值的偏度更小，说明学科中位论文影响分值的数据分布形态的偏斜程度更小。分别与 2013 年和 2017 年中位特征因子的偏度 0.930 和 0.632 相比，2013 年和 2017 年学科中位论文影响分值的偏度均较小，说明论文影响分值较好地改善了特征因子的分布偏态性。2013 年和 2017 年学科中位论文影响分值的峰度均为负值，说明数据的分布相较于正态分布更为平坦，均为平顶峰，且相对于 2013 年的峰度 -0.003，2017 年的峰度为 -0.554，明显更陡峭。

表 11-3　2013 年和 2017 年中位论文影响分值的统计描述及统计学特征

项目	2013 年中位论文影响分值	2017 年中位论文影响分值
均数	0.530	0.549
中位数	0.507	0.532
标准差	0.199	0.190
极小极大值比	0.123	0.150
中位极大值比	0.449	0.526
最小值	0.139	0.152
最大值	1.129	1.011
偏度	0.434	0.288
峰度	-0.003	-0.554
KOLMOGOROV - SMIRNOV 检测的 Z 值	0.886	0.762
KOLMOGOROV - SMIRNOV 检测的 P 值	0.413	0.607

二、学科中位论文影响分值与其他学术影响力指标间的相关性

将 2013 年 SCI 176 个学科的中位论文影响分值与学科其他学术影响力评

价指标，包括中位影响因子、集合影响因子、中位 5 年影响因子、总被引频次、集合即年指标、集合被引半衰期、集合引用半衰期、学科中位特征因子做相关性分析；将 2017 年 SCI 177 个学科的中位论文影响分值与学科其他评价指标，包括中位影响因子、集合影响因子、中位 5 年影响因子、影响因子百分位均值、总被引频次、集合即年指标、集合被引半衰期、集合引用半衰期、中位标准特征因子做相关性分析。由于部分学科评价指标并不呈正态分布，为便于数据对比分析，均使用 Spearman 相关性分析进行，结果见表 11 - 4。

表 11 - 4　中位论文影响分值与学科其他评价指标间的相关性分析结果

学科指标	2013 年中位论文影响分值 相关系数	P 值	2017 年中位论文影响分值 相关系数	P 值
中位影响因子	0.778**	0.000	0.753**	0.000
集合影响因子	0.595**	0.000	0.511**	0.000
中位 5 年影响因子	0.816**	0.000	0.797**	0.000
影响因子百分位均值	—	—	0.667**	0.000
总被引频次	0.409**	0.000	0.339**	0.000
集合即年指标	0.595**	0.000	0.523**	0.000
集合被引半衰期	-0.071	0.351	0.030	0.694
集合引用半衰期	-0.236**	0.002	-0.179*	0.017
中位特征因子	0.756**	0.000	0.748**	0.000
中位标准特征因子	—	—	0.747**	0.000

注：*$P<0.05$，**$P<0.01$；2013 年由于 JCR 未给出影响因子百分位和标准特征因子，故表内相关数据未给出。

由表 11 - 4 可知，2013 年中位论文影响分值与中位影响因子、集合影响因子、中位 5 年影响因子、总被引频次、集合即年指标、中位特征因子均呈显著正相关（均为 $P<0.01$），相关系数由大到小分别为中位 5 年影响因子 > 中位影响因子 > 中位特征因子 > 集合影响因子 > 集合即年指标 > 总被引频次，其中，与中位 5 年影响因子的相关系数 > 0.8，为 0.816，与总被引频次的相关系数最小，为 0.409。与集合引用半衰期呈显著负相关，相关系数为 -0.236，与学科集合被引半衰期未呈现出有统计学意义的相关性。可见，相对于总量指标特征因子，论文影响分值与学科其他影响力评价指标中位影响因子、中位 5 年影响因子、集合影响因子、集合即年指标、总被引频次等虽然也均表现出显著正相关，但相关系数均相对较小。

2017年指标间的相关性结果与2013年类似，只是2017年新增了期刊的影响因子百分位和标准特征因子两个评价指标，故相关性分析中增加了与学科影响因子百分位均值和中位标准特征因子的相关性分析，结果显示，中位论文影响分值与中位影响因子、集合影响因子、中位5年影响因子、影响因子百分位均值、总被引频次、集合即年指标、中位特征因子、中位标准特征因子亦均呈显著正相关（均为$P<0.01$），相关系数由大到小分别为中位5年影响因子＞中位影响因子＞中位特征因子＞中位标准特征因子＞影响因子百分位均值＞集合即年指标＞集合影响因子＞总被引频次，与中位5年影响因子、中位影响因子、中位特征因子和中位标准特征因子的相关系数均＞0.7，但均未达到0.8；与总被引频次的相关系数最小，为0.339。与集合引用半衰期呈显著负相关，相关系数为-0.179，与学科集合被引半衰期未呈现出有统计学意义的相关性。

虽然2017年学科中位论文影响分值与其他学科指标的相关性分析结果与2013年类似，但从表11-4内也可以看出，相关强度，即无论是正相关的相关系数，还是负相关的相关系数绝对值，2017年均小于2013年，这与其他指标在5年间相关性结果分析的表现一致，再次说明学科中位论文影响分值与其他指标的相关性也在减弱，单一指标综合评价学科的能力似乎变得更为片面，多指标综合评价更能反映学科的真实学术影响力。

2017年学科中位论文影响分值与学科中位特征因子的相关系数略大于学科标准特征因子，分别为0.748和0.747，可以看出，相关系数很接近，差异可能仅是学科特征因子和学科标准特征因子有效数字保留的位数不同引起的。另外，我们也可以看出，虽然论文影响分值是特征因子的相对指标，但其与特征因子的相关系数并不是最强的。无论2013年还是2017年，中位论文影响分值均与中位5年影响因子表现出了最强的相关性，与中位影响因子的相关性次之，也就是说，作为特征因子的相对量指标中位论文影响分值，其与作为总被引频次的相对量指标影响因子的相关性更强，尤其与中位5年影响因子表现出来强相关。分析原因为，影响因子和论文影响分值均是基于文献量的相对被引量，论文影响分值由于同时考虑了被引频次的质，故而二者有差异；而论文影响分值与5年影响因子的引证时间窗口都是5年，可能是二者表现出更强相关性的原因。与集合影响因子、影响因子百分位均值的相关系数较低，考虑与指标的计算方式差异较大引起。

同中位特征因子和中位标准特征因子类似，中位论文影响分值与集合引用半衰期表现出了有统计学意义的负相关，但相关系数均较小，2013年和2017年分别为 -0.236 和 -0.179；而与集合被引半衰期均未表出现有统计学意义的相关性。考虑除数据本身造成的误差外，还可能与被引半衰期与引用半衰期与学科其他评价指标的意义不同，半衰期更倾向于体现学科知识更新速度的快慢，而其他学科评价指标则是对期刊学术质量进行的评价，指标分析的重点不同，二者没有表现出很强的相性也可以理解。

第十二章 SCI 学科的自被引率

自引率（self-citation rate，SCR）有自引证率（self-citing rate）和自被引率（self-cited rate）之分[1]，其中，自引证率指的是自引文献在全部参考文献中的比例，自被引率指的是自引文献在全部被引频次中的比例。从其定义可以看出，与影响因子关系密切的是自被引率。

自被引率是常用的衡量期刊自引状况的文献计量学评价指标。在全球性的SCI 现象和影响因子崇拜的背景下，期刊的影响因子不仅受到了学术期刊自身的高度重视，而且还受到科研人员的极大关注[2]。提高期刊自引被认为是最简单且最易实施的提高影响因子的方法。目前，国内外学者普遍认可期刊适当的自引是信息在科学传播中的一种体现，是正常现象，但一些期刊不正当的提高自引量，导致过度自引频繁发生，使影响因子评价期刊的学术效力受到影响[3][4][5]。曾经国内外很多期刊会要求作者投稿时引用自己杂志上的文献，这虽然会导致期刊自被引率的增加，但由于其对期刊影响因子和总被引频次的增加作用很诱人，故而，该方法一度十分盛行。鉴于很多期刊自被引率过高，严重扰乱了期刊评价秩序，故而 JCR 将自被引率过高的期刊（>20%）暂时性排除在外（当年不被收录），即实施镇压（Suppressed）。部分学者还制定了过度自引的标准，自被引率达到某一程度后即高度怀疑有人为操控[6]。

作为期刊评价常用的指标之一，自被引率的受关注度一直非常广泛。但期

---

[1] 金铁成. 是自引证率, 还是自被引率？——对加菲尔德的期刊自引率论断的考证 [J]. 中国科技期刊研究, 2016, 27 (7): 704-707.
[2] 刘雪立. 全球性 SCI 现象和影响因子崇拜 [J]. 中国科技期刊研究, 2012, 23 (2): 185-190.
[3] ANDRAS S. Self-citations: the stepchildren of scientometrics? [J] Orvosi Hetilap, 2016, 157 (32): 1289-1293.
[4] 康存辉, 操菊华. 期刊评价之自引辩解 [J]. 编辑之友, 2014 (10): 21-23, 26.
[5] 金铁成. 学术期刊自引率使用乱象及其应对策略 [J]. 科技与出版, 2016 (11): 96-98.
[6] 刘雪立, 周志新, 方红玲, 等. 2005-2007 年我国医学期刊自引率与过度自引的界定 [J]. 中国科技期刊研究, 2009, 20 (4): 624-626

刊不正当提高自引的最终目的是提高影响因子，而计算影响因子所用的被引频次仅是前两年刊发的论文在统计当年的被引频次，与我们通常所说的自被引率有所差异。我们通常意义上的自被引率是指期刊的所有自引频次与总被引频次的比值，但这样得出的自被引率并不能反映出期刊自引对影响因子的实际影响力。譬如，某期刊自被引率高，但其自引的文献都是3年前的（不是计算影响因子所用的前2年的文献），那么自引就对影响因子的提高没有任何作用，相对的，如果某期刊自被引率相对较低，但其自引的文献均是计算影响因子所用的前2年发表的文献，那么，其自引对影响因子的提高作用就很明显。这样，只有期刊前2年刊发的论文在统计当年的自引才可以起到提高总被引频次的同时提高影响因子的作用，而其余自引只能提高总被引频次等指标，对影响因子的提高却没有作用。现有文献多仅考虑了总被引频次中的自引，仅有少数文献关注到影响因子内的自引，如金铁成[1]关注到期刊的2年自被引，但作者仅从离散度和反应速度对期刊2年自被引率进行了分析。刘雪立等[2]以2015年SCI收录的8 778种期刊为研究对象，计算各期刊总被引频次构成中的自被引率和影响因子构成中的自被引率，全方位比较二者差异程度，揭示了不同国家和地区人为操纵期刊影响因子的倾向。笔者曾将对提高影响因子有作用的自被引率定义为影响因子相关自被引率（self - cited rate correlation with impact factor，SCR - IF），将对提高影响因子没有作用的自被引率定义为非影响因子相关自被引率（self - cited rate non - correlation with impact factor），并对其做了一系列研究，如分析了SSCI不同学科影响因子相关自被引率的情况[3]，对SSCI期刊高影响因子相关自被引率进行了界定[4]，同时对比分析了JCR 6门学科的影响因子相关自被引率分析[5]，以及对比分析我国和其他国家SCI收录期刊

---

[1] 金铁成. 采用自被引率与2年自被引率检测学术期刊过度自引的比较与分析 [J]. 中国科技期刊研究，2016，27 (9)：949 - 952.

[2] 刘雪立，魏雅慧，盛丽娜，等. 科技期刊总被引频次和影响因子构成中的自被引率比较——兼谈影响因子的人为操纵倾向 [J]. 编辑学报，2017，29 (6)：602 - 606.

[3] 盛丽娜，顾欢，刘雪立，等. SSCI不同学科影响因子相关自被引率对比分析 [J]. 情报杂志，2018，37 (4)：158 - 165.

[4] 盛丽娜. SSCI期刊高影响因子相关自被引率的界定及其文献计量学指标特征分析 [J]. 情报杂志，2018，37 (8)：153 - 157.

[5] 盛丽娜. 基于JCR 6门学科的影响因子相关自被引率分析 [J]. 中国科技期刊研究，2018，29 (3)：291 - 295.

影响因子相关自被引率状况[1]。鉴于自被引率在期刊评价中不容忽视的作用及参考笔者在该领域的学术积累，本书对 SCI 不同自被引率进行了分析。

第一节 学科自被引率的获取

选择 2013 年各学科收录的 SCI 期刊，逐个点开，记录自引量、用于计算影响因子的自引量（self cites to years used in impact factor calculation）、用于计算影响因子的被引量（cites to years used in impact factor calculation），计算 2013 年 SCI 收录各期刊的影响因子相关自被引率和总被引频次中的自被引率，即

影响因子相关自被引率为：

$$SCR-IF = \frac{用于计算影响因子的自引量}{用于计算影响因子的被引量}$$

总被引频次中的自被引率为：

$$SCR = \frac{自引量}{总被引频次}$$

2017 年 JCR 内给出了期刊的期刊影响因子，考虑到影响因子相关自被引率更能说明问题，因而笔者未再逐一点开期刊记录，下载计算各刊总被引频次内的自引量，故没有计算各刊总的自被引率，而仅计算了影响因子相关自被引率。具体方法为：选择 2017 年各学科收录的 SCI 期刊，逐个点开，下载各刊影响因子和他引影响因子，计算各刊的影响因子相关自被引率，即

$$SCR-IF = 1 - \frac{他引影响因子}{影响因子}$$

借用统计学分析，选择适宜的用来评价 SCI 学科的自被引率。2013 年和 2017 年各学科自被引率的正态性检验结果见表 12-1。由表 12-1 可知，2013 年 176 个学科的影响因子相关自被引率，呈正态分布者 89 个学科（50.57%），不呈正态分布者 87 个（49.43%）；影响因子相关自被引率，呈正态分布者 96 个学科（54.55%），不呈正态分布者 80 个（45.45%）。2017 年 177 个学科的影响因子相关自被引率中，呈正态分布者 106 个（59.89%），不呈正态分布者 71 个（40.11%）。可见，无论 2013 年 SCI 各学科的自被引率、影响因子相

---

[1] 盛丽娜. 我国 SCI 收录期刊影响因子相关自被引率的国际比较 [J]. 中国科技期刊研究, 2018, 29 (1): 69-74.

关自被引率,还是 2017 年 SCI 学科的影响因子相关自被引率,均为呈正态分布的学科占比较多,故而后续研究选择各学科自被引率的平均数作为各学科的自被引率,称为"学科自被引率均值",选择各学科影响因子相关自被引率的平均数作为各学科的自被引率,称为"学科影响因子相关自被引率均值"。

表 12-1 2013 年和 2017 年 SCI 各学科自被引率的正态性检验结果

学科		2013 年自被引率	2013 年影响因子相关自被引率	2017 年影响因子相关自被引率
ACOUSTICS	Z 值	1.176	1.498	1.188
	P 值	0.126	0.022	0.119
AGRICULTURAL ECONOMICS & POLICY	Z 值	1.204	1.206	1.163
	P 值	0.110	0.109	0.134
AGRICULTURAL ENGINEERING	Z 值	0.543	0.374	0.444
	P 值	0.930	0.999	0.989
AGRICULTURE, DAIRY & ANIMAL SCIENCE	Z 值	0.935	0.942	1.542
	P 值	0.346	0.338	0.017
AGRICULTURE, MULTIDISCIPLINARY	Z 值	1.204	1.113	1.349
	P 值	0.110	0.168	0.052
AGRONOMY	Z 值	1.326	1.396	2.161
	P 值	0.059	0.040	0.000
ALLERGY	Z 值	1.538	0.817	1.264
	P 值	0.018	0.517	0.082
ANATOMY & MORPHOLOGY	Z 值	1.233	1.540	0.653
	P 值	0.095	0.017	0.787
ANDROLOGY	Z 值	0.988	0.843	1.072
	P 值	0.283	0.476	0.200
ANESTHESIOLOGY	Z 值	0.987	1.246	0.693
	P 值	0.284	0.090	0.723
ASTRONOMY & ASTROPHYSICS	Z 值	1.005	1.095	1.120
	P 值	0.265	0.181	0.163

续表

学科		2013年自被引率	2013年影响因子相关自被引率	2017年影响因子相关自被引率
AUDIOLOGY & SPEECH – LANGUAGE PATHOLOGY	Z值	0.790	1.073	0.472
	P值	0.561	0.200	0.979
AUTOMATION & CONTROL SYSTEMS	Z值	1.444	1.486	1.243
	P值	0.031	0.024	0.091
BEHAVIORAL SCIENCES	Z值	1.698	1.512	1.015
	P值	0.006	0.021	0.254
BIOCHEMICAL RESEARCH METHODS	Z值	1.539	1.702	1.049
	P值	0.018	0.006	0.221
BIOCHEMISTRY & MOLECULAR BIOLOGY	Z值	3.123	3.091	3.320
	P值	0.000	0.000	0.000
BIODIVERSITY CONSERVATION	Z值	1.375	1.367	0.734
	P值	0.046	0.048	0.654
BIOLOGY	Z值	1.319	1.469	1.412
	P值	0.062	0.027	0.037
BIOPHYSICS	Z值	1.613	1.490	1.435
	P值	0.011	0.024	0.033
BIOTECHNOLOGY & APPLIED MICROBIOLOGY	Z值	2.756	2.496	2.411
	P值	0.000	0.000	0.000
CARDIAC & CARDIOVASCULAR SYSTEMS	Z值	1.928	2.104	1.690
	P值	0.001	0.000	0.007
CELL & TISSUE ENGINEERING	Z值	0.893	0.746	1.581
	P值	0.402	0.634	0.014
CELL BIOLOGY	Z值	2.772	3.012	3.657
	P值	0.000	0.000	0.000
CHEMISTRY,ANALYTICAL	Z值	1.257	1.350	1.330
	P值	0.085	0.052	0.058

续表

学科		2013年自被引率	2013年影响因子相关自被引率	2017年影响因子相关自被引率
CHEMISTRY, APPLIED	Z值	1.294	1.346	1.345
	P值	0.070	0.053	0.054
CHEMISTRY, INORGANIC & NUCLEAR	Z值	1.417	1.645	1.087
	P值	0.036	0.009	0.188
CHEMISTRY, MEDICINAL	Z值	1.365	1.364	1.219
	P值	0.048	0.048	0.102
CHEMISTRY, MULTIDISCIPLINARY	Z值	2.288	2.052	2.416
	P值	0.000	0.000	0.000
CHEMISTRY, ORGANIC	Z值	1.510	2.028	1.476
	P值	0.021	0.001	0.026
CHEMISTRY, PHYSICAL	Z值	1.763	1.528	1.606
	P值	0.004	0.019	0.012
CLINICAL NEUROLOGY	Z值	2.228	2.053	2.115
	P值	0.000	0.000	0.000
COMPUTER SCIENCE, ARTIFICIAL INTELLIGENCE	Z值	2.216	1.531	1.057
	P值	0.000	0.018	0.214
COMPUTER SCIENCE, CYBERNETICS	Z值	0.867	1.115	1.041
	P值	0.440	0.166	0.229
COMPUTER SCIENCE, HARDWARE & ARCHITECTURE	Z值	0.973	1.073	1.208
	P值	0.301	0.200	0.108
COMPUTER SCIENCE, INFORMATION SYSTEMS	Z值	1.911	1.381	1.655
	P值	0.001	0.044	0.008
COMPUTER SCIENCE, INTERDISCIPLINARY APPLICATIONS	Z值	1.506	1.407	1.907
	P值	0.021	0.038	0.001
COMPUTER SCIENCE, SOFTWARE ENGINEERING	Z值	1.416	1.655	1.714
	P值	0.036	0.008	0.006

续表

学科		2013年自被引率	2013年影响因子相关自被引率	2017年影响因子相关自被引率
COMPUTER SCIENCE, THEORY & METHODS	Z值	1.680	1.924	1.743
	P值	0.007	0.001	0.005
CONSTRUCTION & BUILDING TECHNOLOGY	Z值	1.042	0.733	1.353
	P值	0.228	0.657	0.051
CRITICAL CARE MEDICINE	Z值	1.026	1.001	0.852
	P值	0.243	0.269	0.463
CRYSTALLOGRAPHY	Z值	0.979	0.811	1.488
	P值	0.293	0.526	0.024
DENTISTRY, ORAL SURGERY & MEDICINE	Z值	1.469	1.395	1.370
	P值	0.027	0.041	0.047
DERMATOLOGY	Z值	1.231	1.198	1.552
	P值	0.097	0.113	0.016
DEVELOPMENTAL BIOLOGY	Z值	1.127	1.310	1.047
	P值	0.158	0.065	0.223
ECOLOGY	Z值	2.397	2.225	1.936
	P值	0.000	0.000	0.001
EDUCATION, SCIENTIFIC DISCIPLINES	Z值	1.156	0.684	0.846
	P值	0.138	0.737	0.471
ELECTROCHEMISTRY	Z值	0.915	0.952	0.790
	P值	0.372	0.325	0.561
EMERGENCY MEDICINE	Z值	0.903	0.867	0.614
	P值	0.388	0.439	0.845
ENDOCRINOLOGY & METABOLISM	Z值	2.765	2.853	2.554
	P值	0.000	0.000	0.000
ENERGY & FUELS	Z值	0.855	1.214	0.965
	P值	0.458	0.105	0.310

续表

学科		2013年自被引率	2013年影响因子相关自被引率	2017年影响因子相关自被引率
ENGINEERING, AEROSPACE	Z值	0.582	0.555	0.586
	P值	0.887	0.917	0.882
ENGINEERING, BIOMEDICAL	Z值	1.457	1.445	1.513
	P值	0.029	0.031	0.021
ENGINEERING, CHEMICAL	Z值	2.106	1.593	1.447
	P值	0.000	0.013	0.030
ENGINEERING, CIVIL	Z值	1.092	1.028	1.247
	P值	0.184	0.242	0.089
ENGINEERING, ELECTRICAL & ELECTRONIC	Z值	2.426	1.959	1.724
	P值	0.000	0.001	0.005
ENGINEERING, ENVIRONMENTAL	Z值	1.246	1.206	0.815
	P值	0.090	0.109	0.520
ENGINEERING, GEOLOGICAL	Z值	1.072	1.415	0.733
	P值	0.201	0.036	0.655
ENGINEERING, INDUSTRIAL	Z值	0.544	0.495	0.524
	P值	0.929	0.967	0.946
ENGINEERING, MANUFACTURING	Z值	0.662	0.738	1.000
	P值	0.774	0.647	0.270
ENGINEERING, MARINE	Z值	0.657	0.688	0.912
	P值	0.781	0.732	0.377
ENGINEERING, MECHANICAL	Z值	1.596	1.329	0.731
	P值	0.012	0.058	0.659
ENGINEERING, MULTIDISCIPLINARY	Z值	1.061	0.995	1.045
	P值	0.211	0.276	0.225
ENGINEERING, OCEAN	Z值	0.505	0.708	0.446
	P值	0.961	0.698	0.989

续表

学科		2013年自被引率	2013年影响因子相关自被引率	2017年影响因子相关自被引率
ENGINEERING, PETROLEUM	Z值	1.030	0.670	0.896
	P值	0.239	0.760	0.398
ENTOMOLOGY	Z值	1.793	1.677	1.874
	P值	0.003	0.007	0.002
ENVIRONMENTAL SCIENCES	Z值	3.151	2.505	2.204
	P值	0.000	0.000	0.000
EVOLUTIONARY BIOLOGY	Z值	1.081	1.462	1.424
	P值	0.193	0.028	0.035
FISHERIES	Z值	1.221	1.108	0.976
	P值	0.101	0.172	0.296
FOOD SCIENCE & TECHNOLOGY	Z值	2.339	1.779	2.039
	P值	0.000	0.004	0.000
FORESTRY	Z值	1.183	1.286	1.208
	P值	0.122	0.073	0.108
GASTROENTEROLOGY & HEPATOLOGY	Z值	2.010	1.746	1.230
	P值	0.001	0.004	0.097
GENETICS & HEREDITY	Z值	2.898	2.760	3.046
	P值	0.000	0.000	0.000
GEOCHEMISTRY & GEOPHYSICS	Z值	1.749	1.124	1.427
	P值	0.004	0.160	0.034
GEOGRAPHY, PHYSICAL	Z值	1.368	0.780	1.014
	P值	0.047	0.577	0.256
GEOLOGY	Z值	1.062	1.169	0.963
	P值	0.210	0.130	0.311
GEOSCIENCES, MULTIDISCIPLINARY	Z值	1.699	1.689	1.140
	P值	0.006	0.007	0.148

续表

学科		2013年自被引率	2013年影响因子相关自被引率	2017年影响因子相关自被引率
GERIATRICS & GERONTOLOGY	Z 值	1.725	1.453	1.563
	P 值	0.005	0.029	0.015
GREEN & SUSTAINABLE SCIENCE & TECHNOLOGY	Z 值	—	—	0.697
	P 值	—	—	0.716
HEALTH CARE SCIENCES & SERVICES	Z 值	1.696	1.224	0.956
	P 值	0.006	0.100	0.320
HEMATOLOGY	Z 值	1.888	1.754	2.023
	P 值	0.002	0.004	0.001
HISTORY & PHILOSOPHY OF SCIENCE	Z 值	1.333	1.004	1.314
	P 值	0.057	0.266	0.063
HORTICULTURE	Z 值	0.938	0.783	0.870
	P 值	0.342	0.571	0.436
IMAGING SCIENCE & PHOTOGRAPHIC TECHNOLOGY	Z 值	0.688	0.868	0.813
	P 值	0.731	0.439	0.524
IMMUNOLOGY	Z 值	2.127	1.828	2.250
	P 值	0.000	0.002	0.000
INFECTIOUS DISEASES	Z 值	1.370	1.574	1.868
	P 值	0.047	0.014	0.002
INSTRUMENTS & INSTRUMENTATION	Z 值	0.782	1.062	0.906
	P 值	0.574	0.209	0.385
INTEGRATIVE & COMPLEMENTARY MEDICINE	Z 值	0.861	0.759	1.486
	P 值	0.448	0.612	0.024
LIMNOLOGY	Z 值	1.085	1.072	1.057
	P 值	0.190	0.201	0.214
LOGIC	Z 值	0.836	0.516	0.790
	P 值	0.486	0.953	0.560

续表

学科		2013年自被引率	2013年影响因子相关自被引率	2017年影响因子相关自被引率
MARINE & FRESHWATER BIOLOGY	Z值	1.581	1.392	1.325
	P值	0.014	0.041	0.060
MATERIALS SCIENCE, BIOMATERIALS	Z值	1.014	0.980	1.158
	P值	0.256	0.292	0.137
MATERIALS SCIENCE, CERAMICS	Z值	0.877	0.911	1.215
	P值	0.425	0.377	0.104
MATERIALS SCIENCE, CHARACTERIZATION & TESTING	Z值	1.509	1.277	1.151
	P值	0.021	0.077	0.141
MATERIALS SCIENCE, COATINGS & FILMS	Z值	0.733	0.964	0.449
	P值	0.655	0.310	0.988
MATERIALS SCIENCE, COMPOSITES	Z值	0.995	0.984	0.663
	P值	0.276	0.288	0.772
MATERIALS SCIENCE, MULTIDISCIPLINARY	Z值	2.762	2.697	2.236
	P值	0.000	0.000	0.000
MATERIALS SCIENCE, PAPER & WOOD	Z值	1.076	1.011	1.168
	P值	0.198	0.258	0.130
MATERIALS SCIENCE, TEXTILES	Z值	0.899	0.646	0.527
	P值	0.395	0.798	0.944
MATHEMATICAL & COMPUTATIONAL BIOLOGY	Z值	2.132	1.371	1.367
	P值	0.000	0.047	0.048
MATHEMATICS	Z值	2.420	2.500	2.563
	P值	0.000	0.000	0.000
MATHEMATICS, APPLIED	Z值	2.761	2.646	2.120
	P值	0.000	0.000	0.000
MATHEMATICS, INTERDISCIPLINARY APPLICATIONS	Z值	1.830	1.515	1.260
	P值	0.002	0.020	0.084

续表

学科		2013年自被引率	2013年影响因子相关自被引率	2017年影响因子相关自被引率
MECHANICS	Z值	1.793	1.540	1.459
	P值	0.003	0.017	0.028
MEDICAL ETHICS	Z值	0.702	0.905	0.481
	P值	0.708	0.386	0.975
MEDICAL INFORMATICS	Z值	0.672	0.666	0.639
	P值	0.758	0.767	0.809
MEDICAL LABORATORY TECHNOLOGY	Z值	1.416	1.217	1.644
	P值	0.036	0.103	0.009
MEDICINE, GENERAL & INTERNAL	Z值	2.227	2.056	2.610
	P值	0.000	0.000	0.000
MEDICINE, LEGAL	Z值	0.632	0.671	0.974
	P值	0.819	0.759	0.299
MEDICINE, RESEARCH & EXPERIMENTAL	Z值	2.587	2.492	2.577
	P值	0.000	0.000	0.000
METALLURGY & METALLURGICAL ENGINEERING	Z值	1.233	0.907	0.712
	P值	0.096	0.383	0.691
METEOROLOGY & ATMOSPHERIC SCIENCES	Z值	1.412	1.322	1.000
	P值	0.037	0.061	0.270
MICROBIOLOGY	Z值	2.808	2.183	2.038
	P值	0.000	0.000	0.000
MICROSCOPY	Z值	0.679	1.050	0.778
	P值	0.746	0.221	0.581
MINERALOGY	Z值	1.164	1.309	0.821
	P值	0.133	0.065	0.511
MINING & MINERAL PROCESSING	Z值	0.878	0.620	0.571
	P值	0.424	0.837	0.900

续表

学科		2013年自被引率	2013年影响因子相关自被引率	2017年影响因子相关自被引率
MULTIDISCIPLINARY SCIENCES	Z值	1.476	1.332	1.656
	P值	0.026	0.057	0.008
MYCOLOGY	Z值	0.984	0.863	0.947
	P值	0.288	0.446	0.331
NANOSCIENCE & NANOTECHNOLOGY	Z值	0.958	1.044	1.335
	P值	0.317	0.226	0.057
NEUROIMAGING	Z值	0.944	0.653	1.109
	P值	0.334	0.788	0.170
NEUROSCIENCES	Z值	3.829	3.381	3.195
	P值	0.000	0.000	0.000
NUCLEAR SCIENCE & TECHNOLOGY	Z值	0.956	0.829	0.661
	P值	0.320	0.497	0.774
NURSING	Z值	1.947	1.757	1.427
	P值	0.001	0.004	0.034
NUTRITION & DIETETICS	Z值	2.075	2.232	1.936
	P值	0.000	0.000	0.001
OBSTETRICS & GYNECOLOGY	Z值	1.522	1.527	0.720
	P值	0.019	0.019	0.677
OCEANOGRAPHY	Z值	1.391	1.179	1.294
	P值	0.042	0.124	0.070
ONCOLOGY	Z值	3.428	3.114	3.699
	P值	0.000	0.000	0.000
OPERATIONS RESEARCH & MANAGEMENT SCIENCE	Z值	1.373	1.158	1.034
	P值	0.046	0.137	0.235
OPHTHALMOLOGY	Z值	0.886	1.090	1.333
	P值	0.412	0.186	0.057

续表

学科		2013年自被引率	2013年影响因子相关自被引率	2017年影响因子相关自被引率
OPTICS	Z 值	1.579	1.637	1.596
	P 值	0.014	0.009	0.012
ORNITHOLOGY	Z 值	0.871	1.193	0.862
	P 值	0.435	0.116	0.447
ORTHOPEDICS	Z 值	1.294	0.953	1.115
	P 值	0.070	0.323	0.166
OTORHINOLARYNGOLOGY	Z 值	1.068	1.178	0.572
	P 值	0.204	0.125	0.899
PALEONTOLOGY	Z 值	0.943	1.090	1.275
	P 值	0.336	0.186	0.078
PARASITOLOGY	Z 值	1.251	1.175	0.799
	P 值	0.088	0.127	0.546
PATHOLOGY	Z 值	2.175	2.076	2.141
	P 值	0.000	0.000	0.000
PEDIATRICS	Z 值	1.223	1.089	1.307
	P 值	0.100	0.187	0.066
PERIPHERAL VASCULAR DISEASE	Z 值	1.467	1.662	1.600
	P 值	0.027	0.008	0.012
PHARMACOLOGY & PHARMACY	Z 值	3.488	3.033	2.877
	P 值	0.000	0.000	0.000
PHYSICS, APPLIED	Z 值	1.656	1.980	2.031
	P 值	0.008	0.001	0.001
PHYSICS, ATOMIC, MOLECULAR & CHEMICAL	Z 值	0.746	0.856	0.622
	P 值	0.634	0.456	0.834
PHYSICS, CONDENSED MATTER	Z 值	1.728	1.560	1.470
	P 值	0.005	0.015	0.027

续表

学科		2013年自被引率	2013年影响因子相关自被引率	2017年影响因子相关自被引率
PHYSICS, FLUIDS & PLASMAS	Z值	1.041	0.765	0.723
	P值	0.229	0.602	0.672
PHYSICS, MATHEMATICAL	Z值	1.666	1.274	0.878
	P值	0.008	0.078	0.423
PHYSICS, MULTIDISCIPLINARY	Z值	1.540	1.547	1.192
	P值	0.017	0.017	0.116
PHYSICS, NUCLEAR	Z值	0.954	0.882	1.062
	P值	0.323	0.418	0.209
PHYSICS, PARTICLES & FIELDS	Z值	1.304	1.379	1.228
	P值	0.067	0.045	0.098
PHYSIOLOGY	Z值	2.033	1.965	1.694
	P值	0.001	0.001	0.006
PLANT SCIENCES	Z值	2.351	2.240	2.560
	P值	0.000	0.000	0.000
POLYMER SCIENCE	Z值	1.301	1.076	1.349
	P值	0.068	0.197	0.052
PRIMARY HEALTH CARE	Z值	0.786	0.503	0.783
	P值	0.567	0.962	0.572
PSYCHIATRY	Z值	2.359	2.334	2.586
	P值	0.000	0.000	0.000
PSYCHOLOGY	Z值	2.384	2.055	1.754
	P值	0.000	0.000	0.004
PUBLIC, ENVIRONMENTAL & OCCUPATIONAL HEALTH	Z值	2.196	2.035	2.315
	P值	0.000	0.001	0.000
RADIOLOGY, NUCLEAR MEDICINE & MEDICAL IMAGING	Z值	2.060	1.852	1.672
	P值	0.000	0.002	0.007

续表

学科		2013年自被引率	2013年影响因子相关自被引率	2017年影响因子相关自被引率
REHABILITATION	Z值	1.210	1.591	1.354
	P值	0.107	0.013	0.051
REMOTE SENSING	Z值	1.113	1.065	0.583
	P值	0.168	0.206	0.885
REPRODUCTIVE BIOLOGY	Z值	0.665	0.704	0.805
	P值	0.768	0.705	0.536
RESPIRATORY SYSTEM	Z值	1.482	1.052	1.307
	P值	0.025	0.219	0.066
RHEUMATOLOGY	Z值	1.167	1.286	1.423
	P值	0.131	0.073	0.035
ROBOTICS	Z值	1.040	0.703	0.864
	P值	0.229	0.706	0.444
SOIL SCIENCE	Z值	1.397	1.390	1.285
	P值	0.040	0.042	0.074
SPECTROSCOPY	Z值	0.737	0.780	1.391
	P值	0.649	0.577	0.042
SPORT SCIENCES	Z值	1.506	1.436	1.309
	P值	0.021	0.032	0.065
STATISTICS & PROBABILITY	Z值	1.371	1.447	1.142
	P值	0.047	0.030	0.147
SUBSTANCE ABUSE	Z值	0.845	0.804	1.402
	P值	0.473	0.537	0.039
SURGERY	Z值	2.766	2.028	1.966
	P值	0.000	0.001	0.001
TELECOMMUNICATIONS	Z值	1.410	1.343	1.084
	P值	0.037	0.054	0.191

续表

学科		2013年自被引率	2013年影响因子相关自被引率	2017年影响因子相关自被引率
THERMODYNAMICS	Z值	0.938	0.779	0.655
	P值	0.343	0.578	0.784
TOXICOLOGY	Z值	1.605	1.518	1.586
	P值	0.012	0.020	0.013
TRANSPLANTATION	Z值	0.627	0.996	1.326
	P值	0.826	0.274	0.059
TRANSPORTATION SCIENCE & TECHNOLOGY	Z值	0.675	0.545	0.427
	P值	0.752	0.928	0.993
TROPICAL MEDICINE	Z值	0.770	0.639	0.807
	P值	0.593	0.809	0.533
UROLOGY & NEPHROLOGY	Z值	1.912	1.735	2.052
	P值	0.001	0.005	0.000
VETERINARY SCIENCES	Z值	1.584	1.507	1.897
	P值	0.013	0.021	0.001
VIROLOGY	Z值	0.952	0.842	1.964
	P值	0.325	0.477	0.001
WATER RESOURCES	Z值	1.430	1.198	1.131
	P值	0.033	0.113	0.155
ZOOLOGY	Z值	1.990	1.701	1.736
	P值	0.001	0.006	0.005

第二节 学科影响因子相关自被引率均值的变迁及自被引率均值

2013年和2017年各学科影响因子相关自被引率均值及2013年各学科自被引率均值见表12-2。由表12-2可知，2013年SCI 176个学科的影响因子相关自被引率均值的平均值为 15.56%，大于该值的学科共 80 个（45.45%），最高的为 MINING & MINERAL PROCESSING（采矿和选矿）的 30.72%。176 个学科中，影响因子相关自被引率均值 >20% 者共 33 个学科（18.75%），即将近有 1/5 的学科，其影响因子的 20% 以上是由自引贡献的，这与我们常规的认知是有出入的，这种差异与指标的计算方式有关。影响因子相关自被引率均值 >15%～20% 者 56 个学科（31.82%）；>10%～15% 者 60 个学科（34.09%）；≤10% 者共 27 个学科（15.34%），其中数值最小的 3 个学科分别为 BIOCHEMISTRY & MOLECULAR BIOLOGY（生物化学与分子生物学）、DEVELOPMENTAL BIOLOGY（发育生物学）和 CELL BIOLOGY（细胞生物学），分别的影响因子相关自被引率均值为 6.83%、6.81% 和 6.22%。

表 12-2　2013 年和 2017 年各学科影响因子相关自被引率均值及 2013 年各学科自被引率均值

学科	2013 年 SCR 均值	2013 年 SCR-IF 均值	2017 年 SCR-IF 均值	2013 年 SCR-IF 均值与 SCR 均值的差值	2017 年与 2013 年 SCR-IF 均值的差值
ACOUSTICS	16.74%	22.52%	16.80%	5.79%	-5.73%
AGRICULTURAL ECONOMICS & POLICY	18.56%	25.52%	14.94%	6.96%	-10.58%
AGRICULTURAL ENGINEERING	18.43%	24.23%	20.41%	5.80%	-3.82%
AGRICULTURE, DAIRY & ANIMAL SCIENCE	14.07%	17.78%	16.28%	3.71%	-1.50%
AGRICULTURE, MULTIDISCIPLINARY	14.27%	20.24%	14.94%	5.97%	-5.30%
AGRONOMY	14.68%	19.52%	16.68%	4.84%	-2.84%
ALLERGY	11.89%	15.99%	14.58%	4.10%	-1.41%
ANATOMY & MORPHOLOGY	6.40%	11.94%	8.39%	5.54%	-3.55%
ANDROLOGY	13.88%	14.93%	15.94%	1.05%	1.01%
ANESTHESIOLOGY	11.11%	16.28%	15.98%	5.17%	-0.29%
ASTRONOMY & ASTROPHYSICS	14.66%	19.48%	15.72%	4.82%	-3.76%
AUDIOLOGY & SPEECH-LANGUAGE PATHOLOGY	13.70%	18.08%	12.39%	4.38%	-5.69%

续表

学科	2013年SCR均值	2013年SCR-IF均值	2017年SCR-IF均值	2013年SCR-IF均值与SCR均值的差值	2017年与2013年SCR-IF均值的差值
AUTOMATION & CONTROL SYSTEMS	13.17%	17.87%	14.88%	4.70%	-2.99%
BEHAVIORAL SCIENCES	7.69%	9.30%	7.74%	1.61%	-1.56%
BIOCHEMICAL RESEARCH METHODS	7.53%	9.95%	7.51%	2.41%	-2.44%
BIOCHEMISTRY & MOLECULAR BIOLOGY	4.52%	6.83%	5.76%	2.31%	-1.07%
BIODIVERSITY CONSERVATION	7.45%	9.43%	9.24%	1.98%	-0.19%
BIOLOGY	8.71%	12.34%	8.88%	3.63%	-3.46%
BIOPHYSICS	7.54%	9.31%	8.50%	1.77%	-0.81%
BIOTECHNOLOGY & APPLIED MICROBIOLOGY	6.27%	8.70%	7.97%	2.43%	-0.73%
CARDIAC & CARDIOVASCULAR SYSTEMS	9.73%	12.82%	10.47%	3.09%	-2.35%
CELL & TISSUE ENGINEERING	7.05%	7.63%	7.44%	0.58%	-0.19%
CELL BIOLOGY	4.29%	6.22%	5.35%	1.93%	-0.87%
CHEMISTRY, ANALYTICAL	9.65%	13.09%	13.06%	3.44%	-0.03%
CHEMISTRY, APPLIED	10.00%	14.33%	15.38%	4.34%	1.04%
CHEMISTRY, INORGANIC & NUCLEAR	10.21%	17.09%	13.73%	6.89%	-3.36%
CHEMISTRY, MEDICINAL	7.24%	10.09%	8.72%	2.85%	-1.37%
CHEMISTRY, MULTIDISCIPLINARY	10.14%	15.45%	13.70%	5.32%	-1.75%
CHEMISTRY, ORGANIC	7.59%	12.63%	11.71%	5.04%	-0.92%
CHEMISTRY, PHYSICAL	8.63%	13.32%	11.94%	4.69%	-1.39%
CLINICAL NEUROLOGY	7.55%	10.00%	8.10%	2.45%	-1.90%
COMPUTER SCIENCE, ARTIFICIAL INTELLIGENCE	12.72%	17.35%	10.85%	4.63%	-6.50%

续表

学科	2013年SCR均值	2013年SCR-IF均值	2017年SCR-IF均值	2013年SCR-IF均值与SCR均值的差值	2017年与2013年SCR-IF均值的差值
COMPUTER SCIENCE, CYBERNETICS	14.12%	17.62%	12.31%	3.50%	-5.31%
COMPUTER SCIENCE, HARDWARE & ARCHITECTURE	7.88%	13.44%	9.09%	5.55%	-4.35%
COMPUTER SCIENCE, INFORMATION SYSTEMS	11.59%	16.75%	10.99%	5.16%	-5.76%
COMPUTER SCIENCE, INTERDISCIPLINARY APPLICATIONS	13.01%	18.02%	12.92%	5.01%	-5.10%
COMPUTER SCIENCE, SOFTWARE ENGINEERING	9.53%	14.38%	11.05%	4.85%	-3.33%
COMPUTER SCIENCE, THEORY & METHODS	10.82%	16.70%	11.05%	5.88%	-5.65%
CONSTRUCTION & BUILDING TECHNOLOGY	21.46%	28.37%	22.30%	6.91%	-6.07%
CRITICAL CARE MEDICINE	13.42%	15.34%	13.81%	1.93%	-1.53%
CRYSTALLOGRAPHY	9.44%	18.13%	18.07%	8.69%	-0.06%
DENTISTRY, ORAL SURGERY & MEDICINE	12.24%	17.30%	12.59%	5.05%	-4.71%
DERMATOLOGY	9.82%	14.73%	12.03%	4.91%	-2.70%
DEVELOPMENTAL BIOLOGY	4.75%	6.81%	5.91%	2.06%	-0.90%
ECOLOGY	7.79%	10.39%	8.34%	2.60%	-2.05%
EDUCATION, SCIENTIFIC DISCIPLINES	21.60%	27.35%	22.37%	5.75%	-4.99%
ELECTROCHEMISTRY	10.98%	15.55%	13.42%	4.56%	-2.12%
EMERGENCY MEDICINE	14.92%	19.84%	16.75%	4.92%	-3.09%
ENDOCRINOLOGY & METABOLISM	7.61%	10.03%	7.78%	2.42%	-2.25%
ENERGY & FUELS	16.27%	21.18%	15.09%	4.91%	-6.09%
ENGINEERING, AEROSPACE	11.22%	17.25%	13.54%	6.02%	-3.70%

续表

学科	2013年SCR均值	2013年SCR-IF均值	2017年SCR-IF均值	2013年SCR-IF均值与SCR均值的差值	2017年与2013年SCR-IF均值的差值
ENGINEERING, BIOMEDICAL	10.11%	12.68%	10.95%	2.57%	-1.73%
ENGINEERING, CHEMICAL	13.39%	18.66%	15.93%	5.27%	-2.72%
ENGINEERING, CIVIL	17.52%	21.86%	19.38%	4.34%	-2.48%
ENGINEERING, ELECTRICAL & ELECTRONIC	13.52%	18.67%	14.16%	5.15%	-4.51%
ENGINEERING, ENVIRONMENTAL	13.99%	20.04%	13.22%	6.05%	-6.82%
ENGINEERING, GEOLOGICAL	17.65%	24.31%	20.01%	6.66%	-4.30%
ENGINEERING, INDUSTRIAL	15.30%	24.22%	16.56%	8.92%	-7.66%
ENGINEERING, MANUFACTURING	17.18%	23.67%	17.23%	6.48%	-6.43%
ENGINEERING, MARINE	16.97%	22.69%	17.63%	5.71%	-5.06%
ENGINEERING, MECHANICAL	16.57%	22.55%	15.97%	5.98%	-6.58%
ENGINEERING, MULTIDISCIPLINARY	19.07%	24.62%	17.28%	5.56%	-7.34%
ENGINEERING, OCEAN	9.77%	13.19%	13.12%	3.41%	-0.07%
ENGINEERING, PETROLEUM	15.93%	23.57%	16.24%	7.64%	-7.33%
ENTOMOLOGY	10.13%	15.45%	14.34%	5.32%	-1.11%
ENVIRONMENTAL SCIENCES	11.77%	15.70%	11.89%	3.93%	-3.81%
EVOLUTIONARY BIOLOGY	6.35%	9.26%	7.02%	2.91%	-2.24%
FISHERIES	11.48%	15.83%	15.90%	4.35%	0.08%
FOOD SCIENCE & TECHNOLOGY	11.81%	15.26%	14.09%	3.45%	-1.17%
FORESTRY	14.25%	18.57%	14.10%	4.32%	-4.47%
GASTROENTEROLOGY & HEPATOLOGY	8.38%	9.73%	6.32%	1.34%	-3.40%
GENETICS & HEREDITY	5.81%	7.79%	6.94%	1.98%	-0.84%
GEOCHEMISTRY & GEOPHYSICS	13.75%	18.38%	15.23%	4.64%	-3.15%
GEOGRAPHY, PHYSICAL	13.31%	15.51%	11.82%	2.20%	-3.69%
GEOLOGY	13.03%	17.47%	13.78%	4.45%	-3.69%
GEOSCIENCES, MULTIDISCIPLINARY	12.63%	16.48%	11.91%	3.85%	-4.57%

续表

学科	2013 年 SCR 均值	2013 年 SCR – IF 均值	2017 年 SCR – IF 均值	2013 年 SCR – IF 均值与 SCR 均值的差值	2017 年与 2013 年 SCR – IF 均值的差值
GERIATRICS & GERONTOLOGY	8.77%	12.05%	9.53%	3.28%	-2.52%
GREEN & SUSTAINABLE SCIENCE & TECHNOLOGY	—	—	14.69%	—	—
HEALTH CARE SCIENCES & SERVICES	9.82%	13.68%	9.64%	3.86%	-4.05%
HEMATOLOGY	8.64%	11.18%	9.43%	2.54%	-1.75%
HISTORY & PHILOSOPHY OF SCIENCE	16.82%	22.90%	16.68%	6.08%	-6.23%
HORTICULTURE	14.48%	22.91%	14.59%	8.43%	-8.32%
IMAGING SCIENCE & PHOTOGRAPHIC TECHNOLOGY	10.30%	12.29%	13.82%	1.99%	1.53%
IMMUNOLOGY	5.87%	7.76%	6.91%	1.89%	-0.85%
INFECTIOUS DISEASES	7.17%	9.09%	8.50%	1.92%	-0.59%
INSTRUMENTS & INSTRUMENTATION	14.44%	20.72%	15.69%	6.28%	-5.03%
INTEGRATIVE & COMPLEMENTARY MEDICINE	12.92%	16.78%	11.46%	3.85%	-5.32%
LIMNOLOGY	9.52%	11.26%	9.02%	1.74%	-2.24%
LOGIC	12.79%	16.25%	15.67%	3.46%	-0.58%
MARINE & FRESHWATER BIOLOGY	9.46%	11.96%	11.74%	2.50%	-0.22%
MATERIALS SCIENCE, BIOMATERIALS	9.28%	10.78%	10.27%	1.49%	-0.51%
MATERIALS SCIENCE, CERAMICS	13.71%	23.36%	17.24%	9.64%	-6.11%
MATERIALS SCIENCE, CHARACTERIZATION & TESTING	14.94%	21.41%	15.56%	6.48%	-5.86%
MATERIALS SCIENCE, COATINGS & FILMS	14.71%	22.50%	16.38%	7.79%	-6.12%
MATERIALS SCIENCE, COMPOSITES	14.34%	22.99%	17.13%	8.65%	-5.86%

续表

学科	2013年SCR均值	2013年SCR-IF均值	2017年SCR-IF均值	2013年SCR-IF均值与SCR均值的差值	2017年与2013年SCR-IF均值的差值
MATERIALS SCIENCE, MULTIDISCIPLINARY	11.54%	16.67%	13.31%	5.13%	-3.36%
MATERIALS SCIENCE, PAPER & WOOD	14.13%	22.67%	21.85%	8.54%	-0.82%
MATERIALS SCIENCE, TEXTILES	18.67%	28.94%	20.52%	10.27%	-8.43%
MATHEMATICAL & COMPUTATIONAL BIOLOGY	8.86%	10.85%	9.01%	1.99%	-1.84%
MATHEMATICS	7.16%	10.72%	8.35%	3.56%	-2.38%
MATHEMATICS, APPLIED	8.16%	11.89%	9.95%	3.74%	-1.94%
MATHEMATICS, INTERDISCIPLINARY APPLICATIONS	11.59%	15.90%	13.51%	4.31%	-2.39%
MECHANICS	12.83%	18.42%	14.96%	5.59%	-3.45%
MEDICAL ETHICS	18.11%	13.62%	13.25%	-4.49%	-0.37%
MEDICAL INFORMATICS	12.19%	14.70%	12.42%	2.50%	-2.28%
MEDICAL LABORATORY TECHNOLOGY	9.11%	12.21%	10.27%	3.10%	-1.94%
MEDICINE, GENERAL & INTERNAL	8.65%	13.88%	10.22%	5.23%	-3.66%
MEDICINE, LEGAL	18.82%	23.99%	18.87%	5.17%	-5.13%
MEDICINE, RESEARCH & EXPERIMENTAL	6.00%	8.19%	6.88%	2.19%	-1.31%
METALLURGY & METALLURGICAL ENGINEERING	17.01%	26.44%	17.78%	9.43%	-8.66%
METEOROLOGY & ATMOSPHERIC SCIENCES	14.19%	16.96%	13.65%	2.77%	-3.31%
MICROBIOLOGY	7.01%	9.46%	7.33%	2.45%	-2.13%
MICROSCOPY	7.25%	20.46%	8.06%	13.21%	-12.40%
MINERALOGY	11.35%	15.19%	15.15%	3.84%	-0.05%
MINING & MINERAL PROCESSING	23.39%	30.72%	18.92%	7.33%	-11.81%

续表

学科	2013 年 SCR 均值	2013 年 SCR-IF 均值	2017 年 SCR-IF 均值	2013 年 SCR-IF 均值与 SCR 均值的差值	2017 年与 2013 年 SCR-IF 均值的差值
MULTIDISCIPLINARY SCIENCES	9.00%	12.97%	9.35%	3.97%	-3.62%
MYCOLOGY	10.14%	15.00%	12.75%	4.86%	-2.25%
NANOSCIENCE & NANOTECHNOLOGY	9.32%	12.38%	9.05%	3.07%	-3.33%
NEUROIMAGING	7.29%	8.95%	10.80%	1.66%	1.85%
NEUROSCIENCES	7.29%	9.69%	7.85%	2.40%	-1.85%
NUCLEAR SCIENCE & TECHNOLOGY	20.32%	27.57%	20.65%	7.25%	-6.92%
NURSING	11.70%	16.44%	13.24%	4.74%	-3.20%
NUTRITION & DIETETICS	8.64%	10.15%	9.33%	1.52%	-0.82%
OBSTETRICS & GYNECOLOGY	10.30%	13.43%	9.29%	3.13%	-4.14%
OCEANOGRAPHY	10.38%	12.99%	11.98%	2.61%	-1.02%
ONCOLOGY	6.02%	7.72%	6.16%	1.70%	-1.56%
OPERATIONS RESEARCH & MANAGEMENT SCIENCE	10.48%	16.88%	12.04%	6.40%	-4.84%
OPHTHALMOLOGY	9.84%	14.39%	10.41%	4.55%	-3.98%
OPTICS	11.48%	15.80%	13.20%	4.31%	-2.60%
ORNITHOLOGY	10.70%	15.78%	11.67%	5.08%	-4.11%
ORTHOPEDICS	12.73%	15.32%	11.60%	2.59%	-3.72%
OTORHINOLARYNGOLOGY	12.62%	18.33%	11.31%	5.71%	-7.02%
PALEONTOLOGY	9.90%	13.91%	11.08%	4.00%	-2.83%
PARASITOLOGY	12.07%	14.19%	11.31%	2.12%	-2.88%
PATHOLOGY	7.04%	9.32%	8.25%	2.28%	-1.06%
PEDIATRICS	8.40%	10.78%	9.36%	2.38%	-1.42%
PERIPHERAL VASCULAR DISEASE	8.13%	12.20%	11.80%	4.06%	-0.39%
PHARMACOLOGY & PHARMACY	6.54%	8.87%	7.54%	2.33%	-1.33%
PHYSICS, APPLIED	12.04%	17.10%	13.07%	5.06%	-4.03%
PHYSICS, ATOMIC, MOLECULAR & CHEMICAL	9.15%	12.69%	12.00%	3.54%	-0.69%

续表

学科	2013 年 SCR 均值	2013 年 SCR-IF 均值	2017 年 SCR-IF 均值	2013 年 SCR-IF 均值与 SCR 均值的差值	2017 年与 2013 年 SCR-IF 均值的差值
PHYSICS, CONDENSED MATTER	7.96%	13.43%	10.10%	5.47%	-3.34%
PHYSICS, FLUIDS & PLASMAS	15.07%	20.14%	16.31%	5.07%	-3.83%
PHYSICS, MATHEMATICAL	10.04%	14.49%	12.81%	4.45%	-1.68%
PHYSICS, MULTIDISCIPLINARY	12.43%	17.80%	14.60%	5.37%	-3.20%
PHYSICS, NUCLEAR	15.17%	19.70%	12.94%	4.53%	-6.76%
PHYSICS, PARTICLES & FIELDS	13.05%	14.61%	12.03%	1.55%	-2.58%
PHYSIOLOGY	8.56%	12.65%	11.41%	4.09%	-1.24%
PLANT SCIENCES	9.53%	13.97%	12.00%	4.44%	-1.97%
POLYMER SCIENCE	11.85%	19.19%	14.44%	7.34%	-4.75%
PRIMARY HEALTH CARE	6.84%	12.17%	11.94%	5.33%	-0.23%
PSYCHIATRY	8.41%	10.92%	9.89%	2.50%	-1.02%
PSYCHOLOGY	8.65%	11.08%	9.49%	2.43%	-1.59%
PUBLIC, ENVIRONMENTAL & OCCUPATIONAL HEALTH	9.29%	12.32%	10.37%	3.03%	-1.96%
RADIOLOGY, NUCLEAR MEDICINE & MEDICAL IMAGING	11.28%	15.33%	11.95%	4.05%	-3.37%
REHABILITATION	13.27%	18.38%	11.82%	5.11%	-6.56%
REMOTE SENSING	16.88%	17.86%	13.25%	0.97%	-4.60%
REPRODUCTIVE BIOLOGY	9.04%	8.65%	8.46%	-0.39%	-0.19%
RESPIRATORY SYSTEM	10.38%	13.02%	8.82%	2.65%	-4.21%
RHEUMATOLOGY	9.36%	9.76%	7.48%	0.41%	-2.28%
ROBOTICS	13.39%	18.53%	14.58%	5.14%	-3.95%
SOIL SCIENCE	9.65%	14.14%	13.13%	4.49%	-1.01%
SPECTROSCOPY	9.66%	14.32%	14.01%	4.66%	-0.30%
SPORT SCIENCES	12.69%	16.69%	11.47%	4.00%	-5.21%
STATISTICS & PROBABILITY	6.20%	10.68%	8.99%	4.48%	-1.70%
SUBSTANCE ABUSE	9.36%	11.28%	10.24%	1.92%	-1.04%

续表

学科	2013年 SCR均值	2013年 SCR-IF 均值	2017年 SCR-IF 均值	2013年 SCR-IF 均值与 SCR 均值的差值	2017年与2013年 SCR-IF 均值的差值
SURGERY	11.42%	14.18%	11.96%	2.76%	-2.23%
TELECOMMUNICATIONS	15.10%	19.43%	13.55%	4.33%	-5.87%
THERMODYNAMICS	14.81%	21.95%	16.60%	7.13%	-5.35%
TOXICOLOGY	6.96%	9.74%	8.86%	2.77%	-0.88%
TRANSPLANTATION	9.73%	13.86%	12.40%	4.13%	-1.46%
TRANSPORTATION SCIENCE & TECHNOLOGY	16.57%	20.78%	14.80%	4.21%	-5.99%
TROPICAL MEDICINE	8.17%	9.57%	11.53%	1.40%	1.97%
UROLOGY & NEPHROLOGY	8.89%	11.08%	10.42%	2.19%	-0.66%
VETERINARY SCIENCES	12.82%	16.86%	14.95%	4.04%	-1.91%
VIROLOGY	6.74%	9.09%	8.73%	2.35%	-0.35%
WATER RESOURCES	13.51%	17.35%	14.28%	3.84%	-3.07%
ZOOLOGY	8.90%	13.04%	10.44%	4.14%	-2.60%

注：SCR，总被引频次内的自被引率；SCR-IF，影响因子相关自被引率。

2017年SCI 177个学科的影响因子相关自被引率均值的平均值为12.48%，较2013年有所降低。大于平均值的学科共83个（46.89%），最高的为EDUCATION, SCIENTIFIC DISCIPLINES（教育、科学学科）的22.37%；>20%的学科还有6个，分别为CONSTRUCTION & BUILDING TECHNOLOGY（建筑技术）、MATERIALS SCIENCE, PAPER & WOOD（材料科学、纸张和木材）、NUCLEAR SCIENCE & TECHNOLOGY（核科学技术）、MATERIALS SCIENCE, TEXTILES（材料科学，纺织品）、AGRICULTURAL ENGINEERING（农业工程）和ENGINEERING, GEOLOGICAL（工程、地质），其影响因子相关自被引率分别为22.30%、21.85%、20.65%、20.52%、20.41%和20.01%。影响因子相关自被引率均值>15%~20%者33个学科（18.64%）；>10%~15%者89个学科（50.28%）；≤10%者共48个学科（27.12%），其中数值最小的3个学科分别为DEVELOPMENTAL BIOLOGY（发育生物学）、BIOCHEMISTRY & MOLECULAR BIOLOGY（生物化学与分子生物学）和CELL BI-

OLOGY（细胞生物学）。

上述数据表明，2017年大部分学科的影响因子相关自被引率均相对较小，一半多的学科集中在 >10% ~15%，113个学科（77.40%）的影响因子相关自被引率 <15%。尤其，2017年仅有7个学科（3.95%）的影响因子相关自被引率 >20%，与2013年的33个学科（18.75%）相比远远减少。分析原因为，2017年时JCR已经直接给出了"他引影响因子"，如果他引影响因子过低（即影响因子相关自被引率过高），显然不利于期刊的"名声"，故而，有关期刊显著降低了"有效自引"（对影响因子提高有作用的自引量），从而使影响因子相关自被引率明显降低。笔者认为，2017年的影响因子相关自被引率可能更接近自然状态下的自引，即作者主动自发的引用，而没有编辑等的人为干涉。

计算2017年相较于2013年SCI 176个学科影响因子相关自被引率均值的变化值，结果显示，2017年学科影响因子相关自被引率均值是降低的，平均降低了3.09%。5年来，影响因子相关自被引率增加者共6个学科，分别为TROPICAL MEDICINE（热带医学）、NEUROIMAGING（神经影像学）、IMAGING SCIENCE & PHOTOGRAPHIC TECHNOLOGY（影像科学与摄影技术）、CHEMISTRY, APPLIED（化学，应用）、ANDROLOGY（男科学）和FISHERIES（渔业），但增长率均较小，分别为1.97%、1.85%、1.53%、1.04%、1.01%和0.08%。5年影响因子相关自被引率降低者共170个学科，其中，降低率 >10% 者3个学科，分别为MICROSCOPY（显微镜检查）、MINING & MINERAL PROCESSING（采矿和选矿）和AGRICULTURAL ECONOMICS & POLICY（农业经济与政策）的12.40%、11.81%和10.58%；降低率 >5% ~10% 者共36个学科（20.45%），降低率 >2% ~5% 者共68个学科（38.64%），降低率 >1% ~2% 者共34个学科（19.32%），≤1% 者共35个学科（19.89%）。

笔者同时计算了2013年各学科总被引频次内的自被引率，这个自被引率是我们日常使用最多的自被引率，是常规意义上的自被引率。由表12-2可知，2013年SCI 176个学科的自被引率均值的平均值为11.37%，该值较2013年各学科的影响因子相关自被引率均值的平均值为15.56%明显较小。176个学科中，自被引率均值大于11.37%者共82个（45.59%），最高的为MINING & MINERAL PROCESSING（采矿和选矿）的23.39%，虽然仍较高，但较影响因子相关自被引率均值的30.72%仍明显较小。自被引率均值 >20% 者还有3个学科，分别为EDUCATION, SCIENTIFIC DISCIPLINES（教育、科学学科）、

CONSTRUCTION & BUILDING TECHNOLOGY（建筑技术）和 NUCLEAR SCIENCE & TECHNOLOGY（核科学技术），自被引率均值分别为 21.60%、21.46% 和 20.32%。自被引率均值 >15%~20% 者 22 个学科（12.50%）；>10%~15% 者 74 个学科（42.04%）；≤10% 者共 76 个学科（43.18%），其中数值最小的三个学科分别为 DEVELOPMENTAL BIOLOGY（发育生物学）、BIOCHEMISTRY & MOLECULAR BIOLOGY（生物化学与分子生物学）和 CELL BIOLOGY（细胞生物学），分别的影响因子相关自被引率均值为 4.75%、4.52% 和 4.29%。可见，相对于影响因子相关自被引率，总被引频次中的自被引率因其常被人们用来比较，加之 JCR 有限制，故而各学科表现的均相对比较"克制"，数值均不是非常大。

为进一步了解总被引频次中的自被引率与影响因子相关自被引率的差异，以期解析 SCI 期刊是否对影响因子有"人为操控"的嫌疑，计算各学科影响因子相关自被引率均值与总被引频次自被引率均值间的差值，该值理论上应该是相等的，若该值 >0，则说明该学科影响因子相关自被引率均值大于总被引频次自被引率均值，该值越大，影响因子"人为操控"的可能性就越大；该值 ≤0，则说明该学科影响因子相关自被引率均值小于总被引频次自被引率均值，表明没有通过人为操控自引而提高影响因子。2013 年 SCI 176 个学科影响因子相关自被引率均值与总被引频次自被引率均值间的差值平均为 4.19%，其中仅有 2 个学科为负值，不存在人为操控自引以提高影响因子；其余 174 个学科中，两个自被引率间差值 >10% 者 2 个学科，分别为 MICROSCOPY（显微镜检查）和 MATERIALS SCIENCE, TEXTILES（材料科学，纺织品），差值分别为 13.21% 和 10.27%；两个自被引率间差值 >6%~10% 者 24 个学科（13.64%）；>4%~6% 者 69 个学科（39.20%）；>2%~4% 者 56 个学科（31.82%）；≤2% 者 23 个学科（13.07%）。对于学科影响因子相关自被引率均值与总被引频次自被引率均值间的差值不太大，如 ≤2% 或 <4% 的学科，认为可能为自然引用的倾向性引起（相对来说，作者可能更倾向于引用近期的文献，以显示其论文的新颖程度），也可以不考虑人为操控影响因子的可能，但对于二者差值过高，如 >10% 的学科，高度怀疑存在人为操控自引以提高影响因子的可能。但由于不同学科的期刊量、载文量等不同，其各自的正常自引的比例可能不同。

上述分析中，MINING & MINERAL PROCESSING（采矿和选矿）的影响因子相关自被引率均值为 30.72%，这个数值高的有点不可思议。故而笔者进一步查阅该学科的具体数据（具体见表 12-3），发现 2013 年该学科共收录 21

种期刊，其中 4 种期刊的影响因子相关自被引率 >50%，最高的为 *Journal of Mining Science* 的 63.04%；共 9 种期刊的影响因子相关自被引率 >30%。而该学科影响因子相关自被引率最少的期刊为 *Mineral Processing and Extractive Metallurgy Review* 的 6.90%。对于同一个学科的这两种期刊来讲，*Journal of Mining Science* 2011 年和 2012 年刊发的文献在 2013 年共被引用 92 次，而其中 58 次来自自引，他引频次仅为 34 次；而 *Mineral Processing and Extractive Metallurgy Review* 虽然 2011 年和 2012 年刊发的文献在 2013 年共被引用 29 次，但其中仅有 2 次是自引，其他 27 次均为他引频次。鉴于计算影响因子时不区分自引和他引，二者放一起评价显然是不公平的。奇怪的是，该学科总被引频次中的自被引率也很高，>20%者也有 9 种期刊，*Archives of Mining Sciences* 的总被引频次中的自被引率竟然也为 63.37%，严重影响了期刊评价的公平公正性。故而，后期 JCR 对于自被引率过高的期刊会予以"镇压"，应该也是部分期刊为提高影响因子而过于"猖獗"，一半以上的被引来自于自引，对这类期刊实施"镇压"，也是肃清期刊评价环境的必要措施以及无奈之举。果然，措施实施后，该学科各刊的影响因子相关自被引率均有非常明显的下降（表 12-4），尤其 *Archives of Mining Sciences* 的影响因子相关自被引率降低到 7.31%，成效显著。

表 12-3 2013 年 MINING & MINERAL PROCESSING（采矿和选矿）学科收录期刊的自引情况

期刊名	SC-IF	TC-IF	SC	TC	SCR-IF	SCR-NIF	SCR	IF	5IF
Acta Geodynamica et Geomaterialia	23	58	67	166	39.66%	40.74%	40.36%	0.667	0.604
Acta Montanistica Slovaca	2	5	9	123	40.00%	5.93%	7.32%	0.053	0.179
Archives of Mining Sciences	47	79	154	243	59.49%	65.24%	63.37%	0.608	0.600
Gospodarka Surowcami Mineralnymi-Mineral Resources Management	27	48	80	172	56.25%	42.74%	46.51%	0.632	0.298
International Journal of Coal Preparation and Utilization	5	32	15	93	15.63%	16.39%	16.13%	0.727	0.699
International Journal of Mineral Processing	38	263	247	3063	14.45%	7.46%	8.06%	1.461	1.803
International Journal of Minerals Metallurgy and Materials	63	168	117	395	37.50%	23.79%	29.62%	0.573	0.694

续表

期刊名	SC-IF	TC-IF	SC	TC	SCR-IF	SCR-NIF	SCR	IF	5IF
International Journal of Mining Reclamation and Environment	12	26	31	109	46.15%	22.89%	28.44%	0.531	—
International Journal of Rock Mechanics And Mining Sciences	80	413	1 073	6 096	19.37%	17.47%	17.60%	1.424	1.958
JOM	34	416	114	3263	8.17%	2.81%	3.49%	1.401	1.607
Journal of Applied Geophysics	111	389	379	2142	28.53%	15.29%	17.69%	1.301	1.642
Journal of Mining Science	58	92	219	401	63.04%	52.10%	54.61%	0.404	0.357
Journal of Nuclear Materials	1 330	3 052	8 191	20 784	43.58%	38.69%	39.41%	2.016	2.090
Journal of the Southern African Institute of Mining and Metallurgy	10	41	80	528	24.39%	14.37%	15.15%	0.176	0.238
Marine Georesources & Geotechnology	2	18	16	153	11.11%	10.37%	10.46%	0.383	0.460
Mineral Processing and Extractive Metallurgy Review	2	29	16	297	6.90%	5.22%	5.39%	0.690	0.938
Minerals & Metallurgical Processing	5	36	20	298	13.89%	5.73%	6.71%	0.545	0.458
MINERALS ENGINEERING	201	720	946	4940	27.92%	17.65%	19.15%	1.714	1.913
Ore Geology Reviews	71	450	300	2070	15.78%	14.14%	14.49%	3.383	3.153
Physicochemical Problems of Mineral Processing	22	94	52	256	23.40%	18.52%	20.31%	0.862	0.802
Rem-Revista Escola De Minas	6	12	24	89	50.00%	23.38%	26.97%	0.103	0.142

注：SC-IF，计算影响因子的被引频次内的自引量；TC-IF，计算影响因子的被引频次；SC，自引量；TC，总被引频次；SCR-IF，影响因子相关自被引率；SCR-NIF，非影响因子相关自被引率；SCR，总被引频次内的自被引率；IF，影响因子；5IF，5 年影响因子。

表 12-4 2017 年 MINING & MINERAL PROCESSING（采矿和选矿）学科收录期刊的自引情况

期刊名	TC	IF	IF-O	5IF	SCR-IF
Acta Geodynamica et Geomaterialia	330	0.886	0.709	0.788	19.98%
Acta Montanistica Slovaca	284	0.973	0.613	0.625	37.00%
Archives of Mining Sciences	426	0.629	0.583	0.706	7.31%

续表

期刊名	TC	IF	IF-O	5IF	SCR-IF
Gospodarka Surowcami Mineralnymi – Mineral Resources Management	265	0.400	0.263	0.538	34.25%
International Journal of Coal Preparation and Utilization	285	1.527	1.400	1.341	8.32%
International Journal of Mineral Processing	5738	2.255	2.105	2.521	6.65%
International Journal of Minerals Metallurgy and Materials	1449	1.261	0.976	1.260	22.60%
International Journal of Mining Reclamation and Environment	291	1.258	1.212	1.170	3.66%
International Journal of Rock Mechanics And Mining Sciences	15283	2.836	2.533	3.374	10.68%
JOM	7408	2.145	1.962	2.471	8.53%
Journal of Applied Geophysics	4228	1.646	1.372	1.918	16.65%
Journal of Mining Science	834	0.435	0.305	0.543	29.89%
Journal of the Southern African Institute of Mining and Metallurgy	1264	0.339	0.279	0.428	17.70%
Marine Georesources & Geotechnology	530	1.207	0.904	1.186	25.10%
Mineral Processing and Extractive Metallurgy Review	706	2.117	1.455	1.994	31.27%
Minerals	646	1.835	1.495	2.037	18.53%
Minerals & Metallurgical Processing	495	0.786	0.732	1.137	6.87%
MINERALS ENGINEERING	9790	2.707	2.295	2.820	15.22%
Ore Geology Reviews	7007	3.993	2.406	4.209	39.74%
Physicochemical Problems of Mineral Processing	590	1.200	0.979	1.156	18.42%

注：TC，总被引频次；IF，影响因子；IF-O，他引影响因子；5IF，5年影响因子；SCR-IF，影响因子相关自被引率。

第三节 学科自被引率的统计学特征

2013年学科自被引率均值、影响因子相关自被引率均值及2017年影响因子相关自被引率均值的统计学特征见表12-5。使用KOLMOGOROV-SMIRNOV检验分析学科中位论文影响分值的正态分布，结果显示，2013年学科自被引率均值、影响因子相关自被引率均值及2017年影响因子相关自被引率均值均呈正态分布（$P=0.086$、0.739、0.598）。影响因子相关自被引率均值的极小极大值比2013年为0.203，小于2017年的0.239；中位极大值比

2013年为0.496,小于2017年的0.538,说明相对于2013年,2017年各学科的影响因子相关自被引率表现出了更小的离散度,数据分布更为集中。由2013年数据可得,相对于自被引率均值,影响因子相关自被引率均值的极小极大值比和中位极大值比也较高,即影响因子相关自被引率的离散度更小。2013年学科自被引率均值、影响因子相关自被引率均值及2017年影响因子相关自被引率均值的偏度均为正值,说明其数据分布形态与正态分布相比均为右偏,即有一条长尾拖在右边,数据右端有较多的极端值,相对于2013年的学科影响因子相关自被引率均值,2017年学科影响因子相关自被引率均值的偏度更小,而相对于学科总被引频次中的自被引率均值,影响因子相关自被引率均值的平度较小。2013年和2017年学科影响因子相关自被引率均值的峰度均为负值,说明数据的分布相较于正态分布更为平坦,均为平顶峰,且相对于2013年的峰度 −0.093,2017年的峰度为 −0.122,相差不大。2013年学科总被引频次中的自被引率均值的分布峰度为正值,说明数据的分布相较于正态分布更为陡峭,但数值为0.130,说明陡峭程度不高。

表12 −5 指标的统计描述及统计学特征

项目	2013年自被引率均值	2013年影响因子相关自被引率均值	2017年影响因子相关自被引率均值
均数	11.37%	15.56%	12.48%
中位数	10.76%	15.23%	12.03%
标准差	3.69%	5.05%	3.57%
极小极大值比	0.184	0.203	0.239
中位极大值比	0.460	0.496	0.538
最小值	4.29%	6.22%	5.35%
最大值	23.39%	30.72%	22.37%
偏度	0.622	0.549	0.388
峰度	0.130	−0.093	−0.122
KOLMOGOROV − SMIRNOV 检测的 Z 值	1.254	0.683	0.768
KOLMOGOROV − SMIRNOV 检测的 P 值	0.086	0.739	0.598

第四节 自被引率的相关性分析

一、自被引率与影响因子相关自被引率间的相关性

由于没有计算 2017 年 SCI 期刊总被引频次中的自被引率，故仅分析 2013 年 SCI 176 个学科的学科自被引率均值和学科影响因子相关自被引率均值间的相关性，由于二者均呈正态分布，故使用 Pearson 相关性分析进行。Pearson 相关性分析结果显示，二者呈完全正相关，相关系数为 0.925（$P = 0.000$）。二者散点图见图 12 - 1，由图 12 - 1 也可以明显看出，学科总被引频次中的自被引率和影响因子相关自被引率均值基本呈一条直线，相关关系明确。

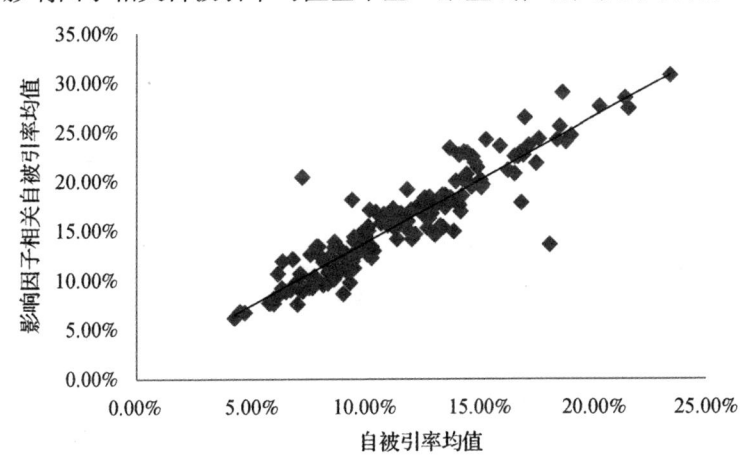

图 12 - 1 2013 年学科总被引频次中的自被引率和
影响因子相关自被引率均值的散点图

二、自被引率均值、影响因子相关自被引率均值与其他学术影响力指标间的相关性

将 2013 年 SCI 176 个学科的自被引率均值、影响因子相关自被引率均值与学科其他评价指标，包括学科中位影响因子、学科集合影响因子、学科中位 5 年影响因子、总被引频次、集合即年指标、集合被引半衰期、集合引用半衰

期、中位特征因子、中位论文影响分值做相关性分析；将2017年SCI 177个学科的影响因子相关自被引率均值与学科其他评价指标，包括学科中位影响因子、学科集合影响因子、学科中位5年影响因子、影响因子百分位均值、总被引频次、集合即年指标、集合被引半衰期、集合引用半衰期、中位特征因子、中位标准特征因子、中位论文影响分值做相关性分析。由于部分学科评价指标并不呈正态分布，为便于数据对比分析，均使用Spearman相关性分析进行，结果见表12-6。

表12-6 2013年和2017年学科影响因子相关自被引率均值及2013年学科自被引率均值与学科其他指标间的相关性分析

学科指标	2013年自被引率均值 相关系数	P值	2013年影响因子相关自被引率均值 相关系数	P值	2017年影响因子相关自被引率均值 相关系数	P值
学科中位影响因子	-0.620**	0.000	-0.676**	0.000	-0.513**	0.000
学科集合影响因子	-0.538**	0.000	-0.588**	0.000	-0.386**	0.000
学科中位5年影响因子	-0.600**	0.000	-0.673**	0.000	-0.554**	0.000
影响因子百分位均值	—	—	—	—	-0.386**	0.000
总被引频次	-0.470**	0.000	-0.445**	0.000	-0.393**	0.000
中位特征因子	-0.593**	0.000	-0.602**	0.000	-0.538**	0.000
中位标准特征因子	—	—	—	—	-0.538**	0.000
中位论文影响分值	-0.590**	0.000	-0.679**	0.000	-0.663**	0.000
集合即年指标	-0.507**	0.000	-0.586**	0.000	-0.367**	0.000
集合被引半衰期	0.032	0.672	0.109	0.149	-0.080	0.289
学科集合引用半衰期	0.312**	0.000	0.344**	0.000	0.194**	0.010

由表12-6可知，2013年学科影响因子相关自被引率与学科中位影响因子、学科集合影响因子、学科中位5年影响因子、中位特征因子、中位论文影响分值、总被引频次、集合即年指标均呈显著负相关（均为 $P<0.01$），相关系数绝对值由大到小分别为中位论文影响分值>学科中位影响因子>学科中位5年影响因子>中位特征因子>学科集合影响因子>集合即年指标>总被引频次，与中位论文影响分值、学科中位影响因子、学科中位5年影响因子的相关系数很接近，均在-0.670~-0.680，与总被引频次的相关系数最小，为-

0.445；与学科集合引用半衰期呈显著正相关，相关系数分别为 0.344，与学科集合被引半衰期未表现出有统计学意义上的相关性。2017 年指标间的相关性结果与 2013 年类似，但也有不同。2017 年新增了期刊的影响因子百分位和标准特征因子两个评价指标，故相关性分析中增加了与影响因子百分位均值和中位标准特征因子的相关性分析，结果显示，学科影响因子相关自被引率均值与学科中位影响因子、学科集合影响因子、学科中位 5 年影响因子、影响因子百分位均值、中位特征因子、中位标准特征因子、中位论文影响分值、总被引频次、集合即年指标均呈显著负相关（均为 $P<0.01$），相关系数绝对值由大到小分别为中位论文影响分值＞学科中位 5 年影响因子＞中位特征因子＞中位标准特征因子＞学科中位影响因子＞总被引频次＞学科集合影响因子＞影响因子百分位均值＞集合即年指标，与中位中位论文影响分值的相关系数绝对值最大，为 0.663，其余相关系数绝对值均 <0.600，与集合即年指标的相关系数最小，为 -0.367；与集合引用半衰期呈显著正相关，相关系数分别为 0.194，与集合被引半衰期未表现出有统计学意义上的相关性。

可见，与 2013 年相比，2017 年影响因子相关自被引率与各指标的相关系数排序差异较大，但由于相关系数的绝对值总体不高，故而排序大可能意义有限。但 2017 年影响因子相关自被引率与学科其他指标相关系数的绝对值均较 2013 年小，即与指标的相关性均变小，这与其他学科指标 5 年间相关性结果分析的表现一致，说明对于期刊质量评价的"负向"指标，影响因子相关自被引率的相关系数与其他指标的相关性也在减弱，再次说明单一指标综合评价学科的能力似乎变得更为片面，多指标综合评价更能反映学科的真实学术影响力。

2013 年学科总被引频次中的自被引率与学科中位影响因子、学科集合影响因子、学科中位 5 年影响因子、中位特征因子、中位论文影响分值、总被引频次、集合即年指标均呈显著负相关（均为 $P<0.01$），相关系数绝对值由大到小分别为学科中位影响因子＞学科中位 5 年影响因子＞中位特征因子＞中位论文影响分值＞学科集合影响因子＞集合即年指标＞总被引频次，与学科中位影响因子和学科中位 5 年影响因子的相关系数最大，分别为 -0.620 和 -0.600，与总被引频次的相关系数最小，为 -0.470；与集合引用半衰期呈显著正相关，相关系数分别为 0.312，与集合被引半衰期亦未表现出有统计学意义上的相关性。学科总被引频次中的自被引率均值与总被引频次间的相关系数绝对值，较影响因子相关自被引率均值与学科总被引频次间的相关系绝对值大，考虑与学科总被引频次中的自被引率均值是直接与总被引频次相关的指标，而

影响因子相关自被引率均值计算时使用的数据仅来自总被引频次中的一部分有关。除与总被引频次的相关系数绝对值较大外，学科总被引频次中的自被引率均值与学科其他评价指标间的相关性，均较影响因子相关自被引率均值与学科其他评价间的相关性低。换句话说，影响因子相关自被引率较总被引频次中的自被引率与学科其他评价指标间的相关性更强，影响因子相关自被引率较总被引频次中的自被引率更能代表学科真实的学术影响力。当然，由于与常用评价指标间均呈负相关，故而自被引率是个相对"负向"的评价指标。这自然不是说自被引率越小越好，相反，学界已经认可期刊自引是学术传播的自然规律，期刊有一定自引是正常的，也即有一定自被引率是正常的。但由于影响因子相关自被引率对提高影响因子的显著诱人的效果，很多刊物提倡作者投稿时引用自己杂志近2~3年的文献，甚至强迫作者引用，从而导致影响因子相关自被引率很高，严重扰乱了期刊评价秩序，故而国内外期刊评价系统出台各种政策限制期刊自被引率。但这似乎使部分办刊人产生错觉，认为自被引率越低越好。导致有些期刊为了刻意追求自被引率的"低"，而人为删除投稿作者引用本刊的文献，致使自被引率为0，所有被引用均来自于他引，即他引率为100%。这显然也是不正常的，自己刊物刊发的文献不被自己的作者引用，说明未被自己的作者群认可，是对自己文献的否定。因此，自被引率应该是被限定在某一范围之内的，但该值的具体大小并不确定，很多学者认为该值应该具有一定的学科特性，不同学科或者研究领域限定的范围可能不同。

第十三章　SCI 学科的参考文献量

　　当今评价期刊学术影响力最重要的一个指标来源即为期刊的被引频次，众多文献计量学指标与之直接或间接相关，如影响因子、总被引频次、h 指数、特征因子、论文影响分值、被引半衰期、引用半衰期等。被引频次最终的体现形式即为参考文献。因此，对于期刊文后参考文献的分析可以一定程度上揭示期刊间被引的特点，也为深入解析现行期刊评价指标的利弊提供基础。目前，国内外均有研究探讨文后参考文献与论文或期刊学术影响力的关系，如姜磊等[1]以 JCR 天文学、物理化学、经济学领域中影响因子排名前 5 位的期刊作为研究对象，得出参考文献与论文被引频次的相关性不显著，参考文献可以作为论文评价体系中独立于被引频次的评价指标；张垒[2]以 CNKI 数据库中档案学领域高被引论文为数据，研究高被引论文的参考文献与被引频次的关系，结果表明，参考文献数量与论文高被引不具有相关性；康旭东等[3]基于 2013 年 Web of Science 中凝聚态物理学科下的 12 种期刊共计 8 847 篇论文为样本数据的研究表明，12 种期刊代表参考文献新旧程度的普赖斯指数都与论文被引频次之间存在显著的正相关关系，在大多数期刊中，参考文献的数量和表征跨学科性的香农指数也对论文的被引频次有显著正影响，而表征参考文献质量的被引频次中值与论文被引频次之间的相关关系不明确；国外 Peters 等[4]和 Onodera 等[5]的研究结果均表明，表征参考文献新旧程度的一些指标，比如普赖

---

[1] 姜磊，林德明. 参考文献对论文被引频次的影响研究 [J]. 科研管理，2015，36（1）：121 – 126.
[2] 张垒. 论文高被引的参考文献特征及其对影响因子贡献研究 [J]. 情报科学，2016，34（8）：94 – 98.
[3] 康旭东，徐庆富，张春. 期刊单元下参考文献与论文被引频次间的关系———以 Web of Science 凝聚态物理学科为例 [J]. 中国科技期刊研究，2018，29（6）：679 – 626.
[4] PETERS H P F, RAAN A F J V. On determinants of citation scores: A case study in chemical engineering [J]. Journal of the Association for Information Science & Technology, 2010, 45 (1): 39.
[5] ONODERA N, YOSHIKANE F. Factors affecting citation rates of research articles [J]. Journal of the Association for Information Science & Technology, 2015, 66 (4): 739 – 764.

斯指数、引用半衰期等,与被引频次之间存在明显的相关关系,并且参考文献越老,论文的被引频次越低;Corbyn[1] 基于超过 50 000 篇刊发于 *Science* 杂志上的论文的研究表明,参考文献越多的论文越容易得到更多的被引用。

综上,现有的关于文后参考文献与学术影响力的研究多是针对某一部分论文或期刊,着重分析的是论文或期刊自身的被引频次与参考文献的关系,并没有把参考文献放于学科内研究,尚缺乏对学科间参考文献引用差异性的分析。目前常用的期刊评价指标如影响因子等,多是仅适宜在学科内评价,不适用于学科间评价的原因之一即为学科间引用的差异性,而学科间引用的差异性最终体现在学科间参考文献的差异性中。Eugene Garfield[2] 曾指出,直接比较不同研究领域的被引频次是不恰当的,因为不同研究领域论文的"引用潜力"可能存在显著差异,他认为最准确的引用潜力衡量标准是在特定领域发表的每篇论文的平均参考文献量。Scoups 数据库内的 SNIP 即考虑到了不同学科文献的引用潜力问题,故适用于学科间的评价[3][4]。但 SNIP 计算过程过于烦琐,且原始数据获取不易,因此至今应用仍不十分广泛。那么是否有更简单的方法可以达到屏蔽不同学科间参考文献差异的目的呢? 为达到这个目的,首先我们要了解参考文献在不同学科中的差异究竟有多大。关于参考文献在学科间的差异性研究,笔者考虑可以从三个方面入手,一是参考文献的量,二是参考文献的质,三是参考文献的新旧程度。三方面任何一项的研究都将伴随着大量的数据分析与处理工作。笔者现即以 SCI 期刊为研究对象,希望能对第一个方面,即学科间参考文献的量,做一初步分析,同时分析参考文献量与学科其他指标间的相关性。由于 JCR 内仅给出了 Article 和 Review 两种文献类型在某一期刊内的平均参考文献量,而这两种文献类型恰恰是计算影响因子分母用到的文献类型,也是期刊中最重要的组成部分,笔者分析了这两种类型文献的文后参考文献在不同学科间的差异性及其与其他指标间的相关性。

---

[1] CORBYN Z. An easy way to boost a paper's citations [EB/OL]. (2010 - 08 - 13) [2020 - 01 - 12]. https://www.nature.com/news/2010/100813/full/news.2010.406.html

[2] GARFIELD E. Citation Indexing. Its theory and application in science, technology and humanities [M]. New York: Wiley, 1979: 248.

[3] MOED H F. Measuring contextual citation impact of scientific journals [J]. Journal of Informetrics, 2010, 4 (3): 265 - 277.

[4] 王璞, 刘雪立, 刘睿远, 等. 基于 Scopus 数据库的 SNIP 及其修正指标 SNIP2 研究综述 [J]. 中国科技期刊研究, 2013, 24 (5): 838 - 842.

第一节 SCI学科参考文献量的获取

由于数据收集工作量太大，故本书仅对2013年SCI收录的8 470种期刊的Article和Review参考文献量进行分析。数据获取方法为：选择2013年各学科收录的SCI期刊，逐个点开，在Journal Source Data内记录"Number in JCR year 2015（A）"和"Number of References（B）"以及二者比值"Ratio（B/A）"，记录各刊Article和Review的"Ratio"值，即平均参考文献数（小数点后1位）。需要说明的是，由于部分期刊可能为综述类刊物，没有Article文献类型，也有些期刊没有设置Review文献类型，导致部分期刊的Article或Review平均参考文献量为0，为准确反映学科参考文献量的实际情况，在计算Article或Review在学科内的平均参考文献量时也将该部分期刊删除。由于无法区分期刊是真的没有这种文献类型，还是真实的参考文献量的确为0（可能性很小），故本研究得出的学科的平均参考文献量可能被略高估。

2013年SCI收录8 470种期刊中，Article平均参考文献量为0者共430种，余8 040种期刊平均参考文献量为36.20条；Review平均参考文献量为0的期刊共计3 108种，余5 362种期刊平均参考文献量为85.82条。由于部分期刊同时属于两个或两个以上学科，这部分期刊在不同学科内被重复计算，故2013年176个学科共计包含13 320种期刊。借用统计学分析，选择适宜的用来评价SCI学科的参考文献量。2013年各学科Article和Review参考文献量的正态性检验结果见表13-1。由表13-1可知，176个学科的Article参考文献量不符合正态分布者（KOLMOGOROV - SMIRNOV检验，$P<0.05$）53种（30.11%），符合正态分布（KOLMOGOROV - SMIRNOV检验，$P>0.05$）者123种（69.89%）；176个学科的Review参考文献量不符合正态分布者（KOLMOGOROV - SMIRNOV检验，$P<0.05$）9种；符合正态分布（KOLMOGOROV - SMIRNOV检验，$P>0.05$）者165种；LOGIC（逻辑学）2013年收录了20种期刊，但Review参考文献量均为0；ENGINEERING, MARINE（工程，海事）2013年收录了13种期刊，仅来自英国的*Ocean Engineering*给出了Review的参考文献量（平均为54.2条），故计算Review参考文献量的正态分布时将这2个学科排除在外。综合上述数据，选取各学科Article和Review参考文献量的均值记录并做分析，表示为学科Article参考文献量均值和学科Review参考文献量均值。

表 13-1　2013 年各学科 Article 和 Review 参考文献量的正态性检验结果

学科		原著参考文献量	综述参考文献量
ACOUSTICS	Z 值	0.644	0.764
	P 值	0.801	0.604
AGRICULTURAL ECONOMICS & POLICY	Z 值	0.645	0.470
	P 值	0.800	0.980
AGRICULTURAL ENGINEERING	Z 值	0.548	0.555
	P 值	0.925	0.917
AGRICULTURE, DAIRY & ANIMAL SCIENCE	Z 值	0.675	0.694
	P 值	0.752	0.721
AGRICULTURE, MULTIDISCIPLINARY	Z 值	1.027	0.571
	P 值	0.242	0.900
AGRONOMY	Z 值	0.489	0.874
	P 值	0.971	0.429
ALLERGY	Z 值	1.248	0.494
	P 值	0.089	0.968
ANATOMY & MORPHOLOGY	Z 值	0.611	0.907
	P 值	0.850	0.383
ANDROLOGY	Z 值	0.472	0.681
	P 值	0.979	0.742
ANESTHESIOLOGY	Z 值	0.628	0.920
	P 值	0.826	0.366
ASTRONOMY & ASTROPHYSICS	Z 值	2.514	0.835
	P 值	0.000	0.489
AUDIOLOGY & SPEECH-LANGUAGE PATHOLOGY	Z 值	0.667	0.463
	P 值	0.765	0.983
AUTOMATION & CONTROL SYSTEMS	Z 值	0.598	0.916
	P 值	0.867	0.371
BEHAVIORAL SCIENCES	Z 值	2.150	0.783
	P 值	0.000	0.572

续表

学科		原著参考文献量	综述参考文献量
BIOCHEMICAL RESEARCH METHODS	Z 值	1.023	1.336
	P 值	0.246	0.056
BIOCHEMISTRY & MOLECULAR BIOLOGY	Z 值	1.847	1.248
	P 值	0.002	0.089
BIODIVERSITY CONSERVATION	Z 值	0.787	0.377
	P 值	0.566	0.999
BIOLOGY	Z 值	1.332	0.971
	P 值	0.058	0.302
BIOPHYSICS	Z 值	0.965	0.839
	P 值	0.310	0.482
BIOTECHNOLOGY & APPLIED MICROBIOLOGY	Z 值	2.242	0.876
	P 值	0.000	0.427
CARDIAC & CARDIOVASCULAR SYSTEMS	Z 值	1.022	1.471
	P 值	0.247	0.026
CELL & TISSUE ENGINEERING	Z 值	1.017	0.536
	P 值	0.252	0.936
CELL BIOLOGY	Z 值	1.753	1.435
	P 值	0.004	0.032
CHEMISTRY, ANALYTICAL	Z 值	2.371	0.737
	P 值	0.000	0.649
CHEMISTRY, APPLIED	Z 值	1.817	0.685
	P 值	0.003	0.736
CHEMISTRY, INORGANIC & NUCLEAR	Z 值	1.092	0.573
	P 值	0.184	0.898
CHEMISTRY, MEDICINAL	Z 值	1.902	0.815
	P 值	0.001	0.521
CHEMISTRY, MULTIDISCIPLINARY	Z 值	1.479	1.281
	P 值	0.025	0.075

续表

学科		原著参考文献量	综述参考文献量
CHEMISTRY, ORGANIC	Z值	1.486	1.085
	P值	0.024	0.190
CHEMISTRY, PHYSICAL	Z值	1.558	0.774
	P值	0.016	0.588
CLINICAL NEUROLOGY	Z值	1.483	1.123
	P值	0.025	0.161
COMPUTER SCIENCE, ARTIFICIAL INTELLIGENCE	Z值	0.425	0.953
	P值	0.994	0.323
COMPUTER SCIENCE, CYBERNETICS	Z值	0.508	0.363
	P值	0.959	0.999
COMPUTER SCIENCE, HARDWARE & ARCHITECTURE	Z值	0.590	0.449
	P值	0.877	0.988
COMPUTER SCIENCE, INFORMATION SYSTEMS	Z值	1.564	0.934
	P值	0.015	0.348
COMPUTER SCIENCE, INTERDISCIPLINARY APPLICATIONS	Z值	1.380	0.727
	P值	0.044	0.666
COMPUTER SCIENCE, SOFTWARE ENGINEERING	Z值	0.869	1.021
	P值	0.437	0.248
COMPUTER SCIENCE, THEORY & METHODS	Z值	1.383	0.627
	P值	0.044	0.827
CONSTRUCTION & BUILDING TECHNOLOGY	Z值	0.920	0.820
	P值	0.366	0.512
CRITICAL CARE MEDICINE	Z值	0.967	0.686
	P值	0.307	0.734
CRYSTALLOGRAPHY	Z值	0.786	0.508
	P值	0.567	0.959
DENTISTRY, ORAL SURGERY & MEDICINE	Z值	1.590	1.210
	P值	0.013	0.107

续表

学科		原著参考文献量	综述参考文献量
DERMATOLOGY	Z 值	1.361	0.538
	P 值	0.049	0.935
DEVELOPMENTAL BIOLOGY	Z 值	0.620	0.600
	P 值	0.837	0.865
ECOLOGY	Z 值	0.935	1.705
	P 值	0.346	0.006
EDUCATION, SCIENTIFIC DISCIPLINES	Z 值	1.270	1.113
	P 值	0.079	0.167
ELECTROCHEMISTRY	Z 值	0.846	0.698
	P 值	0.471	0.715
EMERGENCY MEDICINE	Z 值	1.134	0.617
	P 值	0.152	0.841
ENDOCRINOLOGY & METABOLISM	Z 值	1.718	1.237
	P 值	0.005	0.094
ENERGY & FUELS	Z 值	0.823	0.537
	P 值	0.507	0.936
ENGINEERING, AEROSPACE	Z 值	0.732	0.474
	P 值	0.658	0.978
ENGINEERING, BIOMEDICAL	Z 值	0.776	0.593
	P 值	0.584	0.873
ENGINEERING, CHEMICAL	Z 值	1.728	0.800
	P 值	0.005	0.544
ENGINEERING, CIVIL	Z 值	0.911	0.676
	P 值	0.377	0.751
ENGINEERING, ELECTRICAL & ELECTRONIC	Z 值	1.214	1.244
	P 值	0.105	0.091
ENGINEERING, ENVIRONMENTAL	Z 值	0.437	0.537
	P 值	0.991	0.935

续表

学科		原著参考文献量	综述参考文献量
ENGINEERING, GEOLOGICAL	Z值	0.718	0.438
	P值	0.681	0.991
ENGINEERING, INDUSTRIAL	Z值	0.764	0.379
	P值	0.603	0.999
ENGINEERING, MANUFACTURING	Z值	1.052	0.768
	P值	0.219	0.597
ENGINEERING, MARINE	Z值	0.642	&
	P值	0.805	&
ENGINEERING, MECHANICAL	Z值	1.096	0.998
	P值	0.181	0.272
ENGINEERING, MULTIDISCIPLINARY	Z值	1.202	0.921
	P值	0.111	0.365
ENGINEERING, OCEAN	Z值	0.576	0.449
	P值	0.894	0.988
ENGINEERING, PETROLEUM	Z值	0.684	0.575
	P值	0.738	0.895
ENTOMOLOGY	Z值	0.578	0.514
	P值	0.892	0.954
ENVIRONMENTAL SCIENCES	Z值	0.956	1.032
	P值	0.320	0.237
EVOLUTIONARY BIOLOGY	Z值	0.578	0.818
	P值	0.892	0.516
FISHERIES	Z值	1.858	0.843
	P值	0.002	0.476
FOOD SCIENCE & TECHNOLOGY	Z值	1.421	0.669
	P值	0.035	0.763
FORESTRY	Z值	0.552	1.210
	P值	0.921	0.107

续表

学科		原著参考文献量	综述参考文献量
GASTROENTEROLOGY & HEPATOLOGY	Z 值	2.031	1.243
	P 值	0.001	0.091
GENETICS & HEREDITY	Z 值	0.760	0.821
	P 值	0.610	0.510
GEOCHEMISTRY & GEOPHYSICS	Z 值	1.964	0.710
	P 值	0.001	0.694
GEOGRAPHY, PHYSICAL	Z 值	0.559	0.543
	P 值	0.914	0.930
GEOLOGY	Z 值	0.599	0.693
	P 值	0.866	0.723
GEOSCIENCES, MULTIDISCIPLINARY	Z 值	1.617	1.526
	P 值	0.011	0.019
GERIATRICS & GERONTOLOGY	Z 值	0.842	1.048
	P 值	0.477	0.222
HEALTH CARE SCIENCES & SERVICES	Z 值	2.451	1.643
	P 值	0.000	0.009
HEMATOLOGY	Z 值	1.194	0.741
	P 值	0.115	0.642
HISTORY & PHILOSOPHY OF SCIENCE	Z 值	0.832	0.938
	P 值	0.494	0.343
HORTICULTURE	Z 值	0.621	0.692
	P 值	0.836	0.725
IMAGING SCIENCE & PHOTOGRAPHIC TECHNOLOGY	Z 值	0.357	0.513
	P 值	1.000	0.955
IMMUNOLOGY	Z 值	1.895	0.683
	P 值	0.002	0.739
INFECTIOUS DISEASES	Z 值	1.091	0.985
	P 值	0.184	0.287

续表

学科		原著参考文献量	综述参考文献量
INSTRUMENTS & INSTRUMENTATION	Z值	0.779	0.824
	P值	0.579	0.506
INTEGRATIVE & COMPLEMENTARY MEDICINE	Z值	0.415	0.753
	P值	0.995	0.623
LIMNOLOGY	Z值	0.856	0.645
	P值	0.456	0.799
LOGIC	Z值	0.626	&
	P值	0.828	&
MARINE & FRESHWATER BIOLOGY	Z值	3.383	0.634
	P值	0.000	0.816
MATERIALS SCIENCE, BIOMATERIALS	Z值	0.725	0.779
	P值	0.670	0.579
MATERIALS SCIENCE, CERAMICS	Z值	0.650	0.929
	P值	0.792	0.354
MATERIALS SCIENCE, CHARACTERIZATION & TESTING	Z值	0.603	0.687
	P值	0.861	0.733
MATERIALS SCIENCE, COATINGS & FILMS	Z值	0.704	0.573
	P值	0.705	0.897
MATERIALS SCIENCE, COMPOSITES	Z值	0.459	0.647
	P值	0.984	0.797
MATERIALS SCIENCE, MULTIDISCIPLINARY	Z值	1.513	1.517
	P值	0.021	0.020
MATERIALS SCIENCE, PAPER & WOOD	Z值	1.008	0.701
	P值	0.262	0.709
MATERIALS SCIENCE, TEXTILES	Z值	0.480	0.663
	P值	0.975	0.771
MATHEMATICAL & COMPUTATIONAL BIOLOGY	Z值	1.080	0.594
	P值	0.194	0.872

续表

学科		原著参考文献量	综述参考文献量
MATHEMATICS	Z 值	2.228	0.946
	P 值	0.000	0.333
MATHEMATICS, APPLIED	Z 值	0.705	1.249
	P 值	0.703	0.088
MATHEMATICS, INTERDISCIPLINARY APPLICATIONS	Z 值	1.278	0.707
	P 值	0.076	0.699
MECHANICS	Z 值	0.844	1.020
	P 值	0.475	0.249
MEDICAL ETHICS	Z 值	0.978	0.901
	P 值	0.295	0.391
MEDICAL INFORMATICS	Z 值	0.786	0.576
	P 值	0.567	0.895
MEDICAL LABORATORY TECHNOLOGY	Z 值	1.448	0.740
	P 值	0.030	0.643
MEDICINE, GENERAL & INTERNAL	Z 值	1.644	1.189
	P 值	0.009	0.118
MEDICINE, LEGAL	Z 值	0.971	0.485
	P 值	0.303	0.973
MEDICINE, RESEARCH & EXPERIMENTAL	Z 值	1.809	0.701
	P 值	0.003	0.709
METALLURGY & METALLURGICAL ENGINEERING	Z 值	0.823	0.773
	P 值	0.508	0.589
METEOROLOGY & ATMOSPHERIC SCIENCES	Z 值	0.858	0.841
	P 值	0.453	0.479
MICROBIOLOGY	Z 值	0.836	1.353
	P 值	0.486	0.051
MICROSCOPY	Z 值	0.628	0.560
	P 值	0.826	0.913

续表

学科		原著参考文献量	综述参考文献量
MINERALOGY	Z 值	0.814	0.792
	P 值	0.522	0.558
MINING & MINERAL PROCESSING	Z 值	0.792	0.603
	P 值	0.557	0.860
MULTIDISCIPLINARY SCIENCES	Z 值	0.636	0.852
	P 值	0.813	0.463
MYCOLOGY	Z 值	0.802	0.642
	P 值	0.541	0.805
NANOSCIENCE & NANOTECHNOLOGY	Z 值	0.906	0.530
	P 值	0.384	0.941
NEUROIMAGING	Z 值	0.801	0.613
	P 值	0.542	0.846
NEUROSCIENCES	Z 值	2.436	0.805
	P 值	0.000	0.535
NUCLEAR SCIENCE & TECHNOLOGY	Z 值	1.030	0.565
	P 值	0.239	0.907
NURSING	Z 值	0.361	1.174
	P 值	0.999	0.127
NUTRITION & DIETETICS	Z 值	1.377	1.003
	P 值	0.045	0.267
OBSTETRICS & GYNECOLOGY	Z 值	1.700	0.557
	P 值	0.006	0.916
OCEANOGRAPHY	Z 值	2.601	0.643
	P 值	0.000	0.804
ONCOLOGY	Z 值	2.078	1.491
	P 值	0.000	0.023
OPERATIONS RESEARCH & MANAGEMENT SCIENCE	Z 值	1.334	0.676
	P 值	0.057	0.751

续表

学科		原著参考文献量	综述参考文献量
OPHTHALMOLOGY	Z 值	2.277	0.728
	P 值	0.000	0.664
OPTICS	Z 值	1.876	0.790
	P 值	0.002	0.560
ORNITHOLOGY	Z 值	0.508	0.511
	P 值	0.959	0.956
ORTHOPEDICS	Z 值	1.519	0.412
	P 值	0.020	0.996
OTORHINOLARYNGOLOGY	Z 值	1.109	0.842
	P 值	0.171	0.478
PALEONTOLOGY	Z 值	0.413	0.496
	P 值	0.996	0.967
PARASITOLOGY	Z 值	0.567	0.871
	P 值	0.904	0.434
PATHOLOGY	Z 值	1.375	1.040
	P 值	0.045	0.230
PEDIATRICS	Z 值	1.521	0.391
	P 值	0.020	0.998
PERIPHERAL VASCULAR DISEASE	Z 值	1.403	0.969
	P 值	0.039	0.304
PHARMACOLOGY & PHARMACY	Z 值	3.019	1.580
	P 值	0.000	0.014
PHYSICS, APPLIED	Z 值	1.290	1.213
	P 值	0.072	0.105
PHYSICS, ATOMIC, MOLECULAR & CHEMICAL	Z 值	0.437	0.704
	P 值	0.991	0.704
PHYSICS, CONDENSED MATTER	Z 值	0.781	1.242
	P 值	0.576	0.091

续表

学科		原著参考文献量	综述参考文献量
PHYSICS, FLUIDS & PLASMAS	Z 值	0.700	0.958
	P 值	0.711	0.317
PHYSICS, MATHEMATICAL	Z 值	0.501	0.673
	P 值	0.963	0.756
PHYSICS, MULTIDISCIPLINARY	Z 值	2.840	0.725
	P 值	0.000	0.669
PHYSICS, NUCLEAR	Z 值	1.830	0.628
	P 值	0.002	0.825
PHYSICS, PARTICLES & FIELDS	Z 值	2.301	0.734
	P 值	0.000	0.654
PHYSIOLOGY	Z 值	2.712	1.733
	P 值	0.000	0.005
PLANT SCIENCES	Z 值	1.109	0.908
	P 值	0.171	0.381
POLYMER SCIENCE	Z 值	0.388	1.208
	P 值	0.998	0.108
PRIMARY HEALTH CARE	Z 值	1.292	0.656
	P 值	0.071	0.783
PSYCHIATRY	Z 值	0.638	1.106
	P 值	0.811	0.173
PSYCHOLOGY	Z 值	2.418	0.756
	P 值	0.000	0.617
PUBLIC, ENVIRONMENTAL & OCCUPATIONAL HEALTH	Z 值	1.095	1.301
	P 值	0.181	0.068
RADIOLOGY, NUCLEAR MEDICINE & MEDICAL IMAGING	Z 值	2.065	1.351
	P 值	0.000	0.052
REHABILITATION	Z 值	0.777	0.888
	P 值	0.581	0.409

续表

学科		原著参考文献量	综述参考文献量
REMOTE SENSING	Z 值	0.580	0.488
	P 值	0.889	0.971
REPRODUCTIVE BIOLOGY	Z 值	1.064	0.559
	P 值	0.207	0.913
RESPIRATORY SYSTEM	Z 值	1.060	0.690
	P 值	0.211	0.728
RHEUMATOLOGY	Z 值	1.318	0.781
	P 值	0.062	0.576
ROBOTICS	Z 值	0.802	0.627
	P 值	0.541	0.827
SOIL SCIENCE	Z 值	0.894	0.634
	P 值	0.401	0.816
SPECTROSCOPY	Z 值	1.262	0.836
	P 值	0.083	0.486
SPORT SCIENCES	Z 值	0.996	0.932
	P 值	0.274	0.351
STATISTICS & PROBABILITY	Z 值	1.075	0.531
	P 值	0.198	0.941
SUBSTANCE ABUSE	Z 值	0.936	0.508
	P 值	0.345	0.958
SURGERY	Z 值	1.934	1.296
	P 值	0.001	0.070
TELECOMMUNICATIONS	Z 值	1.405	0.988
	P 值	0.039	0.283
THERMODYNAMICS	Z 值	0.608	0.653
	P 值	0.854	0.787
TOXICOLOGY	Z 值	0.684	0.853
	P 值	0.737	0.461

续表

学科		原著参考文献量	综述参考文献量
TRANSPLANTATION	Z 值	0.656	0.625
	P 值	0.783	0.829
TRANSPORTATION SCIENCE & TECHNOLOGY	Z 值	0.539	0.791
	P 值	0.934	0.558
TROPICAL MEDICINE	Z 值	0.515	0.819
	P 值	0.953	0.514
UROLOGY & NEPHROLOGY	Z 值	1.303	0.850
	P 值	0.067	0.465
VETERINARY SCIENCES	Z 值	0.924	0.579
	P 值	0.360	0.891
VIROLOGY	Z 值	0.766	0.586
	P 值	0.601	0.882
WATER RESOURCES	Z 值	0.409	0.833
	P 值	0.996	0.491
ZOOLOGY	Z 值	1.764	0.753
	P 值	0.004	0.622

2013 年 SCI 176 个学科 Article 和 Review 参考文献量见表 13-2。由表 13-2 可知，176 个学科间 Article 参考文献量均值差异较大，最大的为 PALEONTOLOGY（古生物学）的 64.15 条，最小的为 NUCLEAR SCIENCE & TECHNOLOGY（核科学技术）的 21.29 条。176 学科中 Article 参考文献量均值 >50 条者 16 个（9.09%），>40~50 条者 34 个学科（19.32%），>30~40 条者 84 个学科（47.73%），>20~30 条者 42 个学科（23.86%）。可见，SCI 将近一半的学科 Article 参考文献量均值在 30~40 条。另外，同一学科内不同期刊间 Article 参考文献量均值间差异也很大，其中差异最大的学科为 PHYSICS, PARTICLES & FIELDS（物理学、粒子与场），Article 参考文献量最大最小期刊间相差了 461 条，来自德国的 *Living Reviews in Relativity* 2013 年 Article 的平均参考文献量为 472.7 条（2013 年刊登了 9 篇 Article），而该学科来自俄国的 *Physics of Atomic Nuclei* 2013 年 Article 的平均参考文献量仅为 11.7 条（2013 年

刊登了 323 篇 Article），两个期刊分别属于该学科的极值，除了这两种期刊外，该学科其他 25 种期刊 Article 参考文献量均值在 40 条上下。OCEANOGRAPHY（海洋学）的 Article 参考文献量最大最小期刊间相差了 405.2 条，来自英国的 *Oceanography and Marine Biology* 2013 年 Article 的平均参考文献量为 420.6 条（2013 年刊登了 5 篇 Article），而该学科来自美国的 *Naval Engineers Journal* 2013 年 Article 的平均参考文献量仅为 15.4 条（2013 年刊登了 38 篇 Article），两个期刊分别属于该学科的极值，除了这两种期刊外，该学科其他 25 种期刊 Article 参考文献量均值在 50 条上下。学科内 Article 参考文献量最大值和最小值间相差 >300 条者还有 MARINE & FRESHWATER BIOLOGY（海洋与淡水生物学）、PHYSICS, NUCLEAR（物理学，核）、GEOCHEMISTRY & GEOPHYSICS（地球化学与地球物理学）、PHYSIOLOGY（生理学）和 ASTRONOMY & ASTROPHYSICS（天文学和天体物理学）；学科内 Article 参考文献量最大值和最小值间相差 >200～300 条者 6 个学科，分别为 PHYSICS, MULTIDISCIPLINARY（物理学，多学科）、NEUROSCIENCES（神经科学）、BEHAVIORAL SCIENCES（行为科学）、GEOSCIENCES, MULTIDISCIPLINARY（地球科学，多学科）、PSYCHOLOGY（心理学）和 OPHTHALMOLOGY（眼科）；学科内 Article 参考文献量最大值和最小值间相差 >100～200 条者 32 个学科，>50～100 条者 71 个学科，最大值和最小值间相差 <20 条者 4 个学科，分别为 SUBSTANCE ABUSE（药物滥用）、ENGINEERING, OCEAN（工程，海洋）、ANDROLOGY（男科学）和 ENGINEERING, MARINE（工程，海事），尤其 ENGINEERING, MARINE（工程，海事）Article 参考文献量最大值和最小值间相差仅为 13.2 条。

表 13-2　2013 年 SCI 176 个学科 Article 和 Review 的参考文献量

学科	Article 参考文献量/条			Review 参考文献量/条		
	均值	最小值	最大值	均值	最小值	最大值
ACOUSTICS	29.17	15.7	54.9	61.98	29.0	109.5
AGRICULTURAL ECONOMICS & POLICY	37.53	25.9	51.4	73.50	26.0	124.0
AGRICULTURAL ENGINEERING	29.19	9.2	37.7	70.43	31.0	115.3
AGRICULTURE, DAIRY & ANIMAL SCIENCE	33.60	12.6	51.5	87.31	4.3	165.5
AGRICULTURE, MULTIDISCIPLINARY	35.68	10.3	70.9	86.43	28.0	188.0
AGRONOMY	33.60	10.5	58.4	109.71	23.0	246.8

续表

学科	Article 参考文献量/条			Review 参考文献量/条		
	均值	最小值	最大值	均值	最小值	最大值
ALLERGY	32.89	19.4	67.4	76.00	37.5	110.1
ANATOMY & MORPHOLOGY	39.42	21.3	65.9	87.12	16.0	276.0
ANDROLOGY	32.04	23.5	39.8	83.76	34.5	116.0
ANESTHESIOLOGY	30.26	15.7	52.3	78.77	38.5	152.8
ASTRONOMY & ASTROPHYSICS	52.71	14.3	317.4	123.65	9.5	334.0
AUDIOLOGY & SPEECH - LANGUAGE PATHOLOGY	46.21	25.7	70.5	80.72	34.0	135.7
AUTOMATION & CONTROL SYSTEMS	28.11	11.2	44.6	88.68	10.0	281.0
BEHAVIORAL SCIENCES	56.15	21.0	264.8	115.41	51.5	232.7
BIOCHEMICAL RESEARCH METHODS	36.84	19.5	94.5	106.02	17.5	391.0
BIOCHEMISTRY & MOLECULAR BIOLOGY	44.02	5.8	120.9	105.35	15.0	294.0
BIODIVERSITY CONSERVATION	50.99	11.9	109.8	82.60	25.0	141.6
BIOLOGY	43.13	12.7	132.8	97.52	19.0	276.3
BIOPHYSICS	41.60	12.6	61.7	108.74	31.5	311.0
BIOTECHNOLOGY & APPLIED MICROBIOLOGY	39.54	7.5	139.6	97.28	15.0	208.5
CARDIAC & CARDIOVASCULAR SYSTEMS	30.63	13.1	89.5	64.00	16.5	235.0
CELL & TISSUE ENGINEERING	47.23	27.6	83.2	108.39	57.8	156.0
CELL BIOLOGY	45.49	10.0	132.2	109.52	16.0	276.0
CHEMISTRY, ANALYTICAL	34.21	3.3	136.0	102.52	19.0	222.1
CHEMISTRY, APPLIED	31.98	1.3	136.0	90.85	34.7	191.0
CHEMISTRY, INORGANIC & NUCLEAR	41.54	16.6	121.3	105.75	32.0	247.0
CHEMISTRY, MEDICINAL	39.44	13.2	167.8	106.16	45.7	232.7
CHEMISTRY, MULTIDISCIPLINARY	37.41	7.6	157.7	112.40	13.0	423.0
CHEMISTRY, ORGANIC	43.07	13.2	159.5	125.53	40.0	294.0
CHEMISTRY, PHYSICAL	39.16	12.0	148.0	110.92	17.0	320.6
CLINICAL NEUROLOGY	35.75	11.7	89.6	71.93	14.3	165.3
COMPUTER SCIENCE, ARTIFICIAL INTELLIGENCE	39.25	15.7	61.6	92.63	19.0	239.0
COMPUTER SCIENCE, CYBERNETICS	43.39	15.7	70.4	103.63	13.6	177.0

续表

学科	Article 参考文献量/条 均值	最小值	最大值	Review 参考文献量/条 均值	最小值	最大值
COMPUTER SCIENCE, HARDWARE & ARCHITECTURE	29.87	8.6	70.9	50.53	31.9	65.8
COMPUTER SCIENCE, INFORMATION SYSTEMS	38.31	10.3	106.7	78.39	14.0	165.0
COMPUTER SCIENCE, INTERDISCIPLINARY APPLICATIONS	36.93	12.0	100.8	84.59	23.0	174.0
COMPUTER SCIENCE, SOFTWARE ENGINEERING	34.64	8.6	70.9	90.41	14.0	245.0
COMPUTER SCIENCE, THEORY & METHODS	33.46	10.3	119.9	85.86	19.0	196.0
CONSTRUCTION & BUILDING TECHNOLOGY	25.26	3.3	49.1	74.62	2.0	179.0
CRITICAL CARE MEDICINE	35.58	15.7	90.7	69.53	21.0	117.0
CRYSTALLOGRAPHY	36.09	8.6	106.0	100.44	55.0	150.8
DENTISTRY, ORAL SURGERY & MEDICINE	31.63	5.5	114.2	60.01	13.0	231.0
DERMATOLOGY	28.16	12.1	73.2	59.77	10.7	128.3
DEVELOPMENTAL BIOLOGY	49.01	28.0	67.4	112.40	44.8	179.0
ECOLOGY	52.15	21.1	110.2	113.76	7.0	366.0
EDUCATION, SCIENTIFIC DISCIPLINES	33.99	12.7	127.5	58.15	15.5	209.0
ELECTROCHEMISTRY	31.68	19.4	40.7	105.80	22.0	191.6
EMERGENCY MEDICINE	24.70	14.8	74.9	43.22	14.3	67.2
ENDOCRINOLOGY & METABOLISM	40.17	1.0	111.8	84.76	14.0	330.0
ENERGY & FUELS	29.82	0.1	49.4	100.78	6.0	231.5
ENGINEERING, AEROSPACE	23.47	0.3	37.3	75.42	40.0	128.3
ENGINEERING, BIOMEDICAL	33.93	7.6	64.0	93.88	17.0	211.8
ENGINEERING, CHEMICAL	30.37	1.2	136.0	106.37	6.0	231.5
ENGINEERING, CIVIL	27.38	3.7	49.7	70.66	2.0	186.8
ENGINEERING, ELECTRICAL & ELECTRONIC	25.65	0.4	90.6	78.61	2.0	281.0
ENGINEERING, ENVIRONMENTAL	36.33	15.3	65.5	94.58	39.0	186.8
ENGINEERING, GEOLOGICAL	32.10	8.9	42.6	85.88	77.0	95.5
ENGINEERING, INDUSTRIAL	35.34	0.5	76.4	85.80	6.0	164.0

续表

学科	Article 参考文献量/条 均值	最小值	最大值	Review 参考文献量/条 均值	最小值	最大值
ENGINEERING, MANUFACTURING	30.63	0.1	57.7	82.23	16.0	222.0
ENGINEERING, MARINE	23.29	15.4	28.6	54.20	54.2	58.0
ENGINEERING, MECHANICAL	26.25	3.3	64.2	82.47	7.0	234.0
ENGINEERING, MULTIDISCIPLINARY	29.39	4.4	61.7	78.21	5.0	245.0
ENGINEERING, OCEAN	26.93	18.5	36.2	70.58	11.0	146.0
ENGINEERING, PETROLEUM	21.93	2.8	35.7	47.82	6.0	114.7
ENTOMOLOGY	35.47	4.4	57.0	93.17	8.0	251.0
ENVIRONMENTAL SCIENCES	42.18	15.3	76.9	100.92	13.0	366.0
EVOLUTIONARY BIOLOGY	57.99	21.1	89.7	115.16	42.2	181.3
FISHERIES	43.98	8.5	205.0	110.42	20.0	214.0
FOOD SCIENCE & TECHNOLOGY	33.75	3.5	100.0	90.74	9.6	198.5
FORESTRY	40.86	23.4	61.5	88.89	7.0	260.0
GASTROENTEROLOGY & HEPATOLOGY	33.93	18.0	85.8	73.28	14.0	265.0
GENETICS & HEREDITY	44.54	11.2	100.4	98.07	15.0	223.5
GEOCHEMISTRY & GEOPHYSICS	49.37	16.3	382.7	125.93	36.5	304.0
GEOGRAPHY, PHYSICAL	52.25	26.2	89.7	114.74	37.0	160.9
GEOLOGY	58.13	27.8	89.4	97.16	36.0	160.0
GEOSCIENCES, MULTIDISCIPLINARY	52.94	11.7	245.5	111.66	25.0	339.0
GERIATRICS & GERONTOLOGY	38.94	20.1	78.5	67.57	23.0	153.4
HEALTH CARE SCIENCES & SERVICES	37.45	17.4	152.2	64.44	20.0	294.8
HEMATOLOGY	36.50	11.5	93.5	71.84	17.0	136.5
HISTORY & PHILOSOPHY OF SCIENCE	58.10	13.8	157.7	52.22	4.0	135.0
HORTICULTURE	32.32	7.5	54.6	96.49	54.0	149.7
IMAGING SCIENCE & PHOTOGRAPHIC TECHNOLOGY	32.53	14.0	55.4	91.86	6.0	189.3
IMMUNOLOGY	41.04	16.0	179.7	86.12	13.0	206.6
INFECTIOUS DISEASES	32.46	18.9	79.4	66.55	21.0	159.5

续表

学科	Article 参考文献量/条 均值	最小值	最大值	Review 参考文献量/条 均值	最小值	最大值
INSTRUMENTS & INSTRUMENTATION	24.03	3.3	38.9	94.15	22.0	281.0
INTEGRATIVE & COMPLEMENTARY MEDICINE	35.45	21.6	49.6	71.26	25.1	130.0
LIMNOLOGY	49.02	31.7	67.0	92.38	52.0	161.5
LOGIC	25.86	13.7	43.7	0.0	0.0	0.0
MARINE & FRESHWATER BIOLOGY	50.88	21.0	420.6	110.29	15.0	220.0
MATERIALS SCIENCE, BIOMATERIALS	39.37	23.5	63.2	128.94	72.5	211.8
MATERIALS SCIENCE, CERAMICS	23.07	5.7	44.6	93.29	28.0	215.0
MATERIALS SCIENCE, CHARACTERIZATION & TESTING	22.71	5.5	31.9	76.73	37.8	150.8
MATERIALS SCIENCE, COATINGS & FILMS	27.39	2.5	39.5	88.02	17.0	163.0
MATERIALS SCIENCE, COMPOSITES	26.77	12.6	36.4	89.05	22.0	174.0
MATERIALS SCIENCE, MULTIDISCIPLINARY	29.53	5.3	103.7	105.01	6.0	604.5
MATERIALS SCIENCE, PAPER & WOOD	23.43	1.1	37.0	117.67	47.3	260.0
MATERIALS SCIENCE, TEXTILES	22.47	7.6	40.6	90.69	13.0	191.0
MATHEMATICAL & COMPUTATIONAL BIOLOGY	37.80	24.2	68.1	97.30	2.0	276.3
MATHEMATICS	22.05	9.0	83.6	53.84	4.0	199.0
MATHEMATICS, APPLIED	24.89	12.9	45.3	57.10	4.0	199.0
MATHEMATICS, INTERDISCIPLINARY APPLICATIONS	32.52	19.7	62.4	88.76	27.0	245.0
MECHANICS	29.30	10.5	64.2	87.49	2.0	210.0
MEDICAL ETHICS	35.62	12.4	105.5	45.92	15.0	128.4
MEDICAL INFORMATICS	33.45	7.6	44.5	63.77	23.3	126.0
MEDICAL LABORATORY TECHNOLOGY	31.07	14.9	112.9	76.28	9.5	172.8
MEDICINE, GENERAL & INTERNAL	30.15	15.4	70.9	56.99	16.5	147.0
MEDICINE, LEGAL	27.56	19.3	46.8	64.57	16.3	128.4
MEDICINE, RESEARCH & EXPERIMENTAL	37.82	10.0	122.2	82.56	14.0	159.8
METALLURGY & METALLURGICAL ENGINEERING	22.85	3.7	46.1	74.66	10.0	299.0

续表

学科	Article 参考文献量/条 均值	最小值	最大值	Review 参考文献量/条 均值	最小值	最大值
METEOROLOGY & ATMOSPHERIC SCIENCES	40.31	10.5	75.0	103.58	4.2	263.2
MICROBIOLOGY	39.69	20.9	72.3	99.75	31.0	329.0
MICROSCOPY	30.38	16.5	44.4	68.12	45.6	99.0
MINERALOGY	45.07	24.4	89.8	110.68	69.7	181.5
MINING & MINERAL PROCESSING	26.49	13.9	64.5	61.01	17.0	103.4
MULTIDISCIPLINARY SCIENCES	30.58	0.5	66.3	74.80	2.5	208.0
MYCOLOGY	44.39	20.0	102.9	85.83	30.1	171.5
NANOSCIENCE & NANOTECHNOLOGY	34.17	17.4	103.7	109.00	13.0	233.5
NEUROIMAGING	43.21	20.8	79.1	75.92	29.8	141.0
NEUROSCIENCES	50.22	19.8	264.8	105.56	9.5	340.5
NUCLEAR SCIENCE & TECHNOLOGY	21.29	0.7	43.8	55.69	13.0	116.0
NURSING	33.06	16.3	50.9	48.29	1.0	120.5
NUTRITION & DIETETICS	37.82	1.0	100.0	78.96	29.5	199.8
OBSTETRICS & GYNECOLOGY	32.84	15.7	132.1	53.53	1.5	115.6
OCEANOGRAPHY	50.45	15.4	420.6	84.38	11.0	138.0
ONCOLOGY	36.44	4.5	111.6	76.75	4.0	264.3
OPERATIONS RESEARCH & MANAGEMENT SCIENCE	33.01	14.5	93.3	76.20	10.0	228.0
OPHTHALMOLOGY	32.01	15.4	225.4	69.26	19.5	156.3
OPTICS	26.66	1.4	151.0	93.44	13.0	228.0
ORNITHOLOGY	44.22	29.6	62.3	93.29	47.0	151.0
ORTHOPEDICS	31.03	16.7	70.5	45.98	17.0	77.8
OTORHINOLARYNGOLOGY	28.19	12.4	66.6	57.93	13.3	194.0
PALEONTOLOGY	64.15	30.7	115.4	103.97	11.0	205.7
PARASITOLOGY	34.94	13.9	59.2	99.56	43.8	260.6
PATHOLOGY	32.12	14.9	112.9	75.85	9.0	279.7
PEDIATRICS	29.60	12.1	78.9	51.34	1.5	104.4
PERIPHERAL VASCULAR DISEASE	35.31	17.0	130.0	67.69	21.0	136.5

续表

学科	Article 参考文献量/条			Review 参考文献量/条		
	均值	最小值	最大值	均值	最小值	最大值
PHARMACOLOGY & PHARMACY	40.81	5.6	167.8	95.19	17.0	391.0
PHYSICS, APPLIED	28.17	2.4	103.7	101.06	13.0	384.0
PHYSICS, ATOMIC, MOLECULAR & CHEMICAL	41.13	21.9	72.5	144.68	18.0	483.0
PHYSICS, CONDENSED MATTER	31.12	2.4	90.6	142.62	17.0	604.5
PHYSICS, FLUIDS & PLASMAS	30.16	11.1	44.7	86.06	39.0	189.0
PHYSICS, MATHEMATICAL	30.13	16.1	45.6	67.80	29.0	122.0
PHYSICS, MULTIDISCIPLINARY	40.00	0.1	299.0	100.82	22.0	322.3
PHYSICS, NUCLEAR	51.24	11.7	378.5	109.34	40.0	242.2
PHYSICS, PARTICLES & FIELDS	56.66	11.7	472.7	115.62	48.0	242.2
PHYSIOLOGY	46.52	24.1	346.8	104.35	14.0	567.9
PLANT SCIENCES	44.10	12.6	143.7	111.60	7.0	243.0
POLYMER SCIENCE	32.73	8.4	53.0	131.94	15.1	604.5
PRIMARY HEALTH CARE	31.48	18.8	69.0	50.72	29.0	84.4
PSYCHIATRY	42.00	10.8	73.6	82.34	27.0	205.0
PSYCHOLOGY	51.57	20.9	244.8	105.09	30.0	253.3
PUBLIC, ENVIRONMENTAL & OCCUPATIONAL HEALTH	32.83	9.7	99.7	66.38	1.0	180.5
RADIOLOGY, NUCLEAR MEDICINE & MEDICAL IMAGING	31.89	16.1	79.1	63.96	4.0	203.0
REHABILITATION	37.09	20.3	62.7	59.91	27.5	107.3
REMOTE SENSING	34.31	16.3	55.4	121.23	19.0	239.4
REPRODUCTIVE BIOLOGY	45.94	25.7	132.1	88.10	29.3	157.5
RESPIRATORY SYSTEM	33.37	16.5	79.6	69.59	16.5	117.3
RHEUMATOLOGY	35.62	20.7	92.2	60.95	18.0	123.3
ROBOTICS	34.16	21.8	57.5	117.75	57.0	224.0
SOIL SCIENCE	43.35	27.0	55.1	117.16	42.5	177.0
SPECTROSCOPY	34.12	11.3	117.5	127.06	18.0	483.0

续表

学科	Article 参考文献量/条 均值	最小值	最大值	Review 参考文献量/条 均值	最小值	最大值
SPORT SCIENCES	37.04	11.5	72.0	62.61	20.0	135.0
STATISTICS & PROBABILITY	28.04	13.4	65.2	67.34	2.0	146.0
SUBSTANCE ABUSE	40.82	28.4	47.3	81.07	54.2	116.5
SURGERY	26.66	10.4	89.3	47.80	13.0	152.8
TELECOMMUNICATIONS	26.56	1.8	106.7	56.65	2.0	125.0
THERMODYNAMICS	28.85	3.3	46.7	108.05	33.0	234.0
TOXICOLOGY	41.17	19.0	71.5	111.49	14.0	279.7
TRANSPLANTATION	31.39	17.7	66.3	67.97	16.5	129.8
TRANSPORTATION SCIENCE & TECHNOLOGY	29.49	4.8	49.1	58.46	10.5	110.0
TROPICAL MEDICINE	29.09	9.7	45.6	63.84	9.0	124.5
UROLOGY & NEPHROLOGY	31.23	16.9	69.8	58.67	21.0	118.9
VETERINARY SCIENCES	30.66	3.3	79.7	79.29	24.0	165.0
VIROLOGY	40.25	23.6	79.4	95.34	17.5	200.7
WATER RESOURCES	37.02	3.7	66.3	96.26	23.0	215.0
ZOOLOGY	45.70	17.4	161.0	92.58	5.0	305.5

注：在计算时删除了 Article 或 Review 平均参考文献量为 0 的期刊，故部分学科参考文献量均值被高估。

除 LOGIC（逻辑）没有 Review 文献类型外，其余 175 个学科间 Review 参考文献量均值差异较大，最大的为 PHYSICS, ATOMIC, MOLECULAR & CHEMICAL（物理、原子、分子和化学）的 144.68 条，最小的为 EMERGENCY MEDICINE（急诊医学）的 43.22 条。175 学科中 Review 参考文献量均值 >100 条者 52 个（29.71%），其中 >120 条者 9 个学科，分别为 PHYSICS, ATOMIC, MOLECULAR & CHEMICAL（物理、原子、分子和化学）、PHYSICS, CONDENSED MATTER（物理，凝聚态）、POLYMER SCIENCE（高分子科学）、MATERIALS SCIENCE, BIOMATERIALS（材料科学，生物材料）、SPECTROSCOPY（光谱学）、GEOCHEMISTRY & GEOPHYSICS（地球化学与地球物理学）、CHEMISTRY, ORGANIC（化学，有机）、ASTRONOMY & ASTROPHYSICS（天文学和天体物理学）、REMOTE SENSING（遥感）；>80 ~

100条者53个学科（30.29%），>60~80条者47个学科（26.86%），<50条者23个学科（13.14%）。可见，SCI期刊Review参考文献量均较大，一半以上的学科Review参考文献量均值在80条以上。另外，同一学科内不同期刊间Review参考文献量均值间差异也很大，其中差异最大的学科为MATERIALS SCIENCE, MULTIDISCIPLINARY（材料科学，多学科），Review参考文献量最大最小期刊间相差了598.5条，来自瑞士的 *Synthetic Metals* 2013年Review的平均参考文献量为604.5条（2013年刊登了2篇Review），而该学科来自斯洛文尼亚的 *Image Analysis & Stereology* 2013年Review的平均参考文献量仅为6.0条（2013年仅刊登了1篇Review），除了这两种期刊外，该学科其他期刊Review参考文献量也多少不一。学科内Review参考文献量最大值和最小值间相差>500条者还有POLYMER SCIENCE（高分子科学）、PHYSICS, CONDENSED MATTER（物理，凝聚态）和PHYSIOLOGY（生理学），分别相差了589.4条、587.5条和553.9条；学科内Review参考文献量最大值和最小值间相差>300~500条15个学科，学科内Review参考文献量最大值和最小值间相差>200~300条48个学科（27.43%），>100~200条85个学科（48.57%），最大值和最小值间相差<20条者2个学科，分别为ENGINEERING, GEOLOGICAL（工程、地质）和ENGINEERING, MARINE（工程，海事）分别相差了18.5条和3.8条。

计算各学科Review与Article参考文献量均值的差值后发现，除了没有Review文献类型的LOGIC（逻辑学）学科外，其余175个学科中，只有HISTORY & PHILOSOPHY OF SCIENCE（科学史与哲学）Article参考文献量均值大于Review参考文献量均值，其他174个学科的Review的参考文献量均值均大于Article参考文献量均值，平均高了50.74条。Review与Article参考文献量均值的差值最大的学科为PHYSICS, CONDENSED MATTER（物理，凝聚态），其2013年收录期刊的Review参考文献量均值为142.62条，Article参考文献量均值为31.12条；PHYSICS, ATOMIC, MOLECULAR & CHEMICAL（物理、原子、分子和化学）学科2013年收录期刊的Review参考文献量均值为144.68条，Article参考文献量均值为41.13条，相差103.55条；Review与Article参考文献量均值的差值>80条者还有7个学科，分别为POLYMER SCIENCE（高分子科学）、MATERIALS SCIENCE, PAPER & WOOD（材料科学、纸张和木材）、SPECTROSCOPY（光谱学）、MATERIALS SCIENCE, BIOMATERIALS（材料科学，生物材料）、REMOTE SENSING（遥感）、ROBOTICS（机器人学）和CHEMISTRY, ORGANIC（化学，有机）；Review与Article参考文献量均值的差值 >60~80 条者 42 个学科 (24.00%)、>50~60 条者 40 个学科 (22.86%)、>30~50 条者 62 个学科 (35.43%); <20 条者 5 个学科, 分别为 PRIMARY HEALTH CARE (初级保健)、EMERGENCY MEDICINE (急诊医学)、NURSING (护理学)、ORTHOPEDICS (骨科) 和 MEDICAL ETHICS (医学伦理学)。HISTORY & PHILOSOPHY OF SCIENCE (科学史与哲学) Article 参考文献量均值虽然大于 Review 参考文献量均值,但两者量相差不大, Article 参考文献量均值为 58.10 条, Review 参考文献量均值为 52.22 条, 平均多了 5.88 条, 相差很小。Review 参考文献量均值高于 Article 与文献属性相关, Review 文献性质决定了是对以往文献的总结, 因此不可避免会使用到很多的文献, 而 Article 的文献多是用在前言说明研究的意义或讨论做进一步结果的对比分析, 所用到的文献可能相对较少。本研究结果与笔者对 SSCI 期刊的研究略有差异①, 应该与自然科学和社会科学特性不同有关。

第二节　学科参考文献量均值的统计学特征

学科参考文献量均值的统计学特征见表 13-3。使用 KOLMOGOROV - SMIRNOV 检验分析学科参考文献量均值的正态分布,结果显示,2013 年学科 Article 和 Review 参考文献量均值均呈正态分布 ($P = 0.097$、0.812)。参考文献量均值的极小极大值比 Article 为 0.332,大于 Review 的 0.299; 中位极大值比 Article 为 0.533,小于 Review 的 0.597,说明相对于学科 Review 参考文献量均值,学科 Article 参考文献量均值表现出了更小的离散度,数据分布更为集中,考虑与 Article 参考文献量均值相对 Review 更少、变异相对较小有关。2013 年 Article 和 Review 的参考文献量均值的偏度均为正值,说明其数据分布形态与正态分布相比为右偏,即有一条长尾拖在右边,数据右端有较多的极端值,相对于 Article 学科参考文献量均值,Review 学科参考文献量均值的偏度更小,说明 Review 学科参考文献量均值的数据分布形态的偏斜程度更小。2013 年 Article 参考文献量均值的峰度为正值,说明数据的分布相较于正态分布更为陡峭,而 Review 学科参考文献量均值的峰度为负值,说明数据的分布相较于正态分布更为平坦,均为平顶峰。

---

①　盛丽娜,顾欢. SSCI 收录期刊不同学科 Article 和 Review 参考文献量的差异性分析 [J]. 中国科技期刊研究, 2018, 29 (11): 1153-1159.

表 13-3 学科参考文献量均值的统计描述及统计学特征

项目	原著参考文献量	综述参考文献量
均数	36.066	86.537
中位数	34.192	86.426
标准差	8.541	21.569
极小极大值比	0.332	0.299
中位极大值比	0.533	0.597
最小值	21.291	43.215
最大值	64.148	144.680
偏度	0.739	0.114
峰度	0.294	-0.570
KOLMOGOROV-SMIRNOV 检测的 Z 值	1.230	0.637
KOLMOGOROV-SMIRNOV 检测的 P 值	0.097	0.812

第三节 学科参考文献量均值的相关性分析

一、各学科 Article 和 Review 参考文献量均值间的相关性

为便于对比，2013 年 SCI 各学科 Article 和 Review 参考文献量均值间的相关性亦使用 Spearman 相关性分析，结果显示二者呈显著正相关，相关系数为 0.527（$P=0.000$）。二者散点图见图 13-1，由图也可以看出，二者表现出来一定程度的正相关关系，即 Article 参考文献量相对较多的学科，其 Review 的参考文献量也相对较多，反之亦然。

二、学科参考文献量均值与其他学术影响力指标间相关性

将 2013 年 SCI 176 个学科的 Article 和 Review 参考文献量均值与学科其他评价指标，包括学科中位影响因子、学科集合影响因子、学科中位 5 年影响因子、总被引频次、集合即年指标、集合被引半衰期、集合引用半衰期、中位特征因子、中位论文影响分值、自被引率均值、影响因子相关自被引率均值做相

关性分析。由于部分学科评价指标并不呈正态分布，为便于数据对比分析，均使用 Spearman 相关性分析进行，结果见表 13-4。

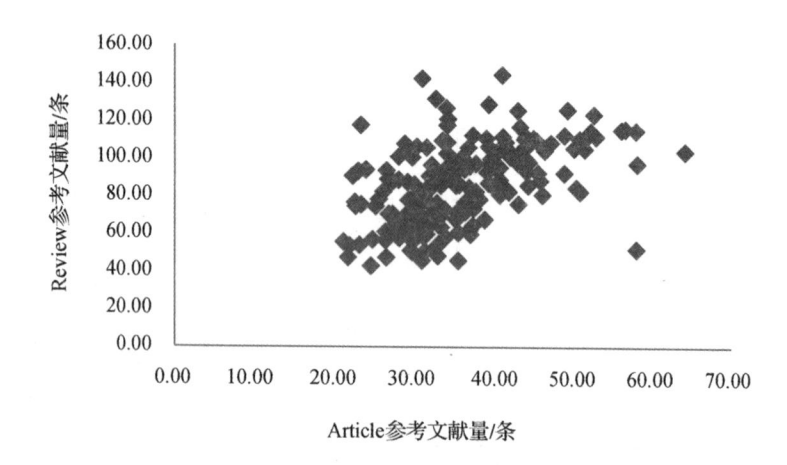

图 13-1 2013 年各学科 Article 和 Review 参考文献量均值间的散点图

表 13-4 2013 年学科 Article 和 Review 参考文献量均值与其他指标间的相关性分析

学科指标	Article 参考文献量均值 相关系数	P 值	Review 参考文献量均值 相关系数	P 值
学科中位影响因子	0.436**	0.000	0.758**	0.000
学科集合影响因子	0.356**	0.000	0.738**	0.000
学科中位5年影响因子	0.503**	0.000	0.728**	0.000
总被引频次	0.174*	0.021	0.496**	0.000
中位特征因子	0.286**	0.000	0.642**	0.000
中位论文影响分值	0.480**	0.000	0.418**	0.000
集合即年指标	0.397**	0.000	0.664**	0.000
集合被引半衰期	0.177*	0.019	-0.334**	0.000
集合引用半衰期	0.116	0.124	-0.410**	0.000
自被引率均值	-0.333**	0.000	-0.532**	0.000
影响因子相关自被引率均值	-0.399**	0.000	-0.534**	0.000

第十三章 SCI 学科的参考文献量

由表 13-4 可知，2013 年学科 Article 参考文献量均值与学科中位影响因子、学科集合影响因子、学科中位 5 年影响因子、总被引频次、中位特征因子、中位论文影响分值、集合即年指标和集合被引半衰期均呈显著正相关（均为 $P<0.05$），相关系数由大到小分别为：学科中位 5 年影响因子＞中位论文影响分值＞学科中位影响因子＞影响因子相关自被引率均值＞集合即年指标＞学科集合影响因子＞中位特征因子＞集合被引半衰期＞总被引频次，但仅与学科中位 5 年影响因子的相关系数＞0.5，为 0.503，与总被引频次的相关系数仅为 0.174，相关性非常弱。学科 Article 参考文献量均值与影响因子相关自被引率均值、学科自被引率均值均呈显著负相关，相关系数为 -0.399 和 -0.333，与集合被引半衰期没有表现出有统计学意义的相关性（$P=0.124$）。2013 年学科 Review 参考文献量均值与学科中位影响因子、学科集合影响因子、学科中位 5 年影响因子、总被引频次、中位特征因子、中位论文影响分值、集合即年指标和集合被引半衰期均呈显著正相关（均为 $P<0.05$），相关系数由大到小分别为：学科中位影响因子＞学科集合影响因子＞学科中位 5 年影响因子＞集合即年指标＞中位特征因子＞总被引频次＞中位论文影响分值，尤其，与学科中位影响因子、学科集合影响因子、学科中位 5 年影响因子的相关系数均＞0.7，与集合即年指标和中位特征因子的相关系数均＞0.6，均呈较强相关性，与总被引频次和中位论文影响分值的相关系数也分别为 0.496 和 0.418，相关性也较为明显。学科 Review 参考文献量均值与影响因子相关自被引率均值、学科自被引率均值均呈显著负相关，相关系数为 -0.534 和 -0.532，与学科集合引用半衰期和学科集合被引半衰期也表现出了有统计学意义的负相关，相关系数分别为 -0.410 和 -0.344。

可见，与 Article 参考文献量均值与学科其他指标间的相关性相比，除与中位论文影响分值的相关系数较小外，Review 参考文献量均值与学科中位影响因子、学科集合影响因子、学科中位 5 年影响因子、总被引频次、中位特征因子、即年指标、自被引率均值、影响因子相关自被引率均值的相关系数绝对值均较大，表明 Review 参考文献量均值与学科整体学术影响力间具有更紧密的相关性，分析可能与 Review 整体文献量较多，而样本量越大越能体现学科特性有关。但 Review 参考文献量均值与集合被引半衰期呈负相关，且相关系数为 -0.334，且与集合引用半衰期也呈显著负相关，相关系数为 -0.410，而 Article 参考文献量均值与学科集合被引半衰期却呈正相关，但相关系数仅为 0.177，且 Article 参考文献量均值与集合引用半衰期并未表现出统计学意义上的相关性，分析原因可能为，相对于 Review 参考文献量均值，Article 参考文献量均值与集合被引半衰期、集合引用半衰期的相关性可能由于文献特性的原因并未表现出来，也可能与集合引用半衰期和集合被引半衰期仅是说明学科文献老化周期的指标、与参考文献量本身关系有限有关。另外，整体来看，学科 Article 和 Review 参考文献量均值，尤其 Article 参考文献量均值与学科其他指标间的相关性均不太高，分析原因可能为参考文献内除包含不同年代文献外，还包括各种途径（如书籍、网络等）、各种类型的文献，与计算影响因子时使用的数据并不完全相同，导致与影响因子相关的几个指标的相关系数都不是太高，这可能也是与学科其他指标间的相关性不太高的原因。

第十四章 学科规模与各学术影响力指标间的相关性

从期刊评价角度来讲，我们所说的学科规模宏观上来说是学科包含的期刊量，进一步微观上可以从载文量上体现。很多期刊评价指标被认为具有学科属性，而学科规模也被认为是体现学科属性的一个最重要的方面。本书即从期刊量和载文量两个方面分析 SCI 不同学科间规模的差异，以及学科规模对学科各学术影响力指标的影响。2013 年和 2017 年各学科期刊量和载文量在前面已有描述，此处不再赘述，故本章主要分析学科规模与学科各学术影响力指标间的相关性。

Spearman 相关性分析结果表明，2013 年 SCI 176 个学科的期刊量与载文总量显著正相关，相关系数为 0.848，2017 年 SCI 177 个学科二者亦呈显著正相关，相关系数为 0.853（均为 $P<0.001$）。理论上，一个学科的期刊量越多，载文总量可能就越大，二者显著正相关验证了这一观点。但二者年度相关系数均 <0.9，尤其二者差值间的相关系数仅为 0.532，均没有呈现出极强的相关性，分析原因可能为，一是不同学科期刊的载文量间差异大，期刊量的增加，未必是载文量的显著增加；二是本研究中的载文量仅指 Article 和 Review 的量，并不能代表全部文献，因此可能产生一定的差异性。由于期刊量与载文量并不完全一致，故笔者同时从期刊量和载文量两个方面入手，查看学科规模与学科学术影响力之间的关系。需要再次声明的是，由于 JCR 内仅给出的可被引文献量，故本研究中的载文量也仅指可被引文献量，该值是 ≤ 期刊实际载文量的。

第一节 学科期刊量与学术影响力指标间的相关性

将 2013 年 SCI 176 个学科的期刊量与学科其他评价指标，包括学科中位影响因子、学科集合影响因子、学科中位 5 年影响因子、总被引频次、集合即年指标、集合被引半衰期、集合引用半衰期、中位特征因子、中位论文影响分值、自被引率均值、学科影响因子相关自被引率均值、Article 和 Review 参考文献量均值做相关性分析。由于部分学科评价指标并不呈正态分布，为便于数据对比分析，均使用 Spearman 相关性分析进行，结果见表 14-1。

表 14-1 学科期刊量与各学术影响力指标间的相关性分析

学科指标	2013 年期刊量 相关系数	2013 年期刊量 P 值	2017 年期刊量 相关系数	2017 年期刊量 P 值
学科中位影响因子	0.154*	0.041	0.180*	0.017
学科集合影响因子	0.238**	0.001	0.248**	0.001
学科中位 5 年影响因子	0.158*	0.036	0.181*	0.016
影响因子百分位均值	—	—	0.176*	0.019
总被引频次	0.794**	0.000	0.821**	0.000
中位特征因子	0.219**	0.003	0.227**	0.002
中位标准特征因子	—	—	0.227**	0.002
中位论文影响分值	0.223**	0.003	0.203**	0.007
集合即年指标	0.161*	0.032	0.149*	0.047
集合被引半衰期	-0.031	0.680	0.033	0.662
集合引用半衰期	-0.155*	0.040	-0.151*	0.045
影响因子相关自被引率均值	-0.280**	0.000	-0.344**	0.000
自被引率均值	-0.317**	0.000	—	—
Article 参考文献量均值	0.098	0.194	—	—
Review 参考文献量均值	0.155*	0.040	—	—

注：*$P<0.05$；**$P<0.01$。

由表 14-1 可知，2013 年 SCI 176 个学科的期刊量与总被引频次、学科集合影响因子、中位论文影响分值、中位特征因子、集合即年指标、学科中位 5 年影响因子、学科中位影响因子及 Review 参考文献量均值间均呈显著正相关（均为 $P<0.05$），但仅与总被引频次的相关系数为 0.794，相关性较强，与其余指标间的相关系数均 <0.3，呈较弱的相关性；2013 年 SCI 176 个学科的期刊量与自被引率均值、影响因子相关自被引率均值、集合引用半衰期均呈显著负相关，但相关系数均较小，分别为 -0.317、-0.280 和 -0.155，均呈较弱

的相关性；2013 年 SCI 176 个学科的期刊量与 Article 参考文献量和集合被引半衰期间并未表现出有统计学意义的相关性（均为 $P>0.05$）。2017 年 SCI 177 个学科的期刊量与学科其余指标的相关性分析表现出相似的结果，如与总被引频次呈强相关，相关系数为 0.821，与学科集合影响因子、中位论文影响分值、中位特征因子、集合即年指标、学科中位 5 年影响因子、学科中位影响因子及 Review 参考文献量均值间均呈显著正相关（均为 $P<0.05$），相关系数也不高，均 <0.3，呈较弱的相关性；与中位标准特征因子、影响因子百分位均值亦均呈显著正相关，但相关系数也很小，分别为 0.227 和 0.176；与影响因子相关自被引率均值、集合引用半衰期均值呈显著负相关，但相关系数亦较小，分别为 -0.344 和 -0.151，均呈较弱的相关性。

  5 年间学科期刊量与其他指标间的相关系数虽然略有变化，但总体趋势一致，期刊量仅与总被引频次呈现出了强相关，即随着学科期刊量的增加，学科获得的总被引频次也显著增加，且 5 年来二者关系越来越紧密。5 年来增加的期刊量越多获得的被引频次也越多，说明增加期刊量并没有降低学科的整体影响力，而是更有助于学科的发展。学科期刊量与除被引频次外的其他正性影响力学科指标，如各影响因子相关指标、特征因子等间的相关性均较弱，说明学科期刊量的增加虽然有助于学科发展，但对学科的整体学术水平的提高作用并不高。学科期刊量与学科 Review 参考文献量均值呈弱的正相关，而与 Article 参考文献量均值并没有表现出有统计学意义的相关性，分析原因为，期刊量是总量指标，而本研究纳入统计的参考文献量是相对指标，二者相关性弱是可以理解的，Article 由于文献类型的特定性，每篇所使用的参考文献量相对随机，故而并没有表现出与期刊量间的相关性。笔者同时将各科学期刊量与各学科的 Article 参考文献总量、Review 参考文献总量做了相关性分析，结果显示，学科期刊量与学科 Article 参考文献总量、Review 参考文献总量均呈显著强相关，相关系数分别为 0.960 和 0.825。

第二节 学科载文量与学术影响力指标间的相关性

  计算 2013 年 SCI 176 个学科各学科的载文量，并与学科其他指标，包括学科中位影响因子、学科集合影响因子、学科中位 5 年影响因子、总被引频次、集合即年指标、集合被引半衰期、集合引用半衰期、中位特征因子、中位论文影响分值、自被引率均值、影响因子相关自被引率均值、Article 和 Review

参考文献量均值做相关性分析。由于部分学科评价指标并不呈正态分布，为便于数据对比分析，均使用 Spearman 相关性分析进行，结果见表 14-2。

表 14-2 学科载文量与各学术影响力指标间的相关性分析

学科指标	2013 年载文量 相关系数	2013 年载文量 P 值	2017 年载文量 相关系数	2017 年载文量 P 值
学科中位影响因子	0.307**	0.000	0.321**	0.000
学科集合影响因子	0.475**	0.000	0.487**	0.000
学科中位 5 年影响因子	0.258**	0.001	0.258**	0.001
影响因子百分位均值	—	—	0.303**	0.000
总被引频次	0.942**	0.000	0.954**	0.000
中位特征因子	0.435**	0.000	0.426**	0.000
中位标准特征因子	—	—	0.426**	0.000
中位论文影响分值	0.218**	0.004	0.172*	0.022
集合即年指标	0.375**	0.000	0.373**	0.000
集合被引半衰期	-0.268**	0.000	-0.200**	0.008
集合引用半衰期	-0.362**	0.000	-0.346**	0.000
影响因子相关自被引率均值	-0.263**	0.000	-0.256**	0.001
自被引率均值	-0.305**	0.000	—	—
Article 参考文献量均值	0.000	0.996	—	—
Review 参考文献量均值	0.332**	0.000	—	—

注：* $P<0.05$；** $P<0.01$。

由表 14-2 可知，2013 年 SCI 176 个学科的载文总量与总被引频次、学科集合影响因子、中位特征因子、集合即年指标、综述参考文献量、学科中位影响因子、学科中位 5 年影响因子、中位论文影响分值均呈显著正相关（均为 $P<0.05$），且相关性逐渐降低，表现为相关系数逐渐减小。载文量与总被引频次呈极强相关，相关系数为 0.942，该值高于学科期刊量与总被引频次的相关系数 0.794，分析原因，总被引频次归根结底是由一篇篇文献获得的，而载文量的增加即为文献总量的增加，期刊量的增加却并非完全代表载文绝对量的增加，故而学科载文量与总被引频次的相关性强于期刊量与总被引频次的相关性。载文量与学科集合影响因子、中位特征因子的相关系数 >0.4，但均不足

0.5；与集合即年指标、Review 参考文献量均值、学科中位影响因子、学科中位 5 年影响因子、中位论文影响分值的相关系数均在 0.3 左右，相关性均较弱，但载文量与上述指标的相关系数均大于期刊量与上述指标的相关系数。载文量与集合引用半衰期、自被引率均值、影响因子相关自被引率均值、集合被引半衰期均呈显著负相关，但相关系数也不高，均为 -0.3 上下；载文量与 Article 参考文献量均值间未表现出相关性。笔者同时将各科学载文量与各学科的 Article 参考文献总量、Review 参考文献量做了相关性分析，结果显示，学科载文量与学科 Article 参考文献量、Review 参考文献总量均呈显著强相关，相关系数分别为 0.780 和 0.808。

2017 年 SCI 177 个学科的载文量与学科其余指标的相关性分析表现出相似的结果，与总被引频次、学科集合影响因子、中位特征因子、中位标准特征因子、集合即年指标、学科中位影响因子、影响因子百分位均值、学科中位 5 年影响因子、中位论文影响分值均呈显著正相关（均为 $P<0.05$），且相关性逐渐降低，表现为相关系数逐渐减小；与集合引用半衰期、影响因子相关自被引率均值、集合被引半衰期均呈显著负相关，但相关系数亦较小，分别为 -0.346、-0.256、-0.200，均呈较弱的负相关。尤其，与总被引频次呈强相关，相关系数为 0.954，与学科集合影响因子、中位特征因子、中位标准特征因子的相关系数 >0.4，但均不足 0.5；与集合即年指标、学科中位影响因子、影响因子百分位均值、学科中位 5 年影响因子的相关系数均在 0.3 左右，与中位论文影响分值的相关系数仅为 0.172，相关性均较弱。

5 年间学科载文量与其他指标间的相关系数虽然略有变化，但总体趋势一致，载文量仅与总被引频次呈现出了强相关，即随着学科载文量的增加，学科获得的总被引频次也显著增加，且 5 年来二者关系越来越紧密。5 年来增加的载文量越多获得的被引频次也越多，说明虽然文献量有所增加，但文献的学术水平仍较高，并没有出现因扩大文献量而降低学术质量的状况发生。这也说明，增加载文量是顺应学科学术发展需求的，有助于学科进展。学科载文量与除被引频次外的其他正性影响力学科指标，如各影响因子相关指标、特征因子等间的相关性虽不强，但均高于学科期刊量与上述指标的相关性，说明相对于期刊量，载文量的增加才是学科整体学术水平的提高的基石，载文量的增加有利于学科整体学术水平的提高。

附录

附录 1　本书涉及的各学科汉语译名

学科名称	汉语译名
ACOUSTICS	声学
AGRICULTURAL ECONOMICS & POLICY	农业经济与政策
AGRICULTURAL ENGINEERING	农业工程
AGRICULTURE, DAIRY & ANIMAL SCIENCE	农业、乳品和动物科学
AGRICULTURE, MULTIDISCIPLINARY	农业，多学科
AGRONOMY	农学
ALLERGY	过敏
ANATOMY & MORPHOLOGY	解剖学与形态学
ANDROLOGY	男科学
ANESTHESIOLOGY	麻醉学
ASTRONOMY & ASTROPHYSICS	天文学和天体物理学
AUDIOLOGY & SPEECH-LANGUAGE PATHOLOGY	听力学与语言病理学
AUTOMATION & CONTROL SYSTEMS	自动化与控制系统
BEHAVIORAL SCIENCES	行为科学
BIOCHEMICAL RESEARCH METHODS	生化研究方法
BIOCHEMISTRY & MOLECULAR BIOLOGY	生物化学与分子生物学
BIODIVERSITY CONSERVATION	生物多样性保护
BIOLOGY	生物学
BIOPHYSICS	生物物理学
BIOTECHNOLOGY & APPLIED MICROBIOLOGY	生物技术与应用微生物学
CARDIAC & CARDIOVASCULAR SYSTEMS	心脏和心血管系统
CELL & TISSUE ENGINEERING	细胞与组织工程
CELL BIOLOGY	细胞生物学
CHEMISTRY, ANALYTICAL	化学，分析
CHEMISTRY, APPLIED	化学，应用
CHEMISTRY, INORGANIC & NUCLEAR	化学、无机和核
CHEMISTRY, MEDICINAL	化学，医学

续表

学科名称	汉语译名
CHEMISTRY, MULTIDISCIPLINARY	化学,多学科
CHEMISTRY, ORGANIC	化学,有机
CHEMISTRY, PHYSICAL	化学,物理
CLINICAL NEUROLOGY	临床神经病学
COMPUTER SCIENCE, ARTIFICIAL INTELLIGENCE	计算机科学、人工智能
COMPUTER SCIENCE, CYBERNETICS	计算机科学,控制论
COMPUTER SCIENCE, HARDWARE & ARCHITECTURE	计算机科学,硬件与建筑
COMPUTER SCIENCE, INFORMATION SYSTEMS	计算机科学,信息系统
COMPUTER SCIENCE, INTERDISCIPLINARY APPLICATIONS	计算机科学,跨学科应用
COMPUTER SCIENCE, SOFTWARE ENGINEERING	计算机科学、软件工程
COMPUTER SCIENCE, THEORY & METHODS	计算机科学、理论与方法
CONSTRUCTION & BUILDING TECHNOLOGY	建筑技术
CRITICAL CARE MEDICINE	重症监护医学
CRYSTALLOGRAPHY	结晶学
DENTISTRY, ORAL SURGERY & MEDICINE	牙科、口腔外科和医学
DERMATOLOGY	皮肤科
DEVELOPMENTAL BIOLOGY	发育生物学
ECOLOGY	生态学
EDUCATION, SCIENTIFIC DISCIPLINES	教育、科学学科
ELECTROCHEMISTRY	电化学
EMERGENCY MEDICINE	急诊医学
ENDOCRINOLOGY & METABOLISM	内分泌与代谢
ENERGY & FUELS	能源和燃料
ENGINEERING, AEROSPACE	工程、航空航天
ENGINEERING, BIOMEDICAL	工程、生物医学
ENGINEERING, CHEMICAL	工程、化学
ENGINEERING, CIVIL	工程、土木
ENGINEERING, ELECTRICAL & ELECTRONIC	工程、电气和电子
ENGINEERING, ENVIRONMENTAL	工程、环境
ENGINEERING, GEOLOGICAL	工程、地质

续表

学科名称	汉语译名
ENGINEERING, INDUSTRIAL	工程，工业
ENGINEERING, MANUFACTURING	工程、制造
ENGINEERING, MARINE	工程，海事
ENGINEERING, MECHANICAL	工程、机械
ENGINEERING, MULTIDISCIPLINARY	工程，多学科
ENGINEERING, OCEAN	工程，海洋
ENGINEERING, PETROLEUM	工程、石油
ENTOMOLOGY	昆虫学
ENVIRONMENTAL SCIENCES	环境科学
EVOLUTIONARY BIOLOGY	进化生物学
FISHERIES	渔业
FOOD SCIENCE & TECHNOLOGY	食品科技
FORESTRY	林业
GASTROENTEROLOGY & HEPATOLOGY	胃肠和肝病
GENETICS & HEREDITY	遗传学与遗传
GEOCHEMISTRY & GEOPHYSICS	地球化学与地球物理学
GEOGRAPHY, PHYSICAL	地理，自然
GEOLOGY	地质学
GEOSCIENCES, MULTIDISCIPLINARY	地球科学，多学科
GERIATRICS & GERONTOLOGY	老年病学
GREEN & SUSTAINABLE SCIENCE & TECHNOLOGY	绿色可持续科技
HEALTH CARE SCIENCES & SERVICES	卫生保健科学与服务
HEMATOLOGY	血液学
HISTORY & PHILOSOPHY OF SCIENCE	科学史与哲学
HORTICULTURE	园艺
IMAGING SCIENCE & PHOTOGRAPHIC TECHNOLOGY	影像科学与摄影技术
IMMUNOLOGY	免疫学
INFECTIOUS DISEASES	传染病
INSTRUMENTS & INSTRUMENTATION	仪器仪表
INTEGRATIVE & COMPLEMENTARY MEDICINE	中西医结合

续表

学科名称	汉语译名
LIMNOLOGY	湖沼学
LOGIC	逻辑学
MARINE & FRESHWATER BIOLOGY	海洋与淡水生物学
MATERIALS SCIENCE, BIOMATERIALS	材料科学,生物材料
MATERIALS SCIENCE, CERAMICS	材料科学,陶瓷
MATERIALS SCIENCE, CHARACTERIZATION & TESTING	材料科学、表征与测试
MATERIALS SCIENCE, COATINGS & FILMS	材料科学、涂料和薄膜
MATERIALS SCIENCE, COMPOSITES	材料科学,复合材料
MATERIALS SCIENCE, MULTIDISCIPLINARY	材料科学,多学科
MATERIALS SCIENCE, PAPER & WOOD	材料科学、纸张和木材
MATERIALS SCIENCE, TEXTILES	材料科学,纺织品
MATHEMATICAL & COMPUTATIONAL BIOLOGY	数学与计算生物学
MATHEMATICS	数学
MATHEMATICS, APPLIED	数学,应用
MATHEMATICS, INTERDISCIPLINARY APPLICATIONS	数学,跨学科应用
MECHANICS	力学
MEDICAL ETHICS	医学伦理学
MEDICAL INFORMATICS	医学信息学
MEDICAL LABORATORY TECHNOLOGY	医学实验室技术
MEDICINE, GENERAL & INTERNAL	内科、综合内科
MEDICINE, LEGAL	医学、法律
MEDICINE, RESEARCH & EXPERIMENTAL	医学、研究与实验
METALLURGY & METALLURGICAL ENGINEERING	冶金与冶金工程
METEOROLOGY & ATMOSPHERIC SCIENCES	气象学和大气科学
MICROBIOLOGY	微生物学
MICROSCOPY	显微镜检查
MINERALOGY	矿物学
MINING & MINERAL PROCESSING	采矿和选矿
MULTIDISCIPLINARY SCIENCES	多学科科学
MYCOLOGY	真菌学

续表

学科名称	汉语译名
NANOSCIENCE & NANOTECHNOLOGY	纳米科学与纳米技术
NEUROIMAGING	神经影像学
NEUROSCIENCES	神经科学
NUCLEAR SCIENCE & TECHNOLOGY	核科学技术
NURSING	护理学
NUTRITION & DIETETICS	营养学
OBSTETRICS & GYNECOLOGY	妇产科
OCEANOGRAPHY	海洋学
ONCOLOGY	肿瘤学
OPERATIONS RESEARCH & MANAGEMENT SCIENCE	运筹学
OPHTHALMOLOGY	眼科
OPTICS	光学
ORNITHOLOGY	鸟类学
ORTHOPEDICS	骨科
OTORHINOLARYNGOLOGY	耳鼻咽喉科
PALEONTOLOGY	古生物学
PARASITOLOGY	寄生虫学
PATHOLOGY	病理学
PEDIATRICS	儿科
PERIPHERAL VASCULAR DISEASE	外周血管疾病
PHARMACOLOGY & PHARMACY	药理学和药学
PHYSICS, APPLIED	物理学，应用
PHYSICS, ATOMIC, MOLECULAR & CHEMICAL	物理、原子、分子和化学
PHYSICS, CONDENSED MATTER	物理，凝聚态
PHYSICS, FLUIDS & PLASMAS	物理、流体和等离子体
PHYSICS, MATHEMATICAL	物理，数学
PHYSICS, MULTIDISCIPLINARY	物理学，多学科
PHYSICS, NUCLEAR	物理学，核
PHYSICS, PARTICLES & FIELDS	物理学、粒子与场
PHYSIOLOGY	生理学

续表

学科名称	汉语译名
PLANT SCIENCES	植物科学
POLYMER SCIENCE	高分子科学
PRIMARY HEALTH CARE	初级保健
PSYCHIATRY	精神病学
PSYCHOLOGY	心理学
PUBLIC, ENVIRONMENTAL & OCCUPATIONAL HEALTH	公共、环境和职业健康
RADIOLOGY, NUCLEAR MEDICINE & MEDICAL IMAGING	放射、核医学和医学成像
REHABILITATION	康复
REMOTE SENSING	遥感
REPRODUCTIVE BIOLOGY	生殖生物学
RESPIRATORY SYSTEM	呼吸系统
RHEUMATOLOGY	风湿病学
ROBOTICS	机器人学
SOIL SCIENCE	土壤科学
SPECTROSCOPY	光谱学
SPORT SCIENCES	体育科学
STATISTICS & PROBABILITY	统计与概率
SUBSTANCE ABUSE	药物滥用
SURGERY	外科学
TELECOMMUNICATIONS	电信
THERMODYNAMICS	热力学
TOXICOLOGY	毒理学
TRANSPLANTATION	移植
TRANSPORTATION SCIENCE & TECHNOLOGY	交通科技
TROPICAL MEDICINE	热带医学
UROLOGY & NEPHROLOGY	泌尿和肾病
VETERINARY SCIENCES	兽医学
VIROLOGY	病毒学
WATER RESOURCES	水资源
ZOOLOGY	动物学

附表 2　2013 年各学科指标总表

学科名称	TNJ	TNL	TC	IF_M	IF_{AG}	$5IF_M$	$SCR\text{-}IF_{Av}$	SCR_{AV}	EF_M	AIS_M	II_{AG}	$CdHL_{AG}$	$CiHL_{AG}$	$Rf\text{-}Ar_{AV}$	$Rf\text{-}Re_{AV}$
ACOUSTICS	30	4 355	117 073	1.107	1.840	1.284	22.52%	16.74%	0.003 04	0.466	0.357	9.2	9.5	29.2	25.6
AGRICULTURAL ECONOMICS & POLICY	17	769	12 898	0.707	0.992	0.981	25.52%	18.56%	0.000 87	0.361	0.220	8.6	8.0	37.5	18.4
AGRICULTURAL ENGINEERING	12	4 286	94 309	1.159	3.391	1.322	24.23%	18.43%	0.002 62	0.328	0.672	5.0	6.8	29.2	52.8
AGRICULTURE, DAIRY & ANIMAL SCIENCE	52	6 348	137 560	0.800	1.303	0.860	17.78%	14.07%	0.001 52	0.208	0.235	8.5	10.0	32.3	61.6
AGRICULTURE, MULTIDISCIPLINARY	56	6 353	148 844	0.649	1.564	0.711	20.24%	14.27%	0.000 86	0.199	0.280	8.0	8.9	34.4	52.5
AGRONOMY	79	8 702	195 496	0.920	1.615	1.167	19.52%	14.68%	0.001 40	0.264	0.364	8.7	9.7	32.3	68.9
ALLERGY	21	2 122	91 956	2.642	4.259	2.277	15.99%	11.89%	0.003 92	0.591	0.961	6.3	6.7	28.2	76.0
ANATOMY & MORPHOLOGY	20	1 891	52 086	1.431	1.591	1.539	11.94%	6.40%	0.003 72	0.487	0.342	9.0	10.0	37.5	87.1
ANDROLOGY	7	381	10 958	1.694	1.998	2.153	14.93%	13.88%	0.002 38	0.576	0.504	6.9	8.1	22.9	59.8
ANESTHESIOLOGY	29	3 690	140 665	2.120	2.766	2.099	16.28%	11.11%	0.004 70	0.524	0.785	8.0	7.4	30.3	73.3
ASTRONOMY & ASTROPHYSICS	59	17 123	781 885	1.676	4.462	1.745	19.48%	14.66%	0.004 58	0.677	1.426	7.0	7.7	50.0	50.3
AUDIOLOGY & SPEECH - LANGUAGE PATHOLOGY	22	2 213	73 229	1.419	1.715	1.641	18.08%	13.70%	0.001 84	0.581	0.363	10.0	10.0	46.2	62.4
AUTOMATION & CONTROL SYSTEMS	59	7 735	179 013	1.389	2.226	1.517	17.87%	13.17%	0.002 50	0.563	0.399	6.7	7.9	27.2	28.6
BEHAVIORAL SCIENCES	49	6 113	279 285	2.692	3.234	3.038	9.30%	7.69%	0.006 50	0.981	0.656	8.3	9.1	53.9	91.9
BIOCHEMICAL RESEARCH METHODS	78	15 377	616 671	2.310	3.453	2.521	9.95%	7.53%	0.006 19	0.716	0.683	6.3	6.8	33.0	79.9
BIOCHEMISTRY & MOLECULAR BIOLOGY	291	51 579	3 184 943	2.861	4.311	2.922	6.83%	4.52%	0.007 61	0.854	0.929	8.2	7.6	39.9	92.0

续表

学科名称	TNJ	TNL	TC	IF_M	IF_{AG}	$5IF_M$	$SCR-IF_{AV}$	SCR_{AV}	EF_M	AIS_M	II_{AG}	$CdHL_{AG}$	$CiHL_{AG}$	$Rf-Ar_{AV}$	$Rf-Re_{AV}$
BIODIVERSITY CONSERVATION	42	3 362	125 589	1.407	2.622	1.487	9.43%	7.45%	0.001 88	0.477	0.558	7.4	8.8	47.3	44.3
BIOLOGY	85	9 197	368 066	1.432	2.561	1.584	12.34%	8.71%	0.002 68	0.492	0.718	8.5	8.8	41.1	63.0
BIOPHYSICS	74	12 903	536 012	2.635	3.289	2.744	9.31%	7.54%	0.005 96	0.803	0.779	7.7	7.9	36.5	86.7
BIOTECHNOLOGY & APPLIED MICROBIOLOGY	165	27 252	942 406	2.106	3.361	2.282	8.70%	6.27%	0.004 42	0.629	0.618	6.5	7.3	36.4	77.8
CARDIAC & CARDIOVASCULAR SYSTEMS	125	19 338	762 762	2.203	3.938	2.291	12.82%	9.73%	0.003 54	0.655	0.851	6.8	6.8	28.7	56.8
CELL & TISSUE ENGINEERING	18	2 228	76 359	3.535	4.940	3.553	7.63%	7.05%	0.004 63	0.906	1.067	4.4	6.4	47.2	90.3
CELL BIOLOGY	185	25 162	1 784 263	3.333	5.816	3.388	6.22%	4.29%	0.007 28	1.099	1.227	7.2	7.0	42.5	92.9
CHEMISTRY, ANALYTICAL	76	22 421	666 922	1.900	2.914	2.064	13.09%	9.65%	0.005 25	0.515	0.552	6.9	6.9	32.9	78.2
CHEMISTRY, APPLIED	71	13 207	368 824	1.316	2.488	1.383	14.33%	10.00%	0.002 20	0.301	0.486	6.8	8.1	30.2	59.3
CHEMISTRY, INORGANIC & NUCLEAR	45	13 973	408 476	1.840	2.659	1.838	17.09%	10.21%	0.003 19	0.395	0.579	7.5	8.5	35.9	67.3
CHEMISTRY, MEDICINAL	58	13 241	382 737	2.390	2.701	2.498	10.09%	7.24%	0.005 80	0.532	0.528	6.4	7.7	36.0	86.0
CHEMISTRY, MULTIDISCIPLINARY	148	54 092	2 195 260	1.401	5.222	1.445	15.45%	10.14%	0.003 36	0.313	1.030	5.6	6.7	35.1	82.8
CHEMISTRY, ORGANIC	58	20 997	712 914	2.118	3.001	2.097	12.63%	7.59%	0.004 21	0.473	0.661	7.0	7.6	40.1	97.4
CHEMISTRY, PHYSICAL	136	50 780	1 925 703	2.174	4.301	2.283	13.32%	8.63%	0.006 53	0.569	0.848	5.7	7.4	35.1	71.0
CLINICAL NEUROLOGY	194	26 083	986 677	2.182	3.174	2.379	10.00%	7.55%	0.004 72	0.708	0.669	7.3	7.9	33.2	64.1

续表

学科名称	TNJ	TNL	TC	IF_M	IF_{AG}	$5IF_M$	$SCR-IF_{AV}$	$SCR-SCR_{AV}$	EF_M	AIS_M	II_{AG}	$CdHL_{AG}$	$CiHL_{AG}$	$Rf-Ar_{AV}$	$Rf-Re_{AV}$
COMPUTER SCIENCE, ARTIFICIAL INTELLIGENCE	121	10 620	259 711	1.167	2.003	1.545	17.35%	12.72%	0.001 48	0.528	0.320	7.5	8.1	38.0	28.9
COMPUTER SCIENCE, CYBERNETICS	24	1 296	28 409	0.833	1.448	1.400	17.62%	14.12%	0.001 26	0.504	0.256	7.9	9.1	39.8	25.9
COMPUTER SCIENCE, HARDWARE & ARCHITECTURE	50	4 775	87 708	0.996	1.326	1.245	13.44%	7.88%	0.002 30	0.489	0.194	8.7	7.2	29.3	7.1
COMPUTER SCIENCE, INFORMATION SYSTEMS	135	11 383	196 770	1.035	1.584	1.276	16.75%	11.59%	0.001 57	0.484	0.250	7.0	7.5	37.5	23.8
COMPUTER SCIENCE, INTERDISCIPLINARY APPLICATIONS	102	12 374	251 636	1.472	1.926	1.592	18.02%	13.01%	0.003 30	0.553	0.391	6.8	8.6	35.8	34.0
COMPUTER SCIENCE, SOFTWARE ENGINEERING	105	7 897	132 245	0.941	1.203	1.161	14.38%	9.53%	0.001 83	0.524	0.209	7.9	7.8	33.7	22.4
COMPUTER SCIENCE, THEORY & METHODS	102	6 898	130 310	0.770	1.212	0.969	16.70%	10.82%	0.001 36	0.504	0.234	9.3	8.2	33.5	17.7
CONSTRUCTION & BUILDING TECHNOLOGY	58	6 375	100 621	0.789	1.543	0.869	28.37%	21.46%	0.001 06	0.303	0.261	7.4	8.7	24.8	29.6
CRITICAL CARE MEDICINE	27	4 690	245 218	2.462	3.961	2.564	15.34%	13.42%	0.007 03	0.770	1.121	7.4	7.1	31.6	64.4
CRYSTALLOGRAPHY	23	6 802	173 749	1.693	2.207	1.752	18.13%	9.44%	0.004 07	0.331	0.487	7.3	8.0	34.5	30.6
DENTISTRY, ORAL SURGERY & MEDICINE	83	8 749	241 725	1.271	1.703	1.675	17.30%	12.24%	0.002 82	0.489	0.292	8.4	8.9	31.2	51.2
DERMATOLOGY	61	6 677	188 984	1.536	2.273	1.705	14.73%	9.82%	0.003 00	0.439	0.494	7.6	7.9	27.7	56.8
DEVELOPMENTAL BIOLOGY	41	3 868	268 582	2.675	4.186	2.666	6.81%	4.75%	0.006 16	1.029	0.793	8.2	8.1	44.2	98.7

续表

学科名称	TNJ	TNL	TC	IF_M	IF_{AG}	$5IF_M$	$SCR-IF_{AV}$	SCR_{AV}	EF_M	AIS_M	II_{AG}	$CdHL_{AG}$	$CiHL_{AG}$	$Rf-Ar_{AV}$	$Rf-Re_{AV}$
ECOLOGY	141	16 219	836 603	1.963	3.209	2.269	10.39%	7.79%	0.003 91	0.764	0.686	8.6	9.0	50.3	63.0
EDUCATION, SCIENTIFIC DISCIPLINES	36	3 511	60 608	1.206	1.430	1.413	27.35%	21.60%	0.001 91	0.357	0.296	7.4	8.2	34.0	32.3
ELECTROCHEMISTRY	27	13 707	383 242	2.089	3.242	2.209	15.55%	10.98%	0.008 38	0.502	0.671	6.0	6.5	30.5	86.2
EMERGENCY MEDICINE	25	3 454	78 275	1.152	1.785	1.213	19.84%	14.92%	0.00195	0.327	0.373	7.2	7.9	23.7	34.6
ENDOCRINOLOGY & METABOLISM	124	16 731	768 976	2.732	4.096	2.878	10.03%	7.61%	0.005 69	0.749	0.853	7.0	7.4	36.6	76.5
ENERGY & FUELS	83	23 970	506 461	1.698	3.793	2.385	21.18%	16.27%	0.003 04	0.629	0.751	4.7	6.2	29.1	61.5
ENGINEERING, AEROSPACE	28	2 689	42 140	0.550	0.781	0.791	17.25%	11.22%	0.001 23	0.274	0.141	10.0	10.0	20.0	16.8
ENGINEERING, BIOMEDICAL	76	10 354	308 656	1.566	2.936	1.764	12.68%	10.11%	0.003 30	0.509	0.485	6.3	7.6	31.7	68.3
ENGINEERING, CHEMICAL	133	27 790	658 106	1.313	2.624	1.452	18.66%	13.39%	0.002 21	0.361	0.494	6.5	8.0	29.0	68.0
ENGINEERING, CIVIL	124	14 856	277 434	0.956	1.670	1.073	21.86%	17.52%	0.001 40	0.349	0.276	6.6	8.9	26.9	23.9
ENGINEERING, ELECTRICAL & ELECTRONIC	248	46 030	930 393	1.214	1.812	1.301	18.67%	13.52%	0.003 39	0.432	0.312	7.0	7.2	25.3	24.8
ENGINEERING, ENVIRONMENTAL	46	10 928	375 409	1.649	3.480	1.912	20.04%	13.99%	0.004 25	0.462	0.597	5.9	7.0	36.3	77.4
ENGINEERING, GEOLOGICAL	33	2 722	55 205	1.174	1.275	1.513	24.31%	17.65%	0.001 81	0.620	0.266	9.7	10.0	32.1	10.7
ENGINEERING, INDUSTRIAL	43	4 018	95 871	1.111	1.597	1.557	24.22%	15.30%	0.001 38	0.467	0.293	8.1	9.3	34.5	43.9
ENGINEERING, MANUFACTURING	39	5 103	96 274	1.236	1.574	1.241	23.67%	17.18%	0.001 61	0.349	0.250	7.0	8.7	30.6	42.2
ENGINEERING, MARINE	13	712	6 050	0.458	0.819	0.591	22.69%	16.97%	0.000 69	0.228	0.149	6.9	10.0	23.3	4.5

续表

学科名称	TNJ	TNL	TC	IF$_M$	IF$_{AG}$	5IF$_M$	SCR-IF$_{AV}$	SCR$_{AV}$	EF$_M$	AIS$_M$	II$_{AG}$	CdHL$_{AG}$	CiHL$_{AG}$	Rf-Ar$_{AV}$	Rf-Re$_{AV}$
ENGINEERING, MECHANICAL	128	16 819	312 231	0.889	1.573	1.034	22.55%	16.57%	0.001 92	0.318	0.293	8.0	9.3	25.8	38.0
ENGINEERING, MULTIDISCIPLINARY	87	11 245	140 357	0.955	1.342	0.925	24.62%	19.07%	0.001 42	0.303	0.283	7.3	8.8	29.1	31.5
ENGINEERING, OCEAN	14	1 227	20 136	1.087	1.157	1.002	13.19%	9.77%	0.001 17	0.406	0.264	8.9	10.0	25.0	25.2
ENGINEERING, PETROLEUM	19	1 331	12 153	0.429	0.557	0.436	23.57%	15.93%	0.000 70	0.139	0.104	8.4	10.0	21.9	15.9
ENTOMOLOGY	90	5 836	145 173	0.899	1.350	0.977	15.45%	10.13%	0.001 32	0.320	0.363	9.7	10.0	33.1	58.0
ENVIRONMENTAL SCIENCES	216	36654	1105118	1.640	2.892	2.092	15.70%	11.77%	0.003 09	0.593	0.501	6.7	7.9	40.8	67.6
EVOLUTIONARY BIOLOGY	46	5 510	355 391	2.887	4.439	2.908	9.26%	6.35%	0.005 64	1.129	0.868	8.3	9.1	55.5	84.5
FISHERIES	50	4 775	145 384	1.183	1.543	1.571	15.83%	11.48%	0.002 23	0.481	0.299	9.6	10.0	44.0	75.1
FOOD SCIENCE & TECHNOLOGY	123	19 963	503 290	1.206	2.066	1.381	15.26%	11.81%	0.001 88	0.334	0.367	7.2	8.5	31.6	61.2
FORESTRY	64	4 569	120 032	1.057	1.605	1.127	18.57%	14.25%	0.001 34	0.334	0.370	8.4	9.8	40.9	45.8
GASTROENTEROLOGY & HEPATOLOGY	75	11 778	477 309	2.391	3.918	2.639	9.73%	8.38%	0.006 66	0.774	0.885	6.4	6.8	33.0	68.3
GENETICS & HEREDITY	165	19 564	996 231	2.581	4.463	2.717	7.79%	5.81%	0.005 16	0.881	0.877	7.0	7.2	42.1	76.5
GEOCHEMISTRY & GEOPHYSICS	80	9 243	383 327	1.755	2.453	2.046	18.38%	13.75%	0.002 70	0.729	0.615	10.0	10.0	46.9	49.4
GEOGRAPHY, PHYSICAL	46	4 972	159 297	2.152	2.574	2.446	15.51%	13.31%	0.004 15	0.691	0.720	7.5	9.8	52.2	57.4
GEOLOGY	44	2 228	85 703	1.139	2.014	1.408	17.47%	13.03%	0.000 90	0.465	0.570	10.0	10.0	55.4	33.9
GEOSCIENCES, MULTIDISCIPLINARY	174	22 385	753 561	1.472	2.536	1.750	16.48%	12.63%	0.003 23	0.619	0.634	8.4	10.0	52.0	55.5

续表

学科名称	TNJ	TNL	TC	IF_M	IF_{AG}	$5IF_M$	$SCR-IF_{AV}$	SCR_{AV}	EF_M	AIS_M	II_{AG}	$CdHI_{AG}$	$CiHI_{AG}$	$Rf-Ar_{AV}$	$Rf-Re_{AV}$
GERIATRICS & GERONTOLOGY	49	4 902	143 424	2.000	2.843	2.805	12.05%	8.77%	0.003 15	0.730	0.601	6.6	7.6	37.4	57.9
HEALTH CARE SCIENCES & SERVICES	86	8 368	223 158	1.699	2.334	1.960	13.68%	9.82%	0.003 56	0.686	0.533	6.8	7.2	37.0	49.3
HEMATOLOGY	68	10 579	520 767	2.445	4.413	2.417	11.18%	8.64%	0.005 71	0.774	1.030	6.5	6.6	34.3	68.7
HISTORY & PHILOSOPHY OF SCIENCE	56	1 790	21 740	0.393	0.658	0.539	22.90%	16.82%	0.000 48	0.302	0.315	10.0	10.0	57.1	15.9
HORTICULTURE	33	3 282	78 952	0.706	1.334	0.793	22.91%	14.48%	0.000 86	0.188	0.249	9.3	9.8	30.3	45.2
IMAGING SCIENCE & PHOTOGRAPHIC TECHNOLOGY	23	3 261	92 985	1.111	2.331	1.439	12.29%	10.30%	0.001 26	0.444	0.460	8.2	8.4	32.5	32.0
IMMUNOLOGY	144	20 990	1 055 655	2.739	4.244	2.915	7.76%	5.87%	0.006 78	0.857	0.926	7.0	6.8	36.8	76.6
INFECTIOUS DISEASES	72	11 858	438 590	2.549	3.643	2.764	9.09%	7.17%	0.008 54	0.882	0.889	6.2	6.3	31.5	61.8
INSTRUMENTS & INSTRUMENTATION	57	13 890	251 188	1.286	1.876	1.367	20.72%	14.44%	0.002 02	0.391	0.406	6.4	7.5	23.2	51.2
INTEGRATIVE & COMPLEMENTARY MEDICINE	22	3 732	50 737	1.325	2.077	1.471	16.78%	12.92%	0.001 09	0.291	0.308	5.9	7.6	35.4	64.8
LIMNOLOGY	20	1 976	82 826	1.309	2.207	1.557	11.26%	9.52%	0.002 13	0.499	0.409	10.0	9.7	49.0	41.6
LOGIC	20	810	6 532	0.447	0.467	0.525	16.25%	12.79%	0.001 35	0.484	0.086	9.6	10.0	25.9	0.0
MARINE & FRESHWATER BIOLOGY	103	9 863	365 484	1.423	1.989	1.629	11.96%	9.46%	0.002 43	0.504	0.420	9.5	10.0	47.9	59.5
MATERIALS SCIENCE, BIOMATERIALS	32	6 734	184 527	2.606	4.338	2.741	10.78%	9.28%	0.002 97	0.639	0.790	5.1	6.7	36.9	84.6

续表

学科名称	TNJ	TNL	TC	IF_M	IF_{AG}	$5IF_M$	$SCR-IF_{AV}$	SCR_{AV}	EF_M	AIS_M	II_{AG}	$CdHL_{AG}$	$CiHL_{AG}$	$Rf-Ar_{AV}$	$Rf-Re_{AV}$
MATERIALS SCIENCE, CERAMICS	25	4 880	98 726	0.537	1.531	0.568	23.36%	13.71%	0.001 02	0.168	0.317	8.7	8.6	23.1	52.2
MATERIALS SCIENCE, CHARACTERIZATION & TESTING	33	2 552	27 152	0.664	0.882	0.846	21.41%	14.94%	0.000 81	0.290	0.197	6.9	9.6	22.0	16.3
MATERIALS SCIENCE, COATINGS & FILMS	18	6 793	186 995	1.431	2.235	1.375	22.50%	14.71%	0.001 79	0.348	0.381	7.8	7.7	25.9	68.5
MATERIALS SCIENCE, COMPOSITES	24	3 552	70 872	0.777	1.931	1.147	22.99%	14.34%	0.001 21	0.242	0.478	6.8	8.4	26.8	54.2
MATERIALS SCIENCE, MULTIDISCIPLINARY	251	71 040	1 963 333	1.380	3.535	1.509	16.67%	11.54%	0.003 27	0.437	0.661	5.4	6.9	28.4	61.9
MATERIALS SCIENCE, PAPER & WOOD	21	1 801	24 556	0.682	1.236	0.747	22.67%	14.13%	0.000 78	0.174	0.244	7.9	8.3	22.3	56.0
MATERIALS SCIENCE, TEXTILES	22	2 211	27 759	0.742	1.355	0.752	28.94%	18.67%	0.000 65	0.146	0.301	6.5	8.0	22.5	49.5
MATHEMATICAL & COMPUTATIONAL BIOLOGY	52	6 164	214 801	1.503	2.579	1.769	10.85%	8.86%	0.003 31	0.693	0.452	7.4	7.8	37.1	54.3
MATHEMATICS	302	24 951	352 871	0.582	0.729	0.648	10.72%	7.16%	0.002 73	0.681	0.184	10.0	10.0	21.9	2.2
MATHEMATICS, APPLIED	251	25558	382339	0.733	1.109	0.856	11.89%	8.16%	0.002 68	0.655	0.261	8.6	10.0	24.7	4.8
MATHEMATICS, INTERDISCIPLINARY APPLICATIONS	95	9068	197949	1.043	1.464	1.102	15.90%	11.59%	0.002 55	0.611	0.362	9.9	9.5	31.8	22.4
MECHANICS	139	18 003	426 923	1.200	1.739	1.277	18.42%	12.83%	0.002 29	0.487	0.385	9.0	10.0	28.5	29.8
MEDICAL ETHICS	18	781	10 287	1.125	1.238	1.203	13.62%	18.11%	0.000 81	0.402	1.110	5.5	7.5	33.6	12.8
MEDICAL INFORMATICS	24	2 602	58 279	1.434	2.020	1.599	14.70%	12.19%	0.003 68	0.523	0.498	7.0	7.2	30.8	45.9

续表

学科名称	TNJ	TNL	TC	IF_M	IF_{AG}	$5IF_M$	$SCR-IF_{AV}$	SCR_{AV}	EF_M	AIS_M	II_{AG}	$CdHL_{AG}$	$CiHL_{AG}$	$Rf-Ar_{AV}$	$Rf-Re_{AV}$
MEDICAL LABORATORY TECHNOLOGY	31	3 157	87 032	1.532	2.251	1.680	12.21%	9.11%	0.001 88	0.396	0.507	7.7	7.5	27.9	65.8
MEDICINE, GENERAL & INTERNAL	156	19 807	1 112 385	1.273	4.036	1.357	13.88%	8.65%	0.002 72	0.362	1.156	8.1	7.2	28.5	48.2
MEDICINE, LEGAL	16	1 980	32 188	1.361	1.753	1.464	23.99%	18.82%	0.002 30	0.474	0.366	6.3	8.2	27.6	60.5
MEDICINE, RESEARCH & EXPERIMENTAL	124	19 325	604 903	2.146	3.394	2.398	8.19%	6.00%	0.004 49	0.686	0.636	6.8	7.1	35.3	73.1
METALLURGY & METALLURGICAL ENGINEERING	75	14 861	283 234	0.605	1.522	0.626	26.44%	17.01%	0.001 15	0.175	0.333	7.1	9.0	22.5	40.8
METEOROLOGY & ATMOSPHERIC SCIENCES	76	11 142	370 622	1.717	2.930	2.090	16.96%	14.19%	0.005 26	0.772	0.637	7.7	8.2	40.3	53.2
MICROBIOLOGY	119	18 963	886 143	2.424	3.673	2.616	9.46%	7.01%	0.005 00	0.782	0.801	7.4	7.6	35.7	86.3
MICROSCOPY	11	1 208	29 300	1.632	2.005	1.743	20.46%	7.25%	0.005 26	0.559	0.421	8.2	9.1	27.6	55.7
MINERALOGY	27	2 424	92 768	1.403	2.027	1.626	15.19%	11.35%	0.003 97	0.592	0.538	10.0	10.0	43.4	41.0
MINING & MINERAL PROCESSING	21	2 993	45 681	0.667	1.357	0.697	30.72%	23.39%	0.000 59	0.181	0.287	8.7	10.0	26.5	23.2
MULTIDISCIPLINARY SCIENCES	55	48 193	2079 971	0.786	5.877	0.853	12.97%	9.00%	0.001 15	0.282	0.878	7.9	7.3	28.9	43.5
MYCOLOGY	23	1 603	41 448	1.805	2.051	1.959	15.00%	10.14%	0.002 71	0.526	0.475	7.2	9.3	44.4	59.7
NANOSCIENCE & NANOTECHNOLOGY	73	27 373	799 994	1.768	4.902	1.914	12.38%	9.32%	0.005 96	0.571	0.928	4.1	5.9	33.7	76.1
NEUROIMAGING	14	2 379	118 889	2.434	4.642	2.419	8.95%	7.29%	0.002 60	0.641	0.945	6.4	7.7	39.9	56.9
NEUROSCIENCES	252	35 519	1 910 305	2.933	4.062	3.180	9.69%	7.29%	0.006 28	0.987	0.864	7.7	8.2	46.8	91.3

续表

学科名称	TNJ	TNL	TC	IF_M	IF_{AG}	$5IF_M$	$SCR-IF_{AV}$	SCR_{AV}	EF_M	AIS_M	II_{AG}	$CdHL_{AG}$	$CiHL_{AG}$	$Rf-Ar_{AV}$	$Rf-Re_{AV}$
NUCLEAR SCIENCE & TECHNOLOGY	33	10 326	141 130	0.972	1.149	1.019	27.57%	20.32%	0.004 67	0.338	0.249	8.2	9.4	21.3	32.1
NURSING	107	6 462	98 965	0.904	1.111	1.203	16.44%	11.70%	0.001 08	0.322	0.215	6.9	7.2	32.1	36.4
NUTRITION & DIETETICS	79	10 482	371 773	2.444	3.049	2.740	10.15%	8.64%	0.004 29	0.724	0.580	6.8	7.7	33.9	70.9
OBSTETRICS & GYNECOLOGY	78	11 127	304 369	1.792	2.254	1.903	13.43%	10.30%	0.004 62	0.569	0.530	7.0	7.5	32.0	46.7
OCEANOGRAPHY	59	5 556	212 579	1.530	2.025	1.867	12.99%	10.38%	0.002 57	0.726	0.519	9.7	10.0	48.7	37.8
ONCOLOGY	203	34 684	447 114	2.692	4.321	2.699	7.72%	6.02%	0.005 17	0.774	0.899	6.2	6.4	33.9	71.1
OPERATIONS RESEARCH & MANAGEMENT SCIENCE	79	7 396	195 488	0.994	1.532	1.283	16.88%	10.48%	0.002 47	0.599	0.277	8.5	9.4	32.2	26.0
OPHTHALMOLOGY	58	8 428	271 263	1.737	2.468	1.751	14.39%	9.84%	0.003 00	0.534	0.473	7.9	8.3	29.8	63.3
OPTICS	83	25 473	506 214	1.350	2.262	1.372	15.80%	11.48%	0.003 29	0.376	0.533	6.2	7.2	26.0	44.4
ORNITHOLOGY	21	1 078	28 983	0.833	1.285	1.025	15.78%	10.70%	0.001 39	0.325	0.258	10.0	10.0	44.2	35.5
ORTHOPEDICS	67	10 445	330 857	1.577	2.125	1.780	15.32%	12.73%	0.003 70	0.555	0.346	8.7	8.7	30.6	40.5
OTORHINOLARYNGOLOGY	44	5 547	122 222	1.265	1.515	1.502	18.33%	12.62%	0.003 01	0.423	0.304	8.5	8.9	26.2	49.8
PALEONTOLOGY	49	2 357	77 615	1.167	1.685	1.280	13.91%	9.90%	0.001 16	0.432	0.532	10.0	10.0	61.5	32.5
PARASITOLOGY	37	5 796	149 957	1.566	3.291	1.999	14.19%	12.07%	0.002 71	0.518	0.657	5.2	8.2	31.1	80.2
PATHOLOGY	76	7 952	272 283	2.045	2.803	2.035	9.32%	7.04%	0.004 12	0.585	0.615	7.7	7.4	30.9	73.9

续表

学科名称	TNJ	TNL	TC	IF_M	IF_{AG}	$5IF_M$	$SCR-IF_{AV}$	SCR_{AV}	EF_M	AIS_M	II_{AG}	$CdHL_{AG}$	$GiHL_{AG}$	$Rf-Ar_{AV}$	$Rf-Re_{AV}$
PEDIATRICS	118	15 144	383 190	1.530	1.940	1.697	10.78%	8.40%	0.003 66	0.499	0.423	7.4	7.7	27.8	47.0
PERIPHERAL VASCULAR DISEASE	65	9 506	566 123	2.432	4.267	2.420	12.20%	8.13%	0.005 02	0.738	0.909	7.8	7.2	34.2	60.4
PHARMACOLOGY & PHARMACY	256	35 130	1 226 157	2.205	2.971	2.409	8.87%	6.54%	0.004 31	0.620	0.621	7.0	7.4	37.3	85.4
PHYSICS, APPLIED	136	53 266	1 392 849	1.461	2.945	1.478	17.10%	12.04%	0.004 95	0.436	0.608	6.0	6.7	27.3	65.4
PHYSICS, ATOMIC, MOLECULAR & CHEMICAL	33	16 385	609 156	1.991	2.906	1.857	12.69%	9.15%	0.006 68	0.608	0.757	9.1	8.8	36.1	65.8
PHYSICS, CONDENSED MATTER	67	26 435	1 064 121	1.761	3.535	1.726	13.43%	7.96%	0.007 95	0.485	0.769	6.7	7.2	27.9	97.9
PHYSICS, FLUIDS & PLASMAS	31	9 020	233 409	1.545	2.027	1.540	20.14%	15.07%	0.003 91	0.679	0.482	8.3	9.5	29.2	38.9
PHYSICS, MATHEMATICAL	55	10 094	258 747	1.232	1.729	1.201	14.49%	10.04%	0.003 59	0.709	0.494	8.6	10.0	29.0	16.0
PHYSICS, MULTIDISCIPLINARY	78	23 729	841 364	1.300	2.953	1.129	17.80%	12.43%	0.003 81	0.402	0.818	8.0	8.3	37.9	43.2
PHYSICS, NUCLEAR	21	5 968	144 099	1.517	2.204	1.774	19.70%	15.17%	0.008 23	0.709	0.612	7.7	9.6	46.4	67.7
PHYSICS, PARTICLES & FIELDS	27	10 882	344 432	1.781	3.714	1.840	14.61%	13.05%	0.008 23	0.935	1.377	6.1	8.3	52.5	55.7
PHYSIOLOGY	81	9 787	515 164	2.345	2.976	2.414	12.65%	8.56%	0.005 31	0.738	0.661	8.7	9.0	42.5	91.5
PLANT SCIENCES	199	19 840	823 990	1.337	2.741	1.521	13.97%	9.53%	0.001 99	0.360	0.582	8.7	9.2	41.0	70.6
POLYMER SCIENCE	82	18 323	563 333	1.517	2.926	1.561	19.19%	11.85%	0.002 32	0.299	0.585	7.0	7.6	31.1	83.7
PRIMARY HEALTH CARE	18	1 288	30 816	1.446	1.612	1.646	12.17%	6.84%	0.002 67	0.463	0.619	7.4	6.7	31.5	31.0
PSYCHIATRY	136	14 532	666 308	2.067	3.440	2.805	10.92%	8.41%	0.003 79	0.798	0.722	7.8	8.0	40.1	72.0

续表

学科名称	TNJ	TNL	TC	IF$_M$	IF$_{AG}$	5IF$_M$	SCR-IF$_{AV}$	SCR-$_{AV}$	EF$_M$	AIS$_M$	II$_{AG}$	CdHL$_{AG}$	GlHL$_{AG}$	Rf-Ar$_{AV}$	Rf-Re$_{AV}$
PSYCHOLOGY	74	6 661	317 320	1.999	2.786	2.584	11.08%	8.65%	0.004 33	0.808	0.579	10.0	8.9	48.1	61.1
PUBLIC, ENVIRONMENTAL & OCCUPATIONAL HEALTH	162	17 947	595 437	1.608	2.339	1.835	12.32%	9.29%	0.003 08	0.580	0.505	7.7	7.4	31.6	53.5
RADIOLOGY, NUCLEAR MEDICINE & MEDICAL IMAGING	122	18 287	598 862	1.681	2.796	1.761	15.33%	11.28%	0.003 72	0.523	0.566	7.0	7.3	30.6	54.4
REHABILITATION	63	5 453	114 767	1.412	1.727	1.782	18.38%	13.27%	0.001 59	0.499	0.323	7.3	8.6	37.1	50.2
REMOTE SENSING	27	3 468	89 347	1.427	2.272	1.720	17.86%	16.88%	0.002 35	0.520	0.526	7.9	8.5	33.0	35.9
REPRODUCTIVE BIOLOGY	30	4 387	166 237	2.276	2.798	2.391	8.65%	9.04%	0.007 30	0.695	0.607	7.5	8.4	44.4	79.3
RESPIRATORY SYSTEM	54	7 799	336 252	2.529	3.806	2.563	13.02%	10.38%	0.004 82	0.697	0.876	7.2	7.1	32.1	67.0
RHEUMATOLOGY	30	4 761	191 164	2.468	3.746	2.538	9.76%	9.36%	0.007 30	0.757	0.789	6.4	6.9	34.4	56.9
ROBOTICS	21	1 693	24 718	1.105	1.273	1.462	18.53%	13.39%	0.001 75	0.340	0.211	7.0	7.9	34.2	22.4
SOIL SCIENCE	34	4 255	155 337	1.665	1.957	2.041	14.14%	9.65%	0.003 29	0.593	0.354	10.0	10.0	43.4	67.5
SPECTROSCOPY	44	8 756	185 521	1.589	1.823	1.791	14.32%	9.66%	0.004 48	0.434	0.379	7.6	8.4	30.2	72.2
SPORT SCIENCES	81	8 165	268 841	1.425	2.192	1.841	16.69%	12.69%	0.002 17	0.568	0.393	8.2	8.8	35.7	45.6
STATISTICS & PROBABILITY	119	8 078	274 994	0.894	1.156	1.192	10.68%	6.20%	0.003 37	0.836	0.221	10.0	10.0	27.1	11.9
SUBSTANCE ABUSE	18	2 281	75 355	2.055	2.768	2.588	11.28%	9.36%	0.004 92	0.768	0.641	7.2	8.1	40.8	67.6

续表

学科名称	TNJ	TNL	TC	IF_M	IF_{AG}	$5IF_M$	$SCR-IF_{AV}$	SCR_{AV}	EF_M	AIS_M	II_{AG}	$CdHL_{AG}$	$CiHL_{AG}$	$Rf-Ar_{AV}$	$Rf-Re_{AV}$
SURGERY	204	33 334	961 421	1.372	2.166	1.612	14.18%	11.42%	0.003 55	0.468	0.416	7.8	7.9	25.2	43.5
TELECOMMUNICATIONS	78	12 709	180 309	1.117	1.582	1.170	19.43%	15.10%	0.002 13	0.346	0.220	6.1	6.9	26.2	14.5
THERMODYNAMICS	55	9 122	180 166	0.935	2.174	1.110	21.95%	14.81%	0.001 84	0.382	0.442	7.0	8.7	28.3	43.2
TOXICOLOGY	87	10 447	355 652	2.344	2.785	2.525	9.74%	6.96%	0.005 27	0.630	0.539	7.0	8.3	37.8	92.0
TRANSPLANTATION	26	4 666	144 094	2.060	2.814	1.707	13.86%	9.73%	0.006 32	0.520	0.621	6.2	6.9	27.8	62.7
TRANSPORTATION SCIENCE & TECHNOLOGY	32	3 405	53 577	1.102	1.430	1.528	20.78%	16.57%	0.001 36	0.490	0.228	7.0	7.8	28.6	21.9
TROPICAL MEDICINE	22	3 112	78 060	0.917	2.193	1.196	9.57%	8.17%	0.002 46	0.382	0.424	6.8	7.6	26.2	57.5
UROLOGY & NEPHROLOGY	77	10 260	348 468	1.850	2.984	1.893	11.08%	8.89%	0.003 45	0.563	0.671	6.7	7.0	28.3	51.6
VETERINARY SCIENCES	132	13 713	258 523	0.901	1.258	1.115	16.86%	12.82%	0.001 54	0.287	0.292	8.0	9.5	29.7	57.2
VIROLOGY	33	7 200	289 025	3.143	3.904	2.956	9.09%	6.74%	0.011 19	0.933	0.907	6.5	7.0	39.0	86.4
WATER RESOURCES	81	12 259	303 411	1.231	2.125	1.620	17.35%	13.51%	0.002 73	0.469	0.412	7.6	8.8	37.0	48.7
ZOOLOGY	153	11 109	311 181	0.978	1.486	1.180	13.04%	8.90%	0.001 23	0.357	0.376	10.0	10.0	44.5	53.6

注：TNJ，学科期刊总量；TNL，学科载文总量；TC，总被引频次；IF_M，学科中位影响因子；IF_{AG}，学科集合影响因子；$5IF_M$，学科中位5年影响因子；$SCR-IF_{AV}$，学科自被引率均值；SCR_{AV}，学科自被引率均值；EF_M，学科中位特征因子；AIS_M，学科中位论文影响分值；II_{AG}，学科集合即年指标；$CdHL_{AG}$，学科集合引用半衰期；$CiHL_{AG}$，学科集合被引半衰期；$Rf-Ar_{AV}$，学科Article参考文献量均值；$Rf-Re_{AV}$，学科Review参考文献量均值。载文总量仅指Article和Review的总量。

附表3 2017年各学科指标总表

学科名称	TNJ	TNL	TC	IF_M	IF_{AG}	$5IF_M$	$JIFP_{AV}$	$SCR-IF_{AV}$	EF_M	NEF_M	AIS_M	II_{AG}	$CdHL_{AG}$	$CiHL_{AG}$
ACOUSTICS	32	5 228	175 541	1.595	2.303	1.708	47.486	16.80%	0.003 04	0.354 65	0.476	0.704	9.9	9.4
AGRICULTURAL ECONOMICS & POLICY	17	767	24 021	1.147	1.436	1.402	47.627	14.94%	0.000 77	0.090 45	0.443	0.360	9.0	8.7
AGRICULTURAL ENGINEERING	13	3 722	165 648	1.379	3.802	1.475	48.098	20.41%	0.001 62	0.189 43	0.314	0.719	6.2	6.7
AGRICULTURE, DAIRY & ANIMAL SCIENCE	61	7 703	194 869	0.981	1.491	1.076	46.560	16.28%	0.001 10	0.128 01	0.267	0.340	9.2	10.0
AGRICULTURE, MULTIDISCIPLINARY	56	6 848	208 636	0.810	1.647	0.962	46.770	14.94%	0.001 05	0.123 24	0.219	0.329	9.1	9.1
AGRONOMY	87	9 472	287 102	1.106	1.946	1.203	47.111	16.68%	0.001 28	0.149 96	0.282	0.454	8.8	9.9
ALLERGY	27	2 406	127 991	3.457	4.663	3.093	49.841	14.58%	0.003 46	0.404 31	0.733	1.544	6.7	6.9
ANATOMY & MORPHOLOGY	21	2 285	65 760	1.400	1.805	1.670	45.300	8.39%	0.002 75	0.321 17	0.457	0.512	9.9	10.0
ANDROLOGY	6	521	8 410	1.785	2.234	1.663	46.975	15.94%	0.002 49	0.290 61	0.541	0.618	4.3	9.5
ANESTHESIOLOGY	31	4 274	201 325	2.556	3.093	2.434	50.546	15.98%	0.004 42	0.515 76	0.611	0.960	8.7	7.5
ASTRONOMY & ASTROPHYSICS	66	20 382	1 071 345	2.146	4.291	1.960	50.670	15.72%	0.004 01	0.467 65	0.788	1.412	8.1	8.5
AUDIOLOGY & SPEECH - LANGUAGE PATHOLOGY	25	2 523	100 231	1.696	1.826	1.988	52.455	12.39%	0.001 91	0.223 67	0.542	0.434	10.0	10.0
AUTOMATION & CONTROL SYSTEMS	61	11 849	350 086	2.082	3.341	2.192	54.329	14.88%	0.003 51	0.409 41	0.638	0.834	6.5	7.5
BEHAVIORAL SCIENCES	51	6 864	356 259	2.473	3.109	2.730	58.248	7.74%	0.004 95	0.577 98	0.828	0.763	9.0	9.7
BIOCHEMICAL RESEARCH METHODS	79	14 441	797 638	2.355	3.396	2.473	51.993	7.51%	0.005 51	0.643 21	0.708	0.831	7.5	7.3
BIOCHEMISTRY & MOLECULAR BIOLOGY	293	51 743	3 625 819	2.906	4.281	2.911	52.878	5.76%	0.006 47	0.754 09	0.793	1.026	9.0	8.0
BIODIVERSITY CONSERVATION	59	4 741	210 540	1.436	2.995	1.994	47.759	9.24%	0.001 59	0.185 53	0.594	0.899	8.4	9.5

续表

学科名称	TNJ	TNL	TC	IF_M	IF_{AG}	$5IF_M$	$JIFP_{AV}$	$SCR-IF_{AV}$	EF_M	NEF_M	AIS_M	II_{AG}	$CdHL_{AG}$	$CiHL_{AG}$
BIOLOGY	85	10 426	491 775	1.552	3.047	1.742	48.900	8.88%	0.002 39	0.279 30	0.512	0.856	9.2	9.2
BIOPHYSICS	72	12 407	639 285	2.492	3.371	2.586	49.282	8.50%	0.005 69	0.663 01	0.735	0.935	8.4	8.1
BIOTECHNOLOGY & APPLIED MICROBIOLOGY	160	26 746	1 323 169	2.240	3.568	2.416	49.239	7.97%	0.004 07	0.475 21	0.566	0.817	7.3	7.4
CARDIAC & CARDIOVASCULAR SYSTEMS	129	19 316	995 834	2.283	4.343	2.387	51.254	10.47%	0.004 36	0.508 71	0.662	1.216	7.0	6.8
CELL & TISSUE ENGINEERING	25	3 089	118 553	3.508	4.535	3.651	55.648	7.44%	0.004 47	0.521 32	0.894	1.041	5.2	7.1
CELL BIOLOGY	189	25 839	2 132 559	3.340	5.829	3.396	54.558	5.35%	0.006 32	0.736 67	0.966	1.370	8.0	7.5
CHEMISTRY, ANALYTICAL	83	25 166	874 108	2.111	3.347	2.000	47.936	13.06%	0.003 56	0.415 65	0.481	0.864	6.8	6.8
CHEMISTRY, APPLIED	72	16 255	576 085	1.687	3.275	1.793	48.027	15.38%	0.001 77	0.206 33	0.306	0.855	7.2	7.7
CHEMISTRY, INORGANIC & NUCLEAR	45	12 575	430 819	1.810	2.719	1.871	48.091	13.73%	0.002 21	0.257 86	0.347	0.742	7.8	8.2
CHEMISTRY, MEDICINAL	59	13 521	499 438	2.631	2.931	2.631	52.856	8.72%	0.005 32	0.620 33	0.519	0.695	7.1	7.9
CHEMISTRY, MULTIDISCIPLINARY	170	67 665	3 470 362	2.198	5.541	1.924	50.905	13.70%	0.003 39	0.396 12	0.343	1.273	5.6	6.6
CHEMISTRY, ORGANIC	57	191 78	770 990	2.000	3.201	1.921	49.351	11.71%	0.002 94	0.343 29	0.404	0.834	7.8	7.6
CHEMISTRY, PHYSICAL	147	66 949	3 187 930	2.631	5.401	2.551	54.195	11.94%	0.005 74	0.669 69	0.551	1.333	6.1	6.8
CLINICAL NEUROLOGY	197	27 827	1 303 928	2.645	3.502	2.664	52.282	8.10%	0.005 44	0.634 18	0.794	0.822	7.9	8.0
COMPUTER SCIENCE, ARTIFICIAL INTELLIGENCE	131	14 533	497 154	1.755	3.085	1.971	50.523	10.85%	0.001 52	0.177 06	0.532	0.808	7.0	7.7
COMPUTER SCIENCE, CYBERNETICS	22	1 711	42 750	1.283	3.162	1.868	47.452	12.31%	0.001 11	0.129 39	0.413	1.404	5.8	7.9

续表

学科名称	TNJ	TNL	TC	IF_M	IF_{AG}	$5IF_M$	$JIFP_{AV}$	$SCR-IF_{AV}$	EF_M	NEF_M	AIS_M	II_{AG}	$CdHL_{AG}$	$CiHL_{AG}$
COMPUTER SCIENCE, HARDWARE & ARCHITECTURE	52	5 729	152 417	1.518	2.275	1.487	49.221	9.09%	0.001 94	0.226 50	0.484	0.574	7.8	6.8
COMPUTER SCIENCE, INFORMATION SYSTEMS	148	17 117	363 122	1.747	2.354	1.803	51.794	10.99%	0.001 61	0.188 04	0.503	0.536	6.3	6.9
COMPUTER SCIENCE, INTERDISCIPLINARY APPLICATIONS	105	14 353	433 256	1.955	2.733	2.144	54.194	12.92%	0.003 21	0.374 70	0.558	0.607	7.0	8.5
COMPUTER SCIENCE, SOFTWARE ENGINEERING	104	8 914	214 275	1.341	1.784	1.477	48.056	11.05%	0.001 67	0.194 40	0.526	0.448	8.2	7.5
COMPUTER SCIENCE, THEORY & METHODS	103	9 505	227 016	1.129	2.123	1.344	48.540	11.05%	0.001 60	0.187 42	0.520	0.622	8.2	7.8
CONSTRUCTION & BUILDING TECHNOLOGY	62	9 579	243 534	1.299	2.683	1.416	47.497	22.30%	0.001 23	0.143 92	0.349	0.570	6.8	8.2
CRITICAL CARE MEDICINE	33	4 878	308 939	2.693	4.835	2.913	56.332	13.81%	0.005 75	0.670 52	0.897	1.583	7.4	7.0
CRYSTALLOGRAPHY	26	6 408	213 732	2.106	2.575	1.964	49.790	18.07%	0.003 52	0.410 50	0.409	0.539	8.4	8.5
DENTISTRY, ORAL SURGERY & MEDICINE	91	9 217	346 625	1.592	2.135	1.790	48.979	12.59%	0.002 46	0.287 61	0.452	0.466	9.2	8.8
DERMATOLOGY	64	6 839	245 390	1.893	2.657	1.950	50.217	12.03%	0.003 38	0.394 52	0.480	0.794	7.8	7.9
DEVELOPMENTAL BIOLOGY	42	3 957	289 496	2.433	3.622	2.573	49.277	5.91%	0.003 13	0.364 74	0.867	0.806	9.8	9.0
ECOLOGY	161	18 847	1 129 034	2.024	3.281	2.389	52.148	8.34%	0.003 23	0.376 97	0.676	0.808	9.5	9.6
EDUCATION, SCIENTIFIC DISCIPLINES	42	3 834	103 836	1.503	1.771	1.736	47.451	22.37%	0.001 69	0.197 31	0.439	0.442	7.8	8.5
ELECTROCHEMISTRY	28	18 603	611 640	2.492	4.427	2.416	53.865	13.42%	0.007 10	0.827 69	0.473	1.116	5.6	5.9
EMERGENCY MEDICINE	26	3 509	87 289	1.391	1.971	1.412	47.938	16.75%	0.002 23	0.260 42	0.428	0.555	7.1	7.7

续表

学科名称	TNJ	TNL	TC	IF_M	IF_{AG}	$5IF_M$	$JIFP_{AV}$	$SCR-IF_{AV}$	EF_M	NEF_M	AIS_M	II_{AG}	$CdHI_{AG}$	$CiHI_{AG}$
ENDOCRINOLOGY & METABOLISM	142	16 991	994 345	3.044	4.179	3.094	52.391	7.78%	0.005 40	0.629 18	0.906	1.063	7.6	7.8
ENERGY & FUELS	98	37 362	1 290 331	2.667	5.396	2.938	54.796	15.09%	0.003 66	0.427 31	0.647	1.221	4.6	5.9
ENGINEERING, AEROSPACE	31	3 782	81 508	1.182	1.534	1.134	45.643	13.54%	0.000 91	0.106 12	0.332	0.291	10.0	9.8
ENGINEERING, BIOMEDICAL	79	11 910	465 743	2.006	3.155	2.229	47.566	10.95%	0.004 17	0.486 40	0.575	0.815	7.1	7.8
ENGINEERING, CHEMICAL	138	363 93	1 216 298	1.747	3.679	1.721	49.209	15.93%	0.002 68	0.312 21	0.380	0.972	6.2	7.3
ENGINEERING, CIVIL	128	18 866	469 398	1.448	2.301	1.618	47.292	19.38%	0.001 83	0.213 50	0.391	0.499	7.1	8.7
ENGINEERING, ELECTRICAL & ELECTRONIC	260	61 368	1 636 339	1.820	2.723	1.852	50.424	14.16%	0.003 54	0.413 20	0.468	0.617	6.6	6.8
ENGINEERING, ENVIRONMENTAL	50	15 950	707 470	2.249	4.917	2.371	53.849	13.22%	0.003 74	0.435 83	0.509	1.340	6.5	6.9
ENGINEERING, GEOLOGICAL	36	4 010	127 131	1.822	2.316	2.269	50.541	20.01%	0.003 04	0.354 06	0.621	0.594	9.5	10.0
ENGINEERING, INDUSTRIAL	47	5 259	199 535	2.000	2.780	2.357	52.323	16.56%	0.001 57	0.183 18	0.461	0.627	8.2	8.8
ENGINEERING, MANUFACTURING	46	7 299	202 463	1.969	2.710	2.016	53.428	17.23%	0.001 46	0.171 14	0.403	0.529	7.3	8.1
ENGINEERING, MARINE	14	1 307	16 789	1.010	1.681	1.103	46.039	17.63%	0.000 58	0.067 36	0.256	0.383	6.1	9.2
ENGINEERING, MECHANICAL	128	22 646	594 923	1.708	2.479	1.758	48.881	15.97%	0.002 71	0.315 96	0.412	0.658	8.0	9.0
ENGINEERING, MULTIDISCIPLINARY	86	12 123	273 881	1.273	2.086	1.460	46.361	17.28%	0.001 26	0.146 88	0.364	0.518	6.7	8.5
ENGINEERING, OCEAN	14	1 651	35 672	1.227	1.738	1.257	43.572	13.12%	0.001 14	0.133 73	0.358	0.382	8.6	10.0
ENGINEERING, PETROLEUM	19	2 310	29 295	0.981	1.218	0.981	37.535	16.24%	0.000 85	0.099 64	0.193	0.245	7.4	9.5
ENTOMOLOGY	96	6 524	190 470	1.019	1.624	1.014	48.285	14.34%	0.001 08	0.126 91	0.319	0.435	10.0	10.0

续表

学科名称	TNJ	TNL	TC	IF_M	IF_{AG}	$5IF_M$	$JIFP_{AV}$	$SCR-IF_{AV}$	EF_M	NEF_M	AIS_M	II_{AG}	$CdHL_{AG}$	$GiHL_{AG}$
ENVIRONMENTAL SCIENCES	244	53 479	1 937 978	2.081	3.523	2.213	51.233	11.89%	0.002 95	0.344 38	0.543	0.792	6.8	7.9
EVOLUTIONARY BIOLOGY	49	6 357	450 381	2.538	3.916	2.871	57.257	7.02%	0.004 22	0.492 57	0.911	0.898	9.6	9.6
FISHERIES	51	6 208	193 266	1.490	1.844	1.680	48.626	15.90%	0.001 78	0.207 72	0.427	0.461	10.0	10.0
FOOD SCIENCE & TECHNOLOGY	132	24 595	805 763	1.781	2.612	1.857	48.271	14.09%	0.001 68	0.195 85	0.379	0.569	7.7	8.5
FORESTRY	66	5 586	165 114	1.383	1.842	1.573	49.895	14.10%	0.000 99	0.115 24	0.372	0.456	9.0	10.0
GASTROENTEROLOGY & HEPATOLOGY	80	10 786	637 010	3.050	4.685	3.066	53.015	6.32%	0.005 52	0.643 95	0.926	1.427	6.9	6.8
GENETICS & HEREDITY	172	18 539	1 202 537	2.691	3.966	2.670	51.710	6.94%	0.004 19	0.489 09	0.823	0.929	8.0	7.6
GEOCHEMISTRY & GEOPHYSICS	85	10 749	597 585	1.744	2.806	2.268	50.286	15.23%	0.002 92	0.341 43	0.684	0.693	10.0	10.0
GEOGRAPHY, PHYSICAL	49	6 251	246 559	2.346	2.866	2.488	54.096	11.82%	0.002 99	0.348 90	0.722	0.796	7.8	10.0
GEOLOGY	47	2 834	120 827	1.238	2.293	1.366	48.135	13.78%	0.000 83	0.096 77	0.372	0.695	10.0	10.0
GEOSCIENCES, MULTIDISCIPLINARY	191	23 245	9 186 941	1.901	2.658	2.138	50.901	11.91%	0.003 13	0.364 86	0.645	0.687	8.2	10.0
GERIATRICS & GERONTOLOGY	53	6 358	226 943	2.866	3.327	2.963	54.268	9.53%	0.004 38	0.510 60	0.822	0.843	6.8	7.6
GREEN & SUSTAINABLE SCIENCE & TECHNOLOGY	33	12 869	281 938	2.702	5.062	3.160	57.402	14.69%	0.003 58	0.417 68	0.618	1.153	3.8	6.3
HEALTH CARE SCIENCES & SERVICES	94	10 878	361 599	2.034	2.601	2.370	55.424	9.64%	0.003 20	0.373 58	0.731	0.646	7.3	7.2
HEMATOLOGY	72	10 066	619 968	2.608	4.547	2.423	49.400	9.43%	0.005 20	0.606 56	0.772	1.258	7.6	7.0
HISTORY & PHILOSOPHY OF SCIENCE	62	1 777	35 025	0.500	0.876	0.607	42.795	16.68%	0.000 44	0.052 22	0.287	0.348	10.0	10.0

续表

学科名称	TNJ	TNL	TC	IF_M	IF_{AG}	$5IF_M$	$JIFP_{AV}$	$SCR-IF_{AV}$	EF_M	NEF_M	AIS_M	II_{AG}	$CdHL_{AG}$	$CiHL_{AG}$
HORTICULTURE	36	3 348	98 135	0.696	1.445	0.901	44.933	14.59%	0.000 65	0.076 15	0.188	0.281	10.0	10.0
IMAGING SCIENCE & PHOTOGRAPHIC TECHNOLOGY	27	4 352	162 870	1.643	3.149	1.792	49.396	13.82%	0.002 28	0.266 32	0.408	0.704	7.6	7.8
IMMUNOLOGY	156	23 640	1 281 805	3.187	4.349	3.099	54.303	6.91%	0.006 09	0.710 45	0.862	1.086	7.7	7.1
INFECTIOUS DISEASES	88	14 077	548 095	2.616	3.582	2.543	52.008	8.50%	0.005 83	0.680 02	0.851	0.958	6.8	6.5
INSTRUMENTS & INSTRUMENTATION	61	18 794	419 155	1.642	2.535	1.712	48.202	15.69%	0.002 96	0.345 75	0.430	0.679	6.3	7.1
INTEGRATIVE & COMPLEMENTARY MEDICINE	27	3 392	101 746	1.685	2.199	1.887	45.633	11.46%	0.001 60	0.186 97	0.358	0.408	6.4	8.0
LIMNOLOGY	20	2 147	107 281	1.512	2.480	1.775	48.249	9.02%	0.001 75	0.204 37	0.502	0.561	10.0	10.0
LOGIC	20	890	10 336	0.532	0.622	0.659	37.396	15.67%	0.001 11	0.129 99	0.402	0.191	10.0	10.0
MARINE & FRESHWATER BIOLOGY	106	10 953	452 621	1.526	2.137	1.742	48.628	11.74%	0.001 72	0.200 52	0.452	0.540	10.0	10.0
MATERIALS SCIENCE, BIOMATERIALS	33	8 447	318 421	3.026	4.446	3.157	57.536	10.27%	0.004 88	0.568 80	0.629	1.070	5.5	6.8
MATERIALS SCIENCE, CERAMICS	27	6 173	151 173	0.980	2.301	0.871	49.035	17.24%	0.000 62	0.073 20	0.175	0.573	7.9	8.1
MATERIALS SCIENCE, CHARACTERIZATION & TESTING	33	3 229	50793	1.441	1.632	1.314	45.739	15.56%	0.000 96	0.111 91	0.344	0.379	7.0	9.2
MATERIALS SCIENCE, COATINGS & FILMS	20	8 025	266 977	1.850	3.248	1.872	48.728	16.38%	0.001 67	0.195 17	0.366	0.883	7.9	7.2
MATERIALS SCIENCE, COMPOSITES	25	4 683	139 538	1.333	3.259	1.579	50.011	17.13%	0.001 29	0.150 46	0.325	0.902	6.3	7.9
MATERIALS SCIENCE, MULTIDISCIPLINARY	287	104 219	3 817 731	2.008	4.578	2.013	52.103	13.31%	0.003 26	0.381 10	0.441	1.026	5.7	6.6

续表

学科名称	TNJ	TNL	TC	IF_M	IF_{AG}	$5IF_M$	$JIFP_{AV}$	$SCR-IF_{AV}$	EF_M	NEF_M	AIS_M	II_{AG}	$CdHI_{AG}$	$CiHI_{AG}$
MATERIALS SCIENCE, PAPER & WOOD	21	2 159	38 720	0.764	1.422	0.828	46.904	21.85%	0.000 61	0.071 79	0.167	0.327	6.8	8.1
MATERIALS SCIENCE, TEXTILES	24	3 099	47 893	0.689	1.822	0.832	44.487	20.52%	0.000 47	0.055 68	0.152	0.580	6.2	7.3
MATHEMATICAL & COMPUTATIONAL BIOLOGY	59	7 091	329 133	1.619	2.468	1.753	46.792	9.01%	0.002 72	0.317 05	0.674	0.581	8.4	8.5
MATHEMATICS	310	26 428	494 556	0.704	0.855	0.752	46.501	8.35%	0.002 33	0.271 56	0.644	0.242	10.0	10.0
MATHEMATICS, APPLIED	252	24 905	538 241	0.972	1.299	0.991	51.089	9.95%	0.002 50	0.291 34	0.636	0.367	9.7	10.0
MATHEMATICS, INTERDISCIPLINARY APPLICATIONS	104	9 835	311 654	1.201	1.845	1.395	48.213	13.51%	0.002 28	0.266 28	0.660	0.531	10.0	9.6
MECHANICS	134	22 422	713 795	1.768	2.663	1.779	51.434	14.96%	0.002 66	0.310 77	0.522	0.737	8.8	9.7
MEDICAL ETHICS	16	722	14 012	1.148	1.421	1.317	49.434	13.25%	0.000 86	0.100 17	0.453	1.267	6.4	7.2
MEDICAL INFORMATICS	25	3 356	96 990	2.098	2.634	2.355	53.303	12.42%	0.004 84	0.564 61	0.721	0.663	7.0	7.3
MEDICAL LABORATORY TECHNOLOGY	28	3 159	105 004	1.976	2.450	2.051	49.438	10.27%	0.002 57	0.300 33	0.573	0.787	8.2	7.4
MEDICINE, GENERAL & INTERNAL	155	25 717	1 456 323	1.512	4.640	1.591	48.911	10.22%	0.002 92	0.341 39	0.422	1.048	8.1	7.2
MEDICINE, LEGAL	16	1 939	43 679	1.144	1.887	1.282	48.399	18.87%	0.002 30	0.268 20	0.370	0.446	7.0	8.4
MEDICINE, RESEARCH & EXPERIMENTAL	133	26 925	861 766	2.707	3.035	2.692	50.818	6.88%	0.004 62	0.539 01	0.735	0.641	6.5	7.2
METALLURGY & METALLURGICAL ENGINEERING	75	18 289	476 737	1.206	2.360	1.163	43.566	17.78%	0.001 75	0.204 56	0.250	0.657	7.7	8.5
METEOROLOGY & ATMOSPHERIC SCIENCES	87	13 356	622 374	1.968	3.141	2.345	52.032	13.65%	0.004 28	0.499 42	0.684	0.756	8.1	8.6
MICROBIOLOGY	127	21 641	1 119 120	2.537	3.779	2.682	50.930	7.33%	0.004 75	0.554 45	0.768	0.895	8.2	7.7

续表

学科名称	TNJ	TNL	TC	IF$_M$	IF$_{AG}$	5IF$_M$	JIFP$_{AV}$	SCR-IF$_{AV}$	EF$_M$	NEF$_M$	AIS$_M$	II$_{AG}$	CdHL$_{AG}$	GiHL$_{AG}$
MICROSCOPY	10	996	33 505	1.659	1.809	1.858	45.223	8.06%	0.004 28	0.499 49	0.592	0.643	9.5	9.0
MINERALOGY	29	3 467	142 545	1.744	2.667	1.733	50.053	15.15%	0.002 35	0.274 84	0.525	0.701	10.0	10.0
MINING & MINERAL PROCESSING	20	2 750	57 849	1.260	1.949	1.223	44.867	18.92%	0.000 89	0.104 49	0.286	0.484	8.3	10.0
MULTIDISCIPLINARY SCIENCES	64	64 850	3 132 708	1.149	5.110	1.141	50.466	9.35%	0.001 57	0.183 34	0.370	0.865	6.5	7.8
MYCOLOGY	29	1 819	62 587	2.571	2.556	2.362	51.322	12.75%	0.001 98	0.230 87	0.645	0.678	7.4	9.1
NANOSCIENCE & NANOTECHNOLOGY	93	38 169	1 579 701	2.917	6.190	3.163	58.625	9.05%	0.006 13	0.714 86	0.650	1.348	4.5	5.8
NEUROIMAGING	14	2 902	162 649	2.581	3.997	2.708	53.100	10.80%	0.007 22	0.841 41	0.830	0.968	7.2	7.8
NEUROSCIENCES	260	38 420	2 346 253	3.060	4.018	3.090	55.471	7.85%	0.006 65	0.775 89	0.977	1.008	8.4	8.6
NUCLEAR SCIENCE & TECHNOLOGY	33	8 670	177 385	1.123	1.318	1.123	39.880	20.65%	0.003 28	0.382 97	0.321	0.324	8.8	9.4
NURSING	118	8 226	170 125	1.179	1.400	1.450	45.245	13.24%	0.001 24	0.144 28	0.363	0.327	7.6	7.0
NUTRITION & DIETETICS	84	12 759	551 247	2.694	3.487	3.030	53.397	9.33%	0.004 56	0.531 67	0.786	0.854	7.4	7.8
OBSTETRICS & GYNECOLOGY	82	11 685	418 243	2.026	2.547	2.162	49.953	9.29%	0.004 00	0.466 85	0.647	0.674	7.7	7.6
OCEANOGRAPHY	64	7 073	293 032	1.736	2.041	1.889	49.133	11.98%	0.001 91	0.222 97	0.594	0.585	10.0	10.0
ONCOLOGY	224	40 542	1 933 835	3.186	4.592	3.012	55.367	6.16%	0.004 99	0.581 64	0.812	1.084	6.7	6.4
OPERATIONS RESEARCH & MANAGEMENT SCIENCE	84	8 701	354 703	1.450	2.468	1.705	50.190	12.04%	0.002 18	0.254 81	0.622	0.611	8.7	9.2
OPHTHALMOLOGY	59	8 662	338 951	1.921	2.616	1.989	48.939	10.41%	0.003 71	0.433 28	0.580	0.597	8.5	8.7
OPTICS	94	27 642	725 095	1.866	2.581	1.761	48.700	13.20%	0.003 88	0.452 43	0.410	0.713	6.4	7.3

续表

学科名称	TNJ	TNL	TC	IF_M	IF_{AC}	$5IF_M$	$JIFP_{AV}$	$SCR-IF_{AV}$	EF_M	NEF_M	AIS_M	II_{AC}	$CdHI_{AC}$	$CiHI_{AC}$
ORNITHOLOGY	25	1 188	37 190	1.063	1.347	1.197	49.643	11.67%	0.000 66	0.077 32	0.358	0.348	10.0	10.0
ORTHOPEDICS	78	12 850	487 678	1.858	2.482	2.053	47.682	11.60%	0.003 05	0.356 42	0.584	0.512	8.7	8.6
OTORHINOLARYNGOLOGY	41	5 531	151 748	1.514	1.849	1.707	47.053	11.31%	0.003 01	0.351 03	0.483	0.482	8.5	8.9
PALEONTOLOGY	56	2 761	100 357	1.239	1.648	1.423	47.565	11.08%	0.000 99	0.116 52	0.446	0.568	10.0	10.0
PARASITOLOGY	37	6 212	219 513	2.055	3.324	2.096	50.948	11.31%	0.002 97	0.347 15	0.603	0.700	6.0	8.3
PATHOLOGY	79	8 289	329 075	2.015	2.609	1.987	47.441	8.25%	0.002 72	0.317 94	0.473	0.650	8.3	7.3
PEDIATRICS	124	16 303	512 095	1.695	2.181	1.872	46.151	9.36%	0.003 86	0.449 88	0.549	0.575	8.0	7.9
PERIPHERAL VASCULAR DISEASE	65	9 478	635 764	2.629	4.102	2.676	50.875	11.80%	0.004 92	0.574 11	0.815	1.070	8.8	7.4
PHARMACOLOGY & PHARMACY	261	39 950	1 571 415	2.481	3.148	2.551	50.272	7.54%	0.003 86	0.450 36	0.603	0.789	7.6	7.4
PHYSICS, APPLIED	148	63 556	2 463 869	1.784	3.873	1.796	48.911	13.07%	0.005 83	0.679 83	0.416	0.951	6.5	6.6
PHYSICS, ATOMIC, MOLECULAR & CHEMICAL	37	17 392	740 634	2.119	3.171	1.874	51.082	12.00%	0.006 68	0.778 63	0.591	0.828	9.1	9.0
PHYSICS, CONDENSED MATTER	69	30 762	1 503 777	2.227	4.687	2.088	52.064	10.10%	0.006 43	0.750 07	0.446	1.211	7.1	6.9
PHYSICS, FLUIDS & PLASMAS	32	9 473	323 854	1.819	2.286	1.972	51.186	16.31%	0.004 17	0.487 10	0.677	0.649	9.5	10.0
PHYSICS, MATHEMATICAL	55	10 906	335 784	1.306	1.890	1.309	49.715	12.81%	0.003 02	0.352 18	0.745	0.547	10.0	10.0
PHYSICS, MULTIDISCIPLINARY	78	20 804	962 233	1.652	2.952	1.356	49.999	14.60%	0.003 96	0.461 42	0.366	0.892	9.2	9.0
PHYSICS, NUCLEAR	20	5 875	214 672	1.903	2.333	1.547	50.636	12.94%	0.006 32	0.736 31	0.545	0.779	10.0	10.0
PHYSICS, PARTICLES & FIELDS	29	11 942	489 365	2.290	3.798	2.104	55.734	12.03%	0.006 75	0.787 62	1.011	1.397	7.3	8.8
PHYSIOLOGY	83	10 937	576 524	2.517	3.116	2.540	51.393	11.41%	0.004 51	0.526 15	0.750	0.774	9.8	9.2

续表

学科名称	TNJ	TNL	TC	IF_M	IF_{AG}	$5IF_M$	$JIFP_{AV}$	$SCR-IF_{AV}$	EF_M	NEF_M	AIS_M	II_{AG}	$CdHL_{AG}$	$GiHL_{AG}$
PLANT SCIENCES	226	23 647	1 062 199	1.415	2.675	1.545	48.589	12.00%	0.001 61	0.188 36	0.397	0.640	9.4	9.8
POLYMER SCIENCE	86	19 670	745 549	1.682	3.209	1.575	48.999	14.44%	0.002 32	0.270 84	0.297	0.786	7.3	7.6
PRIMARY HEALTH CARE	19	1 434	44 120	1.702	1.816	1.869	48.332	11.94%	0.001 74	0.203 03	0.504	0.787	8.0	6.7
PSYCHIATRY	143	15 680	809 753	2.419	3.600	2.741	52.730	9.89%	0.003 24	0.377 98	0.810	0.914	8.1	8.1
PSYCHOLOGY	78	7 041	445 555	2.226	2.764	2.380	50.323	9.49%	0.003 54	0.412 87	0.734	0.670	10.0	9.7
PUBLIC, ENVIRONMENTAL & OCCUPATIONAL HEALTH	181	22 796	891 424	1.854	2.643	2.118	50.831	10.37%	0.003 22	0.375 16	0.650	0.626	8.1	7.4
RADIOLOGY, NUCLEAR MEDICINE & MEDICAL IMAGING	129	19 811	809 757	2.036	3.002	2.098	49.104	11.95%	0.004 04	0.471 00	0.553	0.759	7.5	7.5
REHABILITATION	65	5 901	178 834	1.719	2.103	2.073	49.407	11.82%	0.001 80	0.209 97	0.550	0.469	8.0	8.9
REMOTE SENSING	30	5 855	173 205	1.850	3.245	2.031	52.448	13.25%	0.002 55	0.297 59	0.527	0.730	6.7	7.7
REPRODUCTIVE BIOLOGY	29	4 320	204 746	2.548	2.856	2.591	55.471	8.46%	0.006 18	0.720 80	0.736	0.666	8.5	8.9
RESPIRATORY SYSTEM	60	9 076	444 579	2.606	4.073	2.709	52.257	8.82%	0.005 19	0.605 88	0.714	1.230	7.3	6.8
RHEUMATOLOGY	30	4 875	216 486	3.139	4.123	2.755	52.811	7.48%	0.007 89	0.919 66	0.936	1.011	6.6	7.3
ROBOTICS	26	2 135	52 396	2.121	2.147	2.165	49.866	14.58%	0.002 13	0.247 93	0.590	0.437	7.1	8.1
SOIL SCIENCE	34	4 488	212 076	2.111	2.697	2.248	52.110	13.13%	0.002 79	0.325 72	0.545	0.607	10.0	10.0
SPECTROSCOPY	42	6 610	192 580	1.741	1.987	1.928	47.186	14.01%	0.003 20	0.373 34	0.489	0.590	8.0	8.5
SPORT SCIENCES	81	9 527	415 942	1.863	2.738	2.257	49.472	11.47%	0.002 54	0.296 97	0.593	0.658	8.7	8.7

续表

学科名称	TNJ	TNL	TC	IF_M	IF_{AG}	$5IF_M$	$JIFP_{AV}$	$SCR-IF_{AV}$	EF_M	NEF_M	AIS_M	II_{AG}	$CdHL_{AG}$	$CiHL_{AG}$
STATISTICS & PROBABILITY	122	9 253	410 006	1.017	1.503	1.254	44.915	8.99%	0.003 14	0.366 22	0.876	0.360	10.0	10.0
SUBSTANCE ABUSE	19	2 495	100 840	2.425	3.109	2.829	54.526	10.24%	0.003 84	0.448 19	0.857	0.968	7.7	7.9
SURGERY	200	34 617	206 541	1.811	2.521	1.972	46.345	11.96%	0.003 88	0.452 70	0.545	0.637	8.0	7.9
TELECOMMUNICATIONS	87	19 169	377 975	1.802	2.929	1.914	52.638	13.55%	0.003 15	0.367 77	0.466	0.603	5.1	6.2
THERMODYNAMICS	59	15 802	432 289	1.633	3.090	1.642	48.250	16.60%	0.002 45	0.286 12	0.359	0.822	6.7	8.0
TOXICOLOGY	94	11 042	476 328	2.459	3.025	2.496	52.356	8.86%	0.003 56	0.414 88	0.576	0.759	7.9	8.3
TRANSPLANTATION	25	4 192	174 315	2.364	3.051	2.667	49.569	12.40%	0.005 91	0.688 88	0.745	0.911	7.2	7.3
TRANSPORTATION SCIENCE & TECHNOLOGY	35	4 576	115 114	2.164	2.525	2.292	51.955	14.80%	0.001 82	0.212 22	0.565	0.642	6.5	7.3
TROPICAL MEDICINE	20	4 421	115 732	1.668	2.682	1.709	45.501	11.53%	0.003 02	0.351 73	0.390	0.470	6.2	7.7
UROLOGY & NEPHROLOGY	76	9 814	438 062	2.038	3.387	2.097	49.419	10.42%	0.003 59	0.418 22	0.532	0.992	7.5	7.3
VETERINARY SCIENCES	140	13 988	329 588	0.972	1.348	1.147	46.466	14.95%	0.001 45	0.169 52	0.313	0.340	8.9	9.9
VIROLOGY	35	6 265	314 149	2.514	3.764	2.589	50.683	8.73%	0.008 32	0.970 15	0.896	0.936	7.3	7.6
WATER RESOURCES	90	15 645	493 303	1.783	2.396	1.779	48.718	14.28%	0.001 96	0.228 61	0.469	0.551	7.7	8.7
ZOOLOGY	169	12 432	385 248	1.097	1.456	1.259	44.033	10.44%	0.001 03	0.119 77	0.366	0.426	10.0	10.0

注：TNJ, 学科期刊总量；TNL, 学科载文总量；TC, 总被引频次；IF_M, 学科中位影响因子；IF_{AG}, 学科集合影响因子；$5IF_M$, 学科中位 5 年影响因子；$JIFP_{AV}$, 学科影响因子百分位均值；$SCR-IF_{AV}$, 学科影响因子相关自被引率均值；EF_M, 学科中位特征因子；NEF_M, 学科中位标准特征因子；AIS_M, 学科中位论文影响分值；II_{AG}, 学科集合即年指标；$CdHL_{AG}$, 学科集合被引用半衰期；$CiHL_{AG}$, 学科集合引用半衰期。载文总量仅指 Article 和 Review 的总量。

附录 4 2013 年各学科指标间的 Spearman 相关性分析结果总表

指标		期刊量	载文总量	IF_M	IF_{AG}	$5IF_M$	TC	$SCR-IF_{AV}$	SCR_{AV}	EF_M	AIS_M	II_{AG}	$CdHL_{AG}$	$CiHL_{AG}$	$Rf-Ar_{AV}$	$Rf-Re_{AV}$	$Rf-Ar_T$	$Rf-Re_T$
期刊量	相关系数	1.000	0.848**	0.154*	0.238**	0.158*	0.794**	-0.280**	-0.317**	0.219**	0.223**	0.161*	-0.031	-0.155*	0.098	0.155*	0.960**	0.825**
	P值		0.000	0.041	0.001	0.036	0.000	0.000	0.000	0.003	0.003	0.032	0.680	0.040	0.194	0.040	0.000	0.000
载文总量	相关系数	0.848**	1.000	0.307**	0.475**	0.258**	0.942**	-0.263**	-0.305**	0.435**	0.218**	0.375**	-0.268**	-0.362**	0.000	0.332**	0.780**	0.808**
	P值	0.000		0.000	0.000	0.001	0.000	0.000	0.000	0.000	0.004	0.000	0.000	0.000	0.996	0.000	0.000	0.000
IF_M	相关系数	0.154*	0.307**	1.000	0.847**	0.967**	0.517**	-0.676**	-0.620**	0.854**	0.778**	0.814**	-0.374**	-0.527**	0.436**	0.758**	0.237**	0.501**
	P值	0.041	0.000		0.000	0.000	0.000	0.000	0.000	0.000	0.000	0.000	0.000	0.000	0.000	0.000	0.002	0.000
IF_{AG}	相关系数	0.238**	0.475**	0.847**	1.000	0.801**	0.669**	-0.588**	-0.538**	0.738**	0.595**	0.923**	-0.482**	-0.638**	0.356**	0.738**	0.295**	0.576**
	P值	0.001	0.000	0.000		0.000	0.000	0.000	0.000	0.000	0.000	0.000	0.000	0.000	0.000	0.000	0.000	0.000
$5IF_M$	相关系数	0.158*	0.258**	0.967**	0.801**	1.000	0.469**	-0.673**	-0.600**	0.805**	0.816**	0.754**	-0.327**	-0.475**	0.503**	0.728**	0.255**	0.490**
	P值	0.036	0.001	0.000	0.000		0.000	0.000	0.000	0.000	0.000	0.000	0.000	0.000	0.000	0.000	0.001	0.000
TC	相关系数	0.794**	0.942**	0.517**	0.669**	0.469**	1.000	-0.445**	-0.470**	0.594**	0.409**	0.580**	-0.224**	-0.396**	0.174*	0.496**	0.778**	0.868**
	P值	0.000	0.000	0.000	0.000	0.000		0.000	0.000	0.000	0.000	0.000	0.003	0.000	0.021	0.000	0.000	0.000
$SCR-IF_{AV}$	相关系数	-0.280**	-0.263**	-0.676**	-0.588**	-0.673**	-0.445**	1.000	0.924**	-0.602**	-0.679**	-0.586**	0.109	0.344**	-0.399**	-0.534**	-0.361**	-0.440**
	P值	0.000	0.000	0.000	0.000	0.000	0.000		0.000	0.000	0.000	0.000	0.149	0.000	0.000	0.000	0.000	0.000
SCR_{AV}	相关系数	-0.317**	-0.305**	-0.620**	-0.538**	-0.600**	-0.470**	0.924**	1.000	-0.593**	-0.590**	-0.507**	0.032	0.312**	-0.333**	-0.532**	-0.377**	-0.455**
	P值	0.000	0.000	0.000	0.000	0.000	0.000	0.000		0.000	0.000	0.000	0.672	0.000	0.000	0.000	0.000	0.000
EF_M	相关系数	0.219**	0.435**	0.854**	0.738**	0.805**	0.594**	-0.602**	-0.593**	1.000	0.756**	0.714**	-0.294**	-0.459**	0.286**	0.642**	0.264**	0.462**
	P值	0.003	0.000	0.000	0.000	0.000	0.000	0.000	0.000		0.000	0.000	0.000	0.000	0.000	0.000	0.000	0.000

续表

指标		期刊量	载文总量	IF_M	IF_{AG}	$5IF_M$	TC	$SCR-IF_{AV}$	SCR_{AV}	EF_M	AIS_M	II_{AG}	$CiHL_{AG}$	$CiHL_{AG}$	$Rf-Ar_{AV}$	$Rf-Re_{AV}$	$Rf-Ar_T$	$Rf-Re_T$
AIS_M	相关系数	0.223**	0.218**	0.778**	0.595**	0.816**	0.409**	-0.679**	-0.590**	0.756**	1.000	0.595**	-0.071	-0.236**	0.480**	0.418**	0.331**	0.318**
	P值	0.003	0.004	0.000	0.000	0.000	0.000	0.000	0.000	0.000		0.000	0.351	0.002	0.000	0.000	0.000	0.000
II_{AG}	相关系数	0.161*	0.375**	0.814**	0.923**	0.754**	0.580**	-0.586**	-0.507**	0.714**	0.595**	1.000	-0.405**	-0.565**	0.397**	0.664**	0.243**	0.482**
	P值	0.032	0.000	0.000	0.000	0.000	0.000	0.000	0.000	0.000	0.000		0.000	0.000	0.000	0.000	0.001	0.000
$CiHL_{AG}$	相关系数	-0.031	-0.268**	-0.374**	-0.482**	-0.327**	-0.224**	0.109	0.032	-0.294**	-0.071	-0.405**	1.000	0.774**	0.177*	-0.334**	0.041	-0.210**
	P值	0.680	0.000	0.000	0.000	0.000	0.003	0.149	0.672	0.000	0.351	0.000		0.000	0.019	0.000	0.590	0.005
$CiHL_{AG}$	相关系数	-0.155*	-0.362**	-0.527**	-0.638**	-0.475**	-0.396**	0.344**	0.312**	-0.459**	-0.236**	-0.565**	0.774**	1.000	0.116	-0.410**	-0.090	-0.339**
	P值	0.040	0.000	0.000	0.000	0.000	0.000	0.000	0.000	0.000	0.002	0.000	0.000		0.124	0.000	0.237	0.000
$Rf-Ar_{AV}$	相关系数	0.098	0.000	0.436**	0.356**	0.503**	0.174*	-0.399**	-0.333**	0.286**	0.480**	0.397**	0.177*	0.116	1.000	0.361**	0.338**	0.275**
	P值	0.194	0.996	0.000	0.000	0.000	0.021	0.000	0.000	0.000	0.000	0.000	0.019	0.124		0.000	0.000	0.000
$Rf-Re_{AV}$	相关系数	0.155*	0.332**	0.758**	0.738**	0.728**	0.496**	-0.554**	-0.532**	0.642**	0.418**	0.664**	-0.334**	-0.410**	0.361**	1.000	0.214**	0.619**
	P值	0.040	0.000	0.000	0.000	0.000	0.000	0.000	0.000	0.000	0.000	0.000	0.000	0.000	0.000		0.004	0.000
$Rf-Ar_T$	相关系数	0.960**	0.780**	0.237**	0.295**	0.255**	0.778**	-0.361**	-0.377**	0.264**	0.331**	0.243**	0.041	-0.090	0.338**	0.214**	1.000	0.830**
	P值	0.000	0.000	0.002	0.000	0.001	0.000	0.000	0.000	0.000	0.000	0.001	0.590	0.237	0.000	0.004		0.000
$Rf-Re_T$	相关系数	0.825**	0.808**	0.501**	0.576**	0.490**	0.868**	-0.440**	-0.455**	0.462**	0.318**	0.482**	-0.210**	-0.339**	0.275**	0.619**	0.830**	1.000
	P值	0.000	0.000	0.000	0.000	0.000	0.000	0.000	0.000	0.000	0.000	0.000	0.005	0.000	0.000	0.000	0.000	

注：*$P<0.05$；**$P<0.01$。IF_M,学科中位影响因子；IF_{AG},学科合影响因子；$5IF_M$,学科中位5年影响因子；TC,总被引频次；$SCR-IF_{AV}$,学科中位特征因子值；EF_M,学科Article参考文献总量；AIS_M,学科中位论文影响介值；II_{AG},学科集合即年指标；$CiHL_{AG}$,学科集合同引半衰期；$CiHL_{AG}$,学科集合引用半衰期；$Rf-Ar_{AV}$,学科Article参考文献均值；$Rf-Re_{AV}$,学科Review参考文献均值；$Rf-Ar_T$,学科Article参考文献总量；$Rf-Re_T$,学科Review参考文献总量仅指Article和Review的总量。

附录 5　2017 年各学科指标间的 Spearman 相关性分析结果总表

指标		期刊量	载文总量	IF_M	IF_{AG}	$5IF_M$	$JIFP_{AV}$	TC	$SCR-IF_{AV}$	EF_M	NEF_M	AIS_M	II_{AG}	$CdHL_{AG}$	$CiHL_{AG}$
期刊量	相关系数	1.000	0.853**	0.180*	0.248**	0.181*	0.176*	0.821**	-0.344**	0.227**	0.227**	0.203**	0.149*	0.033	-0.151*
	P值	0.000	0.000	0.017	0.001	0.016	0.019	0.000	0.000	0.002	0.002	0.007	0.047	0.662	0.045
载文总量	相关系数	0.853**	1.000	0.321**	0.487**	0.258**	0.303**	0.954**	-0.256**	0.426**	0.426**	0.172*	0.373**	-0.200**	-0.346**
	P值	0.000	0.000	0.000	0.000	0.001	0.000	0.000	0.001	0.000	0.000	0.022	0.000	0.008	0.000
IF_M	相关系数	0.180*	0.321**	1.000	0.798**	0.960**	0.788**	0.476**	-0.513**	0.833**	0.833**	0.753**	0.737**	-0.323**	-0.502**
	P值	0.017	0.000		0.000	0.000	0.000	0.000	0.000	0.000	0.000	0.000	0.000	0.000	0.000
IF_{AG}	相关系数	0.248**	0.487**	0.798**	1.000	0.758**	0.692**	0.631**	-0.386**	0.692**	0.692**	0.511**	0.904**	-0.467**	-0.613**
	P值	0.001	0.000	0.000		0.000	0.000	0.000	0.000	0.000	0.000	0.000	0.000	0.000	0.000
$5IF_M$	相关系数	0.181*	0.258**	0.960**	0.758**	1.000	0.785**	0.421**	-0.554**	0.776**	0.776**	0.797**	0.697**	-0.274**	-0.454**
	P值	0.016	0.001	0.000	0.000		0.000	0.000	0.000	0.000	0.000	0.000	0.000	0.000	0.000
$JIFP_{AV}$	相关系数	0.176*	0.303**	0.788**	0.692**	0.785**	1.000	0.411**	-0.386**	0.642**	0.642**	0.667**	0.635**	-0.259**	-0.361**
	P值	0.019	0.000	0.000	0.000	0.000		0.000	0.000	0.000	0.000	0.000	0.000	0.001	0.000
TC	相关系数	0.821**	0.954**	0.476**	0.631**	0.421**	0.411**	1.000	-0.393**	0.558**	0.558**	0.339**	0.524**	-0.136	-0.344**
	P值	0.000	0.000	0.000	0.000	0.000	0.000		0.000	0.000	0.000	0.000	0.000	0.070	0.000
$SCR-IF_{AV}$	相关系数	-0.344**	-0.256**	-0.513**	-0.386**	-0.554**	-0.386**	-0.393**	1.000	-0.538**	-0.538**	-0.663**	-0.367**	-0.080	0.194**
	P值	0.000	0.001	0.000	0.000	0.000	0.000	0.000		0.000	0.000	0.000	0.000	0.289	0.010
EF_M	相关系数	0.227**	0.426**	0.833**	0.692**	0.776**	0.642**	0.558**	-0.538**	1.000	1.000**	0.748**	0.672**	-0.188*	-0.421**
	P值	0.002	0.000	0.000	0.000	0.000	0.000	0.000	0.000		0.000	0.000	0.000	0.012	0.000

续表

指标		期刊量	载文总量	IF$_M$	IF$_{AG}$	5IF$_M$	JIFP$_{AV}$	TC	SCR-IF$_{AV}$	EF$_M$	NEF$_M$	AIS$_M$	II$_{AG}$	CdHL$_{AG}$	CiHL$_{AG}$
NEF$_M$	相关系数	0.227**	0.426**	0.833**	0.692**	0.776**	0.642**	0.558**	-0.538**	1.000**	1.000	0.747**	0.672**	-0.188*	-0.421**
	P值	0.002	0.000	0.000	0.000	0.000	0.000	0.000	0.000	0.000		0.000	0.000	0.012	0.000
AIS$_M$	相关系数	0.203**	0.172*	0.753**	0.511**	0.797**	0.667**	0.339**	-0.663**	0.748**	0.747**	1.000	0.523**	0.030	-0.179*
	P值	0.007	0.022	0.000	0.000	0.000	0.000	0.000	0.000	0.000	0.000		0.000	0.694	0.017
II$_{AG}$	相关系数	0.149*	0.373**	0.737**	0.904**	0.697**	0.635**	0.524**	-0.367**	0.672**	0.672**	0.523**	1.000	-0.413**	-0.599**
	P值	0.047	0.000	0.000	0.000	0.000	0.000	0.000	0.000	0.000	0.000	0.000		0.000	0.000
CdHL$_{AG}$	相关系数	0.033	-0.200**	-0.323**	-0.467**	-0.274**	-0.259**	-0.136	-0.080	-0.188*	-0.188*	0.030	-0.413**	1.000	0.768**
	P值	0.662	0.008	0.000	0.000	0.000	0.001	0.070	0.289	0.012	0.012	0.694	0.000		0.000
CiHL$_{AG}$	相关系数	-0.151*	-0.346**	-0.502**	-0.613**	-0.454**	-0.361**	-0.344**	0.194**	-0.421**	-0.421**	-0.179*	-0.599**	0.768**	1.000
	P值	0.045	0.000	0.000	0.000	0.000	0.000	0.000	0.010	0.000	0.000	0.017	0.000	0.000	

注:*$P<0.05$;**$P<0.01$。IF$_M$,学科中位影响因子;IF$_{AG}$,学科集合影响因子;5IF$_M$,学科中位5年影响因子;JIFP$_{AV}$,学科影响因子百分位均值;TC,总被引频次;SCR-IF$_{AV}$,学科影响因子自引率均值;SCR$_{AV}$,学科自被引率均值;EF$_M$,学科中位特征因子;NEF$_M$,学科中位标准特征因子;AIS$_M$,学科中位论文影响分值;II$_{AG}$,学科集合即年指标;CdHL$_{AG}$,学科集合被引半衰期;CiHL$_{AG}$,学科集合引用半衰期。载文总量仅指Article和Review的总量。